농촌 사회변화의 인식론적 이해

농촌 사회변화의 인식론적 이해

펴낸곳 | 서울대학교 출판문화원
펴낸이 | 오연천
지은이 | 이성우 · 최은영 외
초판 1쇄 인쇄 2011년 2월 23일
초판 1쇄 발행 2011년 2월 28일
출판등록 제 15-3호

주소 | 151-742 서울특별시 관악구 관악로 599
대표전화 | 02-880-5252
팩스 | 02-888-4148
마케팅팀(주문상담) | 02-889-4424, 02-889-7995
이메일 | snubook@snu.ac.kr
홈페이지 | www.snupress.com
영문홈페이지 | eng.snupress.com

가격 32,000원
ISBN 978-89-521-1202-6 93300

농촌 사회변화의 인식론적 이해

이성우 · 최은영 외 지음

서울대학교출판문화원

목차

머리글

개인이나 집단의 정체성 위기는 그 현재적 기능에 대해 사회에서 인식하고 있는 사회공헌도가 한계화 될 때 부각된다. 그 어느 분야보다 실천학문으로서의 중요성이 강조되는 지역개발학에서 인식론적 이해와 접근은 최근 그 존재가치에 대한 의구심이 점증하고 있는 농촌 사회의 변화라는 매개에서 중요한 의미를 가진다. 농촌 사회의 주요 기능으로 인식되고 있는 농업의 산업부문에서의 경쟁력 약화는 필연적인 정체성의 위기와 이에 따른 농촌 공간에서의 산업활동(농업)에 대한 제약적 조건으로 귀착되고, 이는 결국 가시적 지역변화와 공간에 대한 인식의 변화로 귀결될 수밖에 없다.

이 연구는 2005년 정부재원(교육인적자원부 학술연구 조성사업비)으로 한국학술진흥재단의 지원을 받아 연구되었다(KRF-2005-079-BS0157). 본 연구에서는 인식론적 토대를 바탕으로 이론(인식론)과 실천(시장 및 비시장적 정책개입) 및 그 결과(농촌 사회변화)의 연계성을 도출하여 공간변화와 연계된 사회과학적 학문 기반 조성은 물론 농촌 사회변화에 대한 실증 분석을 통해 한국 농촌 사회변화가 수반하는 결과와 방향에 대한 실질적 의미를 구현하는 것을 기본 목적으로 하고 있다. 이러한 연구방향이 설정될 경우 흔히 존재할 수 있는 '이론과 실천의 공학적 접목이 야기할 수 있는 혼란'에 대한 우려가 존재하는 것이 사실이다.

따라서 본 연구에서는 미시적이고 기계적인 접목보다는 이론으로서의 철학적 방법론과 실천적 현상으로서의 한국 농촌 사회변화의 실체를 변증법적으로 해석하여 공학적 접목이 혹 야기할 수 있는 문제점을 최소화하고자 하였다. 한국 농촌사회의 변화는 산업화시대 이후 한국사회의 변혁에 직간접적으로 영향을 미쳐 온 실용주의, 경험론에 근저하고 있는 인식론과 어떤 연관성이 존재하는가? 전통 한국사회의 물적 토대를 가장 잘 설명하고 있다는 실학적 사고가 현대 한국 지역개발학의 학문적 발전과 개발계획의 실천에 대한 함의는 무엇인가?

다양한 인문사회과학의 이론적 틀 속에서 한국의 농촌 사회변화에 대한 실증 분석의 해석을 통해 새로운 이론의 정립을 기대한 저자들의 기대와 본 저서가 담고 있는 내용을 비교하면 솔직히 긍정적이지 못하다. 인식론적 측면에서 실증적 현상에 대한 보다 객관적인 해석을 담기 위한 포부로 시작되었던 본 연구에서 노정한 다양한 실증 분석에 대한 인식론적 해석의 부족함은 여전히 많은 아쉬움을 남긴다. 아마 불과 2년의 기한에 수십 년간 이루어져왔던 사회현상을 담아내려는 것 자체가 불가능한 일이였는지도 모르겠다. 하지만 많은 노력을 기울였음에도 불구하고 이러한 자평을 할 수 밖에 없는 저자들의 능력은 스스로도 대단히 아쉬운 점이다. 향후 지속적인 이 분야 연구를 통해 보다 개선된 학문적 완결을 위해 노력하겠다는 다짐을 가져본다.

2011년 2월

저자를 대표하여 이성우, 최은영

I

서론

1장. 서론: 농촌 사회변화의 이해

1. 인식론과 사회변화

21세기 한국 농촌 사회의 가장 큰 문제점은 '농업=농촌'이라는 등식의 붕괴로 인한 농촌 사회의 현재적 기능 약화와, 도-농 통합시의 출현과 같은 공간적 정체성의 위기라고 할 수 있다. 개인이나 집단의 정체성 위기는 상당 부분 사회 전체에서 인식하고 있는 개인이나 집단의 현재적 기능에 대한 사회공헌도가 한계에 달했을 때 부각된다. 이러한 관점에서 농촌 사회의 주요 기능으로 인식되고 있는 농업의 경쟁력 약화는 필연적으로 농촌의 정체성 위기와 농촌 공간에서의 산업활동(농업)에 대한 제약 조건으로 귀착되고, 이는 결국 가시적 지역 변화와 공간에 대한 인식 변화로 귀결될 수밖에 없다.

개인, 집단 또는 공간에 대한 인식 변화는 해당 요인이 개체의 요건에 귀속되는 1차적 요인과, 외부환경 변화에 기인하는 2차적 요인으로 구별되는데, 공간변화에 대한 인식은 대체로 국가정책과 같은 외부환경의 변화에 기인하는 경향이 크다. 민주주의 정치체제와 자본주의 경제체제를 지향하는 국가의 사회적 변화는 시장의 기저에 있는 '비가시적인(invisible)' 동력과, '가시적인(visible)' 국가 정책의 개입에 주로 기인한다(Friedmann, 1987). 하지만 "(모든) 사회변화는 그 사회에 내재되어 있는 인식론적 사고에 기초"하고 있다는 푸코(Foucault, 1994)와 하버마스(Habermas, 1994)의 주장에 따르면, 사회변화의 이념적 체계를 구축하는 인식론적 흐름에 대한 연구는 특정한 사회현상을 이해하는데 필수불가결한 논의이다. 즉, 한 국가의 변화과정에 대한 보다 원론적인 이해를 위해서는 개별 국가의 철학적 사조에 기초한 인식론(epistemology)이 사회변화에 필연적으로 내재되어 있다는 현상학적(phenomenological) 가정에 대한 이해가 필수적이다(이남인, 2004).

하지만 '지식자본의 서구(특히 미국과 영국에 대한) 종속화'가 과도하리만치 심한 한국의 경우 특히 지역개발학에서의 서구 지식에의 종속화는 그 어느 학문보다 심한 것이 현실이다. 공간적 특이성이 강조되는 전통적 측면의 지역개발학의 학문적 예속은 더 말할 나위도 없지만, 개별 국가의 문화와 가치, 그리고 규범의 중요성이 더욱 부각되는 최근 지역개발계획 및 국토계획의 흐름(소진광, 2003)을 감안하면, 한국사회를 관통하는 인식론적 시각의 부재는 약 10년 전에 이미 장례식이 필요했을 정도로 척박한 상황에 놓여있는 것이 사실이다(장욱, 1995a; 1995b). 국수주의적 시각이 합리적인 지역개발학의 실천에 장애가 되어서는 안될 것이다. 그러나 과연 한국 전통의 인식론적 기반은 아예 존재하지 않거나, 아니면 한국의 지역개발학 발전 및 그 학문의 실천에 전혀 도움이 되지 않는가?

공간적 물적토대의 개량을 주로 강조하고 있는 한국의 지역개발학은 한국 사회를 관통하는 고유의 인식론에 기반하고 있는가? 한 사회의 물적, 제도적 토대의 구축은 정치체제 및 경제구조와 같은 사회적 상부구조의 변화를 통해 재구조화된다(김순천 · 최병두, 2003). 이러한 사회적 상부구조의 형성이 사회 전체를 관통하는 인식론적 사고에 기초하고 있다면, 지역개발학에 근저하고 있는 한국 고유의 인식론(만약 존재해 왔다면)은 한국농촌 사회의 변화를 얼마나 잘 설명하고 있는가? 산업화 과정을 겪어 온 대부분의 국가에서와 마찬가지로 한국의 경우 농촌 사회에 대한 국가정책은 시장실패에 따른 계획 이입의 필요성이라는 전통적인 측면에서의 계획철학 이념에 의지해 온 것이 사실이다(임형백 · 이성우, 2004). 이것은 시장실패의 불가피성에 따른 공공재적 시장의 구성(planned market)이라는 전통적인 시장 개입적 시각과, 내재화된 재화 및 용역에 대한 시장가치를 구현할 수 있는 정책개입(market planning)이라는 시장주의적 시각으로 대표되는 이원론적 인식론에 기반하고 있다(장욱 · 송미령, 1997). 사회현상에 대한 이러한 논의의 제한은 우리나라 사회과학의 주요 틀이 영국과 미국에서 지배적인 실증주의적 방법론과 인식체계에 의해 획일적으로 지배되어 온 데 연유하기도 한다(조명래, 1991).

이러한 한계는 농촌 사회에 대한 인식의 부재와 거의 맥을 같이 하고 있다. 우리나라를 비롯하여 미국, 영국 등과 같은 선진국의 경우에도 농촌 사회의 경우 전통적으로 농업과 농촌의 공익적 기능이라는 농업/농촌의 잠재적 기능과 같은 공공재 공급지로서의 공익적 기능을 부각시켜 공적자금을 투입하는 시장 실패적 시각에 기초하고 있는 것이 사실이다. 하지만 이러한 시장 실패적 시각에서의 접근은 신자유주의적 시장경제 체제하에서 설득력이 없음은 물론, WTO와 FTA와 같은 국제사회의 제도적 측면에서도 더 이상 용인 받기 어렵다.[1] 다른 한편으로 IMF의 뼈저린 경험으로 국민적 정서 또한 한계

(1) 물론 많은 국가에서 농촌 및 농업에 대한 (보조금 형태의 직접지불 등) 공적투자가 지속적으로 이루어져 온 것은 사실이다. 여기에서의 논고는 WTO와 같은 국제규범에서의 포괄적 주장에 기초하고 있다.

화하고 있는 부분에 대한 무제한적 공적자금 투입에 거부감을 가지고 있는 것이 사실이다.

그 어느 분야보다 실천학문으로서의 중요성이 강조되는 지역개발학의 관점에서 제기할 수 있는 인식론적 이해와 접근은 최근 그 존재가치에 대한 의구심이 점증하고 있는 농촌 사회의 변화라는 매개에서 더욱 중요한 의미를 가진다. 전략적인 측면에서의 균형-불균형 개발방식의 효율성에 대한 논란은 차치하고라도, 지역개발의 궁극적 목표가 지역에 내재된 '지역주민들의 복리증진'을 통한 지역발전이라는 지고의 목표는 시공에 관계없이 존재하고 있기 때문이다.

본 연구에서는 인식론적 토대를 기본으로 하여 이론(인식론)과 실천(시장 및 비시장적 정책개입) 및 그 결과(농촌 사회변화)의 연계성을 도출하여 공간변화와 연계된 사회과학적 학문 기반을 조성하고 농촌 사회변화에 대한 실증 분석을 통해 한국 농촌 사회변화가 수반하는 결과와 방향에 대한 실질적 의미를 구현하는 것을 기본 목적으로 하고 있다. 이러한 연구방향이 설정될 경우 흔히 존재할 수 있는 '이론과 실천의 공학적 접목이 야기할 수 있는 혼란(장욱, 1995a)'에 대한 우려가 존재하는 것이 사실이다. 따라서 본 연구에서는 미시적이고 기계적인 접목보다는 이론으로서의 철학적 방법론과 실천적 현상으로서의 한국 농촌 사회변화의 실체를 변증법적으로 해석하여 공학적 접목이 혹 야기할 수 있는 문제점을 최소화하려 하였다. 본 연구의 토대가 되는 문제의식은 다음과 같다. 한국농촌 사회의 변화는 산업화시대 이후 한국사회의 변혁에 직간접적으로 영향을 미쳐 온 실용주의, 경험론에 근저하고 있는 인식론과 어떤 연관성이 존재하는가? 전통 한국사회의 물적 토대를 가장 잘 설명하고 있다는 실학적 사고가 현대 한국 지역개발학의 학문적 발전과 개발계획의 실천에 관하여 가지는 함의는 무엇인가?

2. 연구의 의의

인식론은 지식, 이성, 단어를 의미하는 그리스어인 '에피스테메(episteme)'에 어원을 두고 있으며, 자연이나 원리적 이론에 관한 철학의 한 분야를 지칭한다. 공간변화에 관한 이론을 배경으로 한 한국농촌 사회의 변화에 관한 인식론적 연구는 거의 찾기 힘든 형편이며, 최근 이루어지고 있는 농촌 사회의 가치에 관한 연구는 주로 농업의 다원적 기능(multi-functionality of agriculture)에 국한되어 있다.

농촌 및 농업의 잠재적 기능으로 인식되고 있는 다원적 기능에 대한 국제적 차원에서의 이론적 논의는 UR협상시 처음 제기된 이래, 1998년 OECD 농업위원회에서 그 중요성에 대해 회원국 간의 각료 공동선언문을 채택하는 등 최근 농업 및 농촌 정책과 관련된 이론적 논의에 있어 핵심적인 역할을 차지하고 있다. 특히 농산물 수입국의 경우 무역자유화 논리에 대응하는 유일한 논거로 다원적 기능을 들고 있으며, 농업의 국제적 경쟁력이 상대적으로 미약한 우리나라는 이러한 논의를 바탕으로 통상에 따른 농업의 피해를 최소화하기 위해 노력하고 있다. 비록 다원적 기능에 관한 일련의 연구들이 농촌 사회의 변화에 대한 근원적인 연구는 아니지만 시장에서 가치화되지 못했던 농촌공간의 재해석이라는 측면에서는 긍정적인 측면을 내포하고 있다. 우리나라와 서구에서 공통적으로 인정하고 있는 다원적 기능은 다음의 4가지로 요약될 수 있다(Lankoski, 2000; OECD, 2001; Romstad et al., 2000). 첫째, 농업의 환경보존적 기능(environmental outputs), 둘째, 농촌경관 및 문화적 전통의 유지기능(agricultural landscape and cultural heritage), 셋째, 농촌의 경제적 활력유지기능(rural economic viability), 마지막으로 식량안보기능(food security)이다.[2]

본 연구에서는 사회변화의 인식론적 이해를 통하여 이론을 재구성하고, 재구성된 이론에 기초한 실증 분석에 대한 해석을 통해 한국 농촌 사회변화의 현상학적 의미를 구현하고자 한다. 본 연구에서 지향하는 세 가지 세부 연구 목적은 다음과 같다.

첫째, 한국 · 미국 · 영국의 인식론적 사고와 이들이 제시하는 공간변화에 대한 철학적 이해이다. 한국사회의 물적토대의 이해에 가장 밀접한 연관성을 가지고 있다는 실학(實學)에서의 인식론적 흐름이 현대 한국농촌 사회의 변화에 대한 시사점이 존재하는가? 미국과 영국의 인식론에서의 사회변화의 당위성은 무엇이며 이들이 우리나라 농촌 사회변화에 시사하는 점은 무엇인가?

---

(2) 환경보전적 기능은 수자원 함양, 홍수 조절, 대기 정화, 생물종의 보존 등과 같은 기능을 의미하며, 농촌경관 및 문화적 전통의 유지기능은 농촌경관의 가치가 후속세대의 향유를 위해 지속성을 유지될 수 있어야 한다는 의미로 대부분의 OECD국가에서 그 가치의 중요성을 인식하고 있어서 WTO내의 다자간 협상에서 가장 이견이 적은 부분이기도 하다. 농촌의 활력유지기능은 이해당사국간에 가장 논란의 여지가 있는, 아직 정확한 정의를 내리기가 곤란한 부분으로 농촌 인구 유지로 인한 도시의 혼잡비용감소, 농촌에서의 공공시설유지, 그리고 국토의 효율적 사용 등을 들 수 있다. 마지막으로 식량안보기능은 식량의 자급(self-sufficiency)과 자조(self-reliance)라는 원칙 하에 국제식량시장의 비경쟁성, 선호차이, 교역조건의 문제, 생산기반의 비가역성 등을 주요 내용으로 하고 있다.

둘째, 지역개발학, 경제학, 지리학 등 공간적 측면에서 실천과학적 틀을 구비하고 있는 사회과학 분야에서 제시하는 농촌 사회변화에 대한 이론적 고찰이다. 철학적 인식론의 사고가 이들 사회과학의 주요 이론적, 방법론적 틀을 구축하고 있는 것이 사실이라면, 인식론적 사고와 이들 개별 학문의 이론과의 정합성을 규명하는 것은 특히 농촌 사회변화와 같은 실증 분석과의 연계성을 규명하는데 주요한 매개체일 수밖에 없다. 어떤 인식론적 사고가 개별 학문에 근저하고 있으며, 개별 학문에서 제시하는 사회 및 공간변화에 관한 이론들이 사회변화를 바라보는 시각은 무엇인가?

셋째, 한국과 미국의 농촌 사회변화에 대한 실증 분석과 개별 국가의 인식론적 사고에 대한 해석이다. 실학적 인식론이 이해하는 한국 농촌 사회변화는 무엇인가? 미국의 실용주의가 가지는 농촌 사회변화에 대한 인식은 무엇인가?

서구 특히 미국의 지식자본에 대한 종속화가 과도하리만치 심한 우리나라의 경우 특히 지역개발학에 있어서의 서구 지식에의 종속화는 그 어느 학문보다 심한 것이 현실이다. 본 연구에서는 특히 우리나라 고유의 실학적 인식론을 기본 토대로 하여 (비록 제한적이지만) 지역개발학의 새로운 시각을 구축하는 것을 주요 목표로 하고 있다. 본 연구는 실천적 인식론의 기반이 강조되는 실학과 같은 우리나라 전통의 인식론에 기초한 해석을 기반으로 하고 있다는 측면에서, 지역개발학의 기초적 학문 토대 구축에 기여할 수 있을 것으로 판단된다.

학술적 측면에서 본 연구의 내용은 이론적 측면과 실증적 측면 모두에서 기존의 연구와는 차별적이다. 대다수의 연구에서 농촌 사회변화는 경제발전 단계에서 도시에 대한 인적-물적 자원에 대한 배후지로서의 기능에 국한되어 설명되어 왔던 것이 사실이다. 농촌공간에서 이루어지고 있는 산업 및 인구의 변화에 따른 분석들은 있으나, 시대 변화에 따른 새로운 기능 설정과 미래의 농촌공간 변화에 대한 규범적 연구는 거의 이루어지지 않았다고 해도 과언이 아니다. 더욱이 철학과 사회과학의 인식론적 시각에 기초한 농촌 사회변화에 대한 해석은 국내외를 불문하고 거의 존재하지 않는 것으로 판단된다. 다음은 본 저서에서 다루고 있는 주요 연구내용을 편과 장별로 요약한 것이다.

3. 주요 연구내용

책 전체의 서론에 해당하는 I 편 1장에서는 전반적인 내용을 다루고 있으며, 2장에서는 농촌과 도시의 개념 및 그 변화에 대해 설명하고 있다. 농촌의 지역적 특성이 과거와 달리 다양해지고 있기 때문에 농촌의 공간적 개념에 대한 혼란이 가중되고 있으며 따라서 어떤 지역을 도시라 하고 농촌이라 할 것인지에 관한 질문에 지난 시기 동안 수없이 많은 정의들이 제시되었음을 보여주고 있다. 농촌은 단순히 농산물 생산이라는 경제적 기능 이외에도 환경적 · 문화적 기능을 가진다는 인식이 확대되고 있을 뿐만 아니라 오히려 후자의 기능에 더 큰 의미를 두는 경향이 생기고 있음을 보여주고 있다.

II 편에서는 영국과 미국 농촌 사회의 변화를 다루는데, 이를 농촌에 대한 인식, 인구 및 산업 그리고 농촌 정책의 변화를 중심으로 설명하고 있다. 1장에서는 농업과 농촌의 변화를 탈생산주의로의 변화라는 측면에서 그리고 지구화와 국지화라는 측면에서 살펴보고 있다. 2장에서는 영국과 미국의 농촌 인구 및 경제구조의 변화를 설명하고 있다. 이들 국가에서의 인구변화 경향은 전반적으로 모호한 상황인데 개별 국가 내부적으로는 지속적인 도시화가 이루어지는 지역과 탈도시화가 이루어지는 지역 등 국지적으로 상호 충돌되는 인구 현상이 벌어지고 있음을 보여주고 있다. 또한 농촌 지역의 인구가 유동적으로 변화하면서 인구의 구성도 변화하고 있음을 보여주고 있는데, 서구에서 농촌 지역은 일반적으로 더 고령화되었고, 30~40년 전에 비해 중산층이 더 많은 구조로 변화하였다. 이들 국가의 경우 농촌 지역의 산업구조도 많은 변화를 보이고 있는데, 농촌 인구에서 농업 인구가 차지하는 비율이 지속적으로 감소하고 있으며, 제조업과 서비스업 중심의 고용이 대도시와 도시 지역으로부터 소도시와 농촌 지역으로 이동하고 있다. 3장에서는 영국과 EU국가들의 농촌 정책을 설명하고 있다. 유럽국가들의 경우 도시거주자 중심으로 이뤄진 과거 유럽 각국 중앙 정부의 농촌 개발정책이 농촌거주자들의 수요에 바탕을 둔 정책으로 전환되어 왔음을 보여주고 있다. 즉, 농촌의 요구가 간과되지 않고 정책 입안의 핵심이 되고 있다. 농촌거주자의 수요가 중앙 정부의 정책 고려 단계에서 핵심 고려대상이 될 수 있도록 하는 한편, 정책 집행 과정에서도 이를 반영하는 제도가 존재한다.

Ⅲ편의 1장부터 5장까지는 우리나라의 농촌 사회변화를 인구와 산업, 그리고 정책적 측면에서 설명하고 있다. 1장에서는 우리나라 농

촌 사회변화를 인구와 산업의 변화를 중심으로 설명하고 있다. 인구 변화는 농가인구 및 구성비 변화, 국제결혼 비율 등을 통해, 산업은 농업의 기계화 및 영농규모, 그리고 친환경농업 비율 등을 통해 설명하고 있다.

2장에서는 역도시화에 대한 문헌 고찰과 우리나라의 인구주택 총조사 자료를 사용하여, 서구에서 관찰된 역도시화와 1990년대 이후 우리나라의 인구 현상을 비교하고 있다. 이 연구에서는 미국과 영국에서 진행된 역도시화의 특성 · 원인 · 전망과 관련된 이론적 논의를 정리하고, 최근 우리나라의 인구 현상이 어떻게 변화하고 있는지를 분석하였다. 아울러 기존 이론과 개념이 우리나라 인구 현상에 대해 적절한 설명을 제공하고 있는가를 역도시화 현상과의 비교를 통해 분석하고 있다. 가장 최근의 센서스 결과에 의하면 미국은 인구의 80% 이상이 대도시권에, 우리나라는 80~90%의 인구가 도시에 거주하고 있다. 도시화의 종말 단계에 다다른, 즉 농촌의 잠재적 전출 인구가 거의 없는 상황에서 역도시화 논쟁을 살펴보는 것은 도시로의 지속적 인구 집중이라는 과거의 경향과는 구분되는 새로운 인구 현상에 대한 개념화와 이해라는 측면에서 의미를 가지는 한편 농촌을 비롯한 비도시 지역 인구의 재생을 설명하고 이해할 수 있는 이론적 기반을 제시한다는 점에서도 의미가 있다.

3장에서는 우리나라 고령 인구의 도시-농촌 간 인구이동 특성을 살펴보기 위해 인구 현상의 과정인 동시에 원인이 되는 인구이동의 OD(Origin and Destination)분석을 실시하였다. 이를 통해 인구이동이 지역의 인구 현상 변화에 어떠한 영향을 미치고 있는지를 살펴보고, 고령인구의 증가가 도시-농촌 간 인구이동에 미치는 영향을 분석하였다. 노인 인구가 타 연령집단에 비해 빠른 속도로 증가하고 있는데, 도시민들 중에는 노년기 인생에 대해 심사숙고 하게 되어 거주지를 바꾼다거나 생활양식을 바꾸어 보려는 의사가 많아지고 있다. 고령 인구 이동의 지리적 측면은 향후 도시와 농촌에 중요한 함의를 가질 것이라 예상된다.

4장에서는 도시와 농촌 지역의 공립 초등학교를 대상으로 학교 간 교육 환경의 차를 살펴보고, 이를 학교의 분포와 접근성에 있어서의 사회적 형평성(social equity)과 교육의 과정 측면에서 분석하였다. 교육 과정에 있어서의 평등은 학교 간 교육 환경의 차를 실질적인 의미에서 감소시키는 것을 의미하는데, 이의 실현을 위해서는 우선 현재의 학교 간 교육 환경의 차에 대한 분석이 선행되어야 한다. 교육 기회가 확대되면서 교육의 과정에 있어서의 평등이 강조되고 있지만 교육 과정이 구현되는 무대인 도시와 농촌 지역에서의 학교 현장에 대한 실증적인 연구는 거의 없다. 특히 사회경제적 특성이 다른 지역에 위치해 있는 학교 간 교육 환경을 비교한 연구는 더욱 부족하다. 따라서 지역별로 차별적인 지방자치단체의 사회경제적 특성이 교육 환경에 미치는 영향을 분석하는 것은 도시 · 농촌의 교육기회 차이에 대한 분석이라는 측면에서 의의가 있다.

5장에서는 참여정부 이후 시행되어온 우리나라의 농촌 개발사업의 현황과 중앙 정부의 각 부처별로 시행되어 온 농촌 개발사업에 대해 종합적인 시각에서 문제점을 분석하고 향후 필요한 농촌 정책 대안을 제시하고 있다. 이 장의 세 가지 주요한 연구내용은 다음과 같다.

첫째, 참여정부의 지역개발정책 및 그 문제점을 분석하고 있다. 둘째, 참여정부에서 시행되었던 다양한 농촌 개발사업의 내용을 권역 및 사업비 규모로 구분하여 그 내용과 문제점을 분석하고 있다. 셋째, 변화하는 국내외적 환경에 부응하는 새로운 농촌 정책이 가져야 할 틀의 제시를 위해 이론적 측면과 정책적 측면에서 고려될 수 있는 미래 한국 농촌의 발전 대안을 제시하고 있다.

Ⅳ편에서는 농촌 공간의 인식론적 이해를 다루고 있는데, 1장에서는 한국적 인식론에 기초한 생태 개념의 도출을 위한 기초적 논의로서 성리학과 최한기의 운화론에 바탕을 두고 서구 생태 개념과의 차이를 인식론적 관점으로 분석하였다. 생태 개념은 인간과 자연과의 존재론적 의미 규명과 욕망에 근거한 개발의 관점을 중심으로 논의를 전개하였으며, 이에 기초하여 계획적 관점에서 생태 개념과 관련된 선행연구를 살펴보고, 지속가능성을 중심으로 서구 인식론의 한계를 지적하였다. 계획의 공간적 적용이 환경과 관련된다는 점에서 현재 생태 개념의 계획적 적용은 자국의 인식론적 논의에 기초할 것을 요구받고 있다. 따라서 서구에서 개발된 생태 개념의 연역적 적용은 한계가 있어, 고유한 인식론의 흐름 속에서 생태 개념이 도출되어야 함을 설명하고 있다. 특히 이 장에서는 최한기의 인식론을 중심으로 우리의 생태 개념과 관련된 인식론의 논의를 고찰하여 최근의 지역개발학의 주요 관심 영역인 지속가능성 및 생태도시 등의 개념과 관련된 논의를 진행하고 있다. 농촌성(rurality)과 도시성(urbanism)의 해석학적 의미는 사회과학의 제 분야의 이론적 배경에 따라 상이하게 조명되고 있다. 특히 이론적 배경의 바탕이 되는 철학의 상이함은 연구의

출발을 다르게 규정하는데, 동서양의 철학적 인식론은 그 가정의 설정과 변화의 동력, 그리고 그 현상에 대한 이해가 매우 상이하다.

2장에서는 공간적 측면에서 우리나라 인식론적 전통으로 실학을 규정하고 영국의 경험주의와 미국의 실용주의의 인식론적 사고를 비교하여 농촌성과 도시성에 대한 인식론적 함의를 설명하고 있다. 이 장에서는 사회 또는 공간의 변화는 그에 내재되어 있는 인식론적 사고에 기초하고 있다는 기본 가설을 설정하고, 변화에 대한 보다 원론적인 이해를 위해서는 개별 국가의 철학적 사조에 기초한 인식론에 대한 이해가 필수적임을 가정하고 있다. 이러한 가정에 기초해 본 연구에서는 경험주의, 합리주의, 실용주의가 인식주체와 개체를 분리시키는 방향으로 인식론을 전개한 반면, 실학은 인식주체와 개체를 통합하는 과정으로 인식론이 전개됨을 보여주고 있다.

V편에서는 농촌 사회변화의 인식론적 이해를 다루고 있는데, 1장에서는 1960년대부터 1990년대까지의 아시아-태평양 국가들의 경험에 기초한 공간계획의 인식론, 즉 지역의 계획 및 개발절차에 개입하는 방식의 정당화에 관한 논의를 제시하고 있다. 본 연구에서 가정한 계획의 인식론은 아직 전략이나 정책에 반영되지 않았지만 행동의 방향을 설정해주는 지식이 어떻게 가치를 가지며 이를 우리가 어떻게 만들어낼 것인가를 의미한다. 이는 '진리' 그 자체를 찾으려는 시도는 아니며, 공공정책 도입의 배경이 되는 진리와도 같은 지식이 수립되고 적용되는 과정을 다룬다.

2장에서는 영국의 토지이용계획 법률과 정책의 형성과정에 기초해 영국 공간계획의 틀을 형성하는 핵심사상을 지역계획 및 개발관련 학문적 논의를 토대로 설명하고 있다. 영국의 공간정책에 영향을 미친 사상은 매우 많고 다양하기 때문에 이를 포괄적으로 어딘가에 위치시키는 것은 불가능하다. 그럼에도 불구하고 영국의 토지정책 발전과정, 특히 농촌 지역을 도시 지역으로 용도전환하기 위한 법령과 정책을 형성하는데 바탕이 된 핵심적인 사상이 있음을 보여주고 있다. 이들 중 하이에크(F. Hayek)와 전후 영국에서 정부개입주의 정책을 실시하는 데 사상적 정당성을 제공했던 경제학자 케인즈(J. M. Keynes)의 이론은 영국의 농촌계획에도 큰 영향을 미쳤다.

3장에서는 근대 한국의 도시 및 지역개발에서의 거버넌스 체계를 두 가지 사례 연구와 함께 검토한 후, 실학사상에서의 거버넌스에 대한 함의를 도출하고, 민주주의 정치체제에서의 사회적 현실과 이것과 실학사상가들의 이데올로기와의 적합성을 분석하였다. 이러한 논의에 기초해 계획이 어떻게 기능할 수 있으며, 계획가들이 실학에서 무엇을 얻을 수 있는지를 논의하고 있다. 여기에서는 실학이 현대 한국 사회가 직면하고 있는 문제들에 대한 해결책을 제시할 수 있으며, 당대의 사상과 현명한 견해를 받아들일 필요가 있음을 주장하고 있다. 즉, 실학자들의 사고방식과 그들의 사상이 갖는 함의는 비단 조선시대나 한국의 지성사에 국한되는 것이 아니다. 실학의 사상이 동서양의 도시 및 지역 개발의 영역에서 갖는 함의를 보여주고 있다.

VI편에서는 한국과 미국의 주요 인식론에 기초하여 노인부양과 주거 만족도의 국가별 차이점을 분석하였다. 1장에서는 사회현상이 각 나라의 인식론적 사고에 바탕을 두고 있다는 점에 기초하여 분석결과를 한국과 미국의 인식론적 배경이 되는 유교와 실용주의에 대한 이론적 고찰을 통해 양국 노인부양의 결과와 그 의미를 해석하였다. 이 연구는 한국과 미국의 노인부양 결정에 영향을 미치는 요인에 대한 연구로, 한국과 미국의 1980년, 1990년, 2000년 센서스 데이터를 활용하여 65세 이상의 노인을 대상으로 한 노인모형과, 18-64세의 자녀를 대상으로 한 자녀모형으로 나누어 분석하였다. 분석결과, 이들 사이에는 인식론적 차별성이 존재하는 것으로 드러났는데 결혼 후에 독립을 하지 않고 부모와 계속 거주하면서 부모를 부양하는 한국의 유교사상과, 결혼 후 자신의 독립된 가정을 이루는 미국의 실용주의의 차이점이 부각되었다. 또한 미국의 경우 전문직 자녀는 부모와 함께 거주할 확률이 낮게 나타나고, 단순노무직 자녀는 부모와 거주할 확률이 높게 나타나 상대적으로 경제력이 낮은 자녀들이 부모에게 의존하는 것으로 해석할 수 있는데, 이는 효율적인 형태로 가족구성을 변화시키는 미국식 실용주의의 결과라는 흥미로운 결과를 도출하고 있다.

2장에서는 주거 만족도의 차이를 결정하는 요인으로서 주관성의 평가에 주목하여 인식론적 관점에서 주거 만족도의 한국과 미국의 차이를 분석하고 있다. 이 연구에서는 한국과 미국의 주거 만족도와 그 결정요인의 차이를 보이고 이러한 차이를 인식론적으로 설명하고 있다. 이 연구에 의하면 한국과 미국이 보이는 주거 만족도의 차이는 한국의 유교와 미국의 실용주의 및 개인주의라는 인식론적 차이에서 일부 기인한다. 상이한 문화적 배경을 가진 사회는 본질적으로 다른 규범, 가치, 문화 및 환경을 지니게 되므로 이를 반영하는 거주환경 및 이에 대한 인식을 분석한다면 보다 근본적인 사회 간 차이를 설명할 수 있을 것이라는 것이 이 연구의 주요 가정이다. 즉, 사고과정과 지식기반의 차이는 서로 다른 사고방식을 형성하게 될 것이며 이는 주거만족도와 같은 주관적 판단을 결정짓게 될 것이라는 점이다. 본 연구에서는 주택 만족도와 거주지 만족도의 결정요인은 비슷하지만 이들의 영향력은 국가별로 차이를 보임을 보이고 있다. 따라서 인식론적 배경의 차이, 주택시장, 주택정책, 사회관계, 사회계층 등 사회 특수성을 반영하는 여러 가지 요인이 한국과 미국의 주거 만족도의 차이를 형성하는 배경이 됨을 주장하고 있다.

4. 미래 연구과제

본 연구에서는 한국과 미국, 영국 3개 국가의 인식론에 대한 해석 및 실증 분석을 주요 연구내용으로 설정하였다. 이는 영국의 경험론과 미국의 실용주의로 대표되는 이들 국가들의 현상학적 인식론이 한국의 실학과 마찬가지로 추상적 사변성(抽象的 思辨性)에 대한 구상적 실증성(具象的 實證性)을 더욱 강조하는 인식론적 시각을 가지고 있기 때문이다. 따라서 그 관심도 순이론적인 것보다는 실천적 의식에 뒷받침된 경우가 많아, 농촌 사회변화를 주요 현상학적 연구 주제로 채택하고 있는 본 연구의 목적과 부합한다고 판단하였다. 하지만 제한된 연구기간과 인적자원으로 인해 당초 지향했던 연구목표에 부합하지 못한 것이 사실이다. 본 연구가 목표로 했던 인식론적 시각에 기초한 농촌 사회변화를 보다 심도깊게 이해하기 위해 향후 이루어져야 할 연구과제는 무수히 많다. 다음은 본 연구진이 본 연구를 통해 미진하다고 판단하는 분야의 일부이다.

- 농촌 사회의 인구 및 산업의 변화가 미국 및 영국에서 경험한 인식론적 규범과 어느 정도 부합하고 있는가?
- 적정 도시규모에 대한 이론적/실증적 논쟁은 한국 농촌 사회의 미래 기능 재설정에 어떤 연관성을 가지고 있는가?
- 집적과 분산이 농촌과 도시에 대해 가지는 공간적 의미는 무엇인가?
- 농촌 및 농업의 잠재적 가치의 변화가 농촌 공간변화에 함의하는 바는 무엇인가?
- 국가정책개입이 농촌 사회의 변화에 미친 영향은 시장의 흐름과 반하는 것인가? 아니면 부합하는 것인가?
- 농업과 농촌에 대한 국제 규범의 변화가 한국의 농촌 사회변화에 미치는 영향은 어떠한가?

상기의 실증 분석 결과들은 한국의 실학과 미국의 실용주의, 그리고 영국의 경험론적 시각에서 변증법적 해석을 통해 다음과 같은 이론적 시각에서 재정립될 필요가 있다.

- 한국의 실학에서 제시하는 공간발전의 규범은 무엇인가?
- 영국의 경험론은 보편타당한 실증주의를 실현하고 있는가?
- 한국 농촌 사회의 변화과정에서 노정되는 사실(fact)은 경험론의 견지에서 제시하고 있는 이론적 발전에 부합하고 있는가?

- 미국의 실용주의가 한국의 지역개발학에 미치는 영향은 존재하는가? 정치경제학적 시각에서 조명되는 농촌과 도시의 갈등론적 규범은 한국 농촌 사회변화에 얼마나 기여하고 있는가?
- 공간변화에 대한 지역개발학, 경제학, 지리학적 시각에서 채택되고 있는 인식론은 한국 농촌 사회변화에 대한 이론적 논거를 제공하고 있는가?

이러한 질의에 대한 각 학문 분야별 주요 연구내용은 다음과 같다.

(1) 실학

실학이 민생안정과 사회발전 등과 같은 현실 사회 문제 해결을 지고의 목적으로 하고 있다면(류명걸, 2003; 임원택, 1999), 그 전개과정으로 나타나고 있는 경세치용(經世致用), 이용후생(利用厚生), 실사구시(實事求是)가 내포하고 있는 공간적 의미는 존재하는가? 존재한다면 그것은 무엇인가? 농업의 혁신을 통한 현실 문제 해결을 의미하는 경제치용은 현대 한국사회의 농촌 사회변화에 어떤 의미를 가지고 있는가? 균전제, 한전제, 정전제 등으로 설명되는 토지개혁을 통한 농촌 경제정책은 현대 한국사회의 농촌 정책에 어떤 의미를 가지고 있는가? 정덕(正德)을 기초로 이용(利用)에 의해 축적된 부를 후생(厚生)의 사회복지로 전환하여 안정된 사회를 이룩한다는 실사구시가 가지는 한국 농촌 정책에의 함의는 무엇인가?

(2) 경험론

경험론은 형이상학(形而上學)보다도 인식론적인 문제의식을 발생시키고, 또 인식론으로서도 합리론(合理論)보다 경험론적 경향을 나타낸다(이재영, 1999). 또한 실천철학(實踐哲學)적 측면에서는 도덕과 법률 · 정치와의 상관성이 긴밀하고, 또 목적론적 · 공리주의적 성격이 강한 것이 영국의 경험론이다(Kenny, 1998). 공간변화에 대한 공리주의적 경험론은 어떤 합리성(rationality)에 토대하여 공간변화를 설명하고 있는가? 이기주의를 초월한 쾌락주의 이론, 사회 성원의 '최대다수의 최대행복'을 주장하는 공리주의가 영국사회의 공간변화에 함의하는 바가 있는가? 또는 존재한다면 그것은 무엇인가? 지역개발의 시각에서 차용되어 온(또는 원용될 수 있는) 영국의 경험주의적 시각에 기초한 인식론적 사고는 존재하는가?

(3) 실용주의

원래 퍼스(C.S. Pierce)가 과학적 논리학의 한 방법으로서 제창한 실용주의는 제임스(W. James)와 듀이(J. Dewey)에 의해 가장 미국적인 철학적 방법 및 태도로 확장-해석되기에 이르렀다(Margolis, 1986). 철학적 이론으로서 실용주의는 다음과 같은 특색과 의의를 가지고 있다(Kuklick, 2001). 첫째, 개념을 플라톤주의적인 영원부동한 것으로 보지 않고 현상을 해명하는 수단으로 가정 · 조작되는 도구로 보는 도구주의를 제창하고 있다. 둘째, 실험적 가설로서 현상의 해명에 활용되었을 때의 과정과 성과에서 볼 수 있는 유용성으로 진리성의 기준을 추구한다. 셋째, 주관과 객관, 사실과 가치, 지성과 감성, 귀납과 연역처럼 대립적 · 정적으로 파악하는 전통적 사고법과는 달리, 밀접한 상관성과 역동적 발전과정에서 그 개념들을 파악하는 연속적 사고법을 취한다. 미국 계획이론의 형성 및 실천에 실용주의가 미친 영향은 어떠한가? 미국 공간계획에서 비쳐지는 실용주의의 정신은 존재하는가? 한국 지역개발정책의 형성에 은유하고 있는 실용주의 철학의 잔영은 존재하는가? 실용주의가 공간변화에 함의하는 것은 무엇인가?

(4) 지역개발학의 공간적 인식론

'일정한 지역을 대상으로 개발이 지역공간에 투영되는 과정과 그 결과'를 의미하는 지역개발은 경제적인 측면과 사회적인 측면에서 주민복리 증진을 위한 실천성을 강조하는 '상향적 개발의 총체'라고 할 수 있다(한국지역개발학회, 1999). 절차적(procedural) 측면과 실질적(substantive) 측면이 강조되는 계획학의 경우 인식론적 이해가 넓은 편이지만(대한국토도시계획학회 편, 1998; Friedmann, 1987), 지역개발학에서의 인식론적 이해는 실천적 측면에서의 유형화를 강조하는 연구가 존재할 뿐(고병호, 1994; 조명래, 1995) 상대적으로 미약한 편이다. 공간변화를 바라보는 지역개발학의 이론적 논거(이중생산, Bi-Modal Production) 및 지역의 이원성(Regional Dualism)은 공간발전에 대한 공간의 하위성을 대표하는가? 종속과 불균형발전이론은 공간에 대한 피폐화의 불가피성을 나타내고 있는가? 노동의 공간적 분화(Spatial Division of Labor), 생산주기(Product Cycle), 지역혁신체계(RIS), 그리고 공간적 상호작용체계(Systems of Interactions Through Space)와 같은 근착

지역개발이론이 함의하고 있는 농촌 사회변화에 대한 시각은 무엇인가? 이러한 지역개발학 이론들에 있어서의 인식론적 기저는 무엇인가?

(5) 지역경제학(및 정치경제학)의 공간적 인식론

사회과학에서 거의 유일하게 보편주의적 이론(Universal/Grand Theory)을 구축하고 있는 경제학 역시 공간변화에 대해서는 상당히 상이한 이론적 논거를 제공하고 있다. 중상주의와 중농주의에서 설명하는 농촌 사회변화는 무엇인가? 중농주의와 자유방임주의를 지향하는 고전학파는 농촌 사회변화를 어떻게 설명하고 있는가? 경제학의 제한적 보편성을 주장하는 역사학파는 한계화되는 한국 농촌사회의 변화에 대한 정책개입에 우호적인가? 국가의 개입 필요성을 역설하는 사회주의학파는 어떠한가? 상품의 가치가 한계효용에 의하여 결정된다는 한계효용학파는 공간적 한계효용을 어떻게 규명하는가? 역사적으로 생성-발전하는 경제행태를 규명하는 케임브리지학파(또는 신고전학파)의 농촌 사회공간에 대한 인식은 존재하는가?

맑스주의(Marxism)에서 바라보는 도시공간에 대한 농촌공간은 자본가 계급에 대한 노동자 계급의 시각과 동일한가? 철학적 맑시즘(Philosophical Marxism), 포스트 맑시즘(Post Marxism), 분석적 맑시즘(Analytical Marxism), 신맑시즘(Neo-Marxism)의 농촌 공간변화에 대한 시각은 존재하는가? 주류 경제학과 정치경제학의 시각에서 조명되는 인식론적 배경의 동질성과 상이성은 무엇인가?

(6) 지리학의 공간적 인식론

공간변화에 대한 다양한 기초 학문을 형성하고 있는 지리학의 경우 이미 상당한 수준의 인식론적 시각에 기초한 농촌 사회변화에 대한 이론적 단초를 제공하고 있는 것이 사실이다(국토연구원, 2001; Ilbery, 1998 등). 하지만 이러한 이론들이 주로 학자들의 개인적 연구업적에 기초해 설명되고 있는 반면, 주요한 이론적 틀 속에서 농촌 공간변화를 분석하는 작업은 미미한 편이다. 자연환경의 중요성을 강조하는 지리적 결정모형(Geographical Determinism Model)은 현대 한국 농촌 사회의 변화와 무관한가? 경제적 요인을 강조하는 경제적 결정모형의 농촌공간에 대한 인식은 무엇인가? 실증주의 지리학과 구조주의 지리학에서 강조하는 농촌 공간변화의 주요 요인은 무엇인가?

한편, 객관적 사실에 기초한 농촌 사회의 변화에 대한 규범적 가치에 관한 연구 이외에, 다양한 실증 분석을 통한 농촌 사회의 가치 변화에 대한 연구는 도시적 가치에 대한 상대적 분석을 통해 연구될 필요가 있다. 농촌의 변화상에 대한 분석이 도시의 인구 및 산업활동의 변천에 대한 고려가 없이 실행된다면 변화를 촉발하는 주요한 다른 축을 무시하는 결과를 야기하여 제한적 농촌의 변화 모습만 분석될 가능성이 있다. 국-내외를 막론하고 기존의 농촌 사회의 기능에 대한 연구가 농촌 사회가 가지고 있는 자원의 도시적 기능으로의 전환에 따른 순 편익(net benefit)에 대한 연구가 아닌, 일방적 사용가치(one directional use value)를 측정했다는 면에서, 기존의 농촌 사회의 사회적 편익에 대한 결과는 일정한 한계를 가질 수밖에 없다. 향후 연구에서는 단면적인 농촌공간의 경제적 편익 측면이 아닌 기회비용의 시각으로 농촌과 도시에 대한 순 편익을 분석할 필요가 있다.

참고문헌

고병호, 1994, 지역개발이론의 체계적 접근과 새로운 패러다임의 형성에 관한 연구,『한국지역개발학회지』, 6(2). 87-124.

국토연구원, 2001,『공간이론의 사상가들』, 서울: 한울.

김순천 · 최병두, 2003, 1990년대 대구의 신도시화 과정과 도시정책,『한국지역지리학회지』, 9(4), 461-480.

대한국토 · 도시계획학회, 1998,『국토계획론』, 보성사.

소진광, 2003. Is Asian Paradigm Possible for Urban Management Planning?,『국토계획』, 38, 183-195.

이남인, 2004,『현상학과 해석학-후썰의 초월론적 현상학과 하이데거의 해석학적 현상학』, 서울: 서울대학교 출판부.

임형백 · 이성우, 2004,『농촌 사회의 환경과 기능』, 서울대학교출판부.

장욱 · 송미령, 1997, 계획의 정당성과 시장실패,『국토계획』, 32(4), 7-20.

장욱, 1995a, 한국 계획과정에의 비판적 접근(Ⅰ),『국토계획』, 30(1), 5-27.

장욱, 1995b, 한국 계획과정에의 비판적 접근(Ⅱ),"『국토계획』, 31(2), 5-27.

조명래, 1991, 지역정치경제학과 제3세대의 지역개발학,『한국지역개발학회지』, 3(1), 25-55.

조명래, 1995, 지역개발학의 파라다임, 『한국지역개발학회지』, 7(2), 51-67. 한국지역개발학회, 1999, 『지역개발학원론』, 서울: 법문사.

Foucault, M., 1994, *Ethics-Subjectivity and Truth*, New York: The New Press.

Friedmann, J., 1987, *Planning in the Public Domain: From Knowledge to Action*, New Jersey: Princeton University Press.

Habermas, J., 1994, *Postmetaphysical Thinking*, Cambridge: The MIT Press.

Ilbery, B., 1998, The *Geography of Rural Change*, UK: Longman.

Kuklick, B., 2001, *A History of Philosophy in America 1720-2000*, 박병철 옮김, 『미국철학사, 1720-2000』, 서광사.

Lankoski, J., 2000, *Multifunctional Character of Agriculture*, Finland: Agricultural Economics Research Institute.

OECD, 2001, *Multifunctionality: Towards an Analytical Framework*, Paris: OECD.

Romstad, E. A., Vatn, P. K. and Rørstad, V. Søyland, 2000, *Multifunctional Agriculture-Implications for Policy Design*, Agricultural University of Norway.

2장. 농촌과 도시

1. 농촌과 도시의 구분

농업은 농촌성의 중요한 상징으로 오랫동안 대부분의 농촌 지역에서 고용의 원천이었을 뿐 아니라 농촌경제의 원동력이었고, 농촌사회와 문화에 지배적인 영향력을 가지고 있었다. 이러한 농업중심적 전통은 농촌성에 관한 오늘날의 많은 논의에서도 명백하게 나타난다. 그러나 지난 세기 동안 이루어진 농촌 지역의 재구조화는 선진국 농업에 근본적인 변화를 가져왔다. 농업은 농촌 지역에 거주하는 대부분의 사람들이 경험하는 일상생활의 중심에서 주변으로 변화하였다. 오늘날의 농촌은 과거와 같이 '주민의 대부분이 농업에 종사하고, 공동체적 성격이 강하고, 동질적인 지역사회'라고 보기 힘들다. 오히려 최근의 농촌공간들은 도시와 마찬가지로 하나의 유형으로 볼 수 없을만큼 그 성격이 다양해지고 있다.

과거에는 농업이란 산업을 통해 존속하는 농촌이라는 공간과 농업 이외의 산업을 통해 존속하는 도시란 공간의 구별이 상대적으로 용이하였지만, 현대의 농촌은 산업구조가 농업 일변도가 아닐 뿐 아니라, 농촌 주민들의 일상적 삶 또한 하나의 잣대로 평가할 수 없을 정도로 다양화되었다. 미국의 대도시권과 비대도시 지역의 구분 사례처럼 도시를 정의한 후 그 이외 지역을 농촌으로 정의하는 경향이 있는데, 현대에 와서는 도시라는 개념 자체마저 도전받게 됨으로써 농촌과 도시의 구분은 더욱 어려운 것이 되었다.[3] 농촌의 지역적 특성이 과거와 달리 다양해지고 있기 때문에 농촌의 공간적 개념에 대한 혼란이 가중되고 있다. 어떤 지역을 도시라 하고 농촌이라 할 것인지에 관한 질문에는 다양한 대답이 존재하며, 지난 시기 동안 수없이 많은 정의들이 제시되었다(Muilu and Rusannen, 2004). 농촌과 도시를 구분짓는 명확한 특징이 사라지고, 농촌과 도시의 연속체적 성격이 강화되고 있으며, 농촌과 도시가 동일한 공간에 공존하고 있다. 이처럼 도시적 생활양식과 농촌적 생활양식이 결합된 혼주사회화는 현대 농촌의 두드러진 변화 양상으로, 이제 농촌의 이러한 다양성을 인식하지 않고서는 농촌 문제에 대한 올바른 접근이 어렵다고 할 수 있다(임석회, 2005). 따라서 도시 지역과 대비하여 전통적으로 인식되어 온 '농촌 지역=농업 지역'이라는 이분법적 구분 방식의 유의성은 재검토되어야 하며, 하나의 농촌이 아니라 다양한 여러 개의 농촌으로 농촌 지역을 인식하는 것이 필요하다(임석회, 2005).

20세기 들어 선진국 농촌은 두 가지 큰 변화를 겪었다. 전자는 전산업사회에서 산업사회로의 변화이며, 후자는 산업사회에서 탈산업사회로의 변화이다. 전산업사회에서 산업사회로의 변화의 핵심은 1차 산업 중심에서 2·3차 산업 중심으로 산업구조가 탈바꿈한 데 있다. 이 과정에서 농촌에서는 대규모 인구 유출과 함께 여러가지 변화가 일어났다. 탈산업화란 경제의 중심이 제조업에서 서비스업으로 옮겨

[3] 비대도시 지역이 다양한 실체를 갖고 있다는 것은 광범위하게 인식되고 있다. 많은 비대도시 지역 카운티들은 하나 혹은 다른 업종에 특화되어 있다. 이들은 대도시권역에 대한 근접성이나 도시화 정도에 따라 구분될 수 있다(Fuguitt and Beale, 1996)

가는 것 외에도 직업구조, 소비양식, 가치관 등 사회전반에 걸쳐 일어나는 변동이라고 할 수 있다. 농촌에서도 과거에는 볼 수 없던 현상들이 나타나는데, 우선 농업의 기능, 농업에 대한 인식이 크게 변화하였다. 이제 농촌은 단순히 농산물 생산이라는 경제적 기능 이외에도 환경적 기능, 문화적 기능을 가진다는 인식이 확대되고 있을 뿐만 아니라 오히려 후자의 기능에 더 큰 의미를 두는 경향이 생기고 있다. 이에 생산성이 낮은 영농방법이나 휴경이 권장되기도 하며 농업경관을 관광자원이나 문화자원으로 취급하기도 한다.

도시-농촌을 이분법적으로 보는 시각은 많이 사라졌지만 이러한 구분은 최소한 두 가지 측면에서 유용하다(Woods, 2005). 우선 대부분의 정부는 공식적으로 농촌과 도시를 구분하고 있으며, 두 지역에 대해 상이한 정책과 제도를 가지고 있다. 둘째, 농촌 지역에 사는 많은 사람들은 그들 스스로를 '농촌적 삶의 양식(rural way of life)'에 따라 사는 사람이라 여기는 정체성을 가지고 있다. 이러한 정체성은 상당히 강력하여 실업이나 농산물의 가격 하락, 또는 지역에 제공되는 서비스 약화 등의 문제가 발생할 때, '도시의 위협'에 대한 연대와 저항의 기반이 된다.

하파크리(Halfacree, 1993)는 도시와 농촌을 구분하는 접근법을 기술적 방법, 사회 문화적 방법, 사회적 재현 방법 등으로 정리하였다. 이러한 구분을 중심으로 농촌과 도시의 구분에 대한 다양한 접근법을 살펴본 결과는 다음과 같다.

(1) 기술적 정의(descriptive definition)

이 접근법은 농촌과 도시의 명확한 지리적 구분이 여러 가지 통계 지표에 의해 측정된 사회경제적 특성에 의해 가능하다는 가정에 근거하고 있다. 농촌에 대한 공식적인 정의에서 가장 간단하면서 보편적으로 채택되고 있는 방법은 인구수에 의한 것이다. 도시가 농촌보다 더 많은 인구를 가진다는 것이 보편적인 통념이기 때문에 이와 같은 방법은 상당히 논리적으로 보이지만 엄밀히 말해서 어떤 인구 규모가 농촌 지역을 도시가 되게 만드는가를 구분하기는 어렵다. 국가별로 농촌과 도시 지역을 정의하는 공식적인 인구 규모는 상당한 차이를 보인다[표 Ⅰ-1]. 스칸디나비아에서는 300명 이상의 취락이 도시로 분류되는 반면, 일본에서는 30,000명 이상의 취락이 도시로 구분된다(Hall, 2006). 이를 통해 도시와 농촌의 구분이 당연하거나 분명한 것은 아니라는 점을 알 수 있다.

이러한 정의에는 또 다른 문제가 존재하는데, 우선 인구 규모는 지역의 경계에 따라 달라진다는 점이다. 둘째, 단순한 인구수는 취락

표 Ⅰ-1. 국가별 농촌의 공식적인 최대 인구 규모 (단위: 명)

국가	최대 인구 규모	비고
아이스랜드	300	도시 행정 단위의 최소 인구 규모
캐나다	1,000	인구 밀도가 ㎢당 400명 미만(센서스의 정의)
미국	2,500	센서스의 정의
영국	10,000	농촌청(Countryside Agency)의 정의
일본	30,000	도시 행정 단위의 최소 인구 규모

의 기능 혹은 취락의 주변 지역과의 관계에 관해 거의 아무것도 알려주지 않는다는 점이다. 인구가 희박한 네브라스카주에 있는 1,000명의 인구로 구성된 소도시(town)는 분산된 농촌 인구에게 중심지 역할을 하는 도시 일 수 있지만, 메사추세츠주에서 1,000여명 인구 규모의 마을은 농촌으로 정의된다(Woods, 2005). 셋째, 인구수에 기반한 정의는 임의적이고 인위적이다. 따라서 왜 인구가 1,000명 미만인 지역은 농촌이고 1,000명 이상인 지역은 도시로 구분되는지에 대해 명확하게 설명할 수가 없다.

(2) 사회 · 문화적 정의(socio-cultural definition)

기술적 정의가 농촌을 영역(territories)으로 인식하는 것처럼 사회 · 문화적 정의는 농촌을 사회(societies)로 인식하려고 한다. 이 접근 방식에서 도시와 농촌 사회의 차이는 거주자들의 가치와 행태, 지역사회의 사회 · 문화적 특성에 의해 만들어진다. 가장 잘 알려진 두 가지 사례는 퇴니스(F. Tönnies)와 워스(L. Wirth)에 의해 만들어진 모델이다. 퇴니스는 농촌과 도시 지역에서 발견되는 사회적 결합의지(social ties)에 따라 농촌을 공동사회(게르만샤프트, Gemeinchaft), 도시를 이익사회(게젤샤프트, Gesellschaft)로 불렀다. 한편 워스(Wirth, 1938)는 도시생활은 동적이고 · 불안정하고 · 비개인적(impersonal)인 것으로, 농촌생활은 안정적이고 · 동질적인 사람들이 다양한 맥락에서 서로에게 접촉하는 통합된 사회로 보았다. 다른 학자들도 이와 유사한 이분법을 만들어냈지만[표 Ⅰ-2], 이러한 이분법은 도시와 농촌 사회의 차이를 지나치게 과장하는 경향이 있다. 이에 대응해서 나온 도시-농촌 연속체

표 I-2. 도시-농촌에 대한 사회 · 문화적 정의

학자	도시	비도시 혹은 농촌
베커	세속적	신성함
뒤르깽	유기적 연대	기계적 연대
퇴니스	이익사회	공동사회
베버	합리적	전통적

출처: Woods(2005)

(urban-rural continuum)는 농촌과 도시를 농촌적 · 도시적 요소의 정도의 차이로 인식한다.

(3) 사회적 재현으로서의 농촌(rural as social representation)

이 접근에서 농촌은 사람들이 일상적인 대화에서 사용하고 이해하는 단어와 개념의 동의어이다(Halfacree, 1993). 농촌 지역의 사회경제적 구조의 특성을 구별하려고 하기보다는 사람들이 농촌에 대해 생각할 때 떠오르는 상징과 기호, 이미지가 무엇인지를 묻는 것에서 시작한다. 이 접근에 의하면 지역이 '농촌'이 되는 것은 경제나 인구밀도 혹은 또 다른 구조적 특성 때문이 아니라 농촌에 거주하는 사람들이나 농촌을 방문하는 사람들이 그곳을 '농촌'이라고 생각하기 때문이다. 사람들은 텔레비전, 영화, 문학, 일상생활의 경험, 휴가 등에 의해 농촌성이 의미하는 것이 무엇인지에 대한 사전 인지를 가지고 있으며, 이 지식을 어떤 지역 · 경관 · 생활양식 · 활동이 농촌적인 것이라고 판단하는데 사용한다.

오늘날 농촌 연구에서 주된 접근은 '농촌성'을 '사회적 구성체

(social construct)'로 본다. 이것은 더 이상 지리학자가 농촌 지역의 엄밀한 경계를 나누거나 사회학자가 농촌 사회의 근본적인 특성을 발견하기 위해 노력하지 않는다는 것을 의미한다. 농촌 연구자들은 특정 장소와 대상, 전통, 관습과 사람들이 어떻게 '농촌'으로 인식되는지를 이해하고자 노력한다.

2. 미국의 농촌과 도시

농촌에 대한 국가의 공식적인 정의는 인구밀도, 토지이용, 도시 중심지로부터의 접근성을 포함하는 보다 복잡한 모델을 발전시킴으로써 도시와 농촌의 이분법적 구분에서 발생하는 문제를 해결한다. 미국의 농촌 정책연구소(Rural Policy Research)[4]에서는 9가지의 다른 정의를, 영국에서는 정부 부처별로 30개 이상의 농촌에 대한 정의를 사용하고 있다. 미국을 중심으로 농촌과 도시의 구분 사례를 살펴본 결과는 다음과 같다.

2000년 센서스와 병행해서 미국의 센서스국(Census Bureau)은 도시와 농촌의 구분에 있어 광범위한 변화를 만들었으며, 또한 예산관리국(Office of Management and Budget)은 대도시권(Metropolitan Statistic Area: MSA)-비대도시 지역의 구분 체계를 변화시켰다. 센서스국에서는 도시 지역을 인구 2,500명 이상의 도시, 마을, 버러(borough), 타운이라고 정의하고 있으며 그 외의 지역을 농촌으로 정의한다. 대도시권

[4] www.rupro.org

과 비대도시 지역의 경계는 카운티를 기반으로 설정된다(뉴잉글랜드에서는 카운티가 아닌 타운을 기반으로 설정됨). 2003년 정의에 따르면 대도시권은 하나 혹은 그 이상의 중심도시나 도시화된 지역(urbanized area: 인구 50,000명 이상의 인구집중지역이 나타나고 일반적으로 제곱 마일당 1,000명이 넘는 인구밀집지역과 500명 이상의 인근 지역을 포함하는 지역)을 가진 중심 카운티와, 중심 카운티로의 통근 인구가 25% 이상 되는 경제적으로 밀접하게 연관되어 있는 외곽의 카운티로 정의된다(http://www.ers.usda.gov). 대도시권은 주 경계를 넘어서 경계가 설정될 수 있는데, 일례로 뉴욕 대도시권은 뉴욕주와 뉴저지주에 걸쳐 있다. 대도시권과 비대도시 지역을 카운티별로 구분해 본 결과는 다음과 같다[그림 Ⅰ-1].

그림 Ⅰ-1. 대도시권과 비대도시 지역 카운티(2003년)

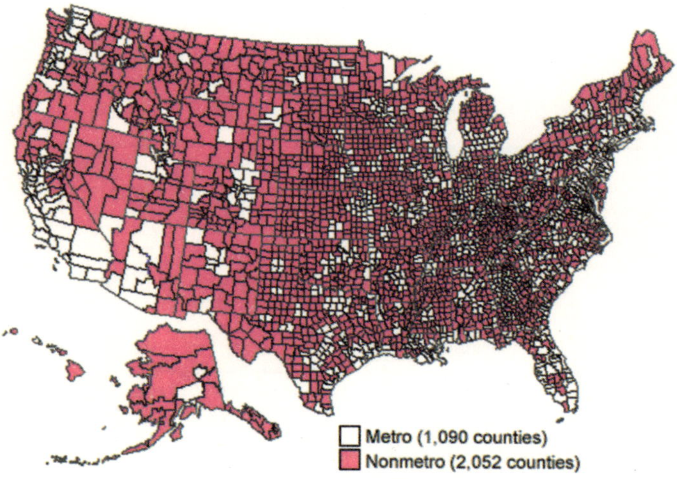

출처: http://www.ers.usda.gov/Emphases/Rural/Gallery/nonmetrocounties.htm

센서스국의 도시-농촌과 예산관리국의 대도시권-비대도시 지역을 인구수와 비율을 통해 비교해 본 결과는 다음과 같다[표 Ⅰ-3]. 농촌에는 전체 인구의 21.0%, 도시에는 79.0%가 거주하고 있으며, 비대도시 지역에는 17.4%, 대도시권에는 82.6%의 인구가 거주하고 있다.

미국 농촌 지역의 사회경제적 특성은 지역마다 매우 다르다. 어떤 지역은 여전히 농업, 광업, 임업과 같은 전통적인 채취 산업에 고용을 의지하고 있는데, 이러한 지역들은 일자리 감소를 겪고 있다. 이 지역들의 낮은 인구밀도는 종종 중요한 서비스들을 제공하는 비용을 높인다. 이와 대조적으로 또 다른 농촌 지역들, 특히 자연 경관이 수려한 지역의 경우는 경제적 변화와 빠른 인구성장을 경험하고 있다. 종종 성장은 지역사회의 특성을 변화시키기도 한다. ERS(Economic

표 Ⅰ-3. 도시-농촌과 대도시권-비대도시 지역의 비교 (단위: 명, %)

구분	농촌		도시		전체	
	인구수	비율	인구수	비율	인구수	비율
비대도시 지역	29,001,246	49.2	20,157,427	9.0	49,158,673	17.4
대도시권	30,060,121	50.8	202,203,104	91.0	232,263,225	82.6
전체	59,061,367	-	222,360,531	-	281,421,898	-

농촌-도시 거주자의 대도시권역-비대도시 지역역 거주 비율

	농촌거주자	도시거주자
비대도시 지역	58.9	41.1
대도시권역	12.9	87.1
전체	21.0	79.0

주: 도시와 농촌의 정의는 2000년 센서스 기준이며, 대도시권-비대도시 지역은 2003년 자료 기준임.

Research Service)는 공공정책과 프로그램을 개발하는 데 유용한 미국 농촌 지역의 다양성을 잡아낼 수 있는 농촌 지역에 관한 대안적 분류로 농촌-도시 연속체 코드를 개발하였다. 이러한 구분들은 농촌 지역을 지원하기 위한 연방정부의 프로그램의 적합성을 결정하는 데 사용되어 왔다.

농촌-도시 연속체 코드는 원래 1975년에 브라운(D. L. Brown), 하인즈(F. K. Hines)와 짐머(J. M. Zimmer)에 의해 만들어졌는데, ERS의 보고서(Social and Economic Characteristics of the Population in Metro and Nonmetro Counties: 1970)에서 이용된 이후 센서스 결과를 반영해 업데이트되고 있다[표 Ⅰ-4].

미국의 농촌은 국토의 80%를 차지하고 있으며, 인구의 5분의 1인 5,600만 명의 사람들이 살고 있다. 21세기 초 미국의 농촌에서는 어

표 Ⅰ-4. 농촌-도시 연속체 코드(Rural-Urban Continuum Codes)별 카운티와 인구수

구분	코드	구분	해당 카운티의 수	2000년의 인구
대도시권	1	100만 명 이상의 대도시권내 카운티	413	149,224,067
	2	25만-100만 명 이하의 대도시권내 카운티	325	55,514,159
	3	25만 명 미만의 대도시권내 카운티	351	27,841,714
	4	2만 명 혹은 그 이상의 대도시권 인접 카운티	218	14,442,161
비대도시 지역	5	2만 명 혹은 그 이상의 대도시권 비인접 카운티	105	5,573,273
	6	2,500-19.999명 혹은 그 이상의 대도시권 인접 카운티	609	15,134,357
	7	2,500-19,999명 혹은 그 이상의 대도시권 비인접 카운티	450	8,463,700
	8	완전 농촌 혹은 2,500명 미만의 대도시권 인접 카운티	235	2,425,743
	9	완전 농촌 혹은 2,500명 미만의 대도시권 비인접 카운티	435	2,802,732
	전체	-	3,141	281,421,906

출처: http://www.ers.usda.gov

떠한 단일 산업도 지배적이지 않으며, 인구 성장이나 감소와 같은 단일한 패턴이 발견되지도 않는 다양한 모습을 보이고 있다(United States Department of Agriculture, 2000). 20세기 중반과는 달리 농장은 더 이상 농촌 지역에서 주된 역할을 하고 있지 못하다. 현재 8개 중 7개의 카운티에는 제조업, 서비스업, 그 외 비농업 활동이 집중되고 있다. 오늘날 경제적으로 활성화된 농촌 지역은 관광이나 은퇴자와 관련된 자연경관이 좋은 곳, 제조업을 위한 낮은 임금과 양질의 노동력이 있는 곳, 농업 · 임업 · 광업을 위한 자연자원이 있는 곳이라는 세 가지 유형 중 하나이거나 둘 이상의 성격을 함께 갖는 곳이다(United States Department of Agriculture, 2000).

3. 우리나라의 농촌과 도시

우리나라에서 농촌과 도시의 구분은 통상 행정구역을 기준으로 하는 경우가 일반적이다. 과거에는 시=도시, 군=농촌이라는 구분이 사용되었으나, 도농통합시 출현 이후 동=도시, 읍면=농촌 혹은 동읍=도시, 면=농촌이라는 구분이 사용되기도 한다(성주인 · 송미령, 2003). 행정구역상으로는 군부보다는 면부만을 농촌으로 보는 것이 더 타당할 수 있지만 인구 총조사 자료이외에 각종 행정통계자료를 활용하고자 할 경우는 이용가능한 자료의 제약으로 인해 읍부를 포함하는 군부인구를 농촌 인구로 간주하지 않을 수 없게 된다(김남일 · 최순, 1998).

읍부 면적이 14,716㎢, 면부 면적이 75,953㎢로 읍면부가 전체 국토면적에서 차지하는 비중은 거의 90%에 육박하며, 면부가 전체 국토면적에서 차지하는 비중도 70%를 상회한다(성주인 · 송미령, 2003). 읍면동의 분포를 통해 국토의 대부분이 농촌 지역임을 확인할 수 있다[그림 Ⅰ-2, 그림 Ⅰ-3]. 2000년을 기준으로 읍면동의 면적 및 인구밀도를 살펴본 결과는 다음과 같다. 지역별로 인구밀도가 큰 차이를 보이고 있음을 알 수 있다[표 Ⅰ-5].

그림 Ⅰ-2. 읍면동의 분포 (2000년)

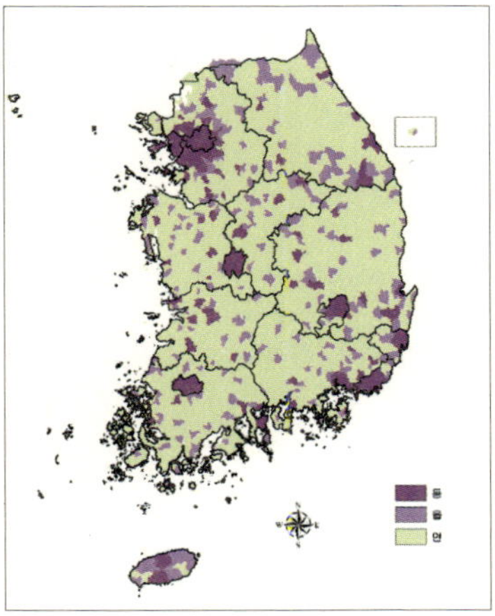

그림 Ⅰ-3. 읍면동의 분포 (2005년)

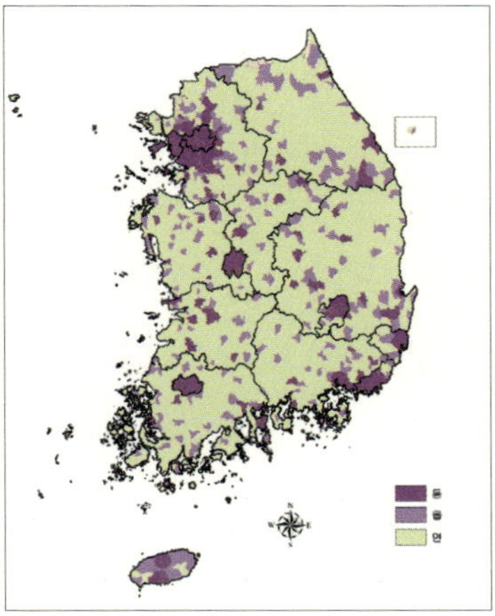

표 Ⅰ-5. 읍면동별 면적 및 인구밀도 (2000년)

구분	개수	면적	총인구	인구밀도
읍	208	14,454	3871,096	267.8
면	1,209	76,488	5441,710	71.1
동	2,087	9,943	36,823,295	3703.4
계	3,504	100,885	46,136,101	457.3

주: 면적은 지도상에서 계산된 것임.

참고문헌

김남일 · 최순, 1998, 인구이동과 지역단위별 농촌 인구 분포의 변화, 『한국인구학』, 21(1), 42-79.

성주인 · 송미령, 2003, 지역유형 구분과 농촌 지역의 유형별 특성, 『농촌경제』, 26(2), 1-22.

임석회, 2005, 농촌 지역의 유형화와 특성 분석, 『한국지역지리학회지』, 11(2), 211-232.

Halfacree, K., 1993, Locality and social representation: space, discourse and alternative definitions of the rural, *Journla of Rural Studies*, 9, 23-37.

Hall, P., 2006, *Urban Geography 3rd*(ed.), London: Routledge.

Muilu, T. and Rusanen, J., 2004, Rural definitions and short-term dynamics in rural areas of Finland in 1989-1997, *Environment and Planning A*, 36(8), 1499-1516.

United States Department of Agriculture(USDA), 2000, *Agriculture Factbook 2000*, Washington DC, United States Department of Agriculture.

Wirth, L., 1938, Urbanism as a way of life, *The American Journal of Sociology*, 44(1), 1-24.

Woods, M., 2005, *Rural Geography*, London: Sage Publications.

http://www.ers.usda.gov/Emphases/Rural/Gallery/nonmetrocounties.htm.

II

영국과 미국 농촌 사회의 변화

1장. 농업과 농촌의 변화

1. 농업에 대한 국가의 개입과 생산주의

미국에서 국가 차원으로 농업을 지원한 초기의 시도 중 하나는 1862년 미국 농무부(United States Department of Agriculture)의 설립이다. 초기에 농무부는 씨앗과 모종을 농부들에게 분배하고 어떻게 사용해야 하는지에 대한 정보를 제공하는 기능을 했다. 이후 정부의 지원을 받은 '무상 토지불하 대학(land grant college)'들이 농업 과학을 가르치고 농업의 현대화를 돕기 위해 설립되었다(Woods, 2005).

유럽에서 농업에 대한 국가의 개입은 두 차례에 걸친 세계대전의 영향으로 시작되었다. 이는 전쟁이 농업 생산 기반을 파괴했을 뿐 아니라 무역의 제한에 따라 재화의 공급이 제한되었기 때문인데, 농산물에 대한 군대의 막대한 수요는 뒤이은 급격한 도시화에 의해 대체되었다. 농산물에 대한 가격 지지정책은 1차 세계대전 때 영국에서 도입되었지만 이 제도가 안착된 것은 1947년 농업법(Agriculture Act)에 의해서이다. 이 법은 농부에게 가격을 보장해주는 시스템을 만들었을 뿐 아니라 시장, 훈련, 임금의 규제 등에 관한 국가의 개입 체계를 만들어냈다(Woods, 2005).

1940년대부터 1980년대 중반까지 낮은 농업 소득, 이로 인한 농촌의 낙후 등 이른바 농업 문제의 해결을 위한 농업 정책의 주된 방향은 생산을 증대시키는 생산주의(productivism)였다. 이는 기계화, 과학적 영농기법의 도입, 농장의 규모 확대 등을 통한 생산성 향상을 통해 궁극적으로 농업도 다른 산업에 필적하는 소득과 경쟁력을 확보할 수 있도록 하려는 산업화 시대의 농업성장주의(agricultural expansionism)라고 할 수 있다. 이는 농업의 집약화(intensification), 대규모화, 전문화(specialization)를 통한 산업화와 관련되는데, 이러한 시스템은 정부의 보조금에 의해 지탱되었다. 집약화는 기계화, 인프라, 농약 사용의 증가, 생명공학 등을 통해 생산성을 증진시키는 것을 목표로 한다. 한편 전문화는 가격 경쟁력을 강화하는 데는 도움이 되었지만 단일 작물에 적합한 비싼 기계의 도입은 다양성의 감소를 야기하였다. 따라서 특정 농작물의 생산이 더 적은 수의 대규모 농장으로 집중되는 경향이 강화되었다.

이러한 농업의 변화는 농촌 경제와 사회 환경에 여러 가지 영향을 미치게 되었다. 우선 농지규모 증가로 인해 산울타리가 제거되고 목초지가 경작되고 새로운 작물이 도입되는 등 경관에 변화가 일어났다. 또한 이보다는 덜 가시적이지만 오염, 토양 침식, 동식물 서식지의 감소와 같은 심각한 환경 문제도 발생하게 되었다. 둘째 농업이 지역사회로부터 유리되었다. 기계화는 노동력이 덜 필요하다는 것을 의미하는데, 1950년에서 1970년 사이 총 노동력은 3분의 1 이상 감소된 것으로 추정된다(Woods, 2005). 이는 농촌 지역사회의 고용기반이 약화되는 것을 의미한다. 점점 더 많은 농지들이 기업과 부재지주에게 넘어감에 따라, 그리고 농업생산물을 지역 상점이나 시장보다 가공업체나 슈퍼마켓에서 팔게 됨에 따라 농업과 지역사회와의 연계가 약화되고 있다.

농업의 산업화로 인해 권력은 농부에게서 기업에게로 넘어가게 되었다. 농업에 있어 기업의 영향력 강화는 생산주의, 자본주의적 농업의 핵심적인 측면이다. 기업에 의한 농지 소유는 과일, 사탕수수와 같은 특정 생산 부문과 캘리포니아, 플로리다 등의 특정 지역에서 더욱 중요해지고 있다. 이로 인해 토지를 소유하고 있는 고객들을 위해 일하거나 농기업의 계약을 담당하는 특화된 기업들이 출현했다. 농부들은 농산물 생산과 관련하여 종자, 화학 제품, 기계를 공급하는 제한된 기업들에게 의존하게 되었으며 농산물의 유통에 있어서도 소수의 기업들에 대한 의존이 증가하고 있다.

2. 농업의 위기와 탈생산주의의 등장

생산주의 양식은 선진국 농촌 사회에 많은 영향을 끼쳤다. 긍정적인 부분과 부정적인 부분이 공존하지만 생산주의의 핵심 목적이 성공적이었다고 보기는 어렵다. 1961년과 1990년 사이 선진국의 농업 생산은 62%가 증가하여, 시장에서 적정 가격으로 팔릴 수 있는 것보다 많은 농산물을 생산하게 되었다. 과잉생산은 정부의 농산물 구매에 의한 가격지지정책에 의해 지탱되었다. 1984년 공동농업정책(CAP: Common Agricultural Policy)의 실행을 위해 유럽공동체 전체 예산의 70%가 쓰여졌다. 이 예산 중 4분의 1은 과잉 생산물의 저장에 사용되었다(Woods, 2005). 이러한 과잉 생산을 타개하기 위해 주요 농업생산국가들은 새로운 수출 시장을 찾기 시작했다. 이는 주요 경제블록 사이의 무역전쟁과 극심한 경쟁, 세계 농산물 가격의 하락을 야기하였다.

미국에서는 과잉생산 문제가 한발(旱魃), 이자율의 상승과 병행되었다. 20세기의 시작과 함께 개척되기 시작한 캘리포니아에서 신용대부는 농업 현대화의 촉매제 역할을 했다. 특히 1960년대와 1970년대에 농부들은 기계와 농장개선 사업을 위해 돈을 빌리는 것을 장려받았고, 1970년과 1980년간 미국의 농가부채는 두 배로 증가하였다. 이러한 상황은 이자율이 낮은 동안에는 지속가능했지만 1980년대 초 농산품가격의 붕괴와 재정적 압력이 동시에 발생하면서 이자율이 급격하게 상승하게 되자 위기를 맞게 되었다. 위기가 최고조에 달했던 1986-87년 1년 간 100만 명의 농부와 그 가족들이 농업을 포기하였다. 이러한 농업의 위기는 소규모 가족농의 비중을 감소시켰고, 개인과 지역사회에 악영향을 미치게 되는 심각한 위기를 야기함으로써 근본적으로 미국의 농업을 변화시켰다. 이러한 변화로 인해 스트레스, 자살률, 정치적 무관심이 증가하였고, 이는 극우 민병대 성장의 한 원인이 되었다. 이런 상황에 농업부문이 점차 적응하게 되고 이자율이 하락함에 따라 농업위기에서는 벗어나게 되었지만 과잉생산이라는 근본적인 문제는 해결되지 않은 채로 남아있다.

탈산업 사회로의 변화 과정에서 농촌의 변화는 산업화 단계와는 전혀 다른 요인들로부터 영향을 받는다. 첫째, 농업에 있어서 탈생산주의(post-productivism) 경향이 뚜렷해지고 있다.[1] 이러한 변화는 농업 현대화가 농업 문제의 궁극적 해결책이 되지 못하고 오히려 환경문제, 농촌 사회의 존립 문제를 심화시킨다는 정부 스스로의 반성에서 비롯되었다(박영한 · 조영국, 2002). 여전히 대규모의, 전문화되고, 현대화된 농업 생산 방식이 추구되고 있지만, 이런 농업 생산 방식을 추구하는 농가들이 감소하고 있으며 환경친화적 농업, 조방적 농업, 다각화된 경영을 추구하는 농가들이 증가하고 있다. 나아가 선진국의 정부들은 이러한 농가들을 적극적으로 지원하고 있다.

생산주의와 비교할 때, 탈생산주의로의 변화는 다소 모호하고 다양한 측면을 갖는다. 생산주의로부터 멀어지는 것은 분명하지만 무엇을 향해서 가고 있는지는 아직 불명확하다. 산림의 복원과 같은 환경적 목표를 강조하는 경우가 있는가 하면, 가족농의 보호와 같은 사회적 목표를 강조하는 경우도 있다. 하지만 탈생산주의로의 변화는 네 가지 핵심 요소로 이해될 수 있다. 조방화(extensification)와 환경친화적 농업의 확산, 농업다각화(diversification), 농촌의 다원적 기능(stewardship) 강조, 농업 생산물의 가치 증진이 그것이다.

(1) 조방화와 환경친화적 농업의 확산

조방화는 집약적인 농업을 지원하던 보조금을 없애거나 제한함

[1] 탈생산주의로의 변화에 대해 이것이 얼마나 농업에 근본적인 변화를 야기했는지에 관해 의문시 하는 견해도 있다. 에반스 외(Evans et al. 2002)에 의하면 지구적 자유시장에서 농부의 경쟁력을 강조하는 생산주의의 지속적인 강화에 대한 상당한 증거가 있다. 그는 이러한 사례 중 하나로 영국 정부가 농업 생산 지원에 2636.8백만 파운드를 사용한 반면 조방화, 농업 다각화, 농촌의 다원적 기능에는 376백만 파운드를 사용한 점을 들고 있다.

으로써 생산을 감소시키고 화학물질과 인공적인 투입물을 감소시켜 집약화와 반대 방향으로 전환하는 것을 목표로 한다. 농업의 보다 조방적인 형태인 일시적 휴경을 장려하는데, 이러한 가장 유명한 사례는 최소한 5년 동안 경지의 20% 이상을 휴경하는 농부에게 보상금이 주어지는 유럽연합의 조방화 시책(EU set-aside scheme)이다.

농업에 있어서 탈생산화 경향을 잘 보여주는 또 하나의 사례는 농약과 화학비료를 덜 사용하거나 사용하지 않는 환경친화적 농업 혹은 유기농업의 확산이다. 농민들은 처음에는 경제적 이유보다는 윤리적이고 철학적 이유로 환경 친화적 농업을 도입하기 시작하였다. 환경 문제에 관심을 갖는 소비자들을 중심으로 상대적으로 비싼 유기농산물을 구입하려는 움직임이 일어났다. 최근에는 안전하고 신선한 농산물에 대한 선호가 높아지면서 유기농산물의 소비도 크게 늘어나고 있다(박영한 · 조영국, 2002).

(2) 농업 다각화

레저, 관광, 환경 등 농촌 공간을 둘러싸고 새로운 형태의 서비스 수요가 빠르게 증가하고 있어 이로 인해 농촌에는 새로운 소득 기회가 생기고, 농촌경제의 모습도 과거와 달라지고 있다. 최근 선진국 농장 경영에서 나타나고 있는 변화 중 하나는 일반적으로 많이 재배되는 작물이 아닌 새로운 작물을 재배하거나, 농장시설을 활용하여 농장관광, 농산물직판장, 승마센터, 식품가공체험, 과일따기체험(U-pick)

등과 같은 농외 활동을 하는 농가가 늘어나고 있는 것이다.[2] 이러한 방식의 농장 경영은 농외 소득을 얻는다는 점에서 과거의 겸업농(part-time farming)과 유사하지만 농장 및 그 시설들을 직접 활용한다는 점에서 겸업과 다르다. 그래서 이 경영방식을 종래의 겸업보다 확대된 개념으로 복합활동(pluriactivity)이라고 부른다(박영한·조영국, 2002).

농업 다각화는 농업생산이 감소하더라도 농가가 경제적 · 사회적 단위로 생존할 수 있도록 농가의 농업생산에 대한 의존을 줄이는 것을 목적으로 한다. 농산물 가격의 불안정성이 직접적으로 농업에서 얻는 소득을 낮추었기 때문에 다양한 소득원이 중요해지고 있다. 1997년 미국 농가 평균 소득의 88%이상, 고용의 절반 이상이 농장이 아닌 곳에서 나왔다. 영국에서는 1997-1998년 사이 4분의 1 이상의 수입이 다각화된 소득원에서 나왔다(Woods, 2005).

(3) 농촌의 다원적 기능 강조

농업의 경관 유지가 농업 생산물의 부산물로 여겨지기 보다는 그 자체가 중요한 목적으로 여겨진다. 이에 따라 산울타리, 담벽, 연못, 과수원 등을 복원하고, 공공의 접근성을 위해 출입문과 울타리를 관리하고, 민감한 동물의 서식지를 관리하는 계획을 이행하는 농부들에게는 생산의 유형이나 수준과 상관없이 농장 유지를 조건으로 보조금을 지급한다. 이러한 정책은 농부들을 공원관리자(park-keeper)로

〔2〕 과일따기 체험 등을 통한 농장 체험은 부가가치가 증진된 생산물, 예를 들어 말린 허브나 꽃, 잼, 젤리, 집에서 만든 빵이나 패스추리 등의 상품 판매와 결합되며, 농장 체험의 여가적 측면은 '건초를 실은 짐수레를 여럿이 타고 가는 소풍' 등의 프로그램을 통해 이루어진다(Heimlich and Anderson, 2001).

만든다는 점에서 비판을 받기도 한다.

20세기 후반 들어 선진국에서는 산림 면적이 빠르게 증가하고 있다. 이는 농산물의 과잉 문제를 해결하기 위해 국가에서 조림을 적극적으로 지원한 탓도 있지만 더욱 중요한 점은 산림에 대한 가치관이 바뀌면서 산림 조성 붐이 크게 일어났기 때문이다. 선진국에서는 산림의 목재 공급 기능보다 휴양이나 자연 보존 기능을 더 중요시하는 인식이 커지고 있다. 목재산업이 중요한 핀란드에서조차 다수의 도시민들이 쾌적한 환경에 별장이나 전원주택을 마련할 목적으로 산림을 사들이는 사례가 급증하고 있다(박영한 · 조영국, 2002).

농촌이 가지고 있는 자원에 대한 새로운 평가는 비단 산림에 국한되지 않는다. 도시에서 찾기 어려운 깨끗한 물과 공기, 야생동물 등의 자연환경 요소뿐만 아니라 예스런 건축물, 문화유적 등의 인공적 요소와 나아가 여유로움, 평화로움, 경관의 아름다움 등의 심미적 요소에 이르기까지 다각적 측면에서 새롭게 평가 받고 있다. 이것들은 사람들에게 즐거움을 주고 심리적 만족감을 줄 수 있는 요소로, 사람들이 특정 장소에 대해 느끼는 매력 정도, 즉 어메니티(amenity)와 직접적으로 관련된다. 특히 농촌에서는 이러한 것들이 결합되어 목가적 분위기를 표출할 때 그 가치는 더욱 높게 평가된다. 농촌의 매력을 높이는 요소들은 예전부터 농촌에 있었던 것이지만 20세기 후반에 들어서면서 그 가치가 새롭게 평가되고 있다. 선진국의 경우 어메니티가 높은 농촌은 주거이동과 여가활동의 목적지로 각광을 받고 있고, 어메니티를 추구하여 이주하거나 방문하는 사람들이 늘어나면서 농촌에 새로운 고용과 소득 기회가 늘고 있다. 이에 따라 과거에 침체되었던 농촌이 뛰어난 경관 때문에 다시 활성화되는 경우도 나타나고 있다. 이러한 사례들은 종래에 경제적 가치를 가지는 것으로 인식되지 못했던 농촌의 자연적, 역사적 요소나 경관들이 오늘날에 와서는 지역발전을 위한 유력한 수단이 될 수 있음을 시사한다. 그리하여 낙후된 농촌의 발전 전략을 세우는 데 농촌의 어메니티를 적극적으로 활용하고자 하는 논의들이 활발하게 이루어지고 있다.

(4) 농업 생산물의 가치 증진

생산품에 부가가치를 만들어 냄으로써, 특히 뛰어난 품질로 높은 가격에 팔릴 수 있는 '지역-브랜드(reional-branded)' 상품을 통해 생산을 덜 할 수 있게 한다. 1992년 이래 EU에서는 특정 지방의 식품에 원산지명칭보호(PDO: Protected Designation Origin)와 지리적표시보호(PGI: Protected Geographical Indication)[3] 제도를 실시하고 있다. 부가가치가 높은 작물, 예를 들어 신선한 과일과 야채는 노점에서 혹은 레스토랑이나 식료품점에서, 또는 소비자에게 직접 팔리기도 한다(Heimlich and Anderson, 2001).

[3] 원산지명칭보호는 원료의 생산과 제조 및 처리 공정 모두가 해당 지역 안에서 이루어는 것을 의미하며, 지리적표시보호는 생산, 제조 및 처리 공정 중 어느 하나라도 지역과 연계성이 있는 경우를 의미한다. 즉, 원료를 외지에서 가져오더라도 지역의 특수한 제조 방법에 의해 생산되면 여기에 해당된다. 이러한 예로는 파마산햄, 벨포치즈, 저지로열감자 등이 있다.

3. 지구화 · 국지화의 등장과 농촌의 변화

(1) 지구화와 농촌의 변화

지구적 경제라는 용어는 맨하탄의 마천루나 주식시장을 떠오르게 하지만 지구적 경제와의 가장 직접적인 접촉은 슈퍼마켓 선반에서 이루어진다. 선반에는 세계 각지에서 온 식품들이 줄지어 놓여있다. 이 식품들은 지구적 기업에 의해 가공되고 판매되거나 지구적 시장을 목표로 하며, 종종 다국적 광고 캠페인을 통해 광고된다. 다음의 표는 한끼 식사에 포함된 식품의 이동거리가 일년 내내 한 사람이 돌아다닐 수 있는 거리보다 더 길다는 사실을 보여준다[표 Ⅱ-1].

농업자유화는 19세기 중엽 영국에서 시작되어 서유럽 국가들과 그 식민지 세계로 퍼져 나갔다. 이 농업자유화의 물결은 신대륙에서 생산된 곡물이 기차와 증기기관차에 실려 싼 값에 유럽시장에 유입

표 Ⅱ-1. 아이오와와 런던에서 소비되는 식품의 생산지와 이동 거리 (단위: km)

아이오와			런던		
식품	생산지	거리(km)	식품	생산지	거리(km)
닭	콜로라도	1,085	닭	타이랜드	10,689
감자	아이다호	2,100	감자	이스라엘	3,519
당근	캘리포니아	2,735	당근	남아프리카	9,620
토마토	캘리포니아	2,735	토마토	사우디아라비아	4,936
버섯	펜실베니아	1,290	새우	인도네시아	11,710
상추	캘리포니아	2,735	상추	스페인	1,541
사과	워싱턴	2,300	사과	미국	16,303
무	플로리다	1,930	완두콩	남아프리카	9,620

출처: Woods(2005)

되는 1870년대부터 유럽대륙 농업사회의 저항에 부딪히게 된다(Lim, 2006). 무역의 증가는 농촌의 경제와 사회에 영향을 미치는 지구적 경제의 첫번째 특징이다. 철도와 증기선의 등장이 대서양을 건너는 운송비용을 감소시킴으로써 농업은 19세기에 첫번째 지구화를 경험했다. 1차 세계대전 이후 지구적 무역은 감소했지만 2차 세계대전 이후 지구적 무역은 다시 지속적으로 증가하였고, 농업 생산물이 중요한 부분을 차지하기 시작했다. [표 Ⅱ-2]에 의하면 전세계 소비량 중 국제 무역이 차지하는 비율이 우유와 유제품은 1964-1966년과 1997-1999년 사이 두 배 이상, 가금류는 세 배 이상 증가하였다(Woods, 2005).

이러한 지구화는 농업에서 몇 가지 중요한 변화를 야기했다. 우선 다양한 상품을 지역 시장에 공급할 필요가 없어지게 되었고, 식품가공업체나 대규모 소매점에 납품하는 규모의 경제를 극대화시킨 단일 작물을 통해 더 많은 수익을 얻을 수 있기 때문에 농부들이 전문화되고 있다. 판매망이 사라지고 있기 때문에 농부와 지역사회 사이의 연결은 약화된다

표 Ⅱ-2. 목축 품목의 전세계 소비량 중 국제 무역이 차지하는 비율 (단위: %)

구분	1964-1966년	1974-1976년	1984-1986년	1997-1999년
소고기	9.4	10.3	12.2	16.4
돼지고기	5.7	6.0	7.9	9.6
가금류	4.0	4.7	6.3	13.9
전체 육류	7.4	7.9	9.4	12.7
우유와 유제품	6.0	7.6	11.1	12.8

출처: Woods(2005)

두 번째 특징은 전체 농업 부문에서 초국적 농식품기업(agro-food conglomerates, 농식품복합체라고 번역되기도 함)의 등장과 영향력 강화이다.[4] 지구화는 농민들의 농업활동을 거대화되고, 수직적으로 통합된 농식품체제(agro-food system)의 일부로 포섭시킨다. 이는 결국 농민들의 경제적 · 정치적 입지의 약화를 야기하여 농민의 임노동자화가 진행되고 있다. 전체 식품체계에서 대량소비형 유통조직과 초국적 패스트푸드점의 시장 장악력이 증대되고 있는데, 그 결과 유통조직의 농축산 생산자들에 대한 영향력이 확대되고, 그들의 의사 결정권이 커지고 있다. 초국적 농식품기업들은 전세계를 시장으로서뿐 아니라 생산요소 확보의 공간으로 인식하고, 자유롭게 활동하고 있다. 초국적 농식품기업들은 종자에서부터 최종 소비되는 식품에 이르기까지 먹거리의 모든 부문을 전방위적으로 지배하고 있다. 정부의 규제와 개입이 약화되는 상황에서 이들 초국적 기업들은 자신들의 이윤극대화를 위하여 농식품 체계 전체를 재구성하고 있다. 예를 들어, 국제 종자시장은 미국의 몬산토(Monsanto), 뒤퐁(Dupont), 스위스의 신제타(Syngenta), 프랑스의 아벤티(Aventis) 네 개의 기업에 의해 지배되고 있다. 미국에서 곡물의 80% 이상, 콩의 65% 이상의 수출이 세 개의 기업에 의해 이루어지고 있으며, 호주에서도 세 개의 기업이 호주 식품소매업의 75% 이상을 차지하고 있다(Woods, 2005). 더욱이 특정 부문에서 지배력을 가진 개별 기업들은 합작투자나 전략적 제휴의 형태로

[4] 최근 농업뿐만 아니라 식품까지를 포함하는 농식품의 생산 유통방식을 농식품 체계라는 개념을 사용하여 설명하고 있는데, 이 개념은 농업이라는 산업을 단순히 농장에서의 생산(farming)보다는 더 광의로 해석하여 생산 이후의 수집, 포장, 가공, 유통까지를 포함하는 것으로 본다.

카길 앤 몬산토(Cargill and Monsanto), 콩그라 앤 노바티스(ConAgra and Novartis), 아셔 다니엘 미드랜드(Archer Daniel Midland)에 의해 지배되는 세 개의 식품체인클러스터(food chain cluster)에 연결되고 있다(Woods, 2005). 이 클러스터들은 진정한 의미에서 지구적 스케일에서 작동하며, 식품의 생산 과정의 여러 부분들을 통합하고 있기 때문에 이들의 권력은 거대하다. 많은 농촌 지역의 지주이자 고용주일 뿐 아니라, 식품 가공 과정에서의 지배력을 통해 농부에게 지불되는 농산물의 가격 결정에 영향을 미치며, 연구개발에의 참여는 미래의 농업 방향을 만들어나가는데 막강한 영향력을 행사한다. 식품소매업 영역 역시 기업의 집중 경향이 강하다. 미국 식품소매업의 40% 이상이 5개의 슈퍼마켓 체인인 크로거(Kroger), 알버트슨(Albertson), 월마트(Wall-Mart), 세이프웨이(Safeway), 어홀드USA(Ahold USA)에 의해 이루어지며, 이들 중 일부는 세계 시장으로의 진출을 시작했다(Woods, 2005). 월마트는 현재, 영국, 독일, 아르헨티나, 브라질, 캐나다, 멕시코, 중국 등에 진출했다. 소규모 상점들 보다 싸게 팔 수 있는 능력을 가지고 있는 대규모 소매점으로서의 슈퍼마켓 체인들은 농촌의 상점들, 정육점, 제과점, 식료품점의 폐쇄를 야기했다고 비판받고 있다.

세 번째 특징은 지구적 규제의 중요성 증가이다. 농촌 경제가 점점 더 지구적 무역 네트워크로 편입되게 됨에 따라 농촌 지역의 경제적 삶에 영향을 미칠 수 있는 국가 정부의 영향력이 감소하고 있다. 이러한 힘은 WTO(World Trade Organization)와 같은 조직으로 상향이동하고 있다. 농업은 농식품기업군과 농업수출국에 의해 지지되고 있는 무역자유화라는 의제에 있어 가장 뜨거운 감자이다. 한편 1990년대 후반 영국 농업이 광우병의 발생으로 인해 유럽으로의 수출이 금지됨으로써 큰 타격을 받게 된 사례에서 보는 바와 같이 농업 부문에 대한 세계 경제의 영향력이 증가하고 있다.

(2) 국지화와 농촌의 변화

지구화는 전지전능한 힘을 가진 것은 아니다. 지구화에 대한 저항으로 정반대의 경향인 지역먹거리에 대한 강조와 농민장터의 증가, 유기농업과 유전자 변형 식품에 대한 반대 등과 같은 국지화 경향이 동시에 나타나고 있다. 이탈리아의 슬로우 푸드 운동은 '아메리카'식 패스트 푸드의 지구적 확산에 저항하는 것을 목적으로 하며, 전통 지역음식에 대한 미감 촉진을 목적으로 한다(Woods, 2005).

1999년 8월 소자작농동맹 소속의 농부들이 밀라우(Millau)라는 프랑스의 작은 마을에서 미국이 주도하는 지구화의 상징인 맥도날드에서 기물을 파괴했다는 죄목으로 체포되었다. 이 저항은 보베(J. Bové)와 그의 지지자들에 의해 조직되었는데, 이것은 지구화와 그것이 프랑스 농업에 미치는 영향력에 대한 지속적인 투쟁의 일부로 행해진 것이다. 2000년 6월에 있던 재판정 밖에서 동시에 열린 페스티벌에는 20,000명이 넘는 지구화에 반대하는 사람들이 참여했다. 프랑스의 일간지인 리버라시옹(Libération)은 이를 '지구화에 대한 재판'이라고 묘사했다.

1) 지역먹거리 운동과 농민장터

1950년대 이후 장거리 운송이 가능한 냉장 트럭이 개발되었고, 석유 가격이 떨어졌으며, 식품가공 기술의 진전이 이루어져 식품의 장기간 보관이 가능해졌다. 식품산업에 있어서 수익의 대부분은 재배 과정이 아닌 유통 과정에서 발생하고 있다. 지역먹거리 운동은 이와 같은 원격 먹거리 체제와 관련된 문제, 즉 연료비와 운송비의 상승, 가족농의 소멸, 도시확산에 따른 농경지 손실, 먹거리 안정성과 질에 대한 관심을 통해 진전되고 있다(김종덕 외 역, 2004). 1950년대 이래 모든 산업국가에서 농업에 종사하는 인구가 급감하고 있지만 이것이 농업 부문의 중요성 감소를 의미하는 것은 아니다. 농민의 감소는 농장 규모의 확대와 소유의 집중을 의미한다. 먹거리 수익이 농민으로부터 멀어지는 현상은 종자, 농약, 농업 금융, 소매 기업 등이 먹거리 공급망의 각 고리에서 강력한 독점을 행사하고 있다는 점 때문에 더욱 복잡해진다. 역사적으로 농민들은 시장에서 자신들의 집단적인 힘을 키우기 위해 협동조합을 결성해왔지만 대부분의 협동조합들은 마케팅을 무시해온 경향이 있다.

지역먹거리 운동의 대표적 사례인 농민장터(farmer's market)에서는 생산자가 지역 소비자들에게 직접 상품을판매한다. 농민장터는 도매시장에 판매하는 것에 비해 농민들이 더 많은 돈을 받게 해준다. 또한 중간 상인이 없기 때문에 소비자들도 보다 싼 가격에 농산물을 구입할 수 있다. 농민장터는 농기업들이 가져가는 이윤을 농민에게 돌려주는 가장 분명한 사례이며 또한 지역농가를 지원하려는 사람들에게 가장 확실한 통로일 것이다. 처음에는 인근 농민들을 지원하고자 시작된 지역먹거리 운동이 지금은 신선한 농산물에 관심있는 도시민, 녹색 공간을 보전하려는 환경주의자, 그리고 자신의 아이들이 먹는 것에 관해 자세하게 알고자 하는 부모들에 의해 발전되고 있다(김종덕 외 역, 2004).

미국에서 농민장터의 수는 1970년대 중반 약 300개에서 1994년 1,755개로, 그리고 2004년에는 3,100개 이상으로 증가했다. 미국의 농민장터의 지역별 분포를 살펴본 결과는 다음과 같다[그림 Ⅱ-1]. 약 300만 명의 사람들이 매주 농민장터를 찾고 있으며(김종덕 외 역, 2004), 해마다 10억 달러 이상을 소비한다. 뉴욕 스퀘어가든의 농민장터는 관광명소이기도 하다. 영국에서는 1997년 말 바스(Bath)에서 최초의 농민장터가 개장한 지 몇 해 지나지 않았음에도 현재는 300개 이상의 농민장터를 자랑하고 있으며, 연매출액이 1억 달러 가량 될 것으로 추정된다(김종덕 외 역, 2004).

그림 Ⅱ-1. 미국 농민장터의 분포

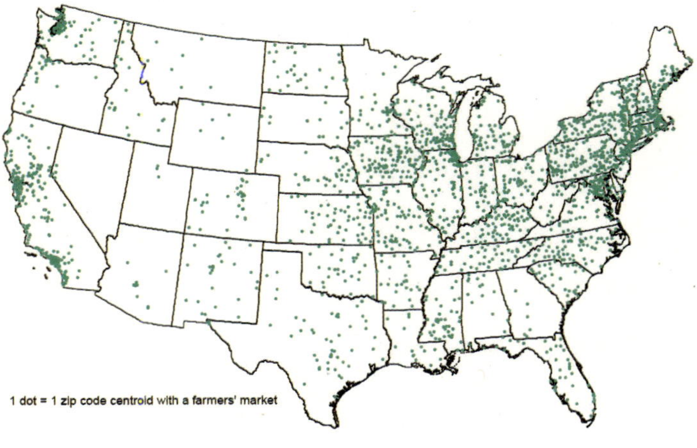

출처: Commission for Rural Community(2007)

인기가 높은 또 다른 직거래 형태는 계약영농, 또는 지역사회지원형 농업으로(김종덕 외 역, 2004), 이 명칭은 이 제도와 관련된 사회경제적 유대를 보여준다. 지역사회지원형 농업의 회원은 일반적으로 농사가 시작되기 전에 미리 농산물에 대한 가격을 지불하고, 과일과 채소가 생산되면 정기적으로 배달을 받는다. 회원들은 스스로 농가의 일손을 거들거나 포장하는 일을 돕기도 한다. 많은 지역사회지원형 농업프로그램은 자신들의 고객들이 부유한 중산층만이 아니라는 것을 입증하기 위해 빈곤가정, 무료급식소, 복지시설, 푸드뱅크에 생산물의 일부를 기부하거나 소득별 차등계약료를 적용한다. 농민장터에서 구매하는 소비자들과 마찬가지로 계약자들은 멀리 이동하지 않아도 되거나 유통기한이 길지 않은, 즉 최고로 잘 익은 상태에서 수확되어 더 신선하고 맛이 좋으며 훈증, 냉동, 포장되지 않은 농산물을 공급받는다.

전세계에서 가장 큰 유기농 및 자연식품 소매업체인 '홀푸드마켓'사는 인근 농민들로부터 직접 구매하는 최초의 대형 슈퍼체인으로 명성을 쌓아가고 있다. 지역 농산물이 제철에 생산되면 지역 프로그램을 통해 이를 공급함으로써 전국적인 규모의 구매가 제한된다. 홀푸드사의 모든 농산물에는 생산된 주(州)와 국가가 표기된 상표가 부착되어 있으며, 여름에는 종종 지역 농산물의 날을 갖기도 하면서, 고객들이 지역 농산물을 소비하도록 유도한다. 신뢰를 위해 홀푸드는 고객들에게 법률이 의무화한 것보다 훨씬 더 상세한 설명이 담긴 먹거리를 제공하며, 그리고 호르몬이 들어 있지 않은 육류, 유기농 먹거리, 유지를 사용하지 않은 과자를 주류 소매 공간으로 가져오는데 기여하고 있다. 홀푸드에서 쇼핑하는 군중들은 덜 익명적인 요리에 대한 대중들의 욕구를 보여주는 사례이다. 미국의 북서 태평양 지역에 39개의 패스트푸드 체인점을 보유한 버거빌은 맥도날드와 거의 동일한 메뉴를 선보이고 있지만, 식재료들은 인근의 오레곤주와 워싱턴주 농민들에게서 대량 구매한다(김종덕 외 역, 2004).

2) 유기농업과 유전자 변형 식품에 대한 반대

유기농업은 종종 유전자 변형 식품(Genetically Modified Food: GMO)의 반대이자 미래 농업의 대안으로 제시된다. 유기농업은 합성비료나 살충제를 사용하지 않고 외부의 투입을 최소화하고 농장에서 나온 자원과 생산물의 사용을 최대화한다. 유기농 식품은 미래 세대를 위해 환경의 질을 개선하고자 재생가능한 자원을 사용하며, 토양과 물 보존을 강조하는 농부에 의해 생산된 식품이다. 유기농 육류, 달걀, 유제품은 항생제나 성장호르몬을 맞지 않은 동물에서 나온 생산품을 의미한다. 이에 대한 지지자들은 유기농이 더 나은 질의 식품, 더 건강한 식품을 생산한다고 주장한다. 반면, 반대자들은 일반적인 농업 방식보다 더 낮은 생산성을 보이기 때문에 유기농산물은 가격이 높을 수밖에 없어 특정 계층만을 대상으로 한다고 비판한다.

유기농업은 1990년대 미국 농업에서 가장 빠르게 성장하고 있는 부문이다. 미국 농무부는 유기농 인증에 대한 국가표준을 가지고 있어, 미국에서 생산되는 식품은 물론 수입되는 식품 역시 2001년 10월 21일 이후 유기농 인증이 붙은 식품의 경우 그것이 엄격한 기준의 유기농 생산 방식에 의해 생산된 것임이 보증된다. 유기능 인증 이전에 정부 승인기관에서는 식품이 미국 농무부의 유기농 기준을 충족시키기 위한 규칙들을 준수하고 있는지에 관해 농장을 검사한다. 유기농 기준을 충족시키고 있지 않은 상태에서 유기농 라벨을 붙이거나 파는 경우에는 10,000달러의 벌금이 부과된다(United States Department of Agriculture, 2000).

유기농업은 전통농업에서 어려움에 처한 농부들에게 매력적이다. 서유럽과 미국에서 1995년과 2000년 사이 유기농 인증을 받은 농장은 세 배로 늘었다. 미국에서 유기농 재배면적은 1995년에는 0.22%였던 것이 2000년에는 2.4%로 급격하게 증가하였다(Bruinsma, 2003). 초기에 유기농업은 소규모의 비상업적이며 자족적인 것으로 알려져 있었지만 유기농산물의 중요성이 증가함에 따라 또 다른 형태의 자본주의적 농업이 되어가고 있기도 하다. 덴마크와 온타리오주에 대한 연구에 의하면 최근에 유기농으로 전환한 농부들은 초기의 전환자들에 비해 이익에 의해 추동되고 있으며 순수한 환경적인 문제에 대한 관심은 더 적었다(Hall and Mogyorody, 2001; Michelsen, 2001).

1999년 여름 뉴욕타임스의 헤드라인 뉴스는 '미래의 음식에 대한 두려움이 유럽을 풍미하고 있다'였다(Knox and Marson, 2004). 유럽에서는 정부를 움직일 수 있을 정도로 충분히 많은 사람들이 프랑켄슈타인푸드(Frankenfood)라 불리는 유전자 변형 식품을 미국으로부터 수입하는 데 저항하고 있다(김종덕 외 역, 2004). 1996년에서 2001년 사이 유전자변형작물의 재배 지역은 전세계적으로 170만ha에서 5,260만ha로 30배 증가했다(Bruinsma, 2003). 유전자 변형 작물은 미국에서 재배되는 고지 면화의 61%를 차지하고 있으며, 콩의 54%를 차지한다

(USDA, 2000). 그러나 영국과 같은 국가에서는 재배가 시험재배지에만 제한되며, 프랑스 · 스페인 같은 국가에서는 특정한 식품이나, 식품이 아닌 작물에만 허용된다. 유전자 변형 식품은 지구적 무역 협상에서 중요 의제중의 하나이다. EU는 유전자 변형 식품을 포함한 모든 생산품에 GMO 표시라벨을 붙여야 한다고 주장한다. 최근 무역 기회의 제한과 유전자 변형 작물의 재배 결과에서 나온 실망으로 인해 GMO농업의 성장률이 느려지고 있는데, 2001년 북미의 GMO 생산 감소는 이러한 경향을 보여주는 사례이다(Woods, 2005).

참고문헌

김종덕 · 허남혁 · 구준모 역, 2006, 『로컬푸드』, 시울(Halweil, B., 2004, *Eat Here*, Worldwatch Institute).

박영한 · 구동회 역, 2000, 『부르주아 유토피아: 교외의 사회사』, 한울(Fishman, R., 1987, *Bourgeois Utopias: The Rise and Fall of Suburbia*, Basic Books).

박영한 · 조영국, 2002, 산업화 · 탈산업화가 농촌 공간을 어떻게 변화시키는가?, 박삼옥 외 지음, 『지식정보사회의 지리학 탐색』, 한울, 147-174.

Bruinsma, J. ed., 2003, *Wolrld Agriculture: towards 2015/2030-an FAO Perspective*, London: Earthscan.

Commission for Rural Community, 2007, *The State of the Countryside 2007*(http://www.ruralcommunities.gov.uk/files/socr2007-fullreport.pdf)

Hall, A. and Mogyorody, V., 2001, Organic farmers in Ontario: an examination of the conventionalization argument, *Sociologia Ruralis*, 41, 399-422.

Heimlich, R. E. and Anderson, W. D., 2001, Development at the Urban Fringe and Beyond, *ERS Agricultural Economic Report*, 803, USDA Economic Research, Washington D.C.

Knox, P. and Marston, S., 2004, *Human Geography: Places and Regions in Global Context 3rd(ed.)*, Pearson Education.

Lim, Su-hwan, 2006, The role of the states and markets in agricultural liberalization: in search of Korean solution, 『한국농업사회학회』, 5(2), 55-69.

Michelsen, J., 2001, Organic farming in a regulatory perspective the Danish case, *Sociologia Ruralis*, 41, 62-84.

United States Department of Agriculture(USDA), 2000, *Agriculture Factbook 2000*, United States Department of Agriculture, Washington DC.

Woods, M., 2005, *Rural Geography*, Sage Publications, London.

2장. 농촌 인구와 경제의 변화

1. 농촌 인구의 변화

대규모의 인구 유출은 오랫동안 농촌 변화의 중요 현상이었지만 인구이동 흐름이 더이상 농촌에서 도시로의 한 방향으로만 이루어지지 않는다는 점에서 오늘날 농촌의 인구이동은 과거와는 성격이 다르다. 선진국의 많은 농촌 지역들은 역도시화를 통해 전입 초과를 경험하고 있다. 영국에서는 19세기 초반의 엔클로저 운동으로 소농이 몰락하면서 농촌 인구가 급감하여, 일부 농촌 지역에서는 거주환경을 개선하기 보다는 마을 자체를 없애는 편이 경제적이라고 할 수 있을 정도였다. 그러던 것이 역도시화 현상이 처음으로 관찰되기 시작한 1970년대 이후 농촌 지역의 인구가 증가하고 있다. 도시 근교 농촌은 말할 것도 없고 원격지 낙후 농촌 지역서도 인구가 증가하고 있다(박시현, 2006). 농촌 지역 인구는 1981년 1,240만 명에서 2002년 1,410만 명으로 약 20년 동안 13.7%(170만 명)가 증가하였다(농촌진흥청 농촌자원개발연구소, 2005).

필딩(Fielding, 1982)은 역도시화를 순이동이 취락의 크기와 부적인 관계를 가지고 있는, 도시화의 반대 현상이라고 정의한다[그림 Ⅱ-2]. 농촌 인구가 지속적으로 감소하는 시대가 끝났고 도시에서 농촌으로 이동하는 강력한 흐름이 존재한다는 것은 분명하다. 역도시화라는 용어가 공통적으로 사용되고 있음에도 불구하고 현대 농촌 지역 인구의

그림 II-2. 도시화와 역도시화

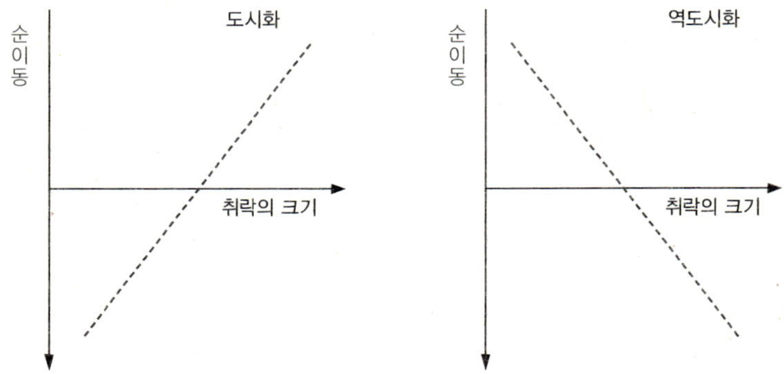

출처: Fielding(1982)

동학은 직선적인 경로를 따라 이루어지지 않고 있다. 역도시화는 단일한, 한방향의, 지속적 흐름이라기보다는 여러가지 다양한 인구과정의 혼합물로 보아야 한다.

역도시화는 국가별로 다양하게 나타나고 있다. 역도시화는 1970년대에 미국의 연구자들에 의해 연구되기 시작한 개념으로 이 시기에 인구 현상의 변화는 뚜렷하게 관찰되었다[표 II-3]. 1980년대에 많은 다른 국가에서 역도시화의 경향이 감소되거나 반전된 반면 영국에서는 도시에서 농촌으로의 인구이동이 지속적으로 지배적이었다. 영국의 지역별 인구 변화를 살펴보면 순이동률과 순이동이 각각 런던 시내(Inner London)가 -1.24%, -31,009명, 원격지 농촌(most remote rural)이 +0.77%, 36,450명으로 명확한 역도시화 경향을 보이고 있다[표 II-4].

표 Ⅱ-3. 미국 인구 현상의 분기점(1960-1973년) (단위: %)

구분	연평균 변화율		연평균 순이동률	
	1960-1970년	1970-1973년	1960-1970년	1970-1973년
대도시 카운티	1.7	1.0	0.5	0.1
비대도시 카운티	0.4	1.4	-0.6	0.7
전체 농촌 카운티	-0.5	1.4	-1.2	1.0
미국 전체	1.3	1.1	0.2	0.3

출처: Champion(1989)

표 Ⅱ-4. 영국의 지역별 인구변화 (단위: 명, %)

구분	인구(1991년)	순이동(1990-1991년)	순이동률
Inner London	2,504,451	-31,009	-1.24
Outer London	4,175,248	-21,159	-0.51
Principal metropolitan cities	3,922,670	-26,311	-0.67
Other metropolitan districts	8,427,861	-6,900	-0.08
Large non-metropolitan cities	3,493,284	-14,040	-0.40
Small non-metropolitan cities	1,861,351	-7,812	-0.42
Industrial districts	7,475,515	7,194	0.10
Districts with new towns	2,838,258	2,627	0.09
Resort, port and retirement	3,591,972	17,736	0.49
Urban/rural mixed	7,918,701	19,537	0.25
Remote urban/rural	2,302,925	13,665	0.59
Remote rural	1,645,330	10,022	0.61
Most remote rural	4,731,278	36,450	0.77

주: 1991년 센서스. 출처: Champion(1998)

영국에서 인구의 분산적 이동은 상당한 규모로 지속되고 있다(Champion, 1992). 국가보건서비스 중앙등록부(National Health Service Central Register)에 근거한 인구이동 자료를 통해 런던과 6대 대도시 지역(Manchester, Merseyside, South Yorkshire, Tyne & Wear, West Midland and West Yorkshire)의 순이동을 살펴본 결과는 다음과 같다[그림 Ⅱ-3]. 우선, 경기와 부동산 시장의 변화에 따라 약간의 증감 경향은 발견되지만 장기적인 순이동 감소나 증가 경향은 발견되지 않는다. 전입초과가 발생하거나 0으로 수렴한 적이 한 번도 없었다는 것이 가장 특징적인 현상이다(Champion, 2002).

둘째, 인구현상의 동학에 있어서 지역적 차이가 존재하고 이것은 인구이동을 설명하는데 있어 농촌적인 요소보다 더 중요할 수도 있다. 지역적으로 불균등한 역도시화의 모습은 미국에서 명확하게 나타난다(Woods, 2005). 1990년대 미국 경제는 유래없는 경제 성장을 지속했고, 농촌 지역 역시 소득이 증가하고 실업과 빈곤률은 감소하는 호황기를 누렸다. 비대도시 지역 카운티의 8%이상을 차지하는 많은 서부의 비대도시 카운티들은 인구 증가율이 전국 평균의 2배 이상이

그림 Ⅱ-3. 영국 대도시 지역으로부터 타 지역으로의 전출 초과(1981-1998년)

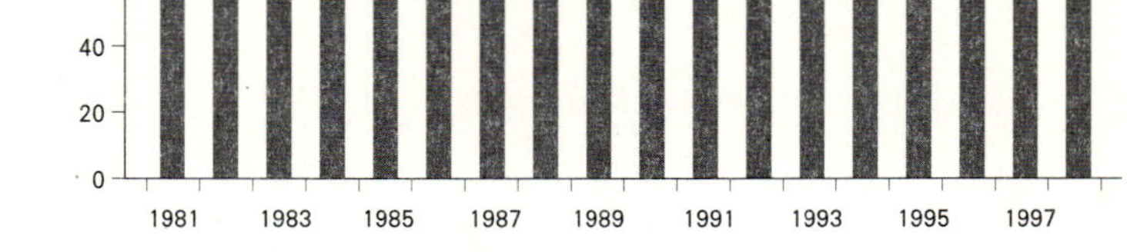

출처: Champion(2002)

었다. 1990-1997년간에 농촌 지역 인구성장의 4분의 3은 환경, 라이프스타일, 고용 등과 관련된 애리조나, 네바다, 아이다호, 오레곤, 워싱턴과 같은 서부와 남부의 주들에서 발생했다. 이들 주에서는 도시 지역에서도 인구가 증가하였다. 그러나 전통적인 농업 지역인 대평원 지역과 옥수수 벨트의 서부 지역에서는 인구가 감소했다. 농업 부문의 고용이 감소하고, 이를 대체할만한 다른 산업 부문의 고용이 없었기 때문에 애팔래치아, 미시시피 삼각주, 리오그란데 계곡과 같은 특정 지역에서는 높은 빈곤률과 실업률이 지속되었다.

셋째, 농촌 인구의 증가가 이루어지고 있는 지역에서도 국지적으로 인구가 감소하는 지역이 있다. 영국은 선진국 중에서 역도시화 패턴이 가장 분명하고 지속적이지만 인구가 급격하게 증가하는 영국의 농촌 지역에서조차 인구 변화의 동학은 지역마다 매우 다르다. 가장 빠르게 인구가 성장하는 지역 중 하나인 남부 옥스포드셔(Oxfordshire)에서도 패리시(parish) 10개 중 3개는 인구가 감소하였다.

이러한 농촌 인구이동의 불균형은 개별 이동자의 거주지 선호와 부동산 취득 가능성에 의해 발생한다. 영국에서 부동산 공급은 계획시스템에 의해 조절되는데, 이것은 개발을 조정하고, 새로운 건물의 건축을 제한하며 결국 가치 있는 환경이 있는 곳의 확대를 제한한다. 이러한 계획시스템은 영국에서 역도시화의 지리적 패턴에 영향을 미친다. 이러한 계획시스템의 최초 전략은 2차 세계대전 이후 도시의 무분별한 확산을 막기 위해 설정된 그린벨트에 의한 것이었다. 그린벨트 안에서의 개발은 매우 제한되었고, 이로 인해 그린벨트를 넘어서 농촌 지역으로의 이동이 촉진되었다. 이러한 상황은 영국에서 교외화와 반대되는 역도시화가 지배적인 인구현상이 되도록 하였다. 한편 국지적 수준에서 상당수 지방 의회들은 새로운 개발을 '핵심정주지(key settlement)'에 집중시키는 방식을 택했다. 따라서 특정 지역에서는 인구가 성장하는 반면 다른 지역서에는 새로운 인구성장이 제한되었다.

넷째, 전반적인 역도시화 흐름이 존재함에도 불구하고 연령대등에 구분되는 인구집단 간에 서로 다른 인구이동 패턴이 나타날 수 있다. 미국에서 역도시화 현상이 뚜렷하게 관찰되던 1975-1976년에도 18~24세의 젊은이들은 14,000명 이상 농촌에서 도시로 이동하였다 [표 Ⅱ-5]. 그리고 이러한 인구 유출은 1980년대에 더욱 강화되었다. 젊은 인구의 농촌 지역으로부터의 유출은 선택의 문제이기도 하면서, 상황의 문제이기도 하다. 도시는 농촌에서 자란 젊은이들에게 농촌에서는 얻을 수 없는 기회를 제공하는 매력적인 장소이기 때문이다. 고등교육의 확대는 많은 수의 젊은이들이 대학 진학을 위해 농촌을 떠난다는 것을 의미하며, 상당수 농촌 지역에는 이들의 학력 수준에 적합한 일자리가 부족하기 때문에 이들이 되돌아 올 수 있는 가능성은 제

표 Ⅱ-5. 미국 대도시권에서 비대도시 지역으로의 순이동(단위: 천명)

구분	1975-1976년	1983-1984년	1985-1986년	1992-1993년
18-24	-14.4	-33.6	-39.6	-7.3
25-29	+22.0	-18.2	-26.2	-3.5
30-59	+8.3	-4.5	-1.8	+10.3
60세 이상	+7.7	+2.2	+4.8	+6.5

출처: Fulton et al(1997)

한적이다.

젊은이들의 인구 유출의 반대편에는 농촌으로 들어오는 은퇴자 이동이 있다. 많은 은퇴자 이동은 해변이나 리조트 지역 등의 공간에 집중된다. 미국에서는 대부분 로키산맥과 플로리다와 서부 해안에 위치해 있는 190개의 카운티가 '은퇴자 카운티'로 분류되었는데, 이들은 인구가 가장 빠르게 성장하는 지역이다. 1990년에서 1997년 사이 17%가 넘는 순이동이 있었다(Rural Policy Research Institute, 2003).

농촌 지역으로 들어오고 나가는 인구는 연령에 의해 차별화될 뿐 아니라 소득과 사회적 계급에 의해서도 차별화된다. 풀턴 외(Fulton et al, 1997)에 의하면 미국에서는 1970-1990년대 초반까지 농촌에서 낮은 계층의 블루칼라와 화이트칼라 노동자가 순전출한 반면 높은 계층의 블루칼라와 화이트칼라 노동자가 순전입했다.

1986년까지 많은 학자들이 역도시화라는 인구 역전 현상에서 재도시화로의 전환을 주장하거나 농촌 르네상스의 종말을 주장했다. 그러나 1990년대의 데이터가 발표되면서 이러한 입장은 상당히 변화하였다. 비록 1971년에서 1981년 간의 성장에 비해서는 느린 속도이지만 최근 대도시에 인접해 있거나 혹은 어메니티 특성을 가지고 있는 농촌 지역들은 지속적으로 인구가 성장하고 있다(Dahms and McComb, 1999).

북미 농촌 지역의 인구 경향에 관한 최근의 연구는 극단적인 양상을 보여주고 있다. 통근지역과 은퇴자 카운티들은 인구성장이 이루어지고 있는 반면 1차 생산과 관련된, 특히 농업이나 광업과 관련된 지역은 상당한 규모의 인구초과 전출이 재개되었음을 보여주고 있다(Champion, 1992). 출생과 사망의 차이에 의해 발생하는 인구의 자연적 증가에 의한 성장가능성이 낮음에도 불구하고 비대도시 지역은 사람들을 끌어들이고 유지하는 능력이 회복되고 있는 것으로 보인다. 1990년대 미국의 농촌 지역 인구는 1980년대와는 정반대로 증가했다. 도시 지역으로부터의 인구이동과 이민자의 흐름이 이 인구성장을 설명한다(United States Department of Agriculture, 2000).

은퇴자 수는 급격하게 증가할 것이고 그동안의 경험은 은퇴로 인한 이동은 더 작은 지역으로 치우지는 경향이 있음을 보여준다(Fuguitt and Beale, 1996). 작은 농촌 지역으로 이주자를 끌어들이는 요소로 농촌성의 상품화가 출현하고 있다. 해변가와 해안절벽을 따라 지어진 주택들로 대도시로부터 급격한 인구 유입이 이루어지고 있다(Dahms and McComb, 1999).

최근 영국의 잉글랜드와 웨일즈 사례에서 나타나는 인구증가 패턴은 대도시 지역과 주요 도시에서 1960년대부터 지속적으로 인구가 순감소하는 반면에 도시에서 멀리 떨어진 규모가 작은 취락을 포함하는 원격 농촌 지역에서 인구가 계속 순증가하는 것이다. 또한 최근에 농촌으로 유입되는 인구들 중에는 교외화 단계의 도시통근자 집단이나 제조업 종사자들이 아니라, 교육수준이 높고 고소득의 안정된 수입을 누리며 주로 공공 혹은 민간부문의 전문 서비스 직종에 종사하는 중산층들이 많이 포함되어 있다. 이러한 중산층들이 농촌으로 이주하는 데는 농촌의 저렴한 주택가격보다는 쾌적한 전원적 농촌

경관(rural idyll)이 더 중요한 역할을 한다(박영한 · 조영국, 2005).[5]

영국사람들은 대부분 '전원에 사는 것'을 이상적인 삶으로 생각한다. 그동안의 많은 조사들은 많은 사람들이 현재보다 덜 도시적인 곳에서 살고 싶어한다는 것을 보여준다. 이동에 있어 흡입요인으로서 '농촌성'의 중요성은 영국의 도시인구에 대한 상당수 조사에서 반복적으로 확인된다. 하파크리(Halfacree, 1994)의 연구에 의하면 데본(Devon)과 랭카셔(Lancashir) 지역의 전입자들은 자신들의 이동에 있어 다른 요인과 비교해서 지역의 농촌적 특징이 '대단히 중요하다'고 응답했고, 캘리포니아 북부의 농촌 지역인 소노마 카운티에 대한 유사한 연구에서도 동일한 결과가 발견되었다(Crump, 2003). 이 지역은 1970년

[5] 교외화는 이러한 전원에 대한 이상이 반영되어 있는 사례이다. 여가, 가족생활, 자연과의 합일을 추구한 교외지역은 배제의 원리에 기초해 형성되었다. 노동은 가족의 주거로부터 배제되었고, 중산층 빌라들은 노동계급 주택과 분리되었으며, 교외지역의 푸른 경관은 회색빛을 띤 오염된 도시환경과 대조를 이루었다. 교외지역이 전근대 도시의 기본 조직원리와 얼마나 모순적인지를 알아보려면 18세기 도시와 대조해보면 된다. 전근대 도시들은 중심부에 엘리트를 위한 최적의 환경을 조성하고, 성벽 바깥의 도시 주변부에 초라한 지역, 즉 빈민들과 불쾌한 제조업들이 밀려나 있는 빈민가를 배치하는 것을 원리로 건설되었다. 유럽 대륙의 도시와 라틴 아메리카의 도시들은 전통적인 구조를 유지한 반면, 영국과 북아메리카의 도시들은 중산층 교외화의 길을 따랐다. 영국 런던에서 엘리트들은 대도시의 성장을 억제하고 있던 빈곤지대를 뛰어넘어 급속히 팽창하는 새로운 종류의 도시주변부를 건설하기 위해 그들의 부를 사용했다. 개인 마차와 풍부한 자금을 가지고 있다면, 그들은 생활 공간이 더 이상 전통적으로 도시라고 간주되는 지역에 한정될 필요가 없다는 것을 깨달았다. 교외화는 18세기 중엽 런던의 상인 엘리트가 가정과 점포로 사용하던 중심부의 주택을 점포로만 사용하고 인접한 도시가 아닌 도시에서 5마일이나 떨어져 있는 런던을 에워싼 한적한 농촌취락에 입지한 넓은 빌라로 가족과 더불어 이주하면서 시작되었다. 18세기 런던의 중산층은 대도시 주위의 그림같은 시골지역에 빌라나 오두막집을 마련해놓고, 전 가족이 매주 토요일 오후에 내려갔다가 일요일 오전에 돌아오는 것을 관례로 삼았다. 이와 같은 주말빌라(weekend villa)는 전통적인 부르주아의 생활패턴과 교외화라는 새로운 시대를 이어주는 결정적인 교량이었다. 그것이 옛 것과 새 것사이의 점진적인 이행을 가능하게 했다. 맨체스터에서 중산층의 교외화는 런던보다 늦게 시작되었지만, 그 영향력은 더 막강했다. 1844년 영국 노동자계급의 상태(The Condition of the Working Class in England)에서 엥겔스(Friedrich Engels)는 맨체스터를 이미 고전적 형태를 갖춘 근대적 산업도시로, 다시 말해 중심업무지구에는 주민이 거의 살지않고 중심부를 에워싼 공장지대에는 산업과 노동자 주택이 밀집해 있으며, 주변부 교외지대에는 부르주아지의 빌라들이 있다고 묘사했다. 이 최초의 산업도시인 맨체스터에서 교외화가 중요하고도 긴급한 일이 되었던 것은 계급분화가 점점 첨예화되고 있었기 때문이었다(박영한 · 구동회 역, 2000).

에서 2000년 사이 인구가 53% 증가하였는데, 50%의 사람들에게 '농촌환경(rural environment)'이 농촌으로 이동한 가장 중요한 원인이었다.

사람들의 전원에 대한 이상은 전원지역의 주택가격이 상승하고 더 부유한 사람들이 대도시 지역으로부터 더 많이 유입되는 이유를 설명할 수 있다(Champion, 2002). 하파크리(Halfacree, 1994)의 연구에 의하면 농촌으로의 이동을 결정함에 있어 농촌성이 중요하게 작용했는데 그 세부적인 내용은 다음과 같다.

□ 자연 환경의 질

- 좀 더 매력적인 곳
- 조용하고 교통량이 적고, 고립되지는 않지만 시골 같은 곳
- 보다 자연적인 환경
- 보다 넓은 공간, 더 적은 사람
- 숨쉬고 생각할 수 있는 시간

□ 사회 환경의 질

- 좀 더 조용하고 편안하고 유쾌한 곳
- 무한경쟁으로부터의 탈출
- 더 느린 삶의 속도
- 보다 공동체적인 분위기

□ 기타 요소

- 더 넓은 토지, 평화, 프라이버시
- 야외활동에 대한 선호
- 자동차로 움직이지 않고 문을 나서면 시골이 있는 곳

도시민, 그것도 중산층이 늘어나면서 농촌 내부에서는 여러 가지 변화가 나타나고 있다. 농촌으로 유입해오는 중산층들은 쾌적한 농촌경관을 추구하고 상대적으로 지속가능성, 환경보전, 생물종 다양성 등 환경을 중시하는 태도를 가지는 것으로 알려져 있다. 이들은 자신들의 가치관을 실천하기 위해 국가 혹은 지방자치단체가 정책수립이나 계획수립을 할 때 강력한 영향력을 행사한다. 이 과정에서 이해관계가 다른 기존 주민들과 첨예하게 대립하기도 한다. 나아가 중산층들이 들어오면서 주택가격이 상승함으로써 기존 주민이 밀려나고 중산층이 아닌 다른 사회집단의 유입이 억제되는 현상이 나타나고 있다. 이처럼 농촌에 도시민, 특히 중산층들이 유입되면서 농촌에서 농업적 가치와 농민의 이해관계가 무시되거나 우선순위에서 밀려나는 경우도 있다(박영한 · 조영국, 2005).

농촌 지역 재생의 중요한 형태 중 하나는 도시에 기반한 중간계급의 세컨홈이나 별장이다. 스칸디나비아와 북미에서 세컨홈의 소유는 1930년대 이래 공통적인 현상이 되었으며, 특정 계급의 경계를 넘어가고 있다. 초기에 세컨홈은 도시와 주변부 농촌 지역의 부동산 시장의 가격차를 이용하려는 것이었다. 그러나 시간이 흐름에 따라 세컨홈에 대한 수요의 증가는 농촌 지역의 주택 가격을 상승시켰고, 세컨홈이 생애 처음 집을 가지게 되는 사람에게 적절한 소규모 주택의 가격에까지 점점 더 영향을 미치게 되자 지역의 젊은이들이나 저임금 소득자를 배제시키는 결과를 야기하게 되었다(Woods, 2005).

21세기 초반 농촌 인구의 변화 경향은 전반적으로 모호한 상황이다. 국가와 지역별로 정반대의 인구 현상이 벌어지고 있다. 농촌 지역의 인구가 유동적으로 변화하면서 인구의 구성도 변화하고 있다(Woods, 2005). 서구에서 농촌 지역은 일반적으로 더 고령화되고 있으며, 30-40년 전에 비해 중산층이 더 많은 구조로 변화하였다.

2. 농촌 경제의 변화

(1) 농업 인구의 감소와 고용의 변화

각국의 농촌 인구 대비 농업 인구 비율을 살펴본 결과는 다음과 같다[표 Ⅱ-6]. 미국, 캐나다, 영국, 프랑스를 포함하는 많은 선진국에서 농촌에 거주하는 사람들 중 20% 미만의 사람들이 생계를 농업에 의존하고 있다. 다른 국가들에서도 급격한 변화를 보이고 있는데, 예를들어 스페인에서는 1970년에 10명중 7명이 농업에 종사하던 것이 2000년에는 세 명에 한 명 미만으로 바뀌었다(Woods, 2005).

농촌 인구에서 농업 인구가 차지하는 비율의 지속적인 감소 현상과는 달리 1970년대 이후 영국에서 고용의 중심이 대도시와 도시 지역으로부터 소도시와 농촌 지역으로 이동하고 있다는 것은 명확하다[표 Ⅱ-7].

표 Ⅱ-6. 각국의 농촌 인구 대비 농업 인구 비율 (단위: %)

구분	1950년	1960년	1970년	1980년	1990년	2000년
캐나다	54.1	45.6	34.5	29.6	15.6	12.0
덴마크	80.2	68.1	55.1	42.9	36.6	25.3
프랑스	70.5	58.7	47.0	30.9	21.1	13.6
독일	82.0	62.9	42.9	40.0	26.7	20.2
헝가리	90.7	71.7	53.8	47.5	44.8	33.9
아일랜드	68.2	67.6	54.6	41.6	33.2	24.8
이탈리아	96.2	75.8	52.6	37.8	25.8	16.1
일본	95.9	85.4	65.7	44.1	30.8	18.2
스페인	-	94.4	85.0	67.4	47.8	32.7
스웨덴	66.8	44.1	49.1	40.8	29.3	21.1
영국	34.6	27.9	24.3	23.0	19.6	16.8
미국	36.4	23.5	17.3	14.1	12.2	9.7

주: 이 통계는 각국의 농촌 지역에 대한 정의를 사용하고 있어 직접적인 비교는 무리가 있음.

출처: http://www. fao.org

런던과 도시연담지역은 1981-1996년 15년 사이에 총고용의 6%가 감소했다. 이와 같은 일자리 감소는 이 기간에 영국 전체의 고용 성장이 거의 6%에 달했다는 점에 비추어 보면 매우 큰 숫자이다. 이와 대조적으로 소도시와 농촌 지역은 고용이 15% 증가했다(Champion, 2002).

표 II-7. 영국의 지역 유형별 총고용(1981-1996년) (단위: %)

구분	총고용			비율	
	1981년	1996년	1981-1996년 변화율	1981년	1996년
런던	3,560	3,348	-6.0	16.9	15.0
연담지역(conurbations)	4,497	4,208	-6.4	21.3	18.9
소도시	1,730	1,749	1.1	8.2	7.9
타운과 농촌 지역	11,278	12,953	14.9	53.5	58.2
영국전체	21,064	22,258	5.7	100.0	100.0

출처: Champion(2002)

(2) 제조업 고용의 증가

1969년과 1997년 사이 미국의 농촌 카운티들에서는 농업 부문에서 75,000개의 일자리가 사라진 반면 제조업 부문에서 827,000개의 일자리가 생겼다. 최근 농촌 지역에 기업의 투자가 증가하고 있는 원인은 낮은 토지가격 · 세금 · 임금수준, 개발여력이 높은 미개발 지역의 존재, 높은 심미적 특질을 갖춘 환경 등 때문이다. 그러나 이와 함께 지구적 스케일의 경쟁으로 인해, 농촌의 새로운 고용의 주된 기반이었던 공장이나 콜센터 등이 개발도상국의 임금이 낮은 지역으로 갑자기 옮겨지기도 한다(Woods, 2005).

굴뚝으로 연기를 뿜어내는 큰 공장과 끝도 없이 늘어선 노동자 주택이 대도시 제조업 지역의 대표적인 이미지이지만 제조업은 농촌 지역에서 오랜 역사를 가지고 있으며, 특히 농업, 어업, 목재 생산품의 가공 부문에서 그러하다. 20세기 후반에 대부분의 선진국에서는 제조업 고용의 도시에서 농촌으로의 순이동을 경험했다. 1960-1991년 사이 영국 농촌 지역에서 제조업 고용자수는 238,000명이 증가했으나 다른 유형의 지역에서는 모두 감소했다[표 Ⅱ-8]. 유사하게 미국 농촌 카운티의 제조업 고용은 1960-1980년 사이 47% 증가했다(North, 1998). 결과적으로 미국에서 제조업은 도시 지역보다 농촌 지역에서 차지하는 비율이 더 높게 되었다.

제조업의 도시-농촌 간 이동은 시기적으로 다음과 같이 구분된다. 1940-1960년 간은 도시와 농촌 지역 모두에서 절대적으로 제조업 분야의 고용이 증가하였지만 이후 농촌 지역에서 보다 급격하게 증가하였다. 1960년대에 제조업 분야의 고용이 미국의 도시 지역에서는 15% 증가한데 비해 농촌 지역에서는 31% 증가했다. 1970년대, 1980년대, 1990년대에는 상대적으로 제조업 고용이 농촌에서 덜 감소했다(North, 1998). 이와 같은 농촌으로의 제조업 고용의 이동을 설명하는 가설로는 다음과 같은 것들이 있다(North, 1998). 이들은 서로 모순되는 가설이라기보다는 도시-농촌 제조업 변화의 복잡성을 반영한다.

표 Ⅱ-8. 영국의 지역 유형별 제조업 고용자수의 변화(1960-1991년) (단위: 명)

구분	일자리수
런던	-979,000
연담도시	-1,392,000
독립도시	-631,000
대규모도시	-388,000
소규모도시	-284,000
농촌 지역	+238,000
전체	-3,443,000

출처: North(1998)

- 공간 제약 가설: 도시 지역에는 제조업에 이용 가능한 공간이 양적으로도 질적으로도 부족함
- 생산비용 가설: 기업이 생산비의 중심을 차지하는 토지가격과 임금의 공간적 차이를 이용해서 이익의 최대화를 추구함
- 생산주기 가설: 생산의 초기에 도시 입지는 숙련 노동과 전문 기술을 제공하지만, 이후 상품 생산단계가 표준화되면 비용을 감소시키기 위해 농촌 지역에 입지함
- 자본의 재구조화 가설: 기술과 생산 과정의 발전은 숙련 노동에 대한 의존을 줄였고 농촌 지역으로의 이동을 가능하게 함. 낮은 임금과 낮은 노조조직률, 전투성이 낮은 노동자, 대안적인 고용 기회가 없는 노동자의 존재가 중요한 요소로 작용함
- 거주지 선호 가설: 농촌 지역이 제공할 수 있는 높은 삶의 질

그러나 도시-농촌 간 제조업의 이동은 다음과 같은 제한점이 있음이 고려되어야 한다. 첫째, 경공업, 하이테크산업, 식품의 생산 등 특정 부문에 국한되어 있다. 둘째, 대도시 지역에 인접한 특정 농촌 지역에 집중된다. 1981-1989년 사이 영국의 하이테크 부문의 고용이 도시에서는 감소한 반면 농촌 지역에서는 12% 증가하였지만 이러한 성장은 일부 지역에 집중되었다. 1989년 영국 남동부 지역의 하이테크 부문의 고용은 다른 지역의 세 배 이상이 되었다. 하지만 이러한 고용의 성장은 캠브리지와 같은 특정 지역에 집중되었다. 셋째, 도시-농촌 간 이동은 농촌 지역 제조업의 특성을 변화시켰다. 과거에 비해 지역의 자연 자원을 덜 이용하며, 지역에 의해 소유되는 기업의 비율이

더 적어졌다. 공장은 이전보다 지역 사회에 덜 통합적이다. 넷째, 도시-농촌 간 이동에 기여한다고 인식되는 많은 요소들은 개발도상국과의 경쟁에 취약하며, 경기후퇴 시 취약하다. 노동조합의 조직률이 낮다는 것은 기업이 농촌 지역의 분공장을 폐쇄할 때 도시 지역에 비해 더 적은 저항을 받게 된다는 것을 의미한다(Woods, 2005).

(3) 서비스업 고용의 증가

농촌에서의 서비스업 고용은 20세기 이래 지속적으로 증가하여, 대부분의 선진국에서 서비스업이 농촌 지역의 주된 고용원이 되었다[표 Ⅱ-9, 표 Ⅱ-10]. 그러나 서비스업은 매우 다양한 활동을 포괄하는 개념이기 때문에 그 중요성이 과장될 수 있다. 서비스 부문의 고용은 교사, 트럭운전사, 의사, 변호사, 금융종사자, 증권중개인뿐 아니라 청소부, 가게점원, 복지사를 포함한다.

표 Ⅱ-9. 영국의 서비스 부문의 고용(2001년) (단위: %)

구분	원격지 농촌	농촌	도시
유통, 호텔, 요식업	27.6	25.9	23.7
은행, 금융, 보험 등	10.6	17.4	22.0
행정부, 교육, 보건 등 공공 부문	25.1	22.7	23.7
기타	4.5	5.1	5.3
서비스 전체	67.8	71.1	74.7

출처: Countryside Agency(2003)

표 II-10. 미국의 서비스 부문의 고용 비율(1996년) (단위: %)

구분	농촌	도시
소매업	17	17
정부	16	14
금융, 보험, 부동산	5	8
교통, 통신	4	5
도매업	3	5
기타	23	32
전체	68	81

출처: http://www. rupri.org

미국과 영국 농촌 지역에서의 서비스업 고용 증대는 네 가지 부문으로 나뉘어 질 수 있다. 우선 교육, 보건, 지방정부 부문을 포함하는 공공서비스 부문의 확대이다. 도시 노동시장에 비해 공공 부문의 고용은 농촌 지역에서 보다 중요하다. 원격지 농촌의 경우 고용의 4분의 1정도가 이 부문에 속한다. 둘째, 소비자중심주의(consumerism)의 확산은 농촌 지역 소매업과 레저 서비스 부문의 확대를 촉진하였다. 그러나 이러한 확산은 마을 상점, 자동차 정비소, 여관 등의 폐점과 같은 농촌 지역 서비스의 공간적 재구조화를 야기했다. 현재의 소매업과 접객업에서 만들어지는 일자리의 특성은 저임금의 비정규직, 파트타임 일자리이다. 영국 원격지 농촌 지역의 유통, 요식업 일자리의 반 이상이 파트타임 일자리이다. 셋째, 관광 부문으로 관광은 종종 농업, 제조업에 의해 쇠퇴하고 있는 농촌 지역사회 재생의 상징적인 방법이 되어 왔다. 넷째, 대도권 주변부에 위치해 있는 농촌 지역에서는 금융 관련 생산자서비스의 재입지를 통해 고용이 증가했다. 이러한 변화 과정은 제조업과 유사한 패턴을 보이고 있다. 원격지 농촌은 관광이나 공공 부문 고용에 의존하는 경향이 강한 반면 도시와 가까운 농촌 지역은 금융 사업 서비스의 재입지로부터 혜택을 받고 있다.

참고문헌

박시현, 2006, 도농상생을 위한 영국과 일본의 경험, KREI 논단.(http://www.krei.re.kr/kor/info/news_eview.php?cpage=1&kid=14978).

박영한 · 구동회 역, 2000, 『부르주아 유토피아: 교외의 사회사』, 한울(Fishman, R., 1987, *Bourgeois Utopias: The Rise and Fall of Suburbia*, Basic Books).

박영한 · 조영국, 2002, 산업화 · 탈산업화가 농촌 공간을 어떻게 변화시키는가?, 박삼옥 외 지음, 『지식정보사회의 지리학 탐색』, 한울, 147-174.

Champion, A. G. ed., 1989, *Counterurbanization: The Charging Pace of Population Deconcentration*, London and New York: Edward Arnorld.

Champion, A. G., 1992, Urban and regional demographic trends in the developed world, *Urban Studies*, 29(3), 461-482.

Countryside Agency, 2001, *Rural Services on 2000*, London: Countryside Agency, London.

Countryside Agency, 2003, *State of the Countryside 2003*, London: Countryside Agency.

Crump, J., 2003, Finding a place in the country: exurban and suburban development in Sonoma County, California, *Environment and Behaviour*, 35, 187-202.

Dahms, F. and McComb, J., 1999, Counterurbanization, interaction and functional change in a rural amenity area: a Canadian example, *Journal of Rural Studies*, 15(2), 129-146.

Fielding, A. J., 1982, Counterurbanization in Western Europe, *Progress in Planning*, 17, 1-52.

Fulton, J. A., Fuguitt, G. and Gibson, R. M., 1997, Recent changes in metropolitan to nonmetropolitan migration streams, *Rural Sociology*, 62, 363-384.

Halfacree, K., 1994, The importance of 'the rural' in the constitution of counter -urbanization: evidence from England in the 1980s, *Sociologia Ruralis*, 34, 164-189.

North, D., 1998, Rural Industrialization, in Ilbery, B. ed., *The Geography of Rural Change*, Harlow : Addison Wesley Longman, 161-188.

Rural Policy Research Institute, 2003, The rural in numbers(http://www.rupri.org).

United States Department of Agriculture(USDA), 2000, *Agriculture Factbook 2000*, Washington DC: United States Department of Agriculture.

Woods, M., 2005, *Rural Geography*, London: Sage Publications.

http://www. fao.org.

3장. EU와 영국의 농촌 정책: 농촌 개발과 재활성화

1. 농촌 정책의 제도적 구성 요소와 생산주의

농촌 정책에 영향을 미치는 제도적 구성 요소를 우즈(Woods, 2005)는 지구적 규모, 초국가적 규모, 국가, 압력집단으로 구분하고 있다.[6] 과거 미국의 농업정책 집단은 USDA, 의회의 농업 분과와 세개의 주요 농부조직(Farm Bureau, NFU, Grange[7])으로 구성되었다. 이 집단들은 1930-1970년대까지 농업정책을 통제했다. 당시 이들은 소농조직, 환경소비자집단, 비농업 부문의 국회의원, 심지어 예산국과 백

---

〔6〕 각각의 사례는 다음과 같다.

□ **지구적 규모**

WTO: 초국적 조직으로 146개의 회원국을 가지고 있으며 농산물과 임업생산물에 대한 무역 협정을 통해 농업정책에 영향을 미치는데, WTO의 정책 결정은 주요 산업국가들, 특히 미국에 의해 지배되는 경향이 있다.

□ **초가국적 규모**

유럽연합(EU): 25개국 회원국의 공동농업정책(CAP)과 유럽구조기금의 일부로서 농촌발전 구조기금 운용.

북미자유무역지대(NAFTA): 미국, 캐나다, 멕시코 간 농산물과 임산물을 포함한 자유무역지대.

□ **국가**

미국은 USDA(United States Department of Agriculture).

영국은 Department for the Environment Food and Rural Affairs(DEFRA).

□ **압력집단**

농업 부문의 압력집단은 농촌 정책에 영향을 미치는 비정부기구 중 영향력이 가장 큰데, 미국의 농업인협회(Farm Bureau)는 카운티와 주별 조직을 가지고 있는 1919년에 만들어진 500만 명 이상의 회원을 가진 농부, 조합 조직이며, 전국 농민 연맹(National Farmer's Union: NFU)은 1902년에 설립된 미국 농부조직으로 300,000명의 회원을 가지고 있다. 영국의 전국 농민 연맹(National Farmer's Union: NFU)은 1908년에 만들어진 900,000명의 회원을 가진 영국의 최대 농부협회이다.

〔7〕 미국의 농업 협동 조합

악관조차 정책 의사 결정 과정에서 효과적으로 배제시켰다. 협회는 그 대가로 그들의 정책을 지지하는 국회의원의 선거에 도움을 제공했다(Smith, 1993).

영국에서도 이와 유사하게 과거에는 농림식품부와 전국 농민 연맹이 의사결정에 중요한 역할을 했으며, 그 외 전국 농지소유자 협회(Country Landowners' Association), 식품 가공 · 농장 노동조합(Food Processors and the Farm Worker's Union) 등이 의사 결정 과정에 참여하였다. 그러나 환경주의자와 소비자, 동물보호단체는 배제되었다.

2차 세계대전 이후 농업생산에 대한 지원은 당시 농산물 수입국이었던 EU의 농촌 개발에서도 핵심적 전략이었다. 따라서 기계화, 과학적 영농기법의 도입, 농장의 규모 확대 등을 통해, 농업생산성을 향상시켜 농업도 다른 산업 못지 않은 소득과 경쟁력을 확보하도록 하는 것이 목표였다. 최저가격보장을 통한 가격지지와 농업구조근대화에 우선순위가 두어졌다. EU에서는 유럽농업지도보증기금(EAGGF)의 지원에 의해 1962년부터 시작된 공동농업정책(Common Agricultural Policy: CAP)이 가격지지 및 농업구조 근대화를 주요 목표로 오랫동안 중앙계획적 방식으로 추진되어왔다. 1988년 개혁까지 유럽농업지도보증기금 중에서 가격지지정책 및 수출보조를 위한 지원분야(보증부문)가 전체 재정의 약 95%를 차지하였고, 농업구조조정을 위한 지원(지도부문)은 불과 5%정도에 불과하였다(박경, 2003).

과거 미국과 영국의 농업정책은 국가의 개입을 포함하는 생산주의라는 이데올로기를 공유했다. 영국이 유럽공동체(European Community, 현재는 EU)에 가입한 1973년 후 공동농업정책에도 영향을 받게 되었다. 과거의 농업정책은 농업 생산의 증대를 소비자의 이익과 환경에 우선하여 농업에 우선권을 주는 것을 문제시하지 않았다. 이와 같은 정책은 과잉생산, 환경파괴, 식품의 질 하락에 대한 우려를 야기하였지만 농업정책의 의사 결정에 관여하는 중요 집단들은 반대편의 의견을 들으려고 하지 않았다. 정책결정 집단의 이러한 배타성은 농촌의 변화에 대한 적응 노력을 제한함으로써 많은 문제점을 야기하였다. 농업의 중요성이 쇠퇴하고 관광과 서비스 부문이 증가함에 따라 다른 경제 부문의 이해관계에 비해 농업에 우선권을 주는 것을 정당화하는 것이 점점 더 힘들게 되었다. 한편 1980년대의 신 자유주의적 정부는 국가의 개입을 강조하는 정책에 반대하는 새로운 정치적 환경을 만들어 냈다. 백악관에서 농업 부문의 아젠다를 강력하게 진행하는 과정에서 정부와 농부 조직 사이에 긴장이 발생하기 시작하였으며, 이에 따라 미국 농업정책의 의사 결정집단은 분화하기 시작하였다. 영국에서도 기존의 정책 의사 결정집단에 대해 신자유주의적 보수당 정부와 영향력이 커진 환경단체들이 문제를 제기하면서 다원주의적 의사 결정으로의 전환이 1980년대에 일어났다.

생산성의 향상을 통해 농업 문제를 해결하려는 생산주의 정책은 과잉생산을 야기하였다. EU에서는 1980년대 이후 거의 모든 농산물의 자급률이 100%를 상회하게 되었음에도(사공용, 2002), 생산주의의 흐름은 1980년대 초반까지 지속되었다. 선진국에서는 적절한 시장 가격으로 팔릴 수 있는 것 보다 더 많은 상품이 생산되었다. 농업 현대화 과정에 투입된 자금으로 인한 막대한 농가부채로 인해 미국은 1980년대 중반에, 영국은 1990년대 말에 '농업 위기(farm crisis)'를 포함한 심각한 불황을 겪게 되었다.

이러한 위기를 타개하기 위해 각국의 정부들이 직면한 문제는 다음과 같다.

- 수출 시장을 포함한 새로운 시장을 개척하는 것
- 보조금에 의지하고 있는 작고 한계적인 농업 부문의 활력은 보호하면서 농업 부문에 대한 지출은 감소시키는 것
- 농업 생산과 환경, 소비자간 이해관계의 균형을 맞추는 것

농산물의 과잉 공급과 이로 인한 가격 하락으로 인해 2차 세계대전 이후 서유럽 국가들을 비롯한 많은 나라들이 추진해왔던 농업생산 증대 일변도의 농업개발정책의 수정이 불가피하게 되었다. 특히 케언즈 그룹(Cairns Group)이[8] 농산물 무역의 자유화와 각 국가들이 농업생산에 영향을 주는 각종 대농민 지원 정책의 축소 철폐를 주장함에 따라, EU는 가격지지나 농산물 수출보조 같은 강력한 시장개입 정책을 더 이상 실시하기 어렵게 되었다. 특히 농산물보조금 지급은 케언즈 그룹과 EU의 이해가 직접 충돌하는 부분이었다. 하지만 EU에서 농업 · 농촌에 대한 투자와 지원을 단기간내에 중단하는 것은 불가능하였다. EU의 정책결정 구조는 회원국의 만장일치를 요구한다. 따라서 프랑스, 아일랜드처럼 소농의 비중이 높아 유럽의 보조금 정

[8] 주요 농산물 수출국을 가리키는데, 1986년 첫 회의를 개최한 호주의 지명을 따라 명명되었다. 미국, 캐나다, 호주, 뉴질랜드, 우루과이, 콜롬비아, 코스타리카, 과테말라, 아르헨티나, 브라질, 파라과이, 칠레, 볼리비아, 필리핀, 태국, 인도네시아, 피지, 남아프리카공화국이 회원국으로 가입해 있다(임형백 · 조중구, 2004b).

책에서 혜택을 받는 나라들의 정치적 동의를 얻어내지 못해 도입될 수 없었다. 하지만 이제 농촌은 농산물의 공급지로서 농민만의 폐쇄적 공간으로 남을 수 없게 되었다. 즉 농촌은 신자유주의적 교역질서 속에서 새로운 자원의 발굴을 통하여 보전하여야 할 공통의 공간이 된 것이다. 이러한 상황 하에서 보조금과 같이 시장질서에 영향을 주지 않아야 한다는 제약을 피하면서 동시에 지속적으로 농업과 농촌을 유지하기 위한 정책적 수단을 개발할 필요성이 대두되었다(임형백, 2002).

2. 농촌과 통합된 농업정책으로의 전환

농촌 경제의 부흥, 농촌 환경의 보전, 농촌 지역사회와 서비스의 지원, 농촌 빈곤의 경감 등 현대 농업 부문의 정책 결정가가 직면한 문제는 다양하고 많다. 기존의 국가주도적인 하향식 농촌 개발은 두 가지 점에서 비판받고 있다. 우선, 하향식 발전은 외부의 투자에 의존하는 경향이 있다. 외부의 투자자는 투자에 대한 대가를 받기를 원하기 때문에 새로운 공장과 고용에 의해 창출된 이익은 종종 지역 경제안에 머물러 있기 보다는 외부로 유출된다. 둘째, 지역 주민의 참여가 제한됨으로써 민주주의적인 요소의 결핍을 야기하는 경향이 있다. 이는 지역 주민이 원하지 않는 방향으로 발전과 일자리 창출이 이루어질 수 있다는 것을 의미한다.

1980년대부터 EU에서는 농촌 지역정책의 중요성이 인식되기 시작하였다. EU의 농업정책의 개혁은 과잉생산, 환경문제, 공동농업정책의 재정비용이라는 세 가지 관심에 의해 추동되었다. 이전까지 공동농업정책은 주로 시장개입정책이 중심이었고, 농업발전과 농촌발전을 동일시하여 본격적인 농촌 개발정책은 추진하지 않았다. 그러나 1980년대 이후 농촌에 대한 사회적 요구의 변화, 농촌 지역의 인구사회학적 구성의 변화, UR 농업협상과 농산물시장의 개방, 공동농업정책의 과도한 재정지출과 시장개입주의에 대한 대내외의 비판을 배경으로 농업정책보다 넓은 시야에서 농촌 정책을 도입하지 않고는 농촌 지역의 활력을 유지할 수 없다는 논의가 활발하게 전개되었다. EU는 1980년대 후반 농촌의 다원적 기능(multifunctionality)의 중요성을 강조하기 시작하였다.

EU 내 지역 간 불균형의 시정 없이는 단일시장이 추진되더라도 EU의 통합을 이룰 수 없다는 인식의 확산과 함께 1988년 EU의 지역정책은 대폭 개혁되었다. EU가 농촌 정책을 본격적으로 도입하게 된 직접적 계기는 1988년에 공표된 '농촌 사회의 미래(Future of Rural Society)'라는 유럽연합위원회(European Commission)의 문서이다. 이 문서는 세 가지 점에서 중요한 의미를 갖는다. 첫째, 농촌 지역의 유지회복을 위해서는 농업뿐만 아니라 농촌의 발전이 필요하다는 점을 강조하였다. 둘째, 구조기금의 개혁을 통한 농촌 지역에 대한 재정적 지원을 강조하였다. 셋째, 농촌 개발의 방법으로 상향식(bottom-up), 정책연계, 지역에서의 파트너십을 강조하였다(박경, 2003).

이 시기 이후 EU에서는 1980년대 후반 이후 강조되어 오던 농업의 다원적 기능에 대한 정책적 지원 수단들이 강화되었다. 새로운 농촌 개발 모델의 실험으로 지역, 파트너십, 네트워크를 핵심주제로 한 리더 I (LEADER I)이 시작되었다. 1992년에 공동농업정책을 개혁하여 가격지지정책에서 소득보장정책으로 전환함과 동시에 농촌 개발에 대한 예산과 농업이 가진 다원적 기능을 지원하는 정책 수단들을 강화하였다. 특히 1992년의 개혁이후로는 환경보호적 농업생산에 대한 보조금 지급수단을 도입하는 등 농업의 다원적 기능을 지원하기 위한 정책이 강화되었다(임형백 · 조중구, 2004b).

공동농업정책이 다원적 농촌발전을 목표로 종합적인 지역정책을 추구하게 되면서 정책추진체계도 전면적으로 개편되었다. 농촌지역정책이 통합적으로 실시되기 위해서는 ①지역을 범위로 하여 건설, 교통, 농업, 서비스업 등 여러 부문의 정책들이 지역의 전체적 종합계획 아래 통합되어야 하고, ②농업생산기반조성, 환경농업, 농촌관광 등 농업 · 농촌 정책의 수단 간에도 연계성이 강화되어야 하며, ③농촌관련 정책추진기구도 통합체계를 갖추어야 하고, ④중앙과 지방 간, 공공부문과 민간부문 및 주민 간의 파트너십과 정책연계가 강화되어야 했다(European Commission, 2001).[9]

따라서 EU에서는 1990년대 중반 이후 지역정책의 방향이 대폭 전환되어, 물리적 하부구조 조성 정책보다는 구체적인 기술이전의 촉진과 혁신을 유발할 수 있는 지역 환경의 조성에 더 초점을 맞추고

[9] 영국에서는 통합된 농촌 정책에 대한 필요와 관련 2001년에 농림식품부(Ministry for Agriculture, Fisheries and Food)와 환경부(Department for the Environment)가 통합되어 환경식품농촌부(Department for the Environment Food and Rural Affairs: DEFRA)가 만들어졌다. 이를 통해 농촌과 관련된 각 부처의 기능(환경, 관광, 복지 등)을 통합하여 종합적 농촌 정책을 수립할 수 있도록 하였다(European Commission, 2001).

있다. 1990년대 중반 이후의 농촌 개발의 방향은 1996년 아일랜드 코크(Cork)에서 개최된 '농촌 개발에 관한 유럽회의'에서의 제안사항을 보면 알 수 있다. 여기에서는 농업과 관련해 농촌중시, 종합적 접근, 다각화, 지속가능성, 보조원칙(subsidiarity), 정책의 간소화, 프로그램, 재정지원, 관리능력과 효율성, 평가와 연구 등이 제안되었다(Commission of European Communities, 1996).

상향식 농촌 개발(bottom-up rural regeneration)은 지역사회에 의해 주도된다. 지역사회의 구성원들은 지역사회가 직면한 문제점과 해결책을 찾고 재생 프로젝트의 계획과 수립 및 이행에 참여하도록 추동된다. 프로젝트의 추진을 위해 경쟁체제하에서 종종 공공 기금의 지원을 요청하게 되며, 파트너십을 통해 개별 주체가 갖고 있는 자원(resource)을 결합시킬 것을 요구받는다(Woods, 2005). 이에 따라 국가의 역할은 농촌 개발의 공급자(provider)에서 농촌 재생의 중재자(facilitator)로 바뀌었다. 대부분의 경우 외부의 투자를 끌어들이기 보다는 지역사회 내부에 있는 자원의 이용을 증진시키는 데 강조점를 두는 내생적 발전 전략을 택한다. 프로젝트의 당면한 목표는 경제 발전이 아니라 재생할 수 있는 능력을 키우는 데 목적을 둔 지역사회 개발이다. 상향적 접근은 지역사회의 역할 강화와 지역사회의 요구와 환경이 조화되는 재생 전략을 의미한다. 상향적 접근은 농촌 개발의 책임이 국가에서 시민으로 이동하는 것을 의미한다.

EU의 지역정책은 1957년 로마조약 이후 만들어진 유럽경제공동체(EEC)의 유럽사회기금(ESF)과 유럽농업지도보증기금(EAGGF) 설립에 연원을 두고 있다. EU의 지역정책 수행을 위한 구조기금

(European Structural Fund)은[10] 유럽지역개발기금(European Regional Development Fund: ERDF), 유럽사회기금(European Social Fund: ESF), 유럽농업지도보증기금(European Agricultural Guidance and Guarantee Fund: EAGGF), 어업지도기금(Financial Instrument for Fisheries Guidance: FIFG), 결속기금(Cohesion Fund), 유럽투자은행을 통한 재정지원 등 6개의 주요 재정수단이 있다(유럽지역연구회, 2003).

EU는 지역개발의 체계적인 수행, 예산의 효율적인 집행 및 지원대상사업의 파급효과 제고 등을 목적으로 '대상(object)'이라는 명칭 아래 일정 기준을 충족시키는 특정 우선지역들을 선정하여 집중적으로 지원한다(이형근, 2004). 구체적인 대상지역과 선정기준은 다음과 같다[표 Ⅱ-11].

구조기금의 세 가지 대상지역에는 지역 개발에 대한 지원이 제공된다. 대상지역 1, 2, 3은 낙후성을 구성하는 객관적인 요소에 근거해서 각기 차별화된 유형으로 지정되고 있다(한국 교육개발원, 2006).

---

[10] EU의 구조기금은 EU 공동체의 재정적 수단을 통해 낙후지역에 공동체의 자원을 이전함으로써 지역 간 격차를 축소하고 EU내에서 추가적인 불균형의 발생을 방지하려는 EU의 공동지역개발정책의 일환으로 추진되었다. 지역통합과정에서 역내국 간 격차문제를 공동의 협력과 지원을 통해 해결하기 위한 유럽공동체 차원의 노력은 1957년 로마조약에 의해 창설된 유럽경제공동체에서부터 시작되었다.

표 Ⅱ-11. 유럽연합의 낙후지역 선정기준

지역	선정기준
대상지역 1	- 1인당 GDP가 EU 평균의 75% 이하인 지역
	- 인구희소지역
	- 오지
대상지역 2	- 취약한 농촌 지역의 경제구조 다변화가 필요한 지역
	- 공업 · 농업 지역, 대상 1 인접지역, 쇠퇴농촌 지역
	- 농업, 공업, 서비스업의 구조조정으로 고용을 위협받는 지역
	- 어업의 구조조정으로 고용을 위협을 받는 지역
대상지역 3	- 고용 및 직업훈련이 필요한 지역

출처: http://europa.eu.int/comm/regional_policy

대상지역 1(Objective 1)은 1인당 GDP, 인구밀도를 기준으로 선정된다. 1인당 GDP가 EU 평균의 75% 이하인 지역, 인구밀도가 ㎢당 8명 미만인 인구희소지역, 오지 등이 대상지역 1에 해당된다. 대상지역 2의 경우 산업구조 및 경제구조의 변화로 인한 쇠퇴가 지정기준이 되며, 대상지역 3은 고용 및 직업훈련의 필요성에 의해 지정된다(한국교육개발원, 2006).

농촌 정책이 농업과 연결되어 본격적으로 활성화되기 시작한 것은 1999년 아젠다2000(Agenda2000)의 개혁이 시작된 이후이다. 여기에서는 농촌 정책을 EU의 공동농업정책의 중요 부분으로 부각시키면서 이를 추진하기 위한 상향식, 종합적 농촌 정책(intergrated rural policy) 추진체계를 갖추었다. 공동농업정책은 아젠다2000 이후 '농업의 발전'에서 '농림업의 다양화와 발전, 농촌 지역의 경쟁력 강화, 환경 및 농촌 유산의 보전'으로 중점 분야가 바뀌었으며, 이를 위하여 ①농업경영에 대한 자본 투자, ②인적자원투입, ③조건불리지역, 환경보전지역에 대한 보상지원, ④환경농업 지원, ⑤농산물 가공과 마케팅, ⑥삼림보호 육성, ⑦농촌 지역의 일반적 발전을 위한 다양한 수단들을 도입 · 강화하고 있다(European Commission, 1999). 특히 이 중에 제 33조의 수단들은 토지개량, 농촌 생산기반시설 개선, 농촌관광 · 수공업 지원 등 신 소득원 개발, 촌락의 개량과 유산보존 등 농촌의 다양성 증대와 관련된 사업들로서 공동농업정책 중에서도 다원적 농촌발전을 지향하는 대표적인 부문이다. 각국에서는 아젠다2000 이후 환경, 관광, 경관 유지, 농촌마을 재생, 수공업과 토산품 개발 등의 다양한 농촌발전을 지원하는데 이 제33조 수단들을 적극 활용하고 있다(Lowe et al., 2002). 아젠다 2000은 공동농업정책안에 농촌 개발정책을 점진적으로 통합하려는 목표를 가지고 있다(임형백 · 조중구, 2004b).

아젠다2000에서는 유럽농업지도보증기금(EAGGF)의 농촌 개발자금을 1990년 중반 4.1%에서 2006년까지는 10.5%로 확대하고, 동시에 보증부문에서도 농촌 개발지원을 할 수 있게 함으로써(European Commission, 2001), 농업지원에 치중하였던 공동농업정책이 본격적으로 농촌 개발정책을 지원할 수 있는 체제로 변경되었다(박경, 2003). 실험적(pilot) 전략과 주제의 통합(unifying theme)을 핵심 주제로 한 리더+(LEADER+)는 지역에 기초한 농촌의 경쟁력 강화를 목표로 하고 있다. 아젠다2000 개혁 이후 공동농업정책의 농촌 개발지침으로 농촌 개발규정(Rural Development Regulation: RDR)을 새롭게 제정하였는데, 이 규정에서는 각 국가별로 적당한 지역 범위를 설정하여 농촌 개발계획을 반드시 수립하여 실행하도록 되어 있다. 최근에는 국가도 농업정책보다는 지역농촌 개발프로그램에 역점을 두고 있으며, 이를 통하여 농촌 주민들의 소득과 생활의 질을 높이려고 시도하고 있다(Bowler, 1996).

최근 강조되고 있는 농촌 개발의 내생적 발전의 중요 주제는 기존 농촌 경관에 가치를 더하는 것이다. 이것은 관광객을 끌어들이기 위해 전통과 역사유산을 강조함으로써 농촌을 재포장하는 것과 관련된다. 이것은 또한 농업 현대화가 아닌 전통식품 생산이나 농부와 지역생산자의 직접 판매를 강조하는 방법을 통해 경제 발전을 촉진시키려는 농업에 대한 새로운 접근법과 관련된다.

농장, 목장, 치즈공장, 포도원, 양조장과 같은 향토음식의 생산지역, 향토음식과 요리법은 농촌 관광의 중요한 요소가 되고 있다. 농민장터(farmer's market)는 내생적 농촌 개발의 공통요소가 되고 있다. 이것은 음식 관광에 기여할 뿐 아니라 지역에 기반한 소규모의 식품 가공업체를 지원하며 도매상이나 소매상의 이익을 제거함으로써 농부의 수입 증가를 돕는다(Woods, 2005). 농민장터는 지역주의, 질, 진정성, 공동체의 이상에 호소하는 동시에 지배적인 슈퍼마켓 체인과 지구적 농식품 기업에 도전하는 대안적 공간, 전원의 이상을 재현하는 노스텔지어의 공간으로 받아들여지고 있다. 하지만 영국 스타트포드(Stratford)의 농민장터에 대한 사례 연구에 의하면 농민장터의 성공에는 세 가지 고려해야 할 점이 있다(Holloway and Kneafsey, 2000). 우선, 시기마다 노점의 매출액이 큰 차이를 보인다는 점이다. 두 번째로 선호되는 상품이 뚜렷하다는 것이다. 공통적으로 가장 선호되는 것은 야채, 계란, 사과쥬스, 치즈, 꿀이다. 셋째, 장터는 뚜렷하게 공간적인 집중을 보인다. 미국에서 대부분의 장터는 뉴욕의 유니온 스퀘어 그린

마켓을 포함해서, 대도시 지역안에 있거나 그 근처에 있다(Holloway and Kneafsey, 2000). 1998년 기준으로 보면, 농촌의 특성이 보다 강한 몬타나와 조지아주에는 7개, 와이오밍주에는 6개의 마켓이 있다(Woods, 2005).

이와 유사하게 영국에서도 장터의 성공은 웨일즈나 스코틀랜드 북부 잉글랜드와 같이 보다 주변부적인 농촌 지역보다는 남부 잉글랜드에서 주로 발생한다. 이는 상향적 농촌재생 전략, 내생적 발전전략이 모든 지역에서 동시에 작동할 수 있는 단일한 해결책을 낼 수 없다는 것을 의미한다(Woods, 2005).

3. 영국 농촌 정책의 변화

(1) 영국의 초기 농촌 정책: 대상5b 정책

EU의 다른 국가들과 마찬가지로 영국도 1987년까지는 독자적인 농촌 정책이 아닌 농업구조정책과 농산물시장 위주의 정책을 시행하였다. 국토계획에 의한 지역정비사업이나 소규모 지역사회 개발사업이 이루어지기는 하였지만, 이것은 특정한 지역적 · 공간적 개념에 의해서 시행된 것은 아니었다. 영국에서 농촌에 대한 공간적 개념은 EU 구조기금의 개혁이 시작된 1988년부터 적용되었다. 이때 나타난 최초의 농촌 정책이 대상5b 정책(Objective 5b policy)인데, 이 정책은 개편되기 이전인 1999년까지 실시되었다. EU구조기금의 개혁에 따라 만들어진 대상5b 정책은 EU지역정책의 일환으로 실시되었기 때문에 정책의 주관 부서도 농림수산부(MAFF: Ministry of Agriculture, Food and Fishery)가 아닌 통상산업부(DTI: Department of Trade and Industry)였고, 농업이나 농가에 대한 지원보다는 농촌 지역의 경제적 사회적 여건개발, 자연환경보존 등 비농업 부문에 대한 지원의 형태로 이루어졌다. 대상5b 정책은 본격적인 농촌 정책으로는 한계를 갖고 있지만, 농촌 정책의 선구자 역할을 했다는 점에서 의의가 있다(김수석 · 김태연, 2005).

영국의 농촌 정책은 EU정책과 동일한 변화 과정을 거치면서 분권화되고 있다. 1989년 구조기금 개혁이 실시되기 이전은 주로 각 산업부문별 정책을 중앙 정부 주도로 집행하는 체계를 갖고 있었다. 농촌 개발을 목적으로 하는 대상5b 정책의 실시와 함께 중앙집권적 체계가 지역주도적인 농촌 정책으로 변화하였다.

지역분권적인 농촌 정책인 구조기금의 대상5b 정책은 EU뿐 아니라 영국에서도 새로운 시도였다. 이는 다른 대상 지역에 적용되는 정책이 주로 기존의 산업발전 정책에 다양한 사회경제적 발전을 위한 프로그램들을 결합한 것인 반면에, 대상5b 정책의 경우는 지역경제 성장에 중추적인 역할을 하지 못하는 농업이 주된 산업인 농촌 지역을 대상으로 하는 것이었기 때문이다. 즉, 대상5b 정책은 단순히 지역중심적인 추진 체계를 정비하는 것 이외에 농촌 지역의 지속 가능한 발전을 위해 장기적으로 핵심적인 경제활동이 무엇인가도 결정해야 하는 이중의 문제를 안고 있었던 것이다. 따라서 대상5b 정책이 시행된 1989년부터 1999년까지는 EU공동농업정책의 농업구조정책을 농촌 정책으로 전환시킨 과도기적 기간이라고 볼 수 있다.

중앙집권적인 농업구조정책을 지역분권적인 농촌 정책으로 전환시키는 역할을 담당한 대상5b 정책은 크게 두 가지 과제를 갖고 있었다. 첫째는 농업부문에 대한 농촌경제의 의존성을 줄이고 비농업활동을 중심으로 한 지역경제의 성장, 즉 지역고용의 증가가 가능한가를 점검하는 것이었다. 둘째는 농업에 대한 전문성을 갖고 주로 농업활동을 지원하는 데에 초점을 두었던 농촌 지역의 각종 기관과 단체들로 하여금 비농업활동을 지원하게 하고 또한 그러한 능력을 배양시키는 것이었다. 영국의 경우에는 이미 농촌 지역경제의 중심이 농업활동에서 비농업활동으로 전환된 상태였기 때문에 농촌 지역의 이러한 특성을 유지하면서 장기적 발전을 지속할 수 있는 체제의 형성이 필요한 상황이었다.

영국에서의 대상5b 정책은 다음과 같은 특징들을 보여주었다. 첫째는 영국 역사상 처음으로 농가를 지원하는 정책이 농림수산부가 아닌 다른 추진 기구에 의해서 시행되었다는 것이다. 둘째로 지역 추진 주체인 모니터링 위원회에 농업분야와 비농업분야를 포함하는 다양한 기관과 단체의 대표들이 참여하게 되었다는 점이다. 이는 농촌 지역의 특성을 고려함과 동시에 장기적인 발전 방향에 대한 각 부문의 역할을 총체적으로 고려할 수 있는 체제를 형성하기 위해서였다. 셋째로는 농업 정책과 농촌 정책이 분리되어 실시되었다는 점이다. 대상5b 정책이 실시되는 기간에도 영국 정부의 중앙집권적인 농업정책은 강하게 실시되어 농가의 농업활동에 커다란 영향을 미치고 있었다. 따라서 대상5b 정책은 자연스럽게 농가의 농업활동에 대한 지원을 지원대상에서 제외시켰으며 농가의 비농업적인 창업과 고용활동을 포함해서 농촌 지역의 비농업 부문에 한정된 지원을 행하였다(김수석 · 김태연, 2005).

(2) 아젠다2000 이후 농촌 정책

1999년 아젠다2000의 시행 이후 영국 농촌 정책은 그 전에 비해 다양한 형태로 분화되고 발전되었다. 첫 번째 형태는 1999년 이전에 실시되던 대상5b 정책이 잉글랜드 농촌발전 프로그램(England Rural Development Programme: ERDP)으로 개편된 것이었다. 이전의 대상5b 정책은 지역정책 차원에서 농촌 개발을 추진한 것이었으나, 이것이 잉글랜드 농촌발전 프로그램으로 개편되면서 정책의 주체가 환경식품농촌부로 바뀌고 농업과 관련된 농촌 개발까지 포함하는 형태로 바뀌게 되었다[표 Ⅱ-12]. 대상지역 1에 속하는 지역에서는 잉글랜드 농촌발전 프로그램이 적용되지 않고 대상1정책에 입각한 농촌발전 프

표 Ⅱ-12. ERDP의 사업 내용

사업 유형 구분	세부 사업 내용
토지기준 지원시책 (Land-based scheme)	환경민감지역시책(the Environmentally Sensitive Areas Scheme)
	전원지킴이시책(the Countryside Stewardship Scheme)
	유기농업 지원시책(the Organic Farming Scheme)
	산림지원시책(the Woodland Grant Scheme)
	농지조림 지원시책(the Farm Woodland Premium Scheme)
	구릉지농장 지원시책(the Hill Farm Allowance Scheme)
	에너지작물 지원시책(the Energy Crops Scheme)
사업별 지원시책 (Project-based scheme)	농촌기업 지원시책(the Rural Enterprise Scheme)
	직업훈련 지원시책(the Vocational Training Scheme)
	가공, 유통 지원시책(the Processing and Marketing Grant Scheme)

출처: 김수석·김태연(2005)

로그램이 실시되고 있는데, 이것이 영국 농촌 정책의 두 번째 유형에 해당한다. 세 번째 유형은 2000년부터 시작된 구조기금정책 제3기에 부응해서 새로 개발된 리더+(LEADER+)프로그램에 의한 농촌 개발 사업이다. 리더+는 지역의 지역활동그룹(Local Action Group: LAG)에 의한 민간 차원의 상향식 농촌 개발로 EU에서 지원하는 프로그램이다(김수석 · 김태연, 2005).

(3) 영국 농촌 개발정책의 방향

농촌과 통합된 농업정책의 시작은 1995년 영국 정부의 영국, 스코틀랜드, 웨일즈에 관한 '농촌백서'의 출간이다. 백서의 출간은 과거의 폐쇄적인 농촌 지역정책과의 단절을 의미한다. 이 보고서는 농업과 함께 원격통신, 주택, 임업, 스포츠 등을 통합적으로 다루고 있을 뿐 아니라 현대 농촌 사회의 다양한 특성을 인식하고 있고 보다 통합된 농촌 정책의 필요성을 인식하고 있었다(Woods, 2005).

영국의 농촌 개발에 대한 기본적인 정책 방향에 대해서는 2000년 환경교통지역부(DETR)에서 발간한 2002년도 농촌백서(Our Countryside: the future)를 참조할 수 있다[표 Ⅱ-13]. 여기에서는 영국 농촌의 비전을 크게 ①활력있는 농촌과 높은 공공서비스 수준, ②안정되고 충분한 고용을 제공하는 다각화된 경제, ③지속가능하며 모두가 누릴 수 있는 환경의 농촌, ④자율적이며 자기 목소리를 낼 수 있는 농촌 등 네 가지로 압축해서 제시하고 있다.

표 Ⅱ-13. 영국 농촌 개발의 기본정책 방향

비전	10대 과제
활력있는 농촌 (a living countryside)	**1. 마을의 필수적인 서비스 제공**
	- 커뮤니티에 도움이 되는 상점 등에 대한 보조
	- 농촌 우체국에서 금융, 인터넷, 건강 진단 등 서비스 제공
	- 커뮤니티 서비스 기금(Community Service Fund) 도입
	- 폐교 억제
	2. 농촌의 서비스 현대화
	- 이동식 진료서비스 개선
	- 농촌 커뮤니티에 지방 병원 원격 연결 원스탑 서비스센터 설치
	- 인터넷 교육 및 접속 지점 수 확대
	3. 저가주택(affordable homes) 공급
	- 소규모 농촌마을에 저가주택 공급 확대
	- 마켓타운과 마을에 개발되는 저가주택 비율 확대
	- 지방의 주택 부족 해소 위해 세컨드 주택에 대한 과세 강화
	4. 지방 교통문제 해결
	- 승용차 과세 축소
	- 자동차 함께타기(car-sharing) 등 유연성 있는 교통서비스
	- 농촌교통 파트너십(Rural Transport Partnership) 프로그램
일터로서의 농촌 (a working countryside)	**5. 마켓타운 재생 및 지방경제 활성화**
	- 마켓타운 재생에 자금 지원
	- 농촌 재생 관련 신규 사업 영역 마련
	- 기업 지원개선, 정보통신기술과 교통시설 투자
	6. 새로운 방향의 농업으로의 전환
	- 생산보조금을 줄이고 농촌 개발 · 환경 투자 확대
	- ERDP사업에 따라 농가의 농촌 보전 및 신규 사업 개발 지원
	- 농업 다각화 지원

영국의 농촌 정책영향평가(Rural Proofing)는 2000년도 농촌백서 내용 가운데 "향후 중앙 정부는 농촌 개발정책의 기획과 실행단계에서 농촌의 관점을 체계적으로 반영할 필요가 있다"는 평가내용을 바

보전되는 농촌 (a protected countryside)	**7. 영국 고유 모습의 농촌 보전**
	- 도시와 기존 시가지 개발로 농촌에 대한 개발압력 줄임
	- 가치있는 전원지대에 대한 관리 강화
	- 국가적으로 경관을 관리할 수 있는 총괄적 접근
	- 위협받는 생물 서식지 보전 및 종 다양성 유지
	8. 대중들의 전원에 대한 접근성 보장
	- 새 법률과 재정 지원으로 접근권 시스템(the right of way system) 개선
	- 공동목장, 초지, 산 등에 대한 개방(open up access)
	- 도시 주변 농촌의 개선과 복원을 위한 새로운 사업 착수
살아있는 농촌 (a vibrant countryside)	**9. 농촌 중심지의 자율권 부여**
	- 농촌 중심지 및 마을 계획 수립 프로그램에 자금 지원
	- 타운 및 교구와 카운티, 디스트릭트의 협력관계 구축
	- 모든 교구, 타운의 인터넷 연결 및 지방에서의 역할 강화
	10. 농촌답게 사고하라
	- 주요 정책들의 농촌에 대한 영향 평가를 위한 메커니즘 구축
	- 정부의 농촌 정책 평가를 위한 독립적인 이해관계자 패널 구축
	- 농촌 관련 지표에 대한 새로운 보고서 작성

출처: DETR(2002)

탕으로 추진된 정책으로 농촌백서의 이와 같은 내용에 법적 구속력을 부여한 것이다. 이를 위해 환경식품농촌부 산하의 농촌전원청(The countryside agency)은 중앙 정부의 농촌관련 각종 정책들에 대해 수립에서 집행에 이르는 전 과정에서 농촌의 관점을 통해 평가하는 임무를 맡고 있는 한편, 2002년부터 매년 보고서를 통해 이를 발표하고 있다. 이 보고서에는 농촌 지역의 사회경제적, 환경적 경향들에 대한 내용과 함께 중앙 정부의 정책과 의사 결정이 농촌거주자의 수요와 농촌 환경에 미치는 잠재적 파급효과를 사회적, 경제적, 환경적 관점에서 평가하는 척도와 항목들을 포함하고 있다. 이는 농촌의 시각에서 정책을 평가한다는 것을 의미한다. 농촌 정책 영향평가는 농촌 사회에 대한 공공서비스를 수립해야 하는 부처별 목표 설정에 농촌 인지적 관점의 투영을 제도화한 것이다. 농촌전원청은 농촌 정책 영향평가를 통해 농촌 지역의 정책결정에 영향을 미치는 요인을 살펴보면서, 필요한 경우 지역에 살거나 일하거나 또는 지역을 탐방하는 이들의 특별한 요구가 정책에 반영될 수 있도록 조정하는 역할을 한다. 이는 지역적, 공간적 영역에서 농촌의 요구가 간과되지 않고 정책입안의 핵심이 되어야 한다는 요구를 반영하는 것이다.

농촌전원청이 이와 같은 지역단위에서의 정책전달 및 평가를 통해 추구하는 것은 인구의 분포, 취업기회, 서비스대리점, 기타 편의시설 등이 인구가 집중되어 있는 도시 지역과는 다른 농촌 지역의 특성을 각 부처 정책입안자들에게 인식시키는 것이다. 이를 위해서는 농촌 지역의 개발을 고려하고, 농촌 지역의 공간에 대한 이해를 공식적이고 체계적으로 정책입안의 일부로 만드는 정부의 노력이 중요하다. 이 과정은 계획단계에서 그리고 전달 단계에서 모든 국내 정책, 프로그램, 법안 발의에 적용되어야 함을 제기하고 있다.

이는 그동안 도시거주자 중심으로 이루어진 중앙 정부의 농촌 개발정책을 농촌거주자들의 수요에 바탕을 둔 정책으로 전환하는 것을 목적으로 하고 있으며, 구체적으로는 농촌거주자의 수요가 중앙 정부의 정책 수립 단계에서 핵심 고려대상이 될 수 있도록 하는 한편, 정책집행 과정에서도 이를 반영할 수 있도록 하기 위한 제도이다(농촌진흥청 농촌자원개발연구소, 2005).

영국 농촌 지역의 인구가 증가한 것은 고령화에 따른 라이프스타일의 변화에 기인하는 것도 있지만 오랜 동안의 정책적인 노력이 농촌을 살기좋은 매력적인 공간으로 만들었기 때문이다. 영국 농촌의 인구 증가는 전원보전이라는 기본 테마 아래 오랫동안 일관되게 추진된 정책의 산물이라 할 수 있다(박시현, 2006).[11]

영국의 농촌은 기본적으로 보전을 목적으로 하고 있으며 계획허가제도(planning permission)를 근간으로 토지이용이 이루어지므로 전반적으로 개발에 제한이 많다. 1947년에 제정된 도시농촌계획법(Town and Country Planning Act)에 의해 농촌에서의 난개발이 제도적으로 차단될 수 있었던 것도 농촌의 전원풍경을 유지하는 요인이 되었다. 농촌에서 개발행위를 하고자 하는 사람은 1:100의 상세한 도면이 첨부된 계획서를 계획당국에 제출하고, 계획당국은 이를 심사하여 개발을 허가하는 계획허가제도가 실질적으로 작동되고 있다. 1949년 국립공원 및 전원접근법(the National Parks and Access to the Countryside Act)에서부터 농업생산 자체가 농촌경관을 해칠 수 있다는 인식이 법안에 반영되었다. 이후 영국 농촌 정책의 근간은 전원풍경과 자연환경을 해치지 않으면서 농업활동을 하는 쪽에 두어졌다.

1987년에는 환경민감지역(Environmentally Sensitive Area)이 지정되었고, 환경보전을 위한 국가와 농민과의 협약 체결이 이루어졌다(박시현, 2006). 환경민감지역 보존사업은 지정된 구역 내에서 국가와 농

[11] 19세기 중반 에머슨(R. W. Emerson)과 소로(H. Thoreau) 등 미국의 작가들은 취락의 증가와 경작과 개발의 영향으로부터 북미의 야생 경관의 보호 필요성을 역설하였다. 유사하게 영국에서는 워즈워드(W. Wordworth), 러스킨(J. Ruskin), 모리스(W. Morris)와 같은 작가들이 전원의 미적 가치를 중시했고 이것은 1895년 내셔널트러스트의 형성을 가져왔다. 이로써 개인적인 자선을 통해 가치있는 경관과 역사적 가치가 있는 지역을 공공의 목적을 위해 보존하는 관행이 시작되었다. 농촌 경관을 지키기 위한 국가의 역할에 대한 최초의 사례는 1872년 미연방 초대 산림청장이었던 기포드 핀쇼(G. Pinchot)에 의해 만들어진 최초의 국립공원인 엘로우 스톤에서 찾아 볼 수 있다(Woods, 2005).

가가 환경보전적인 농지이용관리협정을 10년 계약으로 체결하여 해당되는 토지당 일정 액수를 매년 지원한다. 계약 체결 농가에 대한 지원 방식은 보상금 지급 이외에도, 농장의 환경자원 평가, 환경을 고려한 농업 실천을 위한 조언과 기술지도 등이 있다. 1991년에 시작된 전원지킴이시책(the Countryside Stewardship Scheme: CSS)은 환경민감지역 보존사업 대상으로 지정된 지역 이외에서 실시되는 보조금 제도로서 아름답고 다채로운 경관의 유지와 보전, 야생동물 서식지 보호, 사적이나 고고학적 유적지 보전, 황폐화된 토지 복원, 새로운 야생동식물 서식지와 경관 창출, 국민에게 전원공간 향유 기회 제공 등을 주요 목적으로 한다. 10년 간의 협정을 맺어 친환경적인 토지이용을 장려하도록 농가나 토지 소유주, 관리자 등에게 일정한 면적당 일정 금액을 매년 보조한다(송미령 외, 2003).

영국은 1970년대 유럽대륙에서 농촌관광을 받아들여 영국 고유의 농촌다움을 보전하려는 농촌관광으로 발전시켰다. 이는 '농촌다움의 보호'를 중시해온 영국의 전통과 일치하는 것으로 영국에서는 농촌다움을 해치는 리조트형 농촌관광을 시도하지 않았다. 농가의 민박사업은 농산물의 과잉 생산으로 농가 소득이 줄어들게 된 1960년대부터 일부 농가에서 경영을 다각화하기 위한 방편으로 모색되었다. 1970년대 후반에 이르러 영국에서는 '휴가사업(holiday business)'이라는 이름으로 농촌관광이 활성화되었는데, 이때 농촌관광 추진 조직으로 농장휴가협회(Farm Holiday Bureau)와 관련 정부기관이 참여하게 되었다. 농장휴가협회는 종전의 자발적인 농가민박을 전국적인 네트워크로 연결하고 공동 마케팅 활동을 벌이기 위해 1983년에 설립되었다.

이 협회는 '최근 팜스테이 UK(Farm Stay UK)'로 개편하여 활동하고 있는데, 회원들의 회비와 안내서 판매수입 등으로 운영되고 있다. 영국은 농촌휴양지계획(Country Access Scheme)과 전원지킴이제도를 시행하여 농촌관광에 참여하는 농가에게 농촌경관을 보전한다는 명목으로 보조금을 지급하고 있다. 농촌휴양지계획은 의무적으로 휴경되는 농지에 산책로 등을 조성하는 경우 국가가 농가에게 보상하는 제도로서 1994년에 도입되었다(농촌진흥청 농촌자원개발연구소, 2005).

참고문헌

김수석 · 김태연, 2005, 『지역분권적 농촌 정책의 발전과정 : 영국 사례를 중심으로』, 한국농촌경제연구원.

김승택 · 정인교 · 조정란, 2006, 『한 · 일 FTA 체결에 따른 고용정책 차원에서의 대응방안』, 한국노동연구원.

김흥종, 2006, EU경제통합과 낙후지역 지원정책, 21세기 낙동포럼 제29차 정책포럼 발표문.

농촌진흥청 농촌자원개발연구소, 2005, 『농촌어메니티 자원을 활용한 외국의 농촌 개발정책』.

박경, 2003, 유럽의 농촌 지역정책과 LEADER 프로그램, 유럽지역연구회 엮음, 『유럽의 지역발전정책』, 한울아카데미, 87-118.

박시현 · 송미령 · 성주인 · 박주영 · 장면주, 2003, 『외국의 농촌관광 정책 : 영국, 프랑스, 독일, 대만』, 한국농촌경제연구원.

박시현, 2006, 도농상생을 위한 영국과 일본의 경험, KREI 논단(http://www.krei.re.kr/kor/info/news_eview.php?cpage=1&kid=14978).

박시현, 2006, 매력적인 전원풍경이 사람들을 부른다, 살기좋은 지역만들기 기획 연재(http://www.president.go.kr/cwd/kr/archive/archive_view.php?meta_id=hotis_sal&id=f5186aa9bc0ed528eabf4dd9&mode=notmem).

사공용, 2002, 『WTO 체제하에서 농업정책』, 서강대학교 출판부.

송미령 · 김정섭 · 박경철, 2006, 『영국의 농촌 지역사회개발 정책』, 한국농촌경제연구원.

송미령 · 박석두 · 김수석 · 성주인, 2003, 『외국의 농촌계획 및 정비제도』, 한국농촌경제연구원.

송미령 · 성주인 · 박경철, 2006, 『살고 싶은 농촌 만들기』, 한국농촌경제연구원.

임형백 · 조중구, 2004a, 한국의 농촌 개발의 전개와 특징, 『농촌계획』, 10(1), 44-55.

임형백 · 조중구, 2004b, 한국과 EU의 농촌 개발의 비교, 『농촌계획』, 10(2), 25-34.

임형백, 2002, 어메니티를 이용한 농촌활성화 방향, 『한국농촌지도학회지』, 9(2), 233-245

유럽지역연구회 엮음, 2003, 『유럽의 지역발전정책』, 한울아카데미.

차미숙, 2001, 지구화시대의 지역균형발전과 EU의 지역정책- EU의 구조기금(structural funds) 운영사례를 중심으로, 『현대사회와 행정』, 11, 99-119.

e-KIET 산업경제정보, 2007, EU, 『올해부터 새로운 7개년 지역정책 추진』, 산업연구원.

한국교육개발원, 2006, 『지역 간 교육격차 실태 분석 및 교육격차 지수 개발 연구』.

Bowler, I., 1996, *Agricultural Change in Developed Countries*, Cambridge University.

Bruinsma, J. ed., 2003, *Wolrd Agriculture: towards 2015/2030-an FAO Perspective*, Earthscan, London.

Champion, T., 2002, *The Containment of Urban Britain Retrospect and Prospect*, Franco Angelo, Milano.

Champion, A. G., 1992, Urban and regional demographic trends in the developed world, *Urban Studies*, 29(3), 461-482.

Commission of European Communities, 1996, *The Cork Declaration: A Living Countryside*.

European Commission, 2001, *Structural Actions 2000-2006: Community and Regulations*, Luxemburg

DETR, 2002, *Our Countryside: the Future*.

Fulton, J. A., Fuguitt, G. and Gibson, R. M., 1997, Recent changes in metropolitan to nonmetropolitan migration streams, *Rural Sociology*, 62, 363-384.

Hall, P., 2006, *Urban Geography* 3rd(ed.), Routledge, London.

Holloway, L. and Kneafsey, M., 2000, Reading the spaces of the farmer's market: a case study from the United Kingdom, *Sociologia Ruralis*, 40, 285-299.

Smith, M. J., 1993, *Pressure, Power and Policy*, Univ. of Pittsburgh.

United States Department of Agriculture(USDA), 2002, *Agriculture Factbook 2000*, United States Department of Agriculture, Washington DC.

Woods, M., 2005, *Rural Geography*, Sage Publications, London.

http://europa.eu.int/comm/regional_policy.

III

우리나라 농촌 사회의 변화

1장. 농업과 농촌의 변화

1. 농업과 농촌 인구의 변화

우리나라에서 산업으로서의 농업은 점차 쇠퇴하고 있다. 산업화와 도시화 과정 속에서 점차 밀려나고 있으며, 시장개방 속에서 더욱 어려움에 처하고 있다(임형백 · 이종만, 2007). 2004년에 추곡수매제가 폐지된 것은 상징적으로 남아있던 농민에 대한 국가의 보호장치가 지구화 속에서 더 이상 유지될 수 없다는 점을 보여주었다.

전체 산업구조에서 농업의 비중 감소 경향은 산업별 경제활동 인구구조에서 농림어업종사자 비중의 감소 과정을 통해 알 수 있다[표 Ⅲ-1].

표 Ⅲ-1. 산업별 경제활동인구 변화 추이 (단위 : 천명, %)

연도	계	농림어업	광업	제조업	사회간접자본 및 기타서비스업
1970년	9,617	4,846 (50.4)	109 (1.1)	1,268 (13.2)	3,395 (35.3)
1975년	11,830	5,425 (45.9)	60 (0.5)	2,205 (18.6)	4,140 (35.0)
1980년	13,706	4,658 (34.0)	123 (0.9)	2,972 (21.7)	5,952 (43.4)
1985년	14,970	3,733 (24.9)	155 (1.0)	3,504 (23.4)	7,578 (50.6)
1990년	18,085	3,237 (17.9)	79 (0.4)	4,911 (27.2)	9,858 (54.5)
1995년	20,414	2,403 (11.8)	26 (0.1)	4,818 (23.6)	13,168 (64.5)
2000년	21,156	2,243 (10.6)	17 (0.1)	4,294 (20.3)	14,603 (69.0)
2005년	22,856	1,815 (7.9)	17 (0.1)	4,234 (18.5)	16,789 (73.5)

자료 : 통계청, 인터넷 자료(http://www.kosis.kr/)

1970년에 농림어업 고용인구 비율은 50.4%로 제조업 고용인구 13.2%에 비해 월등하게 높았다. 이러한 경향은 1980년대 중반까지 이어져 1990년 이전까지 농림어업의 고용인구가 제조업의 고용인구보다 많았다. 2005년 현재 농림어업의 경제활동인구는 181만 명으로 전체의 7.9%이다.

2005년 총 농가수는 127만 3천 가구로 2000년 대비 11만 가구가 감소하였다. 1990년대 이후 농가수의 감소 경향이 사라지지는 않았으나 2000년대부터 감소율이 줄어들고 있다[표 Ⅲ-2].

우리나라의 농가인구는 1980년에 총인구의 28.9%에 해당되는 1,083만 명이었다[표 Ⅲ-3]. 그 후 빠르게 감소하여 1990년에는 총 인구의 15.3%인 666만 명이 되었으며, 2000년에는 8.7%인 403만 명으로 감소하였다. 2005년에는 7.3%인 343만 명으로 감소하였다.

표 Ⅲ-2. 농가수의 변화(1960-2005년) (단위: 천 가구, %)

구분	1960년	1970년	1980년	1990년	1995년	2000년	2005년
농가수	2,329	2,483	2,155	1,767	1,501	1,383	1,273
증감률	-	6.6	-13.2	-18.0	-15.0	-7.8	-8.0

출처 : 통계청, 농업총조사보고서(2006)

표 Ⅲ-3. 농가인구의 변화, 1980-2005년 (단위 : 천명, %)

구분	1980년	1990년	1995년	2000년	2005년
농가	10,827	6,661	4,851	4,031	3,434
총인구대비 비율	28.9	15.3	10.9	8.7	7.3
증감률	-	-	-27.2	-16.9	-14.8

출처: 통계청, 농업총조사 보고서(2006)

표 Ⅲ-4. 주요 연령대별 인구구성비의 변화, 1980-2005년 (단위 : %)

연도	연령대	농가	읍면부	전국
1980년	0-14세	33.0	35.7	33.8
	15-64세	60.3	59.6	62.3
	65세 이상	6.7	6.5	3.9
1990년	0-14세	20.6	23.6	25.7
	15-64세	67.9	67.3	69.3
	65세 이상	11.5	9.0	5.0
2000년	0-14세	11.4	18.6	21.0
	15-64세	66.9	66.7	71.7
	65세 이상	21.7	14.7	7.3
2005년	0-14세	9.8	17.2	19.1
	15-64세	61.1	64.2	71.6
	65세 이상	29.1	18.6	9.3

출처: 김태헌(2008)

[표 Ⅲ-4]에 의하면 농가와 읍면부 및 전국의 연령별 구조가 1980년에는 매우 유사하였으나 1990년에 들어오면서 달라졌다(김태헌, 2008). 농가인구의 고령화는 이후 더욱 뚜렷해졌다. 2000년에 65세 이상 노인 인구는 전체 농가인구의 20%를 상회함으로써 초고령 사회로 진입하였으며, 0-14세 인구는 11.4%까지 감소하였다. 읍면부의 인구도 전국 평균에 비해 고령화가 빠르게 진행되고 있으나 농가인구의 변화에 비하면 그 속도가 훨씬 느리다. 이러한 현상은 2005년도에 더욱 심화되어 농가의 65세 이상 인구 비율은 급격하게 증가하는 반면 유소년 및 경제활동인구 비율은 지속적으로 감소하고 있다.

농가의 영농지속성을 가늠할 수 있는 영농후계자 보유 여부를 살펴보면, 영농후계자 보유가구는 지난 2000년 15만 1천 가구에서 2005년 4만 5천 가구로 줄어들어 지난 5년 사이 10만 6천 가구가 감소하였다[표 Ⅲ-5]. 영농후계자의 연령 분포 변화를 보면, 전 연령층에서 고루 감소하고 있지만 특히 20대의 감소폭이 크다. 농가들의 대다수는 농사를 이어받을 영농후계자가 없거나 확보할 전망조차 불투명하다. 따라서 많은 농가들은 노동력이 허용하는 범위에서 농사를 짓고, 나머지 농지는 남에게 임대하려 한다. 그렇지 않아도 상당한 규모의 부재지주 소유의 임대농지가 존재하는데 남아있는 농가조차 농지를 임대하려 하기 때문에 매년 원격 농촌 지역에서는 막대한 규모의 임대농지가 발생한다. 그러나 이 임대농지를 흡수할 수 있는 농가가 극소수에 불과하기 때문에, 농지 임대차 시장은 만성적인 공급과잉 상태라고 표현할 수 있다. 이 수급 불균형은 지주소작관계조차 변질시켜 농지를 빌리는 사람이 오히려 주도권을 갖는, 과거와는 완전히 다른 양상이 벌어지고 있다(박영한 · 조영국, 2002).

원격 농촌 지역에서 휴경이나 경작포기 현상이 늘어나면 자칫 폐촌으로 이어질 수도 있다. 아직 우리나라에서는 나이 든 농민들 사이에 '농지를 놀리면 죄가 된다'는 의식이 남아있는 편이다. 이들이 휴경

표 Ⅲ-5. 영농후계자 보유현황 변화(2000-2005년) (단위 : 천 가구, %)

	전체농가	영농후계자 보유가구	15-19세	20-29세	30-39세	40세 이상
2000년	1,383(100.0)	151(11.0)	16(1.2)	54(3.9)	53(3.8)	28(2.0)
2005년	1,273(100.0)	45(3.5)	3(0.2)	12(0.9)	18(1.4)	12(0.9)

출처 : 통계청, 농업총조사보고서, 각 연도(김흥주, 2008 재인용)

확산을 저지하는 데 큰 역할을 하고 있기는 하지만, 이들이 농사를 그만둘 수밖에 없는 시점에 이르면 휴경 및 경작포기가 급속하게 늘어나고 마침내 원격 농촌 지역에 있는 많은 마을들이 폐촌으로 이어질 수도 있다. 이는 국토상에 사람이 살지 않는 공백지역이 크게 늘어남을 의미하는 중대한 공간 문제이다. 현재 일본과 서구 국가들은 직접지불제라고 하여 원격 농촌 지역과 같이 조건이 불리한 곳에서 농사를 짓는다는 이유만으로 일정한 보조금을 주는 정책을 실시하고 있다(박영한 · 조영국, 2002).

한편 최근 들어 새롭게 형성된 농가는 많은 경우 여성 결혼이민자와의 결혼으로 인한 것이다. 결혼이민자 가족이 농림어촌 지역에 등장하기 시작한 것은 지난 90년대 이후부터이다. 2005년 기준으로 한국의 국제 결혼율은 13.6%인데 농촌은 평균을 훨씬 상회하는 국제 결혼율을 나타낸다. 국제 결혼율이 30%가 넘는 지역을 기초자치단체별로 살펴보면 주로 농촌 지역임을 알 수 있다[표 Ⅲ-6]. 2006년 전체

표 Ⅲ-6. 국제결혼율이 30%가 넘는 지역(2005년)

시도	기초자치단체
서울특별시	종로구
강원도	영월
충청북도	괴산, 단양, 보은, 영동, 옥천
충청남도	부여, 청양
전라북도	고창, 무주, 임실, 진안
전라남도	고흥, 구례, 보성, 진도, 함평, 해남
경상북도	군위, 예천, 의성
경상남도	산청

자료: 통계청, 인구동태(혼인)

혼인건수 중 농림어업종사자(남자)의 혼인비중은 2.6%인 데 반해 외국인 여성과의 혼인 중 이들이 차지하는 비중은 11.7%에 달했으며 경기도를 제외한 8개도의 경우 20%를 초과하였다[표 Ⅲ-7]. 농촌 지역에서의 국제결혼이 증가추이를 보이고 있으며 농촌이 급격하게 다문화사회로 전환되고 있음을 알 수 있다.

표 Ⅲ-7. 2006년 농림어업 종사자(남성)와 외국여성과의 혼인현황 (단위 : 건, %)

구분	총혼인 (A)	외국여성과 혼인한 남성(B)	농림남성 (C)	외국여성과 혼인한 농촌남성(D)	구성비 (B/A)	구성비 (D/B)	구성비 (D/C)	구성비 (C/A)
전국	332,752	30,208	8,596	3,525	9.1	11.7	41.0	2.6
서울	73,924	6,168	149	54	8.3	0.9	36.2	0.2
부산	20,017	1,468	216	43	7.3	2.9	19.9	1.1
대구	13,892	1,070	93	41	7.7	3.8	44.1	0.7
인천	17,261	1,572	124	47	9.1	3.0	37.9	0.7
광주	8,487	643	65	26	7.6	4.0	40.0	0.8
대전	9,502	687	40	16	7.2	2.3	40.0	0.4
울산	7,493	620	69	24	8.3	3.9	34.8	0.9
경기	77,231	6,492	933	289	8.4	4.5	31.0	1.2
강원	8,731	795	517	189	9.1	23.8	36.6	5.9
충북	9,291	953	470	208	10.3	21.8	44.3	5.1
충남	13,373	1,472	958	395	11.0	26.8	41.2	7.2
전북	10,429	1,343	772	341	12.9	25.4	44.2	7.4
전남	10,507	1,582	1,272	598	15.1	37.8	47.0	12.1
경북	16,178	1,885	1,285	645	11.7	34.2	50.2	7.9
경남	20,789	2,240	1,039	547	10.8	24.4	52.6	5.0
제주	3,576	277	287	60	7.7	21.7	20.9	8.0

출처: 통계청, 2006년 혼인통계결과

2. 농업의 변화

(1) 기계화

1970년대 이후 급속히 확산된 근대적 농업은 우리나라 농업의 기계화와 화학화를 급속히 확산시켰다. 이에 농업도 많은 자본과 화석연료를 사용하는 산업적 농업으로 변화하였다.

농가의 노동력 부족과 함께 농업의 기계화가 빠르게 진행되었는데, 특히 벼농사의 경우 이러한 경향이 더욱 강하다. 기계화는 자가보유 농기계에 의해서 뿐 아니라, 농기계를 가진 농가에 작업을 의뢰하거나 위탁하는 방식으로 빠르게 확산되고 있다. 우리나라 농업구조와 같이 영세소규모 농가가 다수를 차지하고 소토지 분산적 농지구조를 가지고 있는 조건에서는 농기계의 보급은 농기계 과잉투자를 유발하여 농가의 경영을 압박하는 요인으로 작용하게 된다. 농작업의 위탁은 농가의 노령화 등으로 인한 노동력 부족을 보완하는 한편 농기계를 보유한 농가가 자작지만으로는 농기계의 투자에 대한 손익분기점을 넘길 수 없다는 수요와 공급의 요인이 작용하여 급격히 확산되었다(김철규, 2008).

(2) 경지규모의 확대와 위탁영농

2005년 농가의 총 경지면적은 151만 ha로 2000년 160만 2천 ha와 비교해 볼 때 9만 2천 ha 감소하였다[표 Ⅲ-8]. 총 경지면적의 감소에도 불구하고 농가수의 감소로 인해 가구당 경작규모는 지속적으로 증가하여 2005년 1.2ha에 이른다. 0.5ha 이하와 2.0ha 이상 비율이 동시에 증가하고 있다[표 Ⅲ-9].

전통적 농업의 해체와 농가의 고령화 등은 위탁영농을 증가시키고 있다. 특히 벼농사의 경우 상당수의 고령 농가가 농사의 전부를 영농회사 등에 위탁한 것으로 나타났다(김철규, 2008). 농작업의 위탁은 논농사에서 기계를 보유한 농가 및 법인에게 가족원이 직접 영농을 하지 않고 농작업을 도급 또는 위탁하여 농사를 짓는 것을 말한다.

표 Ⅲ-8. 경작면적의 변화추이 (단위 : 천 가구, 천ha, %)

구분	농가수	경지면적(천ha)	가구당 평균면적(ha)
1990년	1,769	1,823	1.03
2000년	1,383	1,602	1.15
2005년	1,273	1,511	1.19
2000~2005년 연평균증감률	-1.7	-1.2	0.7

주 : 가구당 평균면적은 경지면적/농가수(경지 없는 농가포함)임.
출처 : 통계청, 해당 연도 농업총조사

표 Ⅲ-9. 경지규모별 농가 분포 및 연평균 변화율 (단위 : 천 가구, %)

구분	0.1ha 미만	0.1-0.5ha	0.5-1.0ha	1.0-2.0ha	2.0-3.0ha	3.0ha이상	계
1990년	15	468	544	543	130	44	1,767
	(0.8)	(26.5)	(30.8)	(30.7)	(7.3)	(2.5)	(100.0)
1995년	16	417	432	418	123	70	1,501
	(1.1)	(27.8)	(28.8)	(27.8)	(8.2)	(4.7)	(100.0)
2000년	30	410	379	352	114	85	1,383
	(2.2)	(29.7)	(27.4)	(25.4)	(8.2)	(6.1)	(100.0)
2005년	38	419	330	281	93	93	1,272
	(3.0)	(32.9)	(26.0)	(22.1)	(7.3)	(7.3)	(100.0)

출처: 통계청, 해당 연도 농업총조사

(3) 친환경농가의 증가

식량증산을 목표로 도입된 1970년대 이후의 녹색혁명과 화학농업은 많은 농민들의 건강을 해쳤고, 농촌의 환경을 파괴했으며, 먹거리에 대한 사회적 불신을 높였다. 이에 대한 반성으로 정농회를 비롯한 일부 생명운동단체와 그 회원들은 일찍부터 환경농업을 시작했다. 하지만 친환경농업은 대중적으로 크게 확산되지 못하다가, 최근 들어 정부의 정책적 지원과 웰빙에 대한 관심이 높아지면서 크게 각광받고 있다(김철규, 2008).

친환경농가 수의 변화를 살펴본 결과는 다음과 같다[표 Ⅲ-10]. 2000년에서 2005년 사이 친환경농업 실천 농가수가 60,275가구에서 87,199가구로 44.7% 증가하여, 친환경농업이 빠르게 확산되고 있음을 보여준다. 특히 특용작물과 과수농가의 증가가 가장 뚜렷하다.

표 Ⅲ-10. 친환경농업 실천 농가수 및 품목별 농가수 변화 (단위: 가구)

구분	실천농가수	품목별 농가수				
		논벼	과수	채소	특용작물	기타 작물
2000년	60,275	41,494	7,886	18,776	1,993	2,718
2005년	87,199	51,964	14,225	23,180	4,417	6,541

출처: 통계청, 농업총조사, 각 연도

참고문헌

김태헌, 2008,『푸른들, 숲, 바다 그리고 삶(농림어업총조사 종합분석 보고서)』, 통계개발원, 24-59.

김철규, 2008,『푸른들, 숲, 바다 그리고 삶(농림어업총조사 종합분석 보고서)』, 통계개발원, 111-139.

박경, 2003, 유럽의 농촌 지역정책과 LEADER 프로그램, 유럽지역연구회 엮음,『유럽의 지역발전정책』, 한울아카데미, 87-118.

박영한 · 조영국, 2002, 산업화 · 탈산업화가 농촌 공간을 어떻게 변화시키는가?, 박삼옥 외 지음,『지식정보사회의 지리학 탐색』, 한울, 147-174.

이정재 · 이성우 · 임형백 · 한이철 · 고금석 · 남수연 · 윤성도 · 경정아 · 김진회, 2008,『농촌발전에 부응한 농촌 사회개발 연구 강화전략』, 농촌진흥청 농촌자원개발연구소.

임형백 · 이종만, 2007, 한미 자유무역협정에 대비한 한국농업정책의 방향 전환: 공적자금투입에서 경쟁력 강화로,『농촌지도와 개발』, 14(1), 29-57.

통계청, 농업총조사보고서, 각 연도.

2장. 미국과 영국의 역도시화 논쟁과 우리나라 인구 현상의 변화 [1]

1. 서론

인구 현상은 역동적으로 진행되기 때문에, 과거의 인구 경향을 통해서는 예측하기 힘들며, 때로는 과거와는 정반대되는 현상이 특정 시기에 출현할 수도 있다. 우리나라에서는 1990년 이후 서구 사회에서나 진행될 것 같았던 대도시 인구의 절대 감소가 서울에서 발생하였다. 우리나라 인구 현상 변화에 대한 적지 않은 관찰이 이루어지고 있음에도 불구하고(최은영, 2004; 이희연, 2003; 윤철현 · 박봉진, 2003; 김남일 · 최순, 1998), 이에 대한 이론적 논의와 개념화는 거의 이루어지지 않고 있다.

과거와 구분되는 새로운 인구 현상에 대한 이론적 논의와 개념화라는 측면에서, 1970년대에 미국에서 처음으로 발견되었던 '역도시화(counterurbanization)'는 특성 · 원인 · 전망 · 정책적 함의에 관한 광범위한 논쟁을 야기하였다. 도시화는 농촌에서 도시로의 인구 집중, 대도시로의 인구 집중, 중심도시(central city)로의 인구 집중을 의미하는데, 1950년대까지 서구 선진자본주의 국가들에서도 이 세 현상은 병행되었다(Champion, 2001). 1970년대에 미국 비대도시 지역

---

[1] 본 장의 출처는 최은영 · 이성우, 2006, 미국과 영국의 역도시화 논쟁과 우리나라 인구 현상의 변화(1990~2005년),『한국도시지리학회지』, 9(3), 109-123임.

(nonmetropolitan area)의 인구 성장이 대도시권(metropolitan area) 보다 빠르게 진행되는 역도시화라는 미증유의 현상을 경험함에 따라 다른 국가에서도 비슷한 경험을 공유하고 있는지에 많은 연구가 집중되었다. 이 주제에 관한 초기 연구가 진행될 당시 우리나라는 다른 나라에서는 유래를 찾아 보기 힘든 급격한 도시화를 경험하고 있었다. 이에 우리나라에서는 그동안 역도시화가 학문적으로 주목을 받지 못하였으나, 1980년대 이후 대도시의 인구 성장률이 둔화되고 1990년대 이후 대도시 인구의 절대 감소가 출현함에 따라 새로운 인구 현상에 대한 설명을 위해 역도시화가 학문적인 논의의 대상이 될 수 있는 기반이 만들어졌다.[2] 역도시화 경향이 관찰된 후 미국에서는 1980년대에 도시로의 집중이 다시 심화되었지만, 1990년대 이후 역도시화 경향이 다시 나타나 이 개념에 대한 논의는 최근 새로운 관심의 대상이 되고 있다.

지금으로부터 이미 30년 전에 시작되었으나 아직도 끝나지 않은 역도시화 논쟁이 현재적 의미를 갖는 이유 중 하나는, 복잡하고 다면적인 과정인 역도시화가 농촌을 비롯한 비대도시 지역 인구의 재생을 설명하고 이해할 수 있는 이론적 기반을 제시하기 때문이다(Ilbery, 1998). 최근 농촌공간의 존속을 통한 사회적 비용 감소와 도시문제 해결 등 농촌의 잠재적 가치를 현재적 기능화하려는 노력이 필요하다는 견해가 제기되고 있는데(임형백 · 이성우, 2003), 이와 관련하여 미국과 영국의 역도시화 경험은 우리나라의 도시-농촌 문제 해결에 많은 시

(2) 윤철현 · 박봉진(2003)은 부산을 사례로 한 연구에서 현재의 상황이 역도시화 현상의 초기 조건과 일치한다고 주장한다.

사점을 줄 것이라 생각된다.

본 장에서는 역도시화에 대한 문헌 고찰과 우리나라의 인구주택 총조사 자료를 사용하여, 서구에서 관찰된 역도시화와 1990년대 이후의 우리나라 인구 현상을 비교하고자 한다. 본 장의 목적은 첫째, 미국과 영국에서 진행된 역도시화의 특성 · 원인 · 전망과 관련된 이론적 논의를 정리하고, 둘째, 최근 우리나라의 인구 현상이 어떻게 변화하고 있는지를 살펴보고, 셋째, 기존 이론과 개념이 우리나라 인구 현상에 대해 적절한 설명을 제공하고 있는가를 역도시화 현상과의 비교를 통해 살펴보는 것이다.

인구 현상의 변화에 관한 많은 분석들이 직전 시기와의 비교에 그치고 있는 경우가 많지만 인구 현상에 대한 장기적인 관찰은 중요한데(Long and DeAre, 1988), 최근의 자료인 2005년 인구주택총조사를 분석에 포함함으로써 1990년대 이후의 인구 경향 분석에 대한 보다 장기적인 관찰(1990-2005년)이 이루어질 수 있도록 하였다. 시계열 분석을 위해 시 · 공간 데이터를 마이크로소프트사의 엑세스(Access)를 이용, 데이터베이스화하여 관리 · 조작하였으며 분석 결과는 GIS 소프트웨어인 'ArcGIS 8.3'을 이용해서 지도화하였다.[3]

(3) 동일 급간내의 분산은 최소화하고 급간 간의 분산을 최대화하는 'ArcGIS 8.3'의 자연적 분류(natural break)방식에 의해 비교 연도 각각의 브레이크 포인트(break point)를 구한 다음 이를 조정하여 비교 연도에 모두 적용할 수 있는 공통의 브레이크 포인트를 다시 정하였다.

2. 미국과 영국의 역도시화 논쟁

(1) 1970년대 역도시화의 발견

1) 인구 분산과 역도시화의 발견

1974년에 미국 농림부 경제개발국의 연구원인 비일(C.Beale)은 1970년과 1973년의 현재인구조사(CPS: Current Population Survey)로부터 비대도시 지역 카운티(county)의 성장이 대도시권의 카운티보다 빠르다는 것을 발견했다(Champion, 1989).[4] 1970-1977년에 대도시권에 인접하지 않은 완전한 농촌 카운티들의 순이동 비율은 대도시권에 속하는 카운티들보다 높았다(Fuguitt and Beale, 1996). 1980년대 초반에는 인구 분포의 새로운 경향이 많은 학자들 사이에서 인정되었는데(Fielding, 1982), 이러한 새로운 인구 성장은 인구학적 혁명(demographic revolution) 혹은 농촌의 르네상스(rural renaissance)라 불리기도 한다(Long and DeAre, 1988; Mitchell, 2004).

이러한 현상은 그것이 대도시화가 가속화 되는 시기에 발생했기 때문에 더 놀라웠다. 1970년대 이전에 대도시로의 인구 집중은 미국에서 인구 재배치의 가장 중요한 측면이었고, 연구자들 대부분은 이러한 경향이 미래에도 지속될 것이라고 생각했다(Long and DeAre, 1988). 그러나 1970년 이후 미국의 대도시권은 국가 평균보다 느리게 성장하기 시작했고, 비대도시 지역에 인구를 빼앗겼는데, 특히 인구규모가 300만 명 이상의 대도시권에서 이러한 현상이 더욱 뚜렷하게

[4] 베리와 길라드(B. Berry and Gillard)에 의하면 1970~1974년에 비대도시 지역과 대도시권의 인구 성장률은 각각 5.6%, 3.4%였는데, 10년 전 이 비율은 각각 4.1%, 17.1%였다(Mitchell, 2004).

나타났다(Berry, 1976).

이러한 미증유의 인구 현상을 설명하기 위해 지리학자인 베리(Berry, 1976)는 '역도시화'라는 용어를 만들어냈다. 그는 "산업혁명 이래 멈추지 않고 진행되어온 도시로의 인구 집중이라는 미국의 도시 경험이 '분기점(turning point)'에 도달했다"고 선언했다. 도시화를 '인구의 집중 현상'이라고 쓴 티스데일(Tisdale, 1942)의 정의를 뒤집어서 베리는 역도시화를 '인구의 분산(deconcentration) 과정'으로 정의했다.[5]

이 현상에 관한 초기 연구들은 다른 국가에서도 비슷한 경험을 공유하고 있는지에 관한 비교연구가 많았고, 단행본이 여러 권 출간되었다. 사례 연구는 주로 1970년대에 이미 높은 도시화율을 보이고 있던 선진국을 대상으로 이루어졌으며, 대표적인 연구 성과는 베리(Berry, 1976), 필딩(Fielding, 1982), 챔피온(Champion, 1989) 등이 있다. 이들 단행본들은 대체로 미국, 호주, 영국, 노르웨이, 덴마크, 독일, 프랑스, 이탈리아, 일본 등에 대한 사례 연구를 포함하고 있다.

역도시화에서 인구 분산은 중요한 쟁점인데, 많은 관련 연구(Mitchell, 2004; Long and Nucci, 1997; Vining and Strauss, 1977)에서 인구의 집중과 분산 경향을 측정하기 위해 집중지수라고도 불리는 후버지수

[5] 베리(B. Berry)의 이와 같은 역도시화에 대한 정의는 그 모호성으로 인해 이후에 많은 비판을 받았는데, 챔피온(Champion, 1989)은 베리의 역도시화 개념은 여러 다른 공간스케일의 인구 재배치를 포함하고 있어 지나치게 포괄적이라고 비판한다. 그는 역도시화가 베리가 주장하는 것과 같은 과거와 명확하게 단절(clean break)된 현상이기 위해서는 단순한 일출효과가 아니어야 하며, 새로운 대도시권의 출현을 야기하지 않고, 도시화된 지역이나 도시 취락을 발생시키지 말아야 하고, 새로운 농촌적 생활 양식으로의 변화와 관계되는 인구 성장이어야 한다는 단서를 달았다. 챔피온은 역도시화를 농촌 지역으로의 인구이동이 중요한 역할을 하는 인구 재배치에 있어서의 변화라고 정의한다.

(Hoover index)[6]를 사용하였다. 1970년대에 미국에서는 역사상 처음으로 후버지수가 모든 공간단위에서 감소하였다(Vining and Strauss, 1977).

2) 근교도시화와 역도시화

역도시화 현상과 관련되는 가장 중요한 논점 중 하나는 베리(Berry, 1976)의 결론과 같이 20세기 후반의 경향이 실제적인 도시 경험에서의 '분기점'인지 아닌지에 관한 것이다. 미국 비대도시 지역의 빠른 인구 성장에 대해, 대도시권의 탈도시(exurban) 지역으로의 일출(spillover)의 강화로 보는 입장과 전례가 없는 과거와의 명백한 단절이라고 보는 다른 시각을 가진 두 학파가 출현했다(Vining and Strauss, 1977). 이는 인구 분산 경향을 근교도시화(suburbanization)[7]의 확산과 국지적인 대도시권의 이심화(decentralization)로 볼 것인지 아니면, 소규모 도시와 농촌 지역에 대한 거주자와 고용인의 선호에서 비롯되는 정주 패턴의 혁명적인 변화로 볼 것인지와 관련된다(Champion, 1989).

---

〔6〕 후버지수의 계산식은 다음과 같다. 여기에서 는 t 시점의 i지역의 인구 비율을, 는 i지역의 면적 비율을, k는 하위 지역의 총수를 의미한다. 0.5는 지수의 범위를 0에서 100 사이로 만들기 위해 곱해지는 상수이다. 와 가 같다면 인구는 완전히 균등하게 분포되어 있는 것이고 지수는 0이 된다. 모든 인구가 한 지역에 거주하고 있고 이 지역의 면적이 총면적에 비해 무시할 수 있을 정도로 작다면 지수는 100이 될 것이며, 이는 완전한 집중 상태를 의미한다. 0과 100사이의 값이 되는 지수는 균등한 인구 분포가 하위지역에서 이루어지기 위해 움직여야 하는 인구의 비율을 의미한다.

〔7〕 남영우 · 최재헌(2004)에 의하면 '교외화(suburbanization)'라는 용어는 잘못 쓰이고 있으며, '교내화'가 보다 적절한 용어이다. 대도시권 내부에서 이루어지는 인구이동을 교외화라 부르는 것은 이 현상이 발생하는 공간적 범위에 대한 오해를 불러 일으킬 가능성이 크기 때문에 교외화보다는 교내화가 적절한 용어라 생각된다. 특히 서울 외곽지역의 인구 증가를 설명하는 용어로는 교내화가 적절하다고 생각된다. 그러나 대륙적 규모의 국가인 미국에서는 중심도시에서 100km이상 떨어진 지역이 하나의 대도시권으로 설정되고 있어 'suburbanization'을 교내화로 번역하는 것 또한 무리가 있는 것으로 생각된다. 이에 본 연구에서는 'suburbanization'에 대한 번역어로 교외화와 교내화를 절충한 '근교도시화'를 사용하였다.

베리(Berry, 1976)는 자연에 보다 가까워지려는 열망, 더 작고 밀도가 낮은 주변환경이 좋은 지역에 대한 대중적인 선호를 보여주는 무수한 조사들의 결과와 새로운 인구 경향이 어떻게 일치하는지를 설명하고자 했다.

로버트와 랜돌프(Robert and Randolph, 1983)는 이심화와 분산을 구분하고 있는데 전자는 도시 내부에서의 이동을 후자는 도시(지역) 간의 이동을 의미한다. 이 정의는 근교도시화와 역도시화의 구분을 보다 명확하게 해 주는데, 근교도시화는 대도시권(MSA: Metropolitan Statistical Area) 안에서의 이심화로(Champion, 2001) 중심도시에서 대도시권 내부에 있는 지역으로의 이동을 의미한다.[8] 샌프란시스코-오클랜드 대도시권을 사례로 보면 근교도시화는 이 대도시권의 중심 도시들인 샌프란시스코와 오클랜드에서 대도시권 안에 있는 다른 지역들로 이동하는 것을 의미한다[그림 Ⅲ-1]. 근교도시화가 대도시권 안에서의 이동을 의미하는 한다는 사실은 근교 지역의 인구를 계산하는 방식에 의해 다시 확인할 수 있는데, 근교지역 인구는 대도시권의 총 인구에서 중심도시 혹은 하나 이상의 중심도시를 포함하는 경우에는 중심도시들의 인구를 빼서 구한다(Katz and Lang, 2003). 기능적으로 통합되어 있는 대도시권 안에서의 근거리 이동을 의미하는 근교도시화

[8] 미국의 대도시권과 비대도시 지역은 예산관리국(Office of Management and Budget)에 의해 정의되는데, 경계는 카운티를 기반으로 설정된다(뉴잉글랜드에서는 카운티가 아닌 town을 기반으로 설정됨). 2003년 정의로 대도시권은 하나 혹은 그 이상의 중심 도시나 도시화된 지역(urbanized area: 인구 50,000명 이상의 인구 집중 지역이 나타나고 일반적으로 제곱 마일당 1,000명이 넘는 인구 밀집 지역과 500명 이상의 인근 지역을 포함하는 지역)을 가진 중심 카운티로의, 중심 카운티와 통근 인구가 25% 이상 되는 경제적으로 밀접하게 연관되어 있는 외곽의 카운티로 정의된다(http://www.ers.usda.gov). MSA는 주 경계를 넘어서 경계가 설정될 수 있는데, 일례로 뉴욕 대도시권은 뉴욕주와 뉴저지주에 걸쳐 있다.

그림 III-1. 샌프란시스코-오클랜드 대도시권

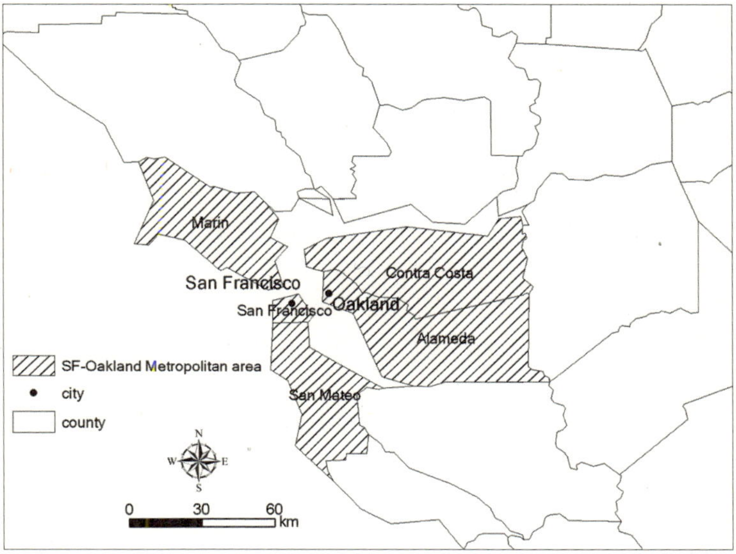

와 달리 역도시화는 대도시권에서 보다 원거리에 위치한 지역으로의 이동을 포함하는 개념이다(Boyle, 1994). 근교도시화와 역도시화를 구분하기 위해 미국의 대도시권인 MSA와 같은 기능지역을 설정하는 것은 영국의 사례에서도 찾아볼 수 있는데, 챔피온(Champion, 1989)은 기능지역으로 LLMA(Local Labour Market Areas)를 분석에 사용하였다.

19세기 후반 값싼 대중교통이 집과 작업장의 연결 고리를 느슨하게 함으로써 근교도시화는 도시 현상으로서 중요해졌는데, 이미 오래전에 시작된 근교도시화는 대도시권의 이심화로 대도시권의 물리적 범위와 인구 성장을 야기한다. 이와 달리 역도시화는 급격한 인구 성장이 대도시에서 멀리 떨어진 지역들에서 이루어지는 근본적인 변화와 관련된다. 역도시화는 근교도시화와는 구분되는 현상으로

1970년대에 미국에서 발생한 비대도시 지역의 인구 성장은 기존의 근교도시화가 발생하는 공간 범위를 넘어서서 발생하였다.

(2) 1970년대에 발생한 역도시화의 원인과 전망에 대한 다른 접근들

산업구조의 변화, 지구적 경제통합의 심화, 통신과 생산기술의 발달은 지역의 기회와 이 변화에 대응하는 사람들의 능력을 변화시켰다. 동시에 도시적인 편의시설의 국가 전체적인 확산-가장 오지의 시골을 포함해서-은 기업가와 거주자 모두의 입지선택 범위를 증가시켰다. 더 작고, 덜 밀집되어 있으며, 덜 발전된 지역으로의 인구 유입을 증가시킨, 과거와는 다른 변화를 설명하기 위해 많은 이론들이 만들어졌는데, 1970년대의 역도시화에 대한 설명들을 정리하면 다음과 같다[표 Ⅲ-11].

역도시화에 대한 많은 설명들은 역도시화가 보다 쾌적한 거주환경 추구와 도시의 범죄, 오염, 바쁜 생활양식에 대한 환멸에서 비롯되었다고 본다는 점에서 공통점을 가지고 있다(Boyle, 1994). 할리데이와 쿰베스(Halliday and Coombes, 1995)는 생활양식과 경관 이외에 다섯 가지의 이주 동기(은퇴, 가족과의 근접, 주택비용, 주택수요의 변화, 건강)가 역도시화와 관련될 수 있다고 주장한다. 미국에서 1970년대에 발생한 역도시화의 원인들에 대한 설명들은 미래에 대한 다른 예측을 하는 세 가지 입장으로 분류될 수 있다(Frey, 1993).

표 Ⅲ-11. 1970년대의 역도시화에 대한 설명

1. 고용중심지를 둘러싼 통근 지역의 팽창
2. 대도시권의 규모의 불경제와 사회적 문제의 출현
3. 농촌 인구의 지방 중심 도시로의 집중
4. 농촌 지역에 거주하는 잠재적 전출 인구 수의 감소
5. 농촌에 대한 정부 보조
6. 특정 산업(광산, 방위, 관광 등)의 고용 성장
7. 제조업의 재구조화와 분공장의 성장
8. 교통과 통신 기술의 발전
9. 농촌 지역의 교육 · 건강 및 기타 사회기반시설의 발전
10. 공공부문과 개인 서비스부문에서의 고용 성장
11. 정부 공간 정책의 성공
12. 국가의 복지 기금 · 개인 연금과 기타 보험의 성장
13. 은퇴로 인한 이동의 증가
14. 근로 연령 인구와 기업가들의 거주지 선호 변화
15. 연령 구조와 가구 구성의 변화

출처: Champion(1992)에서 재구성

첫 번째는 1970년대 인구 현상의 반전을 이 시기의 특수한 경제적 · 인구적 상황 때문이라고 보는 시기적 특수성에 의한 설명(period explanation)이다. 에너지 위기와 관련된 원유의 부족은 남서부 · 서부 · 애팔래치아 산악 지대의 비대도시 지역에서 채집 산업의 발전을 야기하였고, 세계적인 농업 부문의 호황은 농촌 지역으로부터의 인구 유출을 막았다. 한편 베이비붐 세대의 인구가 대학에 진학하면서 소규모 대학도시의 인구가 증가되었고, 1910-1930년에 태어난 많은 노인 인구 역시 은퇴 이후 소규모 지역에 대한 수요를 증가시켰다. 반면 십 년 동안의 경기 침체는 대도시가 밀집해 있는 북부 산업지역의 고용 성장을 감소시켰다. 이 설명에 의하면 비대도시 지역의 빠른 인구 성장은 시기적으로 특수한 상황들이 결합되어 나타난 일시적인 현상이다.

두 번째는 지역 재구조화 설명(regional restructuring explanations)으로, 새로운 생산조직과 새로운 공간분업을 강조한다. 이 견해에 따르면 1970년대의 인구 현상은 인구와 일자리가 핵심 지역(북동부와 중서부)의 오래된 대도시권으로부터 주변 지역(남부와 서부)의 더 작은 대도시권과 비대도시 지역으로 이동함에 따라 발생하였다. 탈산업화와 관련되는 경기 침체는 새로운 생산의 공간 조직을 만들어냈는데, 이 새로운 공간 조직은 지구적 시장, 향상된 통신과 생산 기술 그리고 가장 중요한 다국적 기업의 증가와 관련이 있다. 장기적으로는 대기업 본사, 은행, 유사금융기구 등이 입지해 있어 고차 서비스의 중심지 기능을 하는 제한된 도시 지역에서 지속적인 인구 집중이 발생할 것이라 예상한다.

세 번째는 입지에 대한 소비자의 선호를 보다 강조하는 분산화 이론이다. 과거에는 대도시권에서만 접근이 가능했던 도시적 편의시설 획득이 지역에 따라 큰 차이를 보이지 않게 됨에 따라 저밀도 거주에 대한 오랫동안 내재되어 있던 선호가 드디어 실현되기 시작했고 이에 따라 인구 현상이 변화한 것으로 본다. 이들에게 역도시화 현상은 도시 집중에서 분산으로의 점진적이지만 장기적인 변화이다. 이 이론에 의하면 공간의 사회적 조직을 결정하는 거리의 역할 변화가 인구 현상에 중요한 영향을 미치는데, 생산과 소비의 공간이 모두 지리적 제약과 운송 비용의 제약을 덜 받게 되었고, 이에 따라 기업과 가구 모두의 입지 유연성이 증대되었다는 것이다.

한편 미첼(Mitchell, 2004)은 여러 가지 다른 형태의 역도시화가 존재하기 때문에 이주 동기와 목적지에 따라 역도시화를 구분하는 것이 필요하다고 주장한다. 그는 역도시화의 세 유형으로 탈도시화(ex-urbanization), 강제된 도시화(displaced-urbanization), 반도시화(anti-urbanization)를 제시한다. 미첼(Mitchell, 2004)에 의하면 탈도시화는 원래 스펙토스키(A. C. Spectorsky)가 부유한 도시민들이 뉴욕시 근처의 전원적인 시골로 '제한된 꿈(limited dream)'을 찾아 이동하는 것을 묘사하기 위해 만들어냈던 용어로, 대도시 핵심 지역 밖에 거주하고 싶은 꿈을 가지고 있지만 통근을 통해 도시와의 연계를 유지하고 있는 사람들을 가르킨다. 강제된 도시화는 새로운 일자리나 더 낮은 생활비, 저렴한 주택을 찾는 동기에 의한 가구의 이동을 설명하기 위해 만들어졌다. 반도시화는 매우 다양한 이동을 설명하기 위해 사용되는데, 범죄 · 세금 · 혼잡 · 오염 등에서 벗어나기 위한 반도시적 동기에서 비롯된 다양한 이동을 포괄한다. 반도시화에는 새로운 생활양식 추구와 관련되는 '땅으로 돌아가자'는 운동, 보다 작은 지역사회에서의 거주와 고용을 통해 삶의 질을 향상시키기 위한 이동, 어메니티(amenity)에 많은 영향을 받는 은퇴자들의 이동이 포함된다.

(3) 역도시화와 재도시화 그리고 농촌르네상스의 가능성

1970년대의 인구 현상을 보면서 많은 사람들이 비대도시 지역 인구 변화의 새로운 장이 열렸다고 믿었지만, 1970년대 후반부터 1980년대 초반에 관찰된 경향은 그들의 견해가 잘못된 것임을 곧 증명했다. 새로운 경향의 출현 이후 많은 연구가 이루어졌지만 이 연구들의 대부분은 1980년대 초에 두번째 변화가 이루어질 것이라고는 예상하지 못했다(Fuguitt and Beale, 1996).

농촌 지역은 1980-1986년까지 장기간의 농업 위기에 의해 어려운 시기를 보냈으며, 비대도시 지역에 위치해 있던 제조업 지역은 1980년대에 해외로부터 경쟁 압력이 증가함에 따라 많은 일자리를 잃게 되었다. 이에 따라 미국에서는 1980년에 비대도시 지역의 인구 성장률이 다시 대도시권의 인구 성장률 아래로 떨어지는 재도시화 과정을 겪게 되었다. 몇몇 국가에서는 역도시화 경향이 끝났다는 것과 그것이 처음 발견된 후 몇 년 후에 다시 시작되었다는 것이 동시에 보고되었다(Amcoff, 2006). 많은 연구자들은 1980년대 비대도시 지역의 인구 성장 감소를 미국의 인구 재배치가 기존의 형태로 되돌아 간 것으로 보았다.

그러나 1980년대 후반에는 다시 비대도시 지역의 인구 성장률의 회복을 보여주는 움직임이 나타나기 시작했는데, 롱과 누치(Long and Nucci, 1997)에 의하면 미국에서는 1990년대에 1970년대와 유사한 집중지수의 감소 경향이 나타나고 있다. 유사한 경향이 캐나다, 영국, 호주에서 관찰됨으로써 인구 재배치에 대한 관심이 새롭게 증가하고 있다(Mitchell, 2004). 1990-1992년에 비대도시 지역 카운티의 인구가 성장했으며, 1990년대 후반에는 비대도시 지역의 순이동 비율이 다시 대도시권을 상회하게 되었다(Fuguitt and Beale, 1996). 이와 같은 사실은 비대도시 지역의 인구 성장이 끝났다는 결론이 성급한 것임을 의미한다(Johnson and Beale, 1994; Lichter, 1993). 비대도시 지역 인구의 성장과 함께 농촌으로의 인구회귀 현상 역시 1990년대 초반에 뚜렷이 관찰되지만 이것은 점점 더 사회적으로 그리고 공간적으로 선택적으로 되어간다(Ilbery, 1998). 학자들 사이에는 1980년대와 1990년대에 출현한 새로운 형태의 도시화에 대한 공감대가 거의 없다. 최근의 인구 재배치 경향의 역동적인 변화와 함께 비대도시 지역의 인구 경향을 설명하는 이론적 모델에 대한 동의의 부족은 1990년대 이후의 자료에 대한 연구의 중요성을 강조한다(Johnson and Beale, 1994).

분산화 이론에 의해 예견되었던 지속적인 농촌의 르네상스는 현실로 나타나지 않았는데, 농업에 의존적인 미국의 카운티들은 1991년에서 1994년 사이 순전출 지역으로 돌아섰다(Fuguitt and Beale, 1996). 그러나 1980년대에도 지속적으로 성장한 농촌 지역이 존재하는데, 우선 플로리다에 집중된 어메니티가 있는 지역들을 들 수 있다. 이들 지역의 성장은 은퇴 인구와 같이 일자리에 의해 거주지 선택이 제한받지 않는 자유로운 인구가 비대도시 지역을 거주지로 선택하는 경향이 있음을 보여준다(Frey, 1993). 은퇴로 인한 이동은 인구가 적은 지역으로 이동하는 경향이 강한데(Fuguitt and Beale, 1996), 노년층 인구의 증가로 인해 이 이동은 인구 변화에 점점 더 중요한 역할을 할 것으로 예상된다. 또 다른 예는 대도시권 외곽에 위치하지만 근접해 있는 탈도시 지역들이다. 이 빠르게 성장하는 카운티들은 후에 대도시권의 성장에 의해 흡수될 수도 있지만 현재는 여전히 농촌적 혹은 비대도시적 특성을 많이 가지고 있는 지역들이다(Frey, 1993).

역도시화는 미국에서 처음 관찰되고 논의가 시작되었지만 이후 영국에서 많은 연구와 논의가 이루어졌다. 특히 1980년대에 뚜렷한 재도시화 과정을 겪었던 미국과 달리, 영국에서는 농촌 인구가 지속적으로 증가하고 있다(임형백 · 이성우, 2004). 인구는 전통적인 도시 산업 지역에서 보다 환경적인 면에서 양호한 지역으로 이동하고 있다(Ilbery, 1998). 어메니티와 생활방식에 대한 고려는 후기 산업 경제에서 농촌 인구의 증가와 경제 발전에 중요한 기여를 할 것으로 예상되고 있다(Dahms and McComb, 1999). 영국의 농촌 인구는 1950년대에 이미 증가 추세로 반전하였으며, 최근의 인구 증가율은 전국 평균의 두 배에 달한다(Department of the Environment, Tansport and the Regions, 2000). 영국에서는 오래전부터 농촌의 전원지역이 도시민을 위한 주거공간으로 각광받아 왔는데, 이는 급속한 산업화와 도시화로 인해 도시의 주거환경이 크게 악화되면서 중산층들이 도시근교의 전원지역을 선호하게 되었기 때문이다(박재길 등, 2002). 최근 영국의 환경부는 440만 채의 추가적인 주택이 2016년까지 필요한데, 이들 중 다수는 농촌 지역에 위치할 것이라고 예상했다(Murdoch, 1998). 하지만 영국의 농촌 인구 증가는 주로 런던에서 60km 이내 범위에서 이루어지고 있어 역도시화가 또 다른 형태의 집중을 의미하기도 한다(Ilbery, 1998).

최근 환경의 중요성에 대한 전세계적 공감대에 힘입어 농촌 공간에 대한 인식이 호전될 기회를 맞이하고 있다는 시각이 있는데(임형백 · 이성우, 2003), 지역개발 · 계획 분야에서 농촌의 어메니티는 주거 만족도를 넘어서는 지역개발 수단 혹은 경제적 가치를 지니는 상품으로서 평가되고 있다(조영국 외, 2002). 최근 농촌 지역에 대한 개념 규정은 농촌=농업이라는 기준보다는 인구밀도를 기준으로 삼으면서 그 공간적 범위를 상당히 포괄적으로 설정하는 추세이다(임석회, 2005). 이러한 경향은 지금까지 주로 농산물의 생산 장소라는 산업적 역할이 강조되어 온 농촌 지역의 역할 변화와 관련된다. 무분별한 도시화를 지향하기보다는 농촌성과 도시성이 공존하는 혹은 농촌과 도시가 상호유기적으로 공존하는 농촌이라는 공간의 존속을 통한 도시문제 해결이 제기되고 있는데(임형백 · 이성우, 2003), 영국의 사례는 농촌의 어메니티가 거주지 선택에 중요한 역할을 할 수 있음을 보여 주고 있어, 이러한 전략의 실현 가능성과 농촌르네상스의 가능성을 직접적으로 보여주고 있다. 1990년대 들어와 우리나라에서도 전원 담론은 사회의 지배적인 담론으로 부상하였고 소득수준의 향상과 도시환경의 악화, 교통통신의 발달과 기동성의 증대, 소비양식의 변화 등이 탈도시적 주거양식을 선호하는 계기로 작용하고 있다(구동회, 1999).

3. 우리나라 인구 현상의 변화

(1) 인구 집중의 강화와 수도권 내부의 분산 강화

역도시화를 단위 지역의 인구 규모와 순이동이 반비례하는 것으로 정의한 필딩(Fielding, 1982)의 영향력 있는 연구 이래 역도시화에서 인구이동만을 고려할 것인지 혹은 출생과 사망 또한 고려 할 것인지는 논의의 쟁점 중 하나이다. 보일(Boyle, 1994)은 많은 연구들이 역도시화를 인구이동보다 총인구수 변화로 간주함으로써, 역도시화가 이동하는 사람들에 의한 의식적인 의사 결정 과정임을 간과하게 한다고 비판한다. 하지만 본 연구에서는 우리나라 인구 현상의 전반적인 변화를 살펴보기 위해 총인구수의 변화에 대한 분석을 실시하였다.

기존 연구에 의하면 최근 전국적으로 군부 인구의 순전출률이 급격하게 감소하고 있으며(김남일 · 최순, 1998), 시 · 도별 순이동 인구수는 0으로 수렴하고 있다(최은영, 2004). 이러한 연구 결과는 최근 우리나라의 인구 집중이 다소 완화되고 있음을 의미하는데, 보다 엄밀한 분석을 위해 후버지수를 통해 우리나라 인구의 집중률 변화를 살펴보았다. 후버지수는 집중의 평균적인 측정이기 때문에 이 지수의 감소가 전체 지역의 전반적인 집중 강화를 의미하는 것은 아니다. 이에 여기에서는 지역별 인구 집중 정도의 변화를 살펴보기 위해 권역별로 후버지수를 측정하였다. 시 · 군 · 구의 분석 단위는 1995년 232개, 2000년 234개(2개의 출장소 포함), 2005년 234개였으며, 읍 · 면 · 동의 분석 단위는 2000년 3,504개, 2005년 3,573개였다. 미국에서 이루어진 가장 최근의 센서스 연도인 2000년 자료에 의하면 10 명 중 8명 이상이 대도시권에 거주하고 있는데(Katz and Lang, 2003), 우리나라는 도시 지역에 동과 읍을 포함시킬 때의 도시 인구 비율은 89.8%, 동만을 포함시킬 때는 81.5%이다. 미국의 대도시권 거주 인구 비율과 우리나라의 도시 거주 비율이 유사하게 나타나고 있다.

1970-1990년 사이 미국의 카운티 단위로 분석된 후버지수는 52-65정도였는데, 1970년대에 감소한 후 1980년대에 다시 상승하고 1990년대에 다시 조금 감소하는 경향을 보였다(Long and Nucci, 1997). 우리나라의 경우 전국 시 · 군 · 구 단위로 분석된 후버지수는 61-65 정도의 값을 보이고 있으며, 읍 · 면 · 동을 단위로 분석된 후버지수는 2000년 73.9, 2005년 75.1을 보이고 있다[표 Ⅲ-12]. 인구 집중 정도가 다소 완화되고 있을 것이라는 예상과는 달리 집중 정도가 더욱 강화되고 있는 것으로 나타나고 있다.

표 Ⅲ-12. 후버지수의 변화(1995-2005년)

구분	시 · 군 · 구			읍 · 면 · 동	
	1995년	2000년	2005년	2000년	2005년
수도권	70.4	68.2	65.6	74.6	72.8
강원도	41.4	44.5	46.3	61.3	63.4
충청권	40.5	43.6	47.9	59.7	62.9
전라권	47.1	50.3	53.3	62.2	65.5
경상권	57.8	58.5	59.9	72.3	73.9
제주도	39.9	42.7	45.7	52.6	55.3
전국	61.3	63.5	64.6	73.9	75.1

자료: 인구주택총조사(1995-2005년)

그러나 다른 모든 권역에서 지수가 증가하고 있는 것과는 대조적으로 수도권의 지수가 지속적으로 감소하고 있는 분산 경향을 보이는 것은 주목할 만한 현상이다. 시 · 구 · 읍 · 면이라는 다소 모호한 공간단위가 분석에 사용된 한계를 가지기는 하지만 지니계수(Gini's Coefficient)를 통해 우리나라 인구 분포의 불균형 정도를 분석한 권일 · 류상규(2005)의 연구에서도 이와 유사한 결과가 관찰되었다. 수도권의 분산 경향은 시 · 군 · 구를 단위로 하는 경우와 읍 · 면 · 동을 단위로 하는 두 경우 모두에서 관찰된다. 지수의 지속적인 감소로 인해 읍 · 면 · 동을 단위로 계산된 수도권의 2005년 지수(72.8)는 경상권의 지수(73.9)보다 낮게 나타나고 있다. 수도권은 집중지수가 다른 권역에 비해 높게 나타나고 있어 그동안 수도권 내부에서도 특정 지역의 인구 집중이 지속되고 있었음을 알 수 있다.

(2) 인구 성장 지역의 변화와 인구 현상의 분기점

1) 인구 성장 지역의 분산

지수에 의한 평균적인 측정의 한계를 극복하기 위해 1995-2005년 사이 우리나라 인구 현상 변화를 전국 시 · 군 · 구의 인구 증감률을 통해 살펴보았다[그림 Ⅲ-2]. 대체로 인구가 증가하는 지역은 계속 증가하고 감소하는 지역은 계속 감소하는 경향을 보이고 있다. 최은영(2004)에 의하면 우리나라의 인구 현상은 1990년대 이후 주요 대도시의 인구가 감소하고 대도시 외곽 지역의 인구가 증가하는 새로운 국면으로 진입하고 있는데, 2000-2005년에도 이러한 경향은 지속되고 있는 것으로 보인다. 절대 인구의 감소가 나타나고 있는 서울 · 부산 · 대구에 각각 인접하고 있는 경기도 · 경상남도 · 경상북도에 인구 증가율이 높은 지역이 나타나고 있다. 1995-2000년에 비해 2000-2005년에는 대도시 외곽에 위치하고 있는 인구 성장 지역의 공간적 범위가 다소 축소된 것으로 나타나고 있다. 하지만 경기도와 경기도에 인접해 있는 천안을 중심으로 하는 충청남도 북부 지역과 청주를 중심으로 하는 충청북도 북부 지역의 인구 성장은 2005년에도 지속되고 있다.

그림 III-2. 시 · 군별 인구 증감률(1995-2000년 · 2000-2005년)

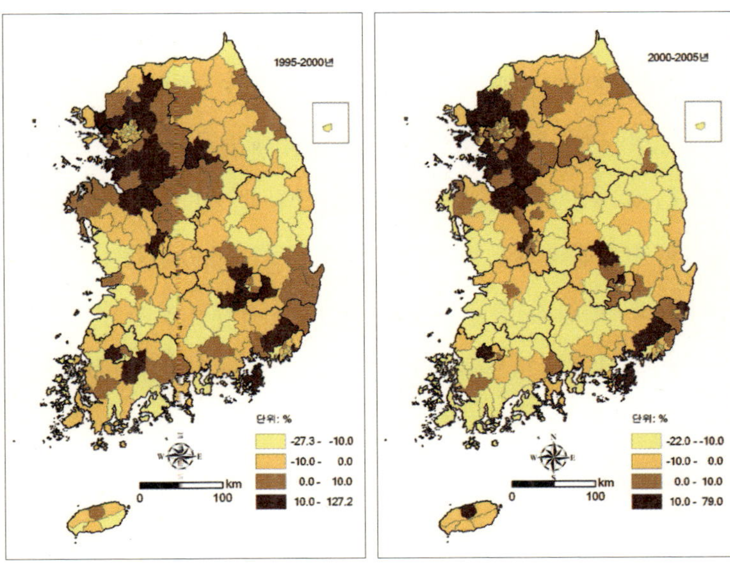

자료: 인구주택총조사(1995-2005년)

그림 Ⅲ-3. 인구 증감 유형의 변화(1995-2000년 · 2000-2005년)

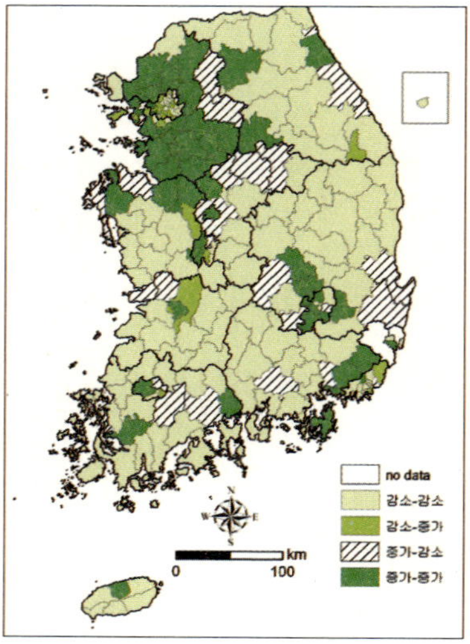

자료: 인구주택총조사(1995-2005년)

1995-2000년과 2000-2005년 각각의 인구 증감률이 0미만인 경우를 감소, 0이상인 경우를 증가로 구분한 다음 두 시기 동안의 유형 변화를 살펴본 결과는 다음과 같다[그림 Ⅲ-3]. 서울과 일부 지역을 제외한 수도권의 대부분과 수도권에 인접하고 있는 충청남도 서산시 · 아산시 · 천안시, 충청북도 진천군 · 청주시는 지속적인 인구 성장 지역으로 나타나고 있다. 부산에 인접해 있는 양산시 · 김해시 · 진해시, 대구에 인접해 있는 구미시 · 칠곡군, 대전에 인접해 있는 계룡시도 지속적인 인구 성장 지역으로 나타나고 있으나 광주 주변에는 지속적인 인구 성장 지역이 없다. 대도시 근교지역이 아니면서 지속적인 성장을 보이고 있는 지역은 춘천시, 강릉시, 광양시, 목포시, 영암군, 거제시이다.

인구 증감률 상위 · 하위 각 10개 시 · 군을 살펴보면, 급격한 인구 증가 지역은 대부분 경기도에 위치하고 있다[표 Ⅲ-13].

표 Ⅲ-13. 인구 증감률 상위 · 하위 각 10개 시 · 군 (단위: %)

구분	1995-2000년		2000-2005년	
상위 시 · 군	경기 시흥시	128.2	경기 용인시	78.5
	충남 계룡시	75.0	경기 광주시	63.7
	경기 용인시	59.0	경기 화성시	51.7
	경기 남양주시	48.4	경기 양주시	39.5
	경기 고양시	47.2	대전 유성구	36.9
	광주 광산구	45.7	경기 파주시	35.4
	경기 오산시	45.4	인천 중구	29.8
	경기 광주시	45.3	경기 김포시	29.7
	경기 김포시	38.3	경남 김해시	29.6
	부산 해운대구	31.3	경기 오산시	28.8
하위 시 · 군	인천 동구	-27.3	전남 곡성군	-22.0
	전남 신안군	-25.9	경북 문경시	-22.0
	대구 중구	-23.4	전북 진안군	-20.9
	광주 동구	-21.1	전남 담양군	-20.3
	울산 중구	-20.4	충남 청양군	-19.0
	부산 동구	-20.1	전북 무주군	-18.7
	부산 강서구	-19.5	충북 영동군	-18.3
	대구 서구	-18.3	경북 청도군	-18.1
	전북 임실군	-17.3	전남 보성군	-17.9
	경남 의령군	-17.0	경북 울릉군	-17.9

자료: 인구주택총조사(1995-2005년)

인구가 급격하게 감소하고 있는 시 · 군에 1995-2000년에는 군 지역과 함께 광역시의 구 지역이 혼재되어 있었으나 2000-2005년에는 문경시를 제외한 전지역이 군지역이다. 2000-2005년 가장 높은 인구 증가율을 보인 지역들의 2000년 인구 규모는 경기 용인시(384,741명), 경기 광주시(124,789명), 경기 화성시(185,979명), 경기 양주시(107,440명), 대전 유성구(161,591명), 경기 파주시(177,128명), 인천 중구(65,775명), 경기 김포시(148,576명), 경남 김해시(330,829명), 경기 오산시(102,287명), 경기 시흥시(304,260명), 경기 남양주시(339,545명)로, 대체로 인구 규모가 10만~30만 명이다.

각 시 · 군의 비교 년도 인구 규모별 인구 증감률을 살펴본 결과는 다음과 같다[표 Ⅲ-14]. 인구 규모가 10만-50만 명 사이에 속하는 시 · 군의 인구 성장률이 가장 빠른 반면 인구가 10만 명 미만이거나 100만 명 이상인 경우는 인구가 감소하는 경향을 보이고 있다. 특히 5만 명 미만인 경우 급격한 인구 감소를 보이고 있는데, 1995-2000년 수도권에서는 인구가 10만 명 미만인 시 · 군도 높은 인구 성장률을 보이고 있음이 주목된다. 해당 시 · 군은 가평군, 오산시, 연천군, 여주군, 양평군, 양주시, 동두천시, 광주시, 과천시이다.

표 Ⅲ-14. 인구 규모별 인구 증감률의 변화 (단위: %)

구분	전국		수도권	
	1995-2000년	2000-2005년	1995-2000년	2000-2005년
5만 명 미만	-7.1	-12.8	4.9	-15.6
5만~10만	-2.2	-9.1	15.1	-1.6
10만~30만	11.4	5.6	30.4	23.1
30만~50만	4.9	15.8	2.1	25.6
50만~100만	13.1	6.8	12.2	9.7
100만 명 이상	-0.6	-0.1	-1.6	-0.3

자료: 인구주택총조사(1995-2005년)

수도권에서 1995-2005년 사이에 인구가 지속적으로 감소하고 있는 지역에는 강화군 · 연천군의 군지역과, 과천시 · 광명시 그리고 서울의 여러 구가 속해있다. 시기별로 인구의 증감이 교차하고 있는 지역에는 가평군 · 양평군의 군 지역과 안양시 · 부천시 그리고 인천의 여러 구가 속해 있다. 그 외 대부분의 지역들은 지속적인 인구 증가 지역으로 나타나고 있다. 1995-2005년에 인구 증가가 급격하게 이루어진 경기도의 시 · 군은 1989년에 시로 승격한 오산시를 제외하면 2000년 이전에는 모두 군 지역이었다. 1995년 이후에 용인군 · 김포군 · 파주군이 시가 되었으며 2000년 이후에 화성군 · 광주군 · 양주군이 시가 되었다. 이러한 기존 군 지역의 시 지역으로의 변화에 의해 2005년 현재 수도권에는 가평군 · 양평군 · 연천군 · 여주군 · 강화군 · 옹진군만 군 지역으로 남아 있다. 기존 군 지역의 인구 증가가 농촌적 특성을 많이 가지고 있는 지역으로의 인구이동에서 비롯되었다는 점은 우리나라 인구 현상의 변화와 관련해서 간과되어서는 안되는 중요한 사실이다.

권용우(2001)는 본 연구에서 근교도시화로 지칭한 교외화를 중심도시의 거주 기능이 중심 도시 주변 지역에 원심적으로 확대되는 현상으로 정의하고 있는데, 기존 연구에서는 서울 대도시권(권원용, 1985)과 서울의 교외지역(권용우, 1986)을 다음과 같이 설정하고 있다[그림 Ⅲ-4]. 두 연구에서 설정한 경계는 큰 차이를 보이지 않고 있어 공통되는 지역을 중심으로 과거에 설정된 서울 대도시권의 경계를 표시하였다. 다른 여러 기준과 함께 중심 도시인 서울로의 통근 비율을 권원용은 3% 이상, 권용우는 5% 이상으로 설정하였는데, 이는 2003년 현재 미국의 대도시권 설정 기준인 중심 카운티와의 통근 비율 25% 이상에 비추어 보면 낮은 기준임을 알 수 있다. 권용우(2001)에 의하면 1980년을 기준으로 통근 비율이 5% 이상인 지역은 서울의 중심에서 30km이내에 위치한다.

최근 인구가 급격하게 증가하고 있는 시 · 군들은 기존 연구에서 근교도시화 지역으로 설정되었던 지역의 경계를 넘어서고 있다. 서울과 경계를 이루고 있는 과천시와 광명시는 오히려 인구가 감소하고 있는데, 과천시는 1995년 68,005명에서 2005년 56,687명으로 광명시는 1995년 350,465명에서 2005년 319,452명으로 감소하였다. 서울과는 다소 거리가 떨어져 있는 경기도의 파주시, 김포시, 여주군, 이천시, 안성시, 평택시, 화성시가 지속적인 인구 증가를 보이고 있을 뿐 아니라 경기도와 인접한 충청남 · 북도의 일부 시 · 군의 인구도 지속적인 증가 경향을 보이고 있다. 서울의 중심부에서 가장 가까운 시 · 군들이 인구의 정체 혹은 감소 경향을 보이는 것과 대조적으로 서울 중심부에서 원거리에 위치해 있는 시 · 군의 인구 성장률은 높게 나타나고 있다. 그러나 이러한 인구 성장 지역의 공간적 범위는 서울에서 120km이내에 그치고 있다.

2) 대도시의 절대 인구 감소

1990-2005년 사이에 서울의 인구는 지속적으로 감소하고 있는데, 약간의 시차를 두고 부산과 대구에서도 유사한 경향이 나타나고 있다[표 Ⅲ-15]. 서울의 인구는 1990년 1,061만 명으로 정점을 기록한 이래 1995년 1,023만 명, 2000년 989만 명, 2005년 982만 명으로 나타

나고 있는데, 2000-2005년에는 약 75,000명의 인구가 감소해 이전 시기에 비해 절대 인구 감소 경향이 다소 완화되었다. 대도시 절대 인구 감소의 대표적인 사례로 언급되는 뉴욕 대도시권의 경우 인구 감소가 가장 심했던 1970년대에 약 82만 명의 인구가 감소해 -10.4%의 인구 성장률을 보였는데(Katz and Lang, 2003), 서울의 경우 1990년대에 약 72만 명의 인구가 감소해 -6.8%의 인구 성장률을 보였다. 1990년대 서

그림 III-4. 과거에 설정된 대도시권과 인구 증감 유형의 변화 (1995-2000년 · 2000-2005년)

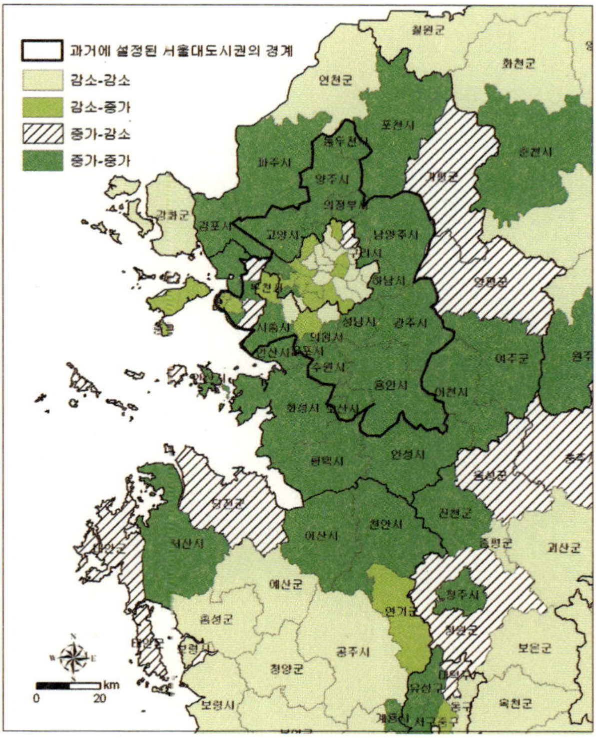

주: 과거의 경계는 권원용(1985)과 권용우(2001)의 공통 경계임

울의 인구 감소 규모는 1970년대 뉴욕의 인구 감소 규모에 거의 근접하고 있다. 부산의 절대 인구 감소는 1995년 이후 시작되었는데, 5년마다 10만 명 이상의 인구가 감소하고 있다. 대구에서는 2000-2005년에 최초로 절대 인구 감소가 나타나기 시작했으며, 전국 인구에서 차지하는 비율은 1995년 이래 지속적으로 감소하고 있다.

표 III-15. 시·도별 인구 변화(1990-2005년) (단위: 천 명, %)

시·도	1990년		1995년		2000년		2005년	
	인구수	비율	인구수	비율	인구수	비율	인구수	비율
전국	43,411	100.0	44,609	100.0	46,136	100.0	47,278	100.0
수도권	18,587	42.8	20,189	45.3	21,354	46.3	22,766	48.1
서울	10,613	24.4	10,231	22.9	9,895	21.4	9,820	20.8
부산	3,795	8.7	3,814	8.5	3,663	7.9	3,524	7.5
대구	2,229	5.1	2,449	5.5	2,481	5.4	2,465	5.2
인천	1,818	4.2	2,308	5.2	2,475	5.4	2,531	5.4
광주	1,139	2.6	1,258	2.8	1,353	2.9	1,418	3.0
대전	1,050	2.4	1,272	2.9	1,368	3.0	1,443	3.1
울산	594	1.4	852	1.9	1,014	2.2	1,049	2.2
경기	6,156	14.2	7,650	17.1	8,984	19.5	10,415	22.0
강원	1,580	3.6	1,446	3.2	1,487	3.2	1,465	3.1
충북	1,390	3.2	1,397	3.1	1,467	3.2	1,460	3.1
충남	2,014	4.6	1,767	4.0	1,845	4.0	1,889	4.0
전북	2,070	4.8	1,902	4.3	1,891	4.1	1,784	3.8
전남	2,507	5.8	2,067	4.6	1,996	4.3	1,820	3.8
경북	2,861	6.6	2,676	6.0	2,724	5.9	2,608	5.5
경남	3,078	7.1	2,994	6.7	2,978	6.5	3,056	6.5
제주	515	1.2	505	1.1	513	1.1	532	1.1

자료: 인구주택총조사(1990~2005년)

그림 Ⅲ-5. 서울 · 부산 · 대구의 인구 증감률(1995-2000년 · 2000-2005년)

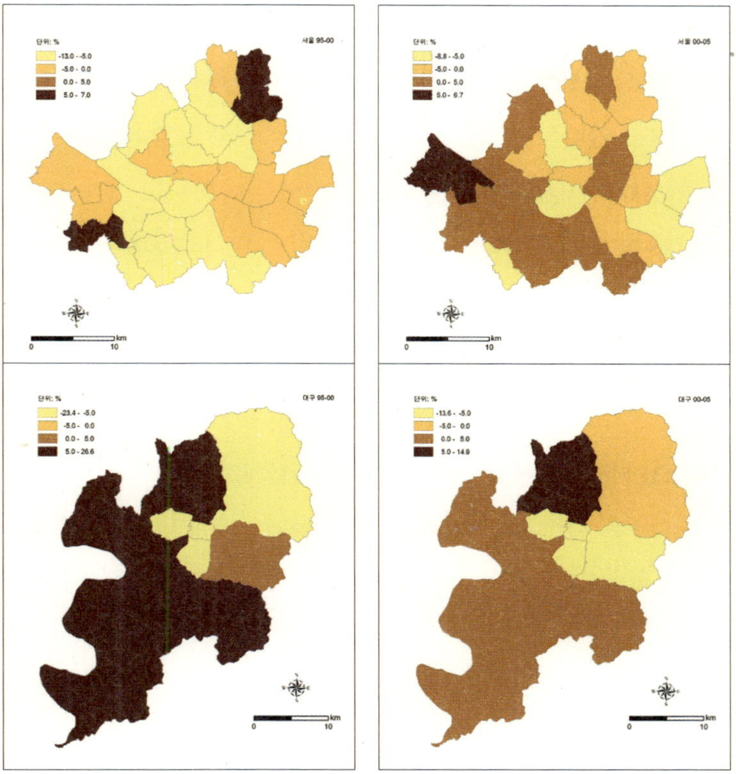

자료: 인구주택총조사(1995-2005년)

서울 · 부산 · 대구의 구별 인구 증감률을 살펴보면, 기존 도심 지역을 중심으로 대도시의 인구가 감소하고 있음을 알 수 있다[그림 Ⅲ-5].

1995-2000년과 2000-2005년 사이 인구가 10% 이상 감소한 구는 많은 반면 10% 이상 증가한 경우는 많지 않은 것으로 나타나고 있다. 두 시점에서 모두 인구가 증가한 예외적인 구들은 서울 강서구 ·

구로구, 부산 북구, 대구 달성군 · 달서구 · 북구이다. 1990년대 이후 인구 규모가 큰 대도시들이 절대 인구의 감소 내지 정체 현상을 보임에 따라 시 군별 인구 규모와 인구 증감률은 유의미한 상관관계를 보이지 않고 있다[그림 Ⅲ-6]. 인구 규모와 인구 증감률의 상관계수는 1995-2000년 0.02, 2000-2005년 0.10으로 나타나고 있다. 인구 규모와 인구 증감률이 반비례하는 전형적인 역도시화 현상의 상관관계를 보이는 것은 아니지만 이에 근접하는 0에 수렴하는 상관관계를 보이고 있다.

그림 Ⅲ-6. 시 · 군별 인구 규모와 인구 증감률의 비교

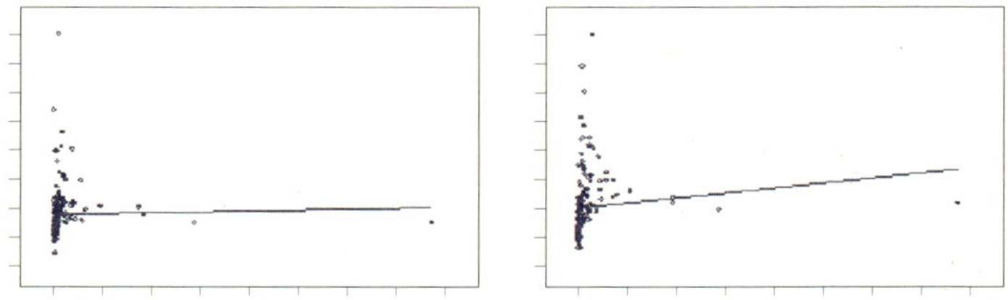

자료: 인구주택총조사(1995-2005년)

4. 결론

가장 최근의 센서스 결과에 의하면 미국은 인구의 80% 이상이 대도시권에, 우리나라는 80~90%의 인구가 도시에 거주하고 있다. 도시화의 종말 단계에 다다른, 즉 농촌의 잠재적 전출 인구가 거의 없는 상황에서 역도시화 논쟁을 살펴보는 것은 지속적인 도시로의 인구 집중이라는 과거의 경향과는 구분되는 새로운 인구 현상에 대한 개념화와 이해라는 측면에서 의미를 가지는 한편 농촌을 비롯한 비대도시 지역 인구의 재생을 설명하고 이해할 수 있는 이론적 기반을 제시한다는 점에서도 의미가 있다. 기존의 근교도시화 현상에 비해 역도시화는 보다 근본적인 인구 현상의 변화를 의미하는데, 거리에 의한 제약의 감소 · 원격통신의 발달 · 노령인구의 증가 · 탈산업화의 진전 · 어메니티와 새로운 생활방식 추구 등 인구의 공간적 재배치에 보다 근본적인 변화를 야기할 수 있는 원인들에 대해 역도시화 논의는 보다 많은 성찰을 제공한다.

서구의 역도시화 현상과 비교된 최근 우리나라 인구 현상의 변화는 다음과 같다. 첫째, 군부 인구의 순전출률이 급격하게 감소하고, 시 · 도별 순이동 인구수가 0으로 수렴하고 있음에도 불구하고 1995년 이후 후버지수에 의해 측정된 인구 집중도는 지속적으로 증가하고 있다. 그러나 다른 권역에서는 1990년대 이후에도 지속적으로 도시로의 인구 집중이 강화되고 있는 반면 수도권에는 인구 분산 경향이 나타나고 있다. 둘째, 빠른 인구 성장을 보이는 지역들이 대도시 외곽으로 분산되는 경향이 나타나고 있다. 이러한 경향은 서울 · 부산 · 대구에서 모두 관찰되는데, 수도권에서 가장 광범위하게 나타나고 있다. 과거에 군이었던 지역의 인구 증가가 농촌적 특성을 많이 가지고 있는 지역으로의 인구이동에서 비롯되었다는 점은 우리나라 인구 현상의 변화와 관련해서 간과되지 말아야 하는 중요한 사실이다. 우리나라의 경우 기능적으로 통합된 대도시권이 공식적으로 설정되어 있지 않기 때문에 이러한 현상이 근교도시화의 확대 현상인지 아니면 역도시화 경향을 의미하는 새로운 인구 경향의 맹아인지는 많은 논란의 여지가 있다. 그러나 최근 수도권에서 인구가 급격하게 증가하고 있는 시 · 군들이 기존 연구에서 근교도시화 지역으로 설정되었던 지역의 경계를 넘어선 곳에 위치하고 있음은 주목되는 사실이다. 서울에서 가까운 시 · 군들이 인구의 정체 혹은 감소 경향을 보이는 것과 대조적으로 서울 중심부에서 원거리에 위치하고 있는 시 · 군의 인구 성장률은 높게 나타나고 있다.

셋째, 1990년 이후 서울의 절대 인구 감소가 지속되고 있으며, 약간의 시차를 두고 부산과 대구도 절대 인구 감소가 나타나고 있다. 인구 100만 명 이상의 대도시에서는 인구 성장의 정체 내지 절대 인구의 감소 경향을 보이고 있는 반면, 인구 규모가 10만 명에서 50만 명 사이에 속하는 지역의 인구 성장률은 높게 나타나고 있다. 인구 규모가 큰 대도시의 인구 감소는 미국과 영국의 사례에서 관찰된 역도시화 현상과 일치한다. 그러나 인구가 10만 명 미만인 지역들의 급격한 인구 감소는 서구의 역도시화 경험과 우리나라의 최근 인구 현상에 대한 비교에서 관찰되는 가장 큰 차이점이다.

과거와 구분되는 새로운 인구 현상에 대한 이론적 논의와 개념화라는 측면에서, 1970년대에 미국에서 처음 발견된 역도시화는 광범위한 논쟁을 야기하였다. 우리나라에서는 1990년대에 이르러 기존의 일방적인 도시화 경향의 강화와는 다른 새로운 인구 현상이 나타나고 있는데, 이는 도시와 농촌의 인구학적 변화가 경제 · 정치 · 사회적 환경의 변화에서 비롯되는 여러 요인들에 민감하게 반응하는 상태로 진입했음을 의미한다. 앞으로 우리나라 인구 현상의 특성 · 원인 · 전망 · 정책적 함의에 대한 광범위한 논쟁이 시작되어야 할 것으로 생각된다.

참고문헌

구동회, 1999, 전원주택의 출현과 입지적 특성,『대한지리학회지』, 34(2), 193-208.

권용우, 2001,『교외지역: 수도권 교외화의 이론과 실제』, 아카넷.

권원용, 1985,『대도시권의 설정과 기능정립방향』, 국토개발연구원.

권일 · 류상규, 2005, 인구분포로 본 우리나라 국토불균형,『국토계획』, 40(2), 23-32.

김남일 · 최순, 1998, 인구이동과 지역단위별 농촌 인구 분포의 변화,『한국인구학』, 21(1), 42-79.

김인 · 권용우, 1984, 서울시 거주지교외화의 공간구조적 특성과 패턴,『지리학』, 29, 1-19.

남영우 · 최재헌, 2004『지구화시대의 도시화 국토』, 법문사, 서울.

박재길 · 이동우 · 송미령 · 박시현 · 이규천 · 성주인, 2002,『도 · 농 통합형 정주기반 구축과 농촌의 계획적 정비』, 국토연구원.

윤철현 · 박봉진, 2003, 부산시 인구 분포패턴의 재편성 과정,『도시행정학보』, 16(2), 169-190.

이희연, 2003,『인구학: 인구의 지리학적 이해』, 법문사.

임석희, 2005, 농촌 지역의 유형화와 특성 분석, 『한국지역지리학회지』, 11(2), 211-232.

임형백 · 이성우, 2003, 농촌과 도시의 공존을 위한 인식론적 전환: 근대화론 비판, 『농촌 사회』, 13(2), 41-73.

임형백 · 이성우, 2004, 『농촌 사회의 환경과 기능』, 서울대학교출판부.

조영국 · 박창석 · 전영옥, 2002, 농촌 어메니티 인식의 구조와 의미, 『한국경제지리학회지』, 5(2), 157-174.

최은영, 2004, 지역 간 인구이동의 공간적 특성 분석: 수도권을 중심으로, 『서울도시연구』, 5(3), 49-66.

통계청, 인구주택총조사 각 연도(1990년~1995년, 2000년~2005년).

Amcoff, J., 2006, Rural population growth in Sweden in the 1990s: un expected reality or spatial-statistical Chimera?, *Population, Space and Place*, 12, 171-185.

Berry, B., 1976, The counterurbanization process: urban America since 1970, in Berry, B. (ed.), *Urbanization and Counterurbanization*, Sage, Beverly Hills CA, 17-30.

Boyle, P., 1994, Metropolitan out-migration in England and Wales, 1980-81, *Urban Studies*, 31(10), 1707-1722.

Champion, A. G. (ed.), 1989, *Counterurbanization: the Changing Pace of Population Deconcentration*, Edward Arnold, London and New York.

Champion, A. G., 1992, Urban and regional demographic trends in the developed world, *Urban Studies*, 29(3), 461-482.

Champion, T., 2001, Urbanization, subrubanization, counterurbanization and reurbanization, in Paddison, R.(ed.), 2001, *Handbook of Urban Studies*, Sage,

London.

Dahms, F. and McComb, J., 1999, Counterurbanization, interaction and functional change in a rural amenity area: a Canadian example, *Journal of Rural Studies*, 15(2), 129-146.

Department of the Environment, Transport and the Regions, 2000, *Our Countryside: The Future, A Fair Deal for Rural England*, Local Government Association, London.

Fielding, A. J., 1982, Counterurbanization in Western Europe, *Progress in Planning*, 17, 1-52.

Frey, W., 1993, The new urban revival in the United States, *Urban Studies*, 30(4), 741-774.

Fuguitt, G. and Beale, C., 1996, Recent trends in nonmetropolitan migration: towards a new turnaround?, *Growth and Change*, 27, 156-174.

Halliday, J. and Coombes, M., 1995, In search of counterurbanisation: some evidence from Devon on the relationship between patterns of migration and motivation, *Journal of Rural Studies*, 11(4), 433-446.

Ilbery, B., 1998, *The Geography of Rural Change*, Longman, Edinburgh.

Johnson, K. and Beale, C., 1994, The recent revival of widespread population growth in nonmetropolitan areas of the United States, *Rural Sociology*, 59(4), 655-667.

Katz, B. and Lang, R., 2003, *Redefining Urban and Suburban America: Evidence from Census 2000*, Brooking Institution Press, Washington, D. C..

Lichter, D. L., 1993, Migration, population, redistribution and the new spatial inequality, in Brown, D. L., Field, D.R. and Zuiches, J. J. (eds.), *The Demography of Rural Life*, Northeast regional center for rural development, 19-46.

Long, L. and Deare, D., 1988, US population redistribution: a perspective on the nonmetropolitan turnaround, *Population and Development Review*, 14(3), 433-450.

Long, L. and Nucci, A., 1997, The Hoover index of population: a correction and up date, *Professional Geographer*, 49(4), 431-440.

Mitchell, C. J. A., 2004, Making sense of counterurbanization, *Journal of Rural Studies*, 20, 15-34.

Murdoch, J., 1998, *Counterurbanisation and the Countryside: Some Causes and Consequences of Urban to Rural Migration*, University of Wales Cardiff.

Robert, S. and Randolph, W. G., 1983, Beyond decentralization: the evolution of population distribution in England and Wales, 1961-1981, *Geoforum*, 14(1), 75-102.

Tisdale, H., 1942, The process of urbanization, *Social Force*, 20, 311-316.

Vining, D. R. and Strauss, A., 1977, A demonstration that the current deconcentration of population in the United States is a clean break with past, *Environment and Planning A*, 9, 751-758.

http://www.ers.usda.gov/Briefing/Rurality/overview.htm.

3장. 도시-농촌 간 인구이동 특성: 고령 인구를 중심으로

1. 서론

노인 인구가 타연령 집단에 비해 빠른 속도로 증가하고 있는데, 도시민들 중에는 노년기 인생에 대해 심사숙고 하게 되면서 거주지를 바꾼다거나 생활양식을 바꾸어 보려는 의사를 가진 사람이 많아지고 있다. 고령 인구 이동의 지리적 측면에 대해서는 알려진 것이 거의 없지만, 도시와 지역에 중요한 함의를 가진다는 것은 당연하게 여겨지고 있다(Champion, 1992). 외국의 선행 연구에 의하면 이도향촌의 인구이동 중에서 가장 뚜렷한 흐름으로 나타나는 것은 은퇴자의 이동(retirement migration)이다. 과거에는 일반적으로 노인들은 집이나 친근한 환경에 강한 집착을 보이는 성향 때문에 이동하지 않는 경향이 있다고 알려져 있었다. 그러나 노인 인구의 절대적인 증가, 평균수명의 연장으로 인한 은퇴 후 기간 증가, 건강상태의 개선, 연금제도 등으로 인한 은퇴 후의 경제적 안정, 보험, 공공정책 등 정부 프로그램의 향상 등으로 최근의 은퇴자들은 과거에 비해 이주에 대해 강한 동기를 갖는 것으로 알려져 있다(농촌진흥청, 2007). 최근 선진국에서는 은퇴 후 장거리 이동이 증가하는 추세에 있다.

일자리가 거주지의 선택에 영향을 주지 않아 거주지 선택에 있어서의 제약이 없는(footloose) 노년층 인구들은 비대도시 지역을 거주지로 선택하는 경향이 있는데(Frey, 1993), 미국의 비대도시 지역에서 가장 빠르게 성장하는 지역들은 은퇴자들이 많이 거주하는 지역들이다(Fuguitt and Beals, 1996). 노년층의 인구가 증가함에 따라 그리고 이들 중 많은 사람들이 가족이 함께 거주하던 도시 지역의 비싼 주택을 보다 덜 혼잡한 지역의 작은 주택과 바꿈으로써 상당한 현금을 모을 수 있기 때문에, 은퇴로 인한 이동은 시간이 지남에 따라 보다 더 중요한 역할을 할 것으로 기대되고 있다(Champion, 1989).

급격하게 고령사회가 되고 있는 우리나라에서도 노년층 인구의 이동은 도시-농촌 간 인구 현상에 많은 영향을 미칠 것으로 예상되지만, 이러한 변화의 특성에 대해서는 거의 알려진 것이 없다. 농촌 진흥청(2007)의 도시민의 은퇴 후 귀농의사 및 영향요인 분석을 위한 설문조사에서, 장년층 도시민의 58.2%가 은퇴 후 귀농에 대하여 긍정적인 의사를 보였다. 은퇴 후 귀농에 대하여 긍정적인 의사를 보인 도시민들의 귀농 희망이유들을 살펴보면 '복잡한 도시를 떠나 자연과 더불어 건강하게 살기위해', '남은 인생을 농촌에서 텃밭 등을 가꾸며 살기 위해'가 다수를 차지하였다. 이는 서구 노인 인구의 이동요인과 일치하는 결과로 도시에서 거주하는 조사대상자는 은퇴 후 귀농을 결정하는데 농촌의 환경적 측면을 중요시 할 것으로 예측할 수 있다(농촌진흥청, 2007). 농촌은 쾌적한 자연환경을 지닌 곳으로 편안하고 건강한 노후를 원하는 사람들에게 쾌적한 환경은 물론이고 적절한 일거리를 제공받을 수 있는 거주공간으로 주목받고 있다.

이에 본 장에서는 우리나라 고령 인구의 도시-농촌 간 인구이동 특성을 살펴보기 위해 인구 현상의 과정인 동시에 원인이 되는 인구이동의 OD(Origin and Destination)분석을 실시하였다. 구체적인 연구목적은 첫째, 인구이동이 지역의 인구 현상 변화에 어떠한 영향을 미치고 있는지를 살펴보는 것이며, 둘째 고령인구의 증가가 도시-농촌 간 인구이동에 미치는 영향을 살펴보는 것이다.

인구이동에 대한 가장 가치 있는 정보는 목적지와 기원지에 대한 공간 정보와 속성 정보를 동시에 갖는 흐름(flow)에 관한 데이터에 의해 제공되는데, 그간 우리나라의 인구이동에 대한 연구가 부족한 이유 중 하나는 자료 획득의 한계와 밀접한 관계가 있었다. 하지만 1996년 이후 통계청에서는 매년 기원지, 목적지, 연령, 이동월, 성별, 세대수, 단독세대수 등에 관한 정보를 포함하고 있는 인구이동통계 원자료를 제공하고 있다.

2. 인구이동이 지역의 인구 증감에 미치는 영향

국가 전체적인 인구의 증감은 출생과 사망에 의해 주로 영향을 받지만 지역 수준에서의 인구 증감은 주로 인구이동에 의해 영향을 받는다(Champion, 1992). 지역 간 인구이동이 지역의 인구 증감에 미치는 영향력을 파악하기 위해 수도권 및 대도시의 순이동 인구를 시계열적으로 분석한 결과는 다음과 같다[그림 Ⅲ-7]. 서울은 1970-1980년까지 순이동 인구가 가장 많은 지역이었으나 1975년을 정점으로 지속적으로 순이동 인구가 감소하여 1990년 이후에는 전국에서 가장 전출 초과 인구가 많은 지역이 되었다. 경기도는 1970년 이후 지속적

그림 Ⅲ-7. 수도권 및 대도시의 순이동 인구 (단위: 만 명)

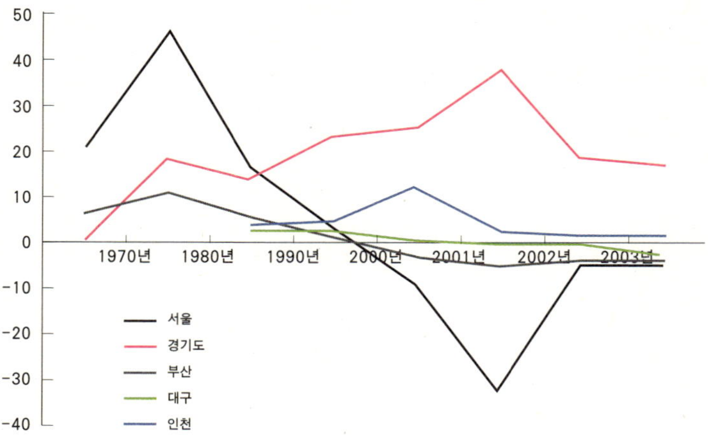

자료 : 인구이동통계, 해당년도

인 전입 초과 지역이지만 신도시로의 대규모 입주시기인 1995년 이후 순이동 인구수는 감소하는 경향을 보이고 있다. 부산, 대구 역시 지속적으로 순이동 인구수가 감소하는 경향을 보이고 있다.

대도시 지역이 아닌 각 도의 순이동 인구를 분석한 결과는 다음과 같은데[그림 Ⅲ-8], 1975년 이후 대체로 각 도의 전출 초과 규모가 감소하고 있다. 1995년 이후 각 도의 순이동 인구 수는 0으로 수렴하는 경향을 보이고 있다. 과거 급격한 전출 초과 현상을 보이던 충남과 경남은 2005년에는 전입 초과 지역으로 변화하였다.

그림 Ⅲ-8. 도별 순이동 인구 (단위: 만 명)

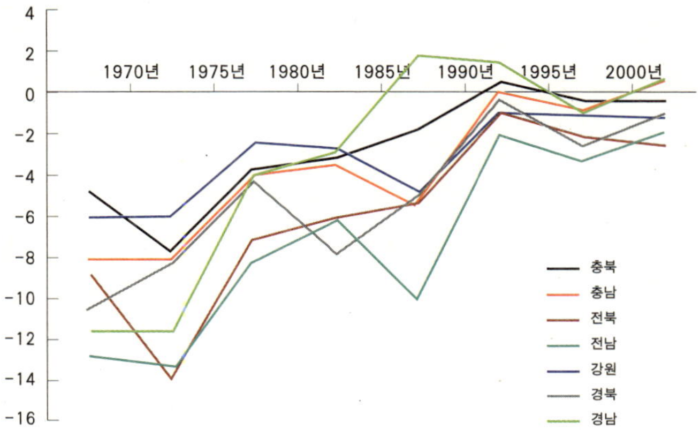

자료: 인구이동통계, 해당년도

2001-2005년 사이 인구의 사회적 증감과 자연적 증감을 비교함으로써 보다 구체적으로 지역 간 인구이동이 지역의 인구 증감에 미치는 영향력을 분석한 결과는 다음과 같다[표 Ⅲ-16]. 대부분의 지역에서 인구의 자연적 증가가 순이동에 의한 인구 감소 규모를 상쇄시키고 있는 것으로 나타나고 있다. 자연적 감소를 보이고 있는 지역은 전라남도가 유일하며, 경상북도는 자연적 증감에 의한 인구증가 규모가 가장 작다. 순이동이 음(-)인 경우가 대부분이며, 순이동이 양(+)인 지역은 대전 · 울산 · 경기도 · 충청남도 · 경상남도에 그치고 있는데, 경기도는 전입 초과 규모(1,146,107명)가 큰 반면, 서울(-387,549명)과 부산(-203,097명)은 전출 초과 규모가 크다. 자연적 증감에 비해 순이동은 지역별로 많은 차이를 보이고 있는데[그림 Ⅲ-9], 대부분의 지역은 사회적으로도 자연적으로도 인구가 감소하고 있다. 자연적

으로도 증가하고 사회적으로도 증가하는 시군은 경기도 전체와, 충청남·북도의 일부에서 나타나고 있다. 2001-2005년 순이동과 인구변화는 거의 정비례 관계를 보이고 있다[그림 Ⅲ-10].

표 Ⅲ-16. 인구이동이 인구 증감에 미치는 영향 (단위: 명)

시·도	2000년의 인구수	2005년의 인구수	인구의 증감	인구의 사회적 증감	인구의 자연적 증감
서울	9,895,217	9,820,171	-75,046	312,503	-387,549
부산	3,662,884	3,523,582	-139,302	63,795	-203,097
대구	2,480,578	2,464,547	-16,031	49,176	-65,207
인천	2,475,139	2,531,280	56,141	61,335	-5,194
광주	1,352,797	1,417,716	64,919	80,853	-15,934
대전	1,368,207	1,442,856	74,649	47,602	27,047
울산	1,014,428	1,049,177	34,749	22,892	11,857
경기도	8,984,134	10,415,399	1,431,265	285,158	1,146,107
강원도	1,487,011	1,464,559	-22,452	35,720	-58,172
충청북도	1,437,334	1,431,681	-5,653	26,634	-32,287
충청남도	1,818,199	1,857,796	39,597	25,276	14,321
전라북도	1,890,669	1,784,013	-106,656	30,475	-137,131
전라남도	1,996,456	1,819,819	-176,637	-5,699	-170,938
경상북도	2,724,931	2,607,641	-117,290	10,564	-127,854
경상남도	2,978,502	3,056,356	77,854	71,828	6,026
제주도	513,260	531,887	18,627	21,054	-2,427

자료: 인구이동통계 (2001~2005년), 인구주택총조사(2000·2005년)

그림 Ⅲ-9. 인구의 자연적 증감과 사회적 증감(2001-2005년)

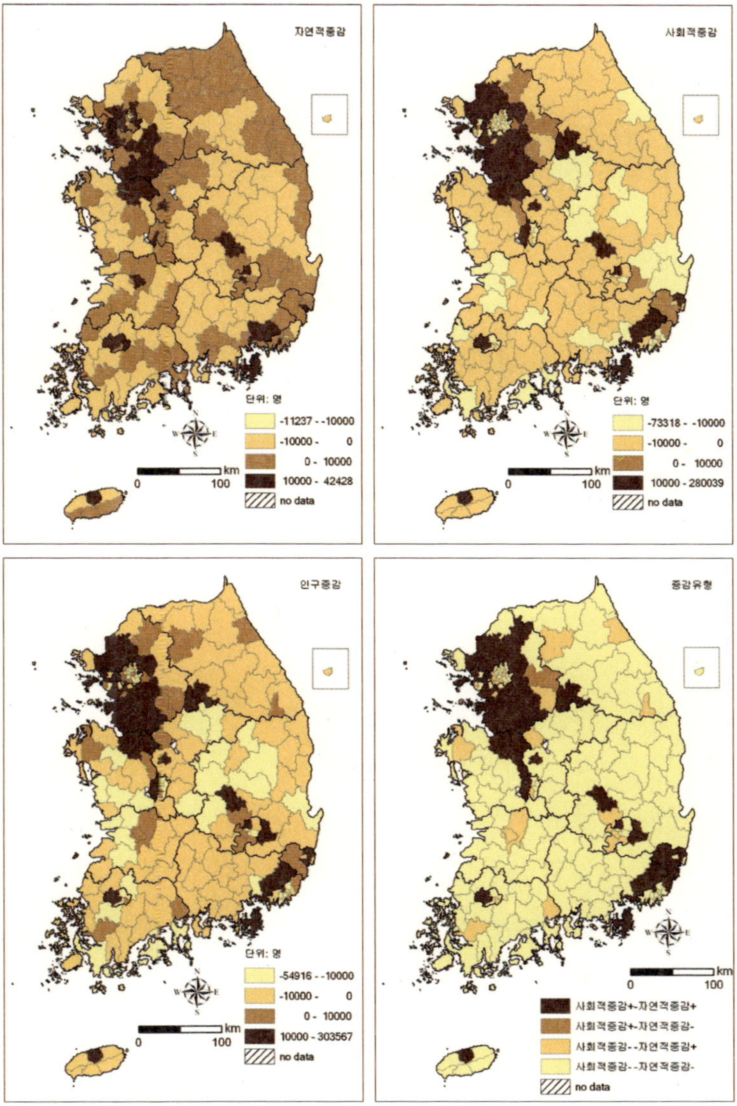

자료: 인구이동통계(2001–2005년), 인구주택총조사(2000 · 2005년)

그림 Ⅲ-10. 시 · 군 · 구별 순이동과 인구 변화(2001-2005년)

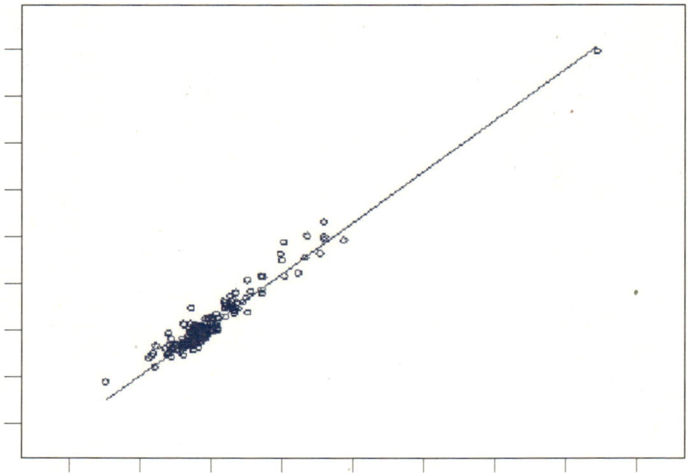

자료: 인구이동통계(2001-2005년), 인구주택총조사(2000 · 2005년)

3. 고령화 사회의 등장과 인구이동의 변화

전체 인구 중 65세 이상 인구가 차지하는 비중에 따라 고령화 사회(7% 이상), 고령 사회(14% 이상), 초고령 사회(20% 이상)로 구분하는데, 우리나라의 경우 65세 이상 인구가 차지하는 비중이 1985년 4.3%에서 2005년 9.3%로 20년 사이 2배 이상 증가하여 고령화 사회로 진입하게 되었다. 현재 우리나라의 고령화 정도가 OECD국가 내 다른 국가들과 비교했을 때 심각한 수준은 아니지만 향후 30년 간 인구 고령화의 급속한 진전이 예상된다[표 Ⅲ-17].

표 Ⅲ-17. 인구구조 고령화 국제비교 (단위: 년)

	도달연도			소요연수	
	7%	14%	20%	7%→14%	14%→20%
한국	2000	2019	2026	19	7
일본	1970	1994	2006	24	12
프랑스	1864	1979	2020	115	41
미국	1942	2013	2028	71	15

출처: 통계청, 2001, 장래인구추계

출처: UN, 1999, The Sex and Age Distribution of World Population

우리나라와 서울의 연령별 인구구조 변화를 파악하기 위해 1985년과 2005년의 인구피라미드를 비교한 결과는 다음과 같다[그림 Ⅲ-11, 그림 Ⅲ-12, 그림 Ⅲ-13, 그림 Ⅲ-14]. 1980년대 후반 이후 인구성장률이 둔화되고 출산율이 감소되면서 지난 20년 동안 인구피라미드의 유형이 상당히 변화되었음을 알 수 있다. 노년인구가 증가하고 유소년인구가 감소함에 따라 2005년의 인구피라미드는 항아리와 유사한 모양을 보이고 있다. 향후 우리나라의 지역별 인구분포에 노인 인구가 미치는 영향력은 더욱 커질 것으로 예상된다. 서울의 인구피라미드는 전국의 인구피라미드와 전반적으로 유사하지만 20·30대 인구 비율이 다소 높은 것으로 나타나고 있다.

그림 III -11. 우리나라의 인구피라미드(1985년)

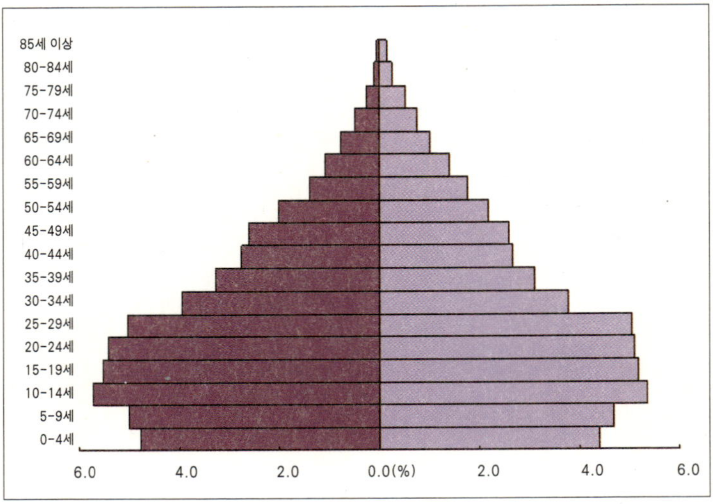

자료: 인구주택총조사(1985년)

그림 III -12. 서울의 인구피라미드(1985년)

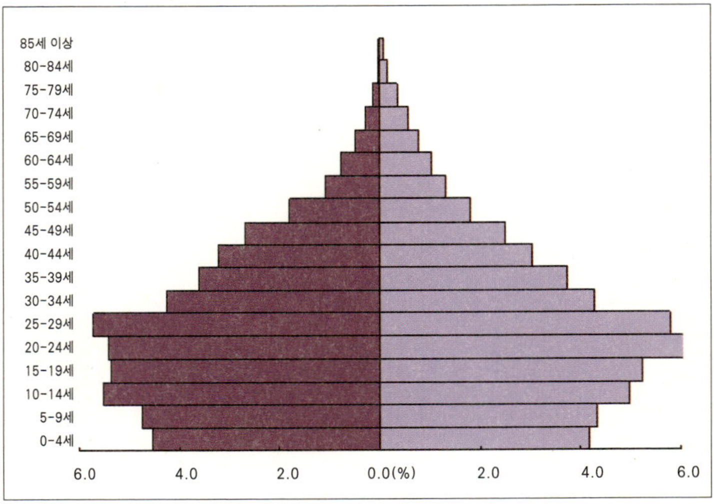

자료: 인구주택총조사(1985년)

그림 III-13. 우리나라의 인구피라미드(2005년)

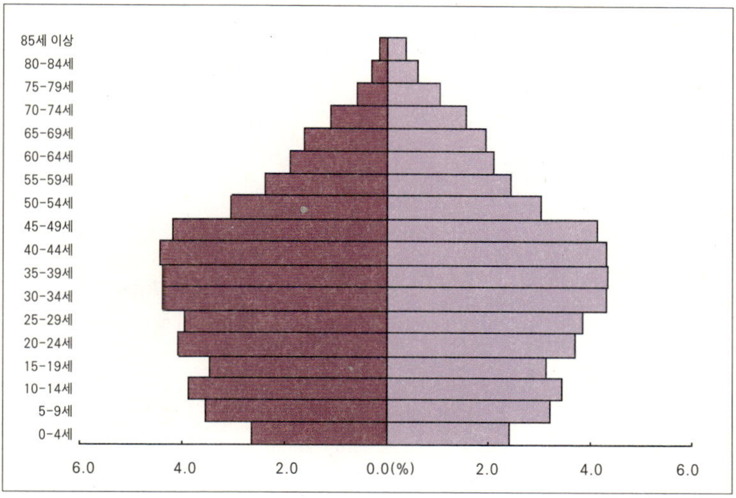

자료: 인구주택총조사(2005년)

그림 III-14. 서울의 인구피라미드(2005년)

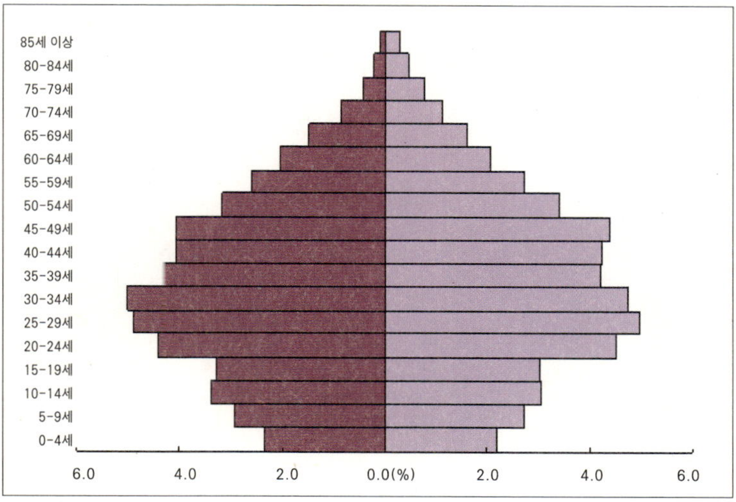

자료: 인구주택총조사(2005년)

그림 III-15. 시 · 군 · 구별 노년인구 비율(2005년)

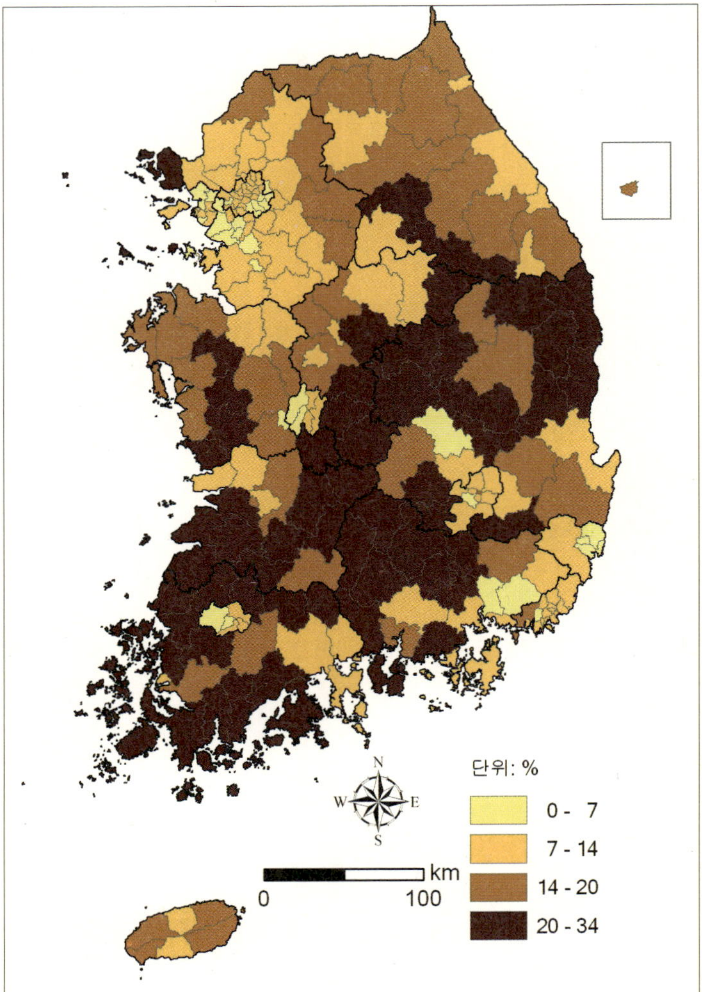

자료: 인구주택총조사(2005년)

고령화 사회의 진행 정도를 시 · 군 · 구별로 살펴본 결과는 다음과 같다[그림 III-15]. 65세 이상 노년인구의 비율이 지역에 따라 많은 차이를 보이는 다른 나라와 마찬가지로(Champion, 1992), 우리나라의 노년인구 비율도 지역별로 큰 차이를 보이고 있다. 노년인구 비율 상위 · 하위 각 10개 시 · 군 · 구의 노년인구 비율은 다음과 같다[표 Ⅲ-18]. 노년인구 비율이 20%가 넘어, 초고령 사회로 진입한 지역이 상당수인 것으로 나타나고 있으며, 대도시와 인근 지역을 중심으로 노년인구 비율이 7% 미만으로 적은 지역들이 나타나고 있다.

노년인구 비율 상위 10개 시 · 군 · 구는 전북 임실군(34.1%), 경북 의성군(33.5%), 경남 의령군(33.0%), 경남 합천군(32.7%), 전남 고흥군(32.4%), 경북 군위군(32.2%), 전남 보성군(32.1%), 전북 순창군(32.1%), 경북 예천군(31.6%), 경남 남해군(31.5%)으로 노년인구 비율이 30%를 상회하고 있다. 전라남 · 북도와 경상남 · 북도의 군지역을 중심으로 노년인구 비율이 높음을 알 수 있다.

노년인구 비율이 낮은 지역이 공간적 군집을 형성하고 있는데, 서초구 · 강남구 · 송파구 · 강동구 · 중랑구 · 광진구 · 구리와 안산 · 수원 · 오산 · 군포 · 안양 · 시흥 · 부천, 대전 서구 · 유성구 · 논산시, 창원 · 김해 등이 뚜렷이 구별되는 군집이다. 박재길 외(2002)의 연구에 의하면, 도시민들이 이도향촌 이동을 희망하는 이유 중에서는 자연환경요인과 주택요인의 비중이 높게 나타나는데, 주택 가격이 높은 서울 자치구들의 노년인구 비율이 낮은 것은 비싼 집값이 노년인구의 분포에 영향을 미치고 있음을 시사한다.

표 Ⅲ-18. 노년인구 비율 상위 · 하위 각 10개 시 · 군 · 구 (단위: %)

상위 시 · 군 · 구		하위시 · 군 · 구	
지역	비율	지역	비율
전라북도임실군	34.1	울산동구	3.8
경상북도의성군	33.5	울산남구	4.3
경상남도의령군	33.0	경상남도창원시	4.5
경상남도합천군	32.7	울산북구	4.6
전라남도고흥군	32.4	경기도시흥시	5.0
경상북도군위군	32.2	경기도오산시	5.0
전라남도보성군	32.1	경기도안산시	5.2
전라북도순창군	32.1	인천계양구	5.3
경상북도예천군	31.6	인천연수구	5.5
경상남도남해군	31.5	경상북도구미시	5.5

자료: 인구주택총조사(2005년)

도시-농촌 간 인구이동의 선별성(selectivity)은 연령대별 인구이동을 살펴봄으로써 알 수 있는데, 2005년을 사례로 연령대별로 순이동 규모를 살펴본 결과는 다음과 같다[표 Ⅲ-19]. 20대 인구가 전체 순이동의 방향을 결정하는 절대적인 영향력을 보이고 있으며, 60대 인구는 다른 연령대의 인구이동과 뚜렷하게 구분되는 경향을 보이고 있다. 서울(8,685명)과 경기도(2,590명)의 전출 초과 규모가 가장 큰 것으로 나타나고 있는데, 특히 60대 인구를 제외한 전 연령대에서 전입 초과 규모가 큰 경기도에서 60대 인구에서 전출 초과가 발생하고 있는 것은 주목할 만한 현상이다. 각 연령대의 순이동을 시 · 군 · 구별로 살펴본 결과는 다음과 같다[그림 Ⅲ-16]. 60대 인구의 경우 다른 연령대와 달리 수도권 집중 현상이 뚜렷하게 나타나지 않는데, 강원 · 대전 · 충북 · 충남 등 서울에서 가까운 지역이 대체로 순이동이 양

(+)으로 나타나고 있으며, 용인시과 남양주시의 순이동 규모가 가장 크다.

표 Ⅲ-19. 연령대별 순이동 규모(2005년) (단위: 명)

시도	전체	10대	20대	30대	40대	50대	60대
서울	-51,007	6,711	16,839	-30,595	-7,010	-11,533	-8,685
부산	-36,975	-1,271	-15,515	-7,292	-3,937	-3,732	715
대구	-24,950	-1,623	-9,304	-4,300	-3,597	-3,032	-192
인천	10,965	214	3,781	3,106	-354	-14	144
광주	-7,333	-420	-4,765	-267	-1,934	-1,049	383
대전	3,210	562	1,262	908	-564	-823	9,708
울산	-392	-949	400	336	-640	-52	101
경기도	168,851	7,902	69,440	37,329	11,247	11,588	-2,509
강원도	-11,473	-1,824	-7,655	-1,179	-390	588	-1,572
충청북도	-4,708	-439	-5,365	-299	481	938	315
충청남도	4,999	-591	-5,871	4,415	3,117	2,498	879
전라북도	-24,477	-2,745	-14,253	-3,033	-977	-287	-663
전라남도	-20,007	-2,834	-14,094	-1,311	821	582	-416
경상북도	-11,517	-1,603	-8,813	-2,099	1,473	2,118	629
경상남도	5,619	-743	-5,078	4,061	2,139	2,111	1,083
제주도	-805	-347	-1,009	220	125	99	80

자료: 인구이동통계(2005년)

그림 Ⅲ-16. 연령대별 순이동(2005년)

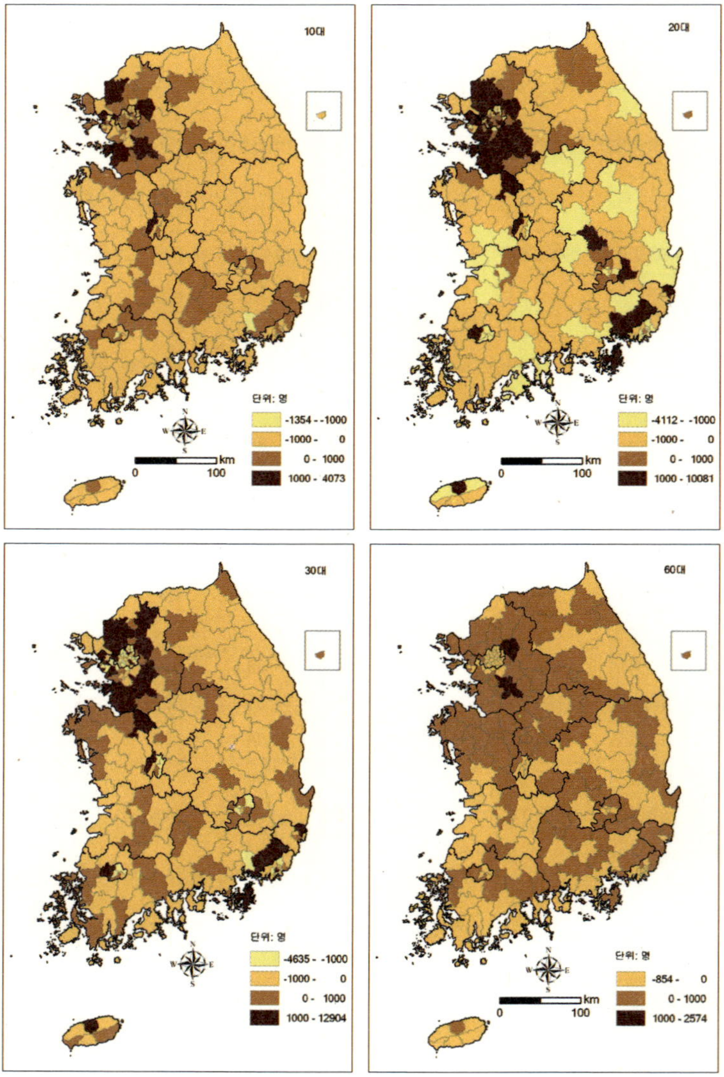

출처: 인구이동통계(2005년)

그림 Ⅲ-17. 연령대별 시 · 군간 인구이동(2003년)

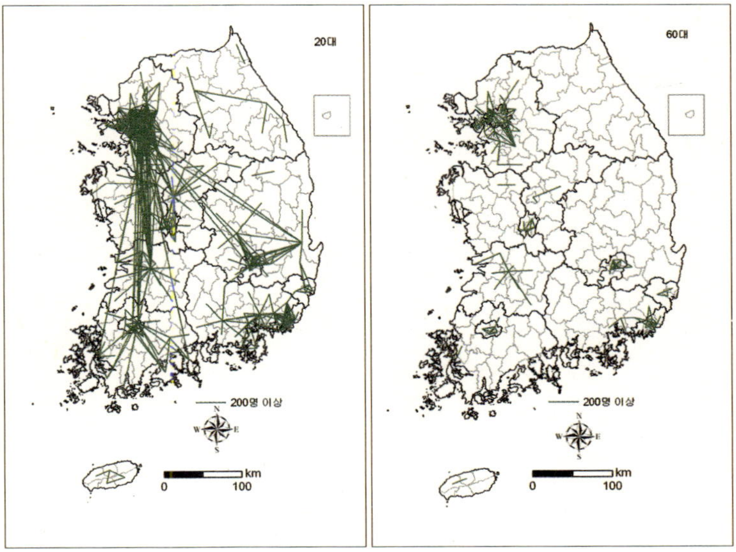

자료: 인구이동통계(2003년)

20대와 60대 인구의 시 · 군 · 구간 인구이동은 다음과 같으며[그림 Ⅲ-17], 주요 대도시별 60대 인구의 시 · 군 · 구간 인구이동 흐름을 살펴본 결과는 다음과 같다[그림 Ⅲ-18]. 다른 지역에 비해 서울을 중심으로 고령인구의 인구이동이 활발한 것으로 나타나고 있다. 서울, 부산, 청주, 전주 등의 지역에서는 60세 이상의 고령 인구가 주변 지역으로 순전출하는 흐름이 관찰되고 있다.

그림 Ⅲ-18. 60대 이상 인구이동(2003년)

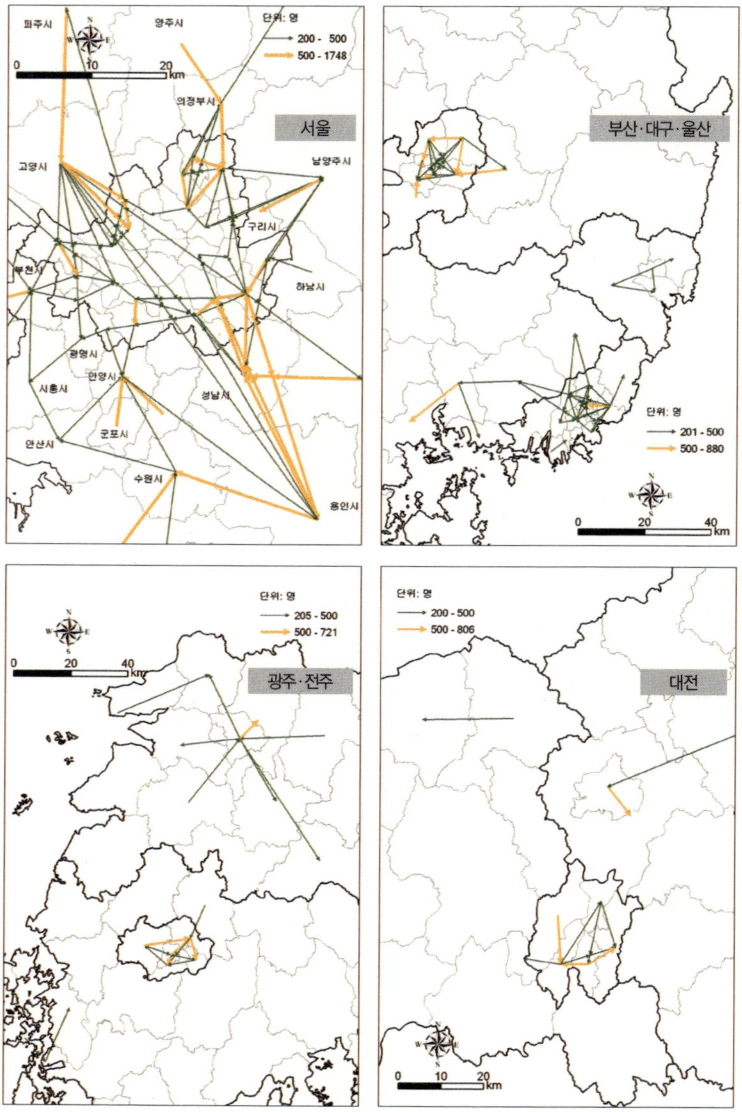

자료: 인구이동통계(2003년)

참고문헌

김형국, 1996, 『국토개발의 이론연구』, 박영사.

구동회, 1998, 대도시 주민의 전원지형 이주과정과 생활양식: 수도권 전원주택을 중심으로, 서울대학교 박사학위논문.

농촌진흥청, 2007, 『실버농업 모델 개발 및 적용방안 연구』.

박영한 · 조영국, 2002, 산업화 · 탈산업화가 농촌 공간을 어떻게 변화시키는가?, 박삼옥 외, 『지식정보사회의 지리학 탐색』, 한울, 147-174.

박재길, 2002, 『도 · 농 통합형 정주기반 구축과 농촌의 계획적 정비』, 국토연구원.

임형백 · 이성우, 2004, 『농촌 사회의 환경과 기능』, 서울대학교출판부.

통계청, 인구이동통계, 각연도.

통계청, 인구주택총조사, 각연도.

Champion, A. G. (ed.), 1989, *Counterurbanization: the Changing Pace of Population Deconcentraion*, Edward Arnold, London and New York.

Champion, A. G., 1992, Urban and regional demographic trends in the developed world, *Urban Studies*, 29(3), 461-482.

Champion, T., 2002, *The Containment of Urban Britain Retrospect and Prospect*, Franco Angelo, Milano.

Frey, W., 1993, The new urban revival in the United States, *Urban Studies*, 30(4), 741-774.

Fuguitt, G. and Beale, C., 1996, Recent trends in nonmetropolitan migration: towards a new turnaround?, *Growth and Change*, 27, 156-174.

Long, L. and Deare, D., 1988, US population redistribution: a perspective on the nonmetropolitan turnaround, *Population and Development Review*, 14(3), 433-450.

Murdoch, J., 1995, Middle-class territory? Some remarks on the use of class analysis in rural studies, *Environment and Planning A*, 27, 1213-1230.

Mitchell, C. J. A., 2004, Making sense of counterurbanization, *Journal of Rural Studies*, 20, 15-34.

Roseman, C. C., Sofranko, A. and Williams, J. (eds.), 1981, *Poulation Redistribution in the Midwest*, North Central Regional Center for Rural Development.

4장. 우리나라 도시-농촌 간 교육 환경의 격차[9]

1. 서론

삶의 많은 부분은 거주 지역 안에서 이루어지며 이러한 삶의 공간성은 희소자원이 공간적으로 불균등하게 분포할 때 더 큰 사회적 의미를 갖게 된다. 우리나라에서는 학생들의 학교 배정이 대부분 거주지를 중심으로 특정 지역 안에서 이루어지고 있기 때문에 지역에 어떤 학교가 있으며, 그 학교가 어떤 교육을 제공하고 있느냐와 같은 교육환경은 매우 중요하다. 실질적인 의미에서 공교육 환경은 혜택의 범위가 상대적으로 좁아 개인의 편익을 위해 제공되는, 타인에 대한 배제가 가능하고 개인적으로 이용되는 사유재의 성격을 띠기 때문에 교육 서비스의 공급에는 사회적 형평성이 중요하게 고려되어야 한다(우종현, 2002).

1990년대 말 IMF경제위기 이후 사회경제적 양극화 심화와 함께 교육불평등에 대한 관심이 고조되고 있다. 이에 따라 교육복지 우선투자지역사업, 대학입학시 기회균등할당제의 도입, 방과후학교 확대 등 교육불평등 완화를 위한 다양한 정책이 제시되고 있다. 이러한 정책이 성공적으로 수행되기 위해서는 정책 근거와 사회적 합의가 필수적이지만, 이의 토대가 되는 교육불평등에 대한 실태 분석은 거의

---

[9] 본 장의 출처는 최은영, 2007, 지역특성별 학교 간 교육환경의 격차, 『공간과 사회』, 27, 150-171임.

이루어지지 않았다. 현실에 대한 분석에 기반을 두지 않고 불평등 완화를 위한 정책이 입안 · 집행되는 것은 여러 가지 문제를 야기할 것으로 판단된다. 미국의 사회적 약자 보호를 위한 특별조치인 '소외자 우대정책(affirmative action)'은 교육불평등에 대한 국가적인 실태조사인 '교육 기회의 평등에 대한 조사(Equality of Educational Opportunity Survey: EEOS)'에 근거하고 있다(전일균, 2004).

교육 기회가 확대되면서 교육의 과정에 있어서의 평등이 강조되고 있지만(한국교육개발원, 2006), 교육 과정이 구현되는 무대인 학교 현장에 대한 실증적인 연구는 거의 없다. 특히 사회경제적 특성이 다른 지역에 위치해 있는 학교 간 교육 환경을 비교한 연구는 더욱 부족하다. 교육의 과정에 있어서의 평등은 학교 간 교육 환경의 차를 실질적인 의미에서 감소시키는 것을 의미하는데, 이의 실현을 위해서는 우선 현재의 학교 간 교육 환경의 차에 대한 분석이 선행되어야 할 것이다. 이 분야의 연구가 미진한 이유 중 하나는 사회가 가진 자원의 분배와 직접적으로 관련되는 교육의 과정이 합리적인 원칙에 의해 이루어지고 있어, 지역 특성이 학교의 교육여건에 영향을 미치지 않을 것이라는 통념 속에 존재하는 확인되지 않은 가정과 관련된다. 하지만 지방자치제 도입 이후 기초자치단체별 재정 상황의 격차가 교육에 대한 재정 투자에 영향을 미치고, 지역의 사회경제적 특성이 교육 환경에 영향을 미침으로써 교육불평등이 심화되고 있을 가능성이 커지고 있다.

이에 본 장에서는 공립 초등학교를 대상으로 학교 간 교육 환경의 차를 분석하고자 하는데, 이를 학교의 분포와 접근성에 있어서의 사회적 형평성(social equity)과 교육의 과정 측면에서 살펴보고자 한다.

자동차와 사회적 안전문제 때문에 아이들이 안전하게 등하교 할 수 있는 학교 환경은 중요한데, 특히 학생들이 어린 초등학교의 입지는 지역의 교육 환경을 형성하는 중요한 요소가 된다. 부모의 사회경제적 지위가 낮은 아이들의 학교에 대한 접근성이 떨어질 경우 사회적 형평성의 문제가 야기되는데, 여기에서는 도시와 농촌 지역 사례 초등학교의 통학 여건 실태를 비교 · 분석하도록 한다. 1980년대 이후 한국의 산간 농촌 지역에서는 취학아동의 감소로 초등학교가 분교로 되거나 아예 폐교되는 사례가 속출하였으며, 현재도 분교로의 전환, 혹은 폐교가 이어지고 있다. 많은 농촌 지역사회에서 학교는 공동체적 삶의 핵심으로 단순한 교육시설 그 이상의 의미를 갖는다. 학교에서 형성된 우정은 농촌 공동체에 수십 년 동안의 사회적 네트워크를 형성할 수 있다. 학교의 강당은 공동체의 모임 장소로 사용된다. 더욱이 학교가 있고 없고 한 것은 새로운 이주자를 지역사회로 끌어들이는데 영향을 미친다. 학교에 다니는 아이를 가진 가족은 학교가 없는 마을로 이사하려 하지 않는다. 그리고 이렇게 되면 지역사회의 고령화는 더욱 촉진된다. 따라서 폐교가 강한 저항에 부딪히는 것은 당연한 일이다. 모르몬트(Mormont, 1987)가 관찰했던 것처럼 지역사회의 학교는 지역 자치의 상징이다.

교육의 과정은 학습 활동의 기반이 되는 물리적 시설과 재정적 여건, 인적 요소에 의해 이루어지는데, 좋은 학교 교육 환경이 학생들의 유의미한 학습을 보장하는 필요충분조건은 아니지만 중요한 필요조건이다. 사례 학교에 대한 실증 분석을 통해 사회경제적 특성이 다른 학생들이 얼마나 다른 학교에 다니고 있는지를 비교해보고자 한다.

본 장의 주된 연구 방법은 자료 분석과 사례 학교에 대한 방문 조사를 통한 심층 면담이다. 자료는 주로 한국교육개발원의 교육통계 데이터베이스와 통계청의 통계 자료를 분석하였으며, 2006년 11월 16일-28일에 학교를 방문하여 교사 면담, 학교 시설 견학, 통학 여건 조사를 실시하였다. 사례 초등학교는 서울과 충청북도의 4개 초등학교로, 서울의 사례 초등학교는 대도시내의 교육 환경 격차 분석을 위해, 충청북도의 사례 초등학교는 지방 중소도시와 농촌 지역 교육 환경 격차 분석을 위해 선정되었다. 사례 학교는 서울 강남구 일원본동, 서울 광진구 자양3동, 충북 보은군 마로면, 충북 청주시 성안동에 소재하고 있다.

2. 사례 지역의 특성

사례 초등학교가 위치해 있는 지역의 특성을 재정자립도와 거주민의 학력, 학령 인구의 이동을 통해 살펴본 결과는 다음과 같다[표 Ⅲ-20]. 재정자립도는 강남구가 가장 높고 보은군이 낮았으며, 광진구와 청주시는 전국에서 중간 정도이다. 부모 세대 인구(30-59세)의 고학력자 비율은 강남구가 61.1%로 가장 높았고, 광진구, 청주시, 보은군의 순으로 높았다.

지역의 교육 환경 및 교육 환경에 대한 학부모의 선호도를 반영하는 지표인 학령인구의 순이동(net migration)은 지역별로 큰 차이를 보이고 있다. 강남구의 경우 초등학교 고학년 연령대(10-12세)의 순이동 1,993명, 중학교 연령대(13-15세)의 순이동 1,340명으로 다른 지역에 비해 학령인구의 순전입 규모가 크다. 청주시의 순전입 규모도 상대적으로 큰데, 인근에 있는 군지역에서 학령인구가 유입되고 있기 때문이다. 이에 반해 보은군의 사례 초등학교는 학령인구의 유출이 이루어지고 있다.

강남구의 사례 초등학교가 위치해 있는 행정동인 일원본동은 강남구에서도 아파트 가격이 비싸고 고학력인구 비율이 높은 지역이며, 광진구의 사례 초등학교가 위치해 있는 자양3동은 아파트 가격과 고학력인구 비율이 광진구의 평균과 유사한 지역이다. 보은군의 사례 초등학교는 보은과 경상북도 상주의 경계인 마로면에 위치하고 있으며 속리산에 인접해 있다. 주민의 대부분이 농업과 축산업에 종사하고 있으며, 이농 현상의 심화로 인구가 지속적으로 감소하였으나 최근 정체 현상을 보이고 있다. 청주시의 사례 초등학교는 구도심 지역인 성안동에 위치하고 있는데, 이곳은 인구가 빠져나가고 있는 저소득층 밀집 거주지역이다.

표 Ⅲ-20. 사례 지역의 특성 (단위: 명, %)

구분	재정 자립도	부모세대(30-59세) 고학력자비율	초등생(10-12세) 순이동자수	중학생(13-15세) 순이동자수
강남구	89.9	61.1	1,993	1,340
광진구	41.6	30.5	6	59
보은군	9.8	7.9	-69	-62
청주시	55.1	25.6	489	240

주: 재정자립도(2005년), 순이동자수(2003년)

3. 통학 여건 격차

외국에서는 탈렌(Talen, 2001)의 연구와 같은 학교의 분포와 접근성에 관한 연구가 공간분석과 GIS(Geographical Information System) 분야에서 많아지고 있지만 우리나라에서는 소수의 연구(서태열, 1987; Kim, 2001; 최은영, 2004)를 제외하면 거의 행해지지 않았다. 그러나 '집에서 가까우면서 안전하게 등 · 하교할 수 있는 학교'는 교육 환경의 가장 기본적인 요소로 특히 초등학교에 대한 접근성은 근거리라는 측면에서 중요할 뿐 아니라 큰 길을 건너다니지 않을 수 있는 위치에 있는 것 역시 중요하다. 접근성과 안전성의 문제는 통학거리, 통학시 큰 도로를 횡단하는지의 여부 및 횡단 횟수, 학교 앞 통학로의 보도폭과 길이 등과 관련되는데, 사례 초등학교의 통학 여건을 살펴본 결과는 다음과 같다.

(1) 도시 지역 초등학교 통학 여건의 격차: 강남구 · 광진구 · 청주시

우선 강남구와 광진구의 초등학교와 도로망의 분포를 살펴본 결과는 다음과 같다[그림 Ⅲ-19]. 강남구의 초등학교들은 아파트 단지에 둘러싸여 있어 학생들이 큰 도로를 건너 통학해야 하는 경우가 많지 않다. 강남구 사례 초등학교의 경우 전교생 중 몇 명을 제외한 대부분의 학생들이 인근 아파트에 거주하고 있는데, 이 아파트들은 학교에서 직선거리 1km이내에 위치하고 있다[그림 Ⅲ-20]. 사례 초등학교의 정문 앞은 2차선 도로이며, 인도와 보도가 분리되어 있고 보도의 폭이 넓은 쾌적한 통학로가 만들어져 있다[그림 Ⅲ-21]. 강남구에 있는 통학로의 경우 대부분 보도의 폭이 넓어 학생들이 많은 등하교 시간에도 크게 붐비지 않는다(박다미, 2005). 인구주택총조사의 초등학교 재학생수와 초등학교 입지를 동별로 비교해 보면 강남구의 초등학생수 대비 초등학교의 분포에 견주어 볼 때 초등학교가 있어야 하는 광진구의 능동(590명), 노유1동(864명), 노유2동(1,181명), 중곡1동(1,250명)에는 초등학교가 없다(괄호 안의 숫자는 인구주택총조사(2000년)의 사례 초등학교 초등학생 재학자수이다).

그림 III-19. 강남구와 광진구의 초등학교와 도로망

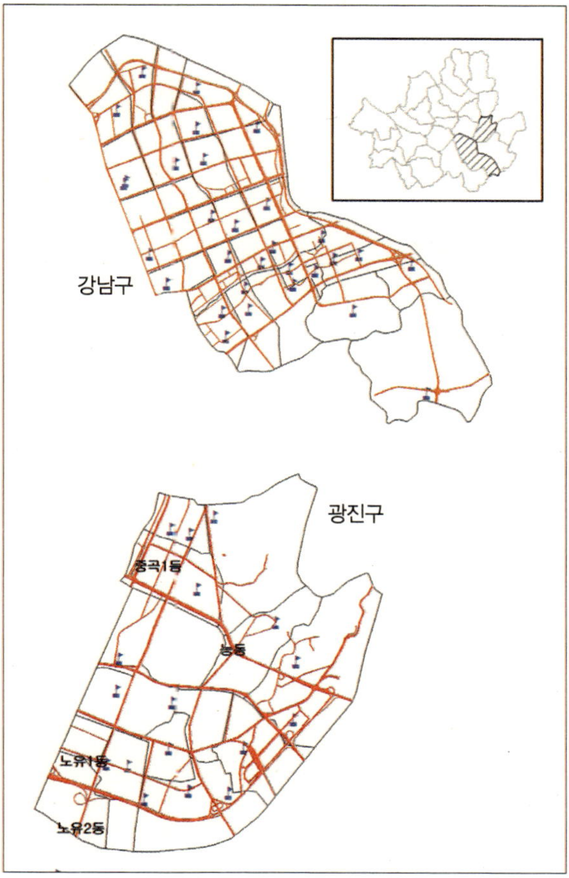

이로 인해 광진구에서는 수천 명의 어린이들이 아침마다 큰 길을 건너 학교에 등교하고 학교가 끝나면 또다시 큰 길을 건너서 하교해야 하는 상황이 발생하고 있다. 초등학교가 없는 노유1동, 노유2동의 학생들은 지하철 7호선의 지상철 구간을 횡단하여 학교를 다니고 있다[그림 Ⅲ-22]. 강남구 주택가 도로의 경우 대부분 차도와 인도가 분리되어 있는 반면, 광진구 주택가 도로의 경우 대부분 협소한 도로를 자동차와 아이들이 같이 이용하고 있는 실정이다. 광진구 사례 초등학교의 학교 정문 앞은 4차선 도로이며, 인도와 보도가 분리되어 있는 통학로는 학교 근처에만 제한되어 있다[그림 Ⅲ-23]. 김영철(2003)은 학생 수요에 비해 학교가 부족한 서울 강북의 인구 밀집 지역에 각급 학교들을 적정 수준으로 추가 설치하는 것이 필요하다고 주장하고 있는데, 강남구와 광진구 초등학교의 통학 여건을 비교한 결과 초등학교의 추가 설치와 함께 보도 여건 등의 정비가 시급한 것으로 나타났다.

그림 Ⅲ-20. 강남구 사례 초등학교의 통학 지역

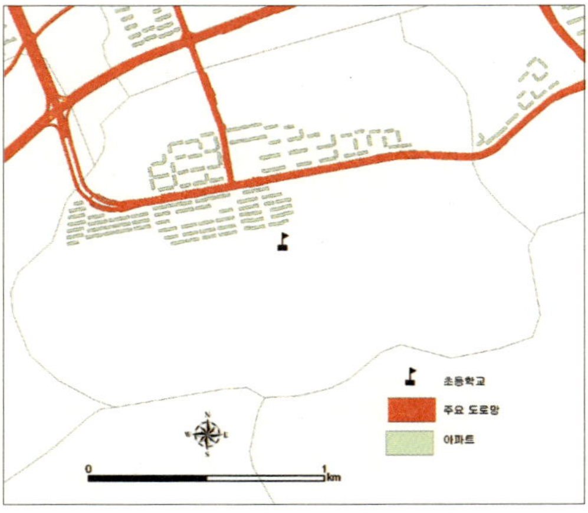

그림 Ⅲ-21. 강남구 사례 초등학교의 통학로

그림 Ⅲ-22. 4차선 도로를 건너는 광진구 사례 초등학교의 통학로

그림 Ⅲ-23. 광진구 사례 초등학교의 통학로

청주시 사례 초등학교의 경우는 통학 여건이 광진구와 유사했는데, 차도와 인도가 분리된 통학로는 거의 학교 담이 끝나는 지점에서 끝나고 있었다. 이 짧고 좁은 통학로는 학생들에게 외면받고 있었으며, 학생들은 차와 함께 도로를 통학로로 이용하고 있었다.

(2) 폐교에 따른 농촌 지역 초등학교의 통학 여건: 보은군

보은군의 사례 초등학교에서는 주변 3개교(적암 · 기대 · 소여 분교)의 폐교 이후 2대의 버스에 의해 학생들이 통학하고 있었다. 지역별 통학 학생 수는 전체 91명 중 갈평리 4명 · 관기리 40명 · 기대리 6명 · 불목리 3명 · 소여리 7명 · 송현리 7명 · 수문리 11명 · 오천리 4명 · 임곡리 4명 · 적암리 5명이다[그림 Ⅲ-24]. 이 중 관기리와 수문리의 일부 학생들은 도보로 통학하고 있으며, 1번 버스로 16명, 2번 버스로 29명이 통학하고 있다. 버스는 아침에 1회, 방과 후 2회, 1일 총 3회가 운행되고 있었다.

그림 Ⅲ-24. 보은군 사례 초등학교의 지역별 통학 학생수

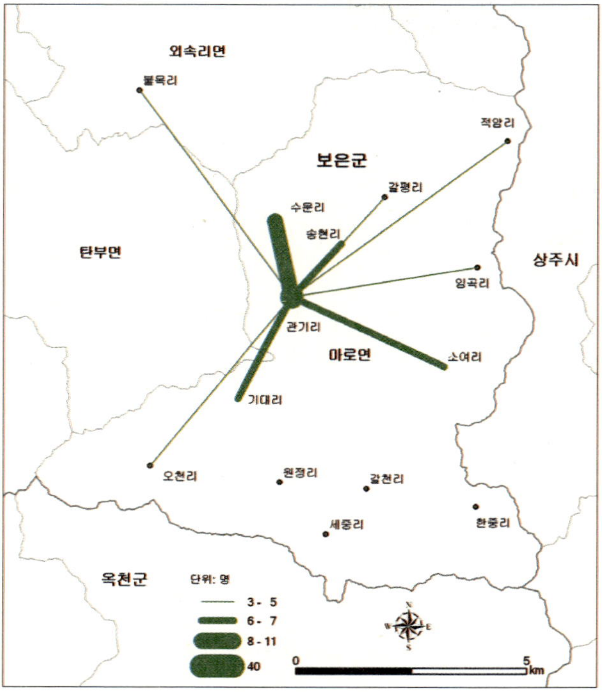

폐교로 인한 버스 통학이 교육 환경에 미치는 영향은 다음과 같다. 첫째, 학생들의 통학 거리 및 통학 시간의 증가이다. 보은군 통학버스의 노선 및 운행 거리를 살펴본 결과는 다음과 같다. 통학 시간이 많이 걸리는 학생의 경우 편도에 40분 정도가 소요되는데 편도거리가 1번 버스는 25km, 2번 버스는 24km이다. 산이 많은 지역이라 지도상의 직선거리와 실제거리가 많은 차이를 보이고 있다[그림 Ⅲ-25]. 둘째는 수업결손 및 교육활동의 제한이다. 토요일에는 버스가 11시 40분에 학교에서 출발해서 12시 40분에 운행을 마치기 때문에 4교시 수업이 이루어지지 못하고 3교시 수업만 이루어지는 것이 보통이다. 평일에도 버스 운행시간을 맞추어야 하기 때문에 학습부진아에 대한 보충 학습을 시킬 시간이 없는 등 교육활동에 제한이 따르고 있다. 더욱이 버스 운행시간을 맞추지 못하는 경우 교사가 학생을 집에까지 차로 데려다줘야 하는 수고를 감수해야 한다. 버스 운행시간과 관련하여 교사들과 기사들 사이에 갈등이 존재하는 경우도 있다고 한다. 셋째는 학교 시설의 활용도 감소이다. 버스 운행시간 이후 학교는 학생들이 없는 빈공간이 되기 때문에 오후 4시 이전임에도 불구하고 텅 빈 운동장과 도서실이 관찰된다[그림 Ⅲ-26].

폐교가 단순히 교육 환경의 악화로만 그치는 것이 아닌 악순환 구조를 갖는다는 점은 여러 연구(임석회, 2003; 정철모, 2003)에서 공통적으로 지적되고 있다. 폐교는 교육 환경을 악화시키고, 교육 환경의 악화는 그것에 불만을 품은 지역주민의 유출을 가져오고, 다시 인구감소는 교육시설에 대한 수요기반을 약화시키고, 수요가 줄어든 교육시설은 입지 효율성이 떨어지게 되어 또 다시 학교를 축소하거나 폐쇄시키는 과정이 계속 발생하는 것이다(임석회, 2003). 농촌 지역 초등학교의 통학 여건을 살펴본 결과 폐교에 따른 통학 여건의 악화가 심각한 것으로 나타나고 있다. 어린 학생이 하루에 수십km를 왕복하게 되는 문제는 물론, 통학거리 및 통학시간의 증가에 따라 학생들의 학습권을 침해하는 여러가지 부수적인 문제들이 발생하고 있다. 정부 민간 합동작업단(2006)의 '함께하는 희망한국 Vision 2030'에는 '소외계층 교육복지 강화'와 '소규모 학교 구조조정'이라는 두 목표가 동시에 제시되고 있는데, 폐교로 인한 농촌 지역 학생들의 통학 여건 악

그림 III-25. 보은군 통학 버스의 노선 및 운행 거리

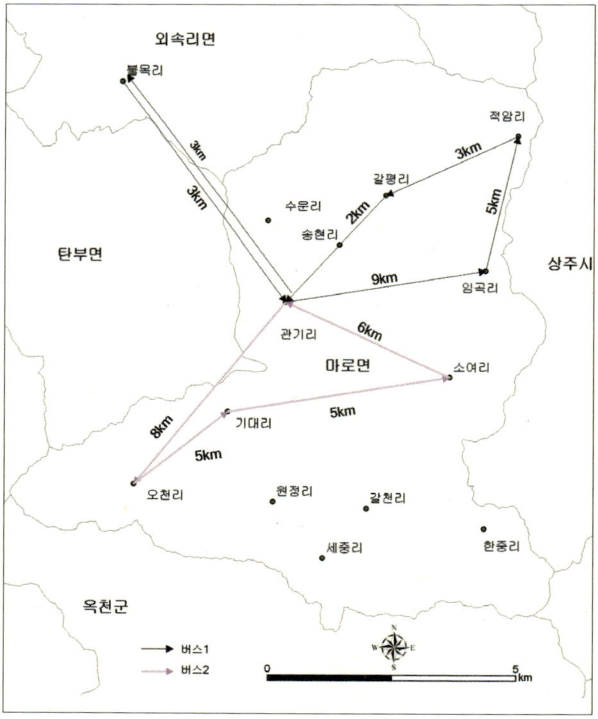

화와 학습권 침해가 심각하다는 점에서 이 두 목표는 양립불가능하다고 판단된다.

4. 교육의 과정의 격차

(1) 재정 및 시설 여건

개별 학교의 재정여건은 지자체의 교육경비 보조금에 의해 많은 차이를 보이고 있는데(한국교육개발원, 2006), 특별교실과 시설이 학교별로 많은 차이를 보이고 있었다[표 Ⅲ-21]. 학교별 재정 및 시설 여건은 저소득층 밀집 지역에 위치해 있는 청주시 사례 초등학교가 가장 열악하고, 강남구 사례 초등학교가 가장 우수한 것으로 파악되었다.

강남구의 사례 초등학교를 제외한 대부분의 사례 초등학교에서는 교육재정 감소와 함께 전기 · 수도요금 등에 대한 압박이 커져 조도를 낮추고 난방을 줄이고 있었다. 종이도 아껴쓰라는 방침으로 인해 학생들에게 나누어 주는 학습지가 제한을 받는 경우도 있었다. 강

그림 Ⅲ-26. 통학 버스 운행 이후 텅 빈 보은군 사례 초등학교 교정

남구 사례 초등학교의 경우 강남구에서 냉난방시설설비, 컴퓨터실설비, 전자도서관, 원어민교사(정규 1명 방과후 2명)를 지원하고 있었다. 이 학교 전자도서관의 경우 강남구에서 시설비와 인건비(정규 사서 2명, 아르바이트 2명)를 지원하고 있어, 도서관이 저녁 9시까지 운영되고 있었으며, 매년 1,000만원 이상이 장서 구입비로 책정되고 있어 연간 1,600여 권의 장서를 구입하고 있었다.

우리나라의 기후 특성상 난방시설이 없는 학교는 없었지만 냉방시설의 유무 및 그 운영 실태는 학교별로 많은 차이를 보이고 있었다. 특별교실이나 교무실에는 대부분 에어컨이 설치되어 있는 반면, 교실에는 선풍기가 설치되어 있는 학교와 에어컨이 설치되어 있는 학교로 나뉘었다. 교실 전체에 냉방시설이 되어 있는 곳은 강남구 사례 초등학교가 유일했다. 2006년에 일부 교실에만 냉방시설이 설치되어 있는 광진구의 사례 초등학교에서는 방학 전과 방학 후 각각 10일씩 총 20일 정도 에어컨을 사용한데 반해 강남구의 사례 초등학교에서는 5월말부터 9월초까지 계속 에어컨을 사용했다. 청주시와 보은군의 사례 초등학교의 교실에는 냉방시설이 전혀 설치되어 있지 않았다. 온수시설은 강남구 사례 초등학교에만 있었고 다른 사례 초등학교에는 없었다.

표 Ⅲ-21. 사례 초등학교의 특별 교실 및 시설 (단위: 개)

구분	학급수	특별교실 및 시설	체육관	온수	보건실	도서실
강남구	34	컴퓨터실(3), 실내축구장, 골프연습장, 테니스장, 인라인스케이트장, 게이트볼장, 농구장	○	○	○	○
광진구	55	컴퓨터실(2), 과학실(2), 영재실(2), 안전교육실, 예절실, 음악실	×	×	○	○
보은군	7	컴퓨터실, 과학실, 다목적실	×	×	○	○
청주시	21	컴퓨터(2), 과학실, 음악실, 미술실, 예절실	○	×	○	○

주: ( )안은 개수이며 숫자가 없는 경우 1개 임, 교육경비보조금(2001-2004년)

체육관 시설은 강남구와 청주시 사례 초등학교에만 있었는데, 청주시 사례 초등학교의 경우 관리가 잘 안 되고 있어 거의 사용되지 않고 있었다. 교육과정에 철봉이 포함되어 있음에도 불구하고 청주시 사례 초등학교에는 철봉 시설이 없었으며, 매트는 더러워서 사용할 수 없었고, 뜀틀도 3개 중 2개가 고장 나서 거의 사용할 수 없는 상황이었다. 강남구 사례 초등학교의 경우 골프연습장과 게이트볼장을 비롯한 다양한 체육시설을 갖추고 있었다. 이 학교에서는 방과후 교실을 통해 다양한 체육활동 프로그램이 진행되고 있었다.

총 학급 수가 55학급인 광진구의 사례 초등학교에 2개의 컴퓨터실이 있는 반면 총학급수가 34학급인 강남구의 사례 초등학교에는 3개의 컴퓨터실이 있었다. 청주시 사례 초등학교의 경우 학급 수가 계속 줄어드는 지역에 위치해 있기 때문에 활용 가능한 공간이 상대적으로 여유가 있어 특별교실이 많았지만 특별한 시설을 갖추고 있지 않은 특별교실이 많았다. 시설의 유무뿐 아니라 관리인원의 배치 등으로 인한 시설의 유지 · 관리가 시설 여건에 중요한 것으로 나타나고 있다. 교과전담교사가 있는 경우가 아니면 음악실, 미술실 등의 특별 교실은 거의 쓰지 않게 된다는 의견이 있었다.

보건실은 상대적으로 강남구가 열악했으며, 최근 개보수를 마친 광진구와 보은군 소재 사례 초등학교의 보건실은 현대적이고 안락한 시설을 갖추고 있었다.

(2) 교사 및 지원 인력

학교별로 교사 및 지원인력 현황을 살펴본 결과는 다음과 같다[표 Ⅲ-22]. 교과전담교사 수는 강남구 사례 초등학교 5명(영어 1명 체육 1명 과학 2명 음악 1명), 광진구 사례 초등학교 6명(영어 3명 음악 2명 체육 1명), 보은군 사례 초등학교 0명, 청주시 사례 초등학교 2명(영어 1명 음악 1명)이다. 학급 규모에 비해 강남구는 상대적으로 전담교사가 많은 반면 청주시는 상대적으로 전담교사가 적은 편이다. 이러한 경향은 지원 인력 수에서도 동일하게 나타나는데, 강남구 사례 초등학교는 학급 규모가 월등히 많은 광진구 사례 초등학교와 동일한 지원 인력 수(20명)를 가지고 있다. 청주시 사례 초등학교의 경우 도심의 유흥가와 상가 지역에 인접해 있어 아침에 학교 유리창이 깨져 있거나, 쓰레기와 깨진 병조각 등이 어지럽게 널려있는 경우가 많다고 한다. 이러한 상황에 대한 예방 및 대처를 위해서는 경비인력이 필요하지만, 지원인력의 부족으로 적절한 관리가 불가능한 실정이었다. 도시의 사례 초등학교에서는 용역에 의한 화장실 청소가 이루어지고 있는 반면 농촌의 사례 초등학교에서는 학생들이 화장실 청소를 하고 있었다.

표 Ⅲ-22. 교원 수 및 지원 인력 수 (단위: 명)

구분	학급수	교원수	교원구성	지원 인력	지원 인력 구성	화장실 용역
강남구	34	41	교장, 교감, 교과전담 5, 보건	20	행정직, 사서(2), 사서보조(2), 영양사, 기능직(5), 보조원(3), 조리보조원(6)	○
광진구	55	65	교장, 교감 2, 교과전담 6, 보건	20	행정직, 영양사, 기능직(5), 보조원(4), 조리보조원(9)	○
보은군	7	11	교장, 교감, 보건, 특수	9	행정직, 운전원(2), 보조원(4), 조리보조원(2)	×
청주시	21	26	교장, 교감, 보건, 교과전담 2	16	행정직(3), 영양사, 조리사, 기능직(2), 보조원 (3), 조리보조원(6)	○

주: 초등학교에 소속되어 있는 유치원 교사 및 유치원 보조교사는 제외함.
( )안은 명수이며 숫자가 없는 경우 1명임.

충청북도에서는 교사들이 시 · 군 지역에 대한 순환제 근무를 실시하고 있는데, 청주시 사례 초등학교의 경우 청주시 관내이동 비율은 0%이며, 신규 교사를 제외한 전체 교사가 군 지역에서 이동하였다(이는 이 초등학교가 교사들에 의해 기피되고 있음을 의미한다고 한다). 기존 교사의 경우에도 50-60%가 4년을 채우지 않고 1-2년 만에 학교를 옮기는데, 이러한 현상은 생활지도가 어렵고, 산만한 학생이 많고 집중도가 낮아 수업이 힘들기 때문인 것으로 파악되었다. 생활지도과정에서 문제가 발생했을 때 부딪히게 되는 일부 학부모들의 거친 말과 행동 역시 이러한 현상의 중요 원인이었다.

청주시 사례 초등학교와 마찬가지로 보은군의 사례 초등학교에서도 교사들의 대부분이 1-2년 만에 학교를 옮기고 있었는데, 청주에서의 출퇴근이 어렵다는 점과 과중한 업무가 잦은 이동의 원인이었다. 작년에는 6학급 중 3명의 교사가 신규 발령이었으며 올해도 2명의 교사가 바뀌었다. 보은군 교사 11명 중 8명이 청주에서 출퇴근하고 있었다.

교사들에 의해 선호되지 않는 교육 환경이 열악한 저소득층 밀집지역에 위치한 학교들에 대한 근무여건 개선을 위해 이런 학교의 경우 전담교사 비율을 높여서 교사들의 주당 수업시수를 낮추거나 보조인력의 추가적인 배치를 통해 업무량을 경감시켜 주는 등의 정책적 배려가 필요하다는 의견이 많았다. 소외지역 학교교육의 질에 영향을 미칠 수 있는 교사의 평균 근무기간, 학교소재지와 교사거주지의 거리 등의 문제를 분석하여 학교교육의 질을 높일 수 있는 대책을 마련해야 할 것으로 판단된다.

(3) 또래집단

교육 환경을 구성하는 주요 요인인 또래집단(학생)의 특성을 살펴본 결과는 다음과 같다. 강남구 사례 초등학교의 전교생 1,137명 중 기초생활수급자 수 1명, 중식지원자 수 6명, 한부모 가정 학생 수 8명, 조손가정 학생 수 0명, 소년소녀가장 수 1명이었다. 청주시 사례 초등학교의 경우는 전교생 621명 중 기초생활수급자 수 97명, 중식지원자 수 97명, 한부모가정 학생 수 61명, 조손가정 학생 수 7명이었다. 보은군 사례 초등학교의 전교생 91명중 기초생활수급자수 9명, 중식지원자 수 20명, 한부모가정 학생 수 17명, 조손가정 학생 수 7명이었다. 학교별로 지원을 필요로 하는 학생의 숫자가 매우 다름을 알 수 있다.

강남구 사례 초등학교에는 전교에 학습부진아가 한 명도 없는데 비해 학습부진아가 가장 많은 청주시 사례 초등학교의 공식적인 학습부진아 수는 53명이었다. 그러나 5학년 담임 교사에 대한 심층면담 결과 한 학급에만 학습부진아가 18명(전체 32명)이 있음을 알 수 있었다. 이렇게 학습부진아가 많은 경우 이를 개선하기 위한 과정과 프로그램이 공식적인 기록으로 남아야 하기 때문에 1명이라고 보고하였다고 한다. 도시 저소득층 밀집 지역에 위치한 학교들의 경우 학습부진아가 공식적인 숫자에 비해 많을 것임을 예상할 수 있다. 학습부진아가 많은 학교에 대한 추가적인 인적 물적 배려가 없다면 이와 같은 현상은 지속될 것으로 보인다.

청주시 사례 초등학교의 경우 무료로 제공되는 방과후학교를 신청한 학생이 한 학급 32명 중 2명에 불과하였다. 공부에 대한 의지가 없어 방과후학교를 단지 지겨운 수업의 연장으로 생각하는 경우가 대부분이라고 한다. 학부모와 자녀 모두 '무료로 해 주는 게 싫다'는 반응으로 방과후학교 프로그램이 인원수 부족으로 폐강되는 실정이다. '의지를 돈으로 살 수는 없다'고 교사가 말할 만큼 전반적으로 학생들에게 무기력감이 팽배해 있었다. 반면 보은군 사례 초등학교의 경우 다양한 방과후학교에 대한 요구가 있으나 학생수가 적어서 강사비 등의 문제로 방과후학교의 강사를 구하기 힘든 상황이었다. 20명의 학생이 피아노 교실을 수강하고 있었으나 강사가 그만두면서 폐강되었다. 농어촌 학교에 대한 지원을 위해 다양한 특기적성 교육 강좌가 개설될 수 있도록 소규모 강좌의 강사비와 도서벽지 특기적성강사의 교통비를 지원하는 정부의 지원 정책이 존재함(정철모, 2003)에도 불구하고 보은군의 사례 초등학교는 이러한 정책적 지원을 받지 못하고 있었다. 이와 같은 사실은 문제가 지역별로 매우 구체적인 양상을 띠기 때문에, 이에 대한 고려없이 지역 간 교육격차 해소를 위해 방과후학교 확대(정부 민간 합동작업단, 2006)라는 일반적인 정책이 추진될 경우 그 효과가 제한적일 것임을 의미한다.

학부모들의 직업이 일용직이나 영세 자영업으로 사회경제적 지위가 낮은 경우 가정의 경제 상황이 불안정하게 되는데, 청주시 사례 초등학교에 의하면 가정의 힘든 경제 상황이 자녀 교육에 대한 무관심과 포기로 나타나고 있음을 알 수 있다. 사회 전반적으로 교육을 통한 계급이동 가능성이 낮아짐에 따라 빈곤이 내면화되고 대물림되는 현상이 강화되고 있는 것으로 판단된다. 교육 환경이 열악한 지역의 교육 환경 개선은 학부모의 사회경제적 상황의 개선 없이는 이루어지기 힘들기 때문에 학부모들에 대한 직업 교육 및 취업 등의 지원이 반드시 필요하다는 지적이 많았다.

5. 결론

교육 환경은 객관적인 측정을 어렵게 하는 많은 질적 요소들과 관련되지만 그럼에도 불구하고 사례학교의 통학 여건과 교육의 과정에 있어서의 차이를 살펴본 결과 지역특성에 따른 학교 간 교육 환경의 격차가 큰 것으로 나타나고 있다. 통학 여건이 열악한 지역의 통학 여건 개선을 위해서 학교의 신설과 함께 보도 여건 등의 정비가 시급한 것으로 나타났다. 또 폐교로 인한 농촌 지역 학생들의 통학 여건 악화와 학습권 침해가 심각한 것으로 나타났다. 냉난방시설 및 운영비용, 전자도서관, 원어민교사가 지원되는 학교가 있는가 하면, 냉방은 시설조차 되어있지 않을 뿐 아니라 난방시설의 가동도 경제적 제약을 받는 학교가 존재한다.

사회경제적 지위가 높은 사람들이 많이 거주하는 지역에 위치해 있는 강남구 사례 초등학교에 비해 거주 집단의 사회경제적 지위가 낮은 지역에 위치해 있는 광진구 청주시 보은군 사례 초등학교의 경우 공교육 서비스가 과소 공급되고 있음을 알 수 있다. 사교육 환경의 차를 논하기에 앞서 지역별로 차별화되어 있는 공교육 환경에 대한 개선이 선행되어야 할 것이다. 사교육 환경에 대한 강조는 교육이라는 공공의 문제를 개인의 문제로만 환원시키는 결과를 야기하고, 공교육 환경에 있어서의 차를 은폐시키는 기제로 작용할 수 있다.

스웨덴에는, 사회의 전반적인 교육 환경을 증진시키는 것이 배제가 아닌 사회적 통합 증진과 자원 배분의 평등을 촉진시키는 가장 효율적인 접근이라는 철학에 근거해서 특정 집단을 목표로 하는 우대 정책은 거의 존재하지 않는다(Nicaise et al., 2005). 우리나라에서도 소외계층에 대한 보상적 차원의 적극적인 교육정책과 함께 전반적인 교육 환경 증진을 위한 정책이 필요한 것으로 판단된다. 교육복지우선투자지역 사업과 같이 선정된 학교에 대한 집중적인 지원이 이루어지는 선택과 집중이라는 사업 방식은 청주시 사례 초등학교와 같이 교육여건이 열악하지만 선정 대상에 들지 못한 많은 학교들에 대한 또 다른 배제를 만들어 내고 있다. 공교육 환경의 기본적인 조건인 통학 여건, 냉난방 시설 및 운영, 교사의 근무여건, 학교의 지원인력 등에서 지역별로 차이가 없는지를 점검하여 교육여건이 열악한 지역에 위치한 학교의 교육여건을 교육여건이 양호한 지역과 동일한 수준으로 개선하는 교육정책이 우선적으로 추진되어야 할 것으로 판단된다.

참고문헌

김영철, 2003, 『서울시 지역 간 교육격차 해소방안』, 한국교육개발원.

박다미, 2005, 강남의 공교육 환경을 통한 차별성 고찰, 『서울 '강남'의 데이터베이스 구축과 지역 특성 연구 보고서』.

서태열, 1987, 서울시 고등학교의 분포와 학군에 관한 연구, 『지리교육논집』, 18, 1-21.

우종현, 2002, 도시공공서비스 측면에서의 대구시 고등학교 분포 특성, 『한국지역지리학회지』, 8(3), 314-325.

임석회, 2003, 지방중소도시의 교육 환경과 지역발전: 영천시의 사례, 『한국공간환경』, 3(1), 109-120.

전일균, 2004, Affirmative Action을 통해 본 교육평등의 의미 연구, 『교육철학』, 32, 145-163.

정부 민간 합동작업단, 2006, 함께가는 희망한국 Vision 2030.

정철모, 2003, 농촌교육여건 활성화를 위한 도농간 교육교류 프로그램의 도입 방안에 관한 연구, 『지역사회발전 연구』, 28(2), 19-34.

최은영, 2004, 거주집단의 사회 경제적 지위와 공교육 환경의 차별화, 『도시연구』, 66-86.

한국교육개발원, 2006, 2005년 교육복지투자우선지역 지원 사업을 위한 연구지원 사업결과 보고서.

Kim, G., 2001, The study for spatial changes of educational conditions of elementary schools in Seoul, 『한국지역개발학회지』, 13(3), 213-232.

Mormont, M., 1987, The emergence of rural struggles and their ideological effects, *International Journal of Urban and Regional Research*, 7, 559-575.

Nicaise, I., Esping-Anderson, G., Pont, B. and Tunstall, P., 2005, *Equity in Education Thematic Review: Sweden Country Note.*(http://www.oecd.org/document/43/0,3343,en_2649_37425_38692267_1_1_1_37425,00.html).

Talen, E., 2001, School, community and spatial equity: an empirical investigation of access to elementary school in West Virginia, *Annals of the Association of American Geographers*, 91(3), 465-486.

5장. 한국의 농촌 정책과 발전 방향

1. 서론

1960년대 개발독재시대 이래 우리나라의 농촌 정책은 산업으로서의 농업정책에 대한 파급효과를 고려한 것 이상의 실질적 의미를 찾기 어렵다. 구호적 측면에서의 농촌공간 및 농촌주민들에 대한 복지적 성격의 정책들이 다수 존재했지만 이들 정책 역시 농업정책의 한 분야로서 제한적으로 이루어져왔다. 농촌공간 및 농촌주민들에 대한 보다 직접적인 정책적 고려는 2003년 출범한 참여정부의 정책이 그 효시라고 보는 것이 타당하다.

참여정부 농촌 정책의 출발은 단순한 경제적 개념의 개발에 치우쳐왔던 과거 정책에서 벗어나 사회적, 환경적 가치의 보편성에 기초한 살기 좋은 지역사회의 형성에 초점을 두었다. '살기 좋은 지역사회(livable community)'는 인류형성 이래 지속적으로 존재해온 실질적 개념이다. 이 개념은 우리나라의 경우 특히 도시사회에 대한 공생적(symbiosis) 의미를 담보하고 있어, 최근 농촌 사회에서의 개념 적용의 중요성이 강조되고 있다. 하지만 이러한 개념은 우리나라와 서양의 인식론적 기반에서 일정 정도 맥을 달리하고 있다.

서양의 농촌인식이 농촌 사회변화를 사회전체 발전에 대한 당위적 객체로 인식하는 데 반해, 우리나라의 실학적 인식론은 도시와의 공생적 발전의 불가피성을 역설하고 있다(임형백 · 이성우, 2004). 영국의 경우 경험론적 관점에서는 도시형성에 따라 불가피하다는 시각을 그리고 미국의 실용주의에서는 도시의 배후지로서의 농촌의 역할 제한이 사회 전체 발전에 결코 부정적이지 않다는 시각을 견지하고 있다. 반면 실학적 관점에서의 농촌 사회에 대한 이해는 종속의 관계가 아닌 '조화'를 이룩해야 할 일체임을 강조하고 있다는 측면에서 도시와 농촌의 '공생적 필연성'을 강조하고 있다(Lee and Jun, 2006).

우리나라 농촌발전의 방향에 대한 이견에도 불구하고 다수 농촌 전문가의 의견은 우리나라 농촌의 향후 10년이 '살고 싶은 농촌' 형성의 위기이자 기회라는 것이다. 외부적으로는 WTO체제와 다양한 FTA 구축, 내부적으로는 지속적 이촌향도로 대표되는 우리나라 농촌의 내-외적 환경이 우호적이지 못한 것이 사실이다. 하지만 우리나라보다 먼저 산업화, 경제발전 단계를 경험한 국가들의 1990년대 말, 2000년대 초의 경험은 '농촌부흥(rural renaissance)' '극화의 반전(polarization reversal)' '역도시화(counter urbanization)' 등과 같은 농촌의 기회 요인이 주를 이루고 있다. 주로 유럽 선진국들의 경험에 기초한 이러한 농촌 지역의 인구유입 및 경제적 효과의 형성은 자생적 시장 기능의 부활에 기인하고 있지만, 정부의 정책적 기조에도 상당 부분 의존해온 것이 사실이다.

이번 장에서는 참여정부 이후 시행되어온 우리나라의 농촌 개발사업의 현황을 참여정부시대 중앙 정부의 각 부처별로 시행되어 온 농촌 개발사업을 종합적인 시각에서 문제점을 분석하고 향후 필요한 농촌 정책 대안을 제시하는 데 있다. 이 장의 세 가지 주요한 연구 내용은 다음과 같다. 첫째, 참여정부의 지역개발정책 및 그 문제점을 분석한다. 이것은 참여정부 당시 이루어진 농촌 정책이 지역개발정책의 한 분야에서 시행되었기 때문이다. 둘째, 참여정부에서 시행되었던 다양한 농촌 개발사업의 내용을 권역 및 사업비 규모로 구분하여 그 내용과 문제점을 분석한다. 셋째, 변화하는 국내외적 환경에 부응하는 새로운 농촌 정책이 가져야 할 틀의 제시를 위해 이론적 측면과 정책적 측면에서 고려될 수 있는 미래 농촌 개발사업의 발전 대안을 제시한다.

2. 참여정부의 지역개발정책

1960년대 이래 한국의 산업 및 지역개발사는 경제적 거점개발방식이 정치적 개발방식(하향적 개발방식)과 접합된 전형적인 효율 지향적 개발방식으로 요약된다. 1990년대에 등장한 민주화 정권은 기존의 효율 지향적 관점에서 사회적 형평성과 사회정의를 강조하는 계층 및 지역 간 균형발전에 대한 논제를 중요하게 여기기 시작했다.

정부정책의 집행에 따른 산업 및 공간적 파급효과는 정권이 지향하는 '이념'의 대립과 그 상충에 따른 대안 선택의 과정이라 할 수 있다. 사회 및 공간정책에 있어 가장 전형적으로 대립되는 이념적 상충은 하이에크(F. Hayek)과 롤스(J. Rawls)의 논쟁으로 거슬러 올라가는 효율성(efficiency)과 형평성(equity)의 논제라 할 수 있다. 정부 정책이 정권의 이념을 투영할 수밖에 없다는 점을 감안하면 김영삼, 김대중 정부로 이어지는 민주화 세력의 이념적 성향이 가장 극명하게 다양한 정책에 투영된 것이 참여정부라고 할 수 있다. 김영삼, 김대중 정부의 성격이 보수적 민주세력이라면 노무현 정권은 진보적 민주세력의 이념을 유감없이 국정 전반의 정책에 도입한 시기라 할 수 있으며 이러한 정책적 틀은 소우 3분정책(분권=권력 이전, 분산=재원 · 기능 · 사람의 이전, 분업=수도권/비수도권, 도시/농촌의 기능 분담)으로 대표되었다.

참여정부가 지향하고 있는 균형발전정책은 효율 지향적인 거점개발방식이 야기하는 지역 및 산업의 불균형 및 이에 따른 지역 간 격차의 문제점을 보완하고 있는 이론으로, 주로 지역 간 균형과 역내자원의 유동성을 강화하기 위한 형평 지향적 이론이라 할 수 있다. 참여정부의 지역개발정책은 국가균형발전위원회 및 특별회계의 적용과 같이 중앙 정부가 지원체계를 가지고 지방자치단체가 계획을 자체적으로 수립 및 집행하도록 하는 전형적인 상향식 개발계획의 이론적 토대에 기초해 왔다.

(1) 참여정부의 지역개발정책

이념적 틀로 참여정부의 지역개발정책을 조명하면 좌파적 지역개발정책(특히 제1단계 국가균형발전정책에서)이라 할 수 있다.[10] 참여정부 시절 이루어진 다양한 정책들 중 모든 분야 중에서 가장 극단적인 이념적 성향이 노정된 것이 지역정책이라 할 수 있다. 일반적으로 구소련연방이 취했던 정책과 같이 계획경제(planned market) 정책의 극단적 적용이 이루어지는 계획체제를 극좌파적 정책이라 할 수 있는데, 참여정부시절에는 공공부문 주도의 지역균형발전 정책이 지역 및 공

[10] 여기에서의 이념적 재단은 정부의 정책시행에 있어 시장개입적 비중이 심할수록 좌파적 성향에 가깝고, 반면 정부정책이 시장의 기능 활성화에 가까울수록 우파적 성향이라는 논리에 근거한다.

간정책의 주를 이루었다. 예를 들면 행정중심복합도시, 혁신도시, 기업도시 등과 같은 정책들이 좌파적 성격의 공공정책에 대한 주요한 사례라 하겠다.

이러한 정책의 배경은 크게 다음과 같은 3가지 이론적 틀에 기반하고 있다. 첫째, 계획가(planner) 또는 정책입안자(decision-maker)의 지적 합리성(rationality)에 대한 믿음이다. 전통적 계획이론인 합리적 기본계획(rational comprehensive plan)에 기반하고 있는 이들 이론은 선진 자본주의 국가들에서도 산업화 초기 다양한 적용이 이루어졌지만 이러한 합리성이 가지는 제한적 합리성(bounded rationality)으로 인해 많은 비판이 이루어져 왔다. 둘째, 자본주의 체제에서 발생하는 지역 및 계층 간 격차는 주로 시장의 비효율성으로 인해 야기되며 이러한 문제를 해결하기 위해 정부의 시장개입이 불가피하다는 주장이다. 셋째, 지역 간 균형발전이 국가성장의 동인이라는 논거다. 지역경제학의 전통적 인식은 생산요소의 제한을 가지고 있는 저발전국가의 경우 유효자원의 효율적 사용을 위해 가용자원의 집중을 통한 불균형발전이 보다 효과적이라는 점이다. 하지만 최근 발표된 일부 연구들에서는 균형발전을 통한 국가발전이 가능하다는 주장이 제기되어 왔으며, 참여정부의 균형발전정책도 이러한 사례에 근거하고 있다. 하지만 균형발전을 통해 국가발전이 가능하다는 사례는 일부 국가의 제한적 사례로 저발전 국가에서 불균형발전을 통한 국가발전이 효율적이라는 전통 지역경제학의 틀을 바꾸는데는 한계가 있다고 하겠다.

참여정부에서 이루어진 균형발전에 대한 실천의 틀은 국가균형발전위원회의 설립으로 이루어졌다. 국가균형발전위원회의 논거는

2004년 1월 공포된 국가균형발전특별법에 기초하고 있으며 각 부처에서 파견된 국가직 공무원 정원 56명으로 구성되었다. 2005년 시행된 균형발전특별회계를 통해 국가균형발전위원회의 필요예산에 대한 집행이 가능해졌는데 2004년 약 5조 그리고 2007년에는 약 6.8조의 예산이 집행되었다. 하지만 균형발전정책의 집행에 따른 문제점이 드러남에 따라 2007년 9월 2단계 국토균형발전정책방안이 제시되었는데 이의 주요한 내용으로는 첫째, 지역경제기반 구축을 위한 민간부문의 필요성 인식, 둘째, 민간 및 해외기업유치를 위한 제도 정비(법인세, 인력유치, 산업용지 등 정비), 그리고 지역발전 단계(4단계)별 차등지원 방안 마련 등이었다. 이러한 문제점의 보완은 1단계 국가균형발전정책에서 주창되어 왔던 국가 및 공공주도의 균형발전정책이 가지는 한계점을 인식한 것이라 할 수 있다.

(2) 참여정부 지역개발정책의 문제점

참여정부가 중점적으로 추진해 왔던 균형발전전략은 그 이상적 이념에도 불구하고 다양한 이론적 제한점을 가지고 있다. 이러한 문제점은 불균형발전전략이 가지고 있는 이론적 틀에 대한 몰이해, 지역균형발전을 통한 국가발전에 대한 제한적 인식, 그리고 주요 실천전략으로 이루어져 왔던 지역혁신체제에 대한 한계점 등으로 요약할 수 있다.

참여정부의 균형발전전략의 근본 가정은 저발전지역의 문제가 고발전지역으로 인해 야기된다는 1차원적/좌파적 관점에 근거하고 있다는 점이다. 하지만 유토피아를 제외한 모든 사회에서 균형발전은 원천적으로 불가능하다는 지극히 현실적인 문제점을 간과하고 있다. 예를 들면 파레토분포(Pareto Distribution)가 보여주는 "80-20" 법칙과 슈가스케이프(컴퓨터 모의실험, Epstein and Axtell, 1996)의 실험에서 보여주는 불균형의 불가피성에 대한 성찰이 무시되고 일부 제한적으로 이루어진 균형발전의 경험을 과대포장한 문제를 노정하고 있다. 즉, 자본주의 체제에서 실현 불가능한 80-20법칙의 해체 주장과 같은 정치논리의 지역개발정책 도입(비록 실제 집행은 이루지 못했지만)을 통해 공공부문 주도의 정책적 한계를 노정했으며, 결국 2단계 균형발전계획에서는 민간자본유치, 규제해제 등과 같은 보다 시장지향적 정책의 도입을 강구하는 모순을 낳은바 있다.

참여정부 균형발전정책의 또 다른 한계는 국가성장과 지역균형의 인과관계에 대한 주장이라 할 수 있다. 균형발전이 국가성장을 견인하는데 더욱 효율적이라는 주장은 일부 단편적인 실증 분석에 근거한 균형논리의 정립이거나 심지어는 인용된 사례가 균형발전위의 주장과 대치되는 경우도 있는 것으로 나타났다. 자의적 해석에 따른 비합리적 논리 정립은 산업연구원(2003)이 발표한 보고서에서 인용된 꾸비스(Courbis, 1982)와 야마노와 오오카와라(Yamano and Ohkawara, 2000)의 연구에서 잘 드러난다.

꾸비스(Courbis, 1982)의 연구는 지역정책에 대한 평가를 지역 차원의 소득이나 고용효과를 추정하는데 그치지 않고 전국적인 차원에서의 효과를 추정하여 평가할 필요가 있다는 문제의식에서 출발한 것이다. 그의 연구에 사용된 레지나(REGINA) 모형은 1971년 제안되어 1972-76년에 파리-낭테르 대학(University of Paris-Nanterre)의 GAMA

에서 개발한 것으로 약 8,000여 개의 방정식으로 구성되어 있다. 이 모형에서는 프랑스 전역을 5개 권역으로 구분하고 1970-80년 기간 중 특정지역에 제조업 투자액을 2%(전국 총 제조업투자액 대비)를 증가시키는 대신 여타 지역의 투자액을 삭감(기존 여타 지역별 제조업 투자액에 비례)하는 시나리오를 상정하였다. 이 연구의 결론에서는 지방의 제조업 투자를 증가시키는 경우 국민경제적 효율성은 제고되고 지역 간 격차도 축소되는데 특히 북부와 동부 프랑스 지역에 제조업 투자가 증가할 때 프랑스 전체의 경제성장에 가장 유리한 것으로 드러났다[표 Ⅲ-23]. 프랑스 북부지역과 동부지역의 경우 우리나라의 수도권 지역과 같이 상대적으로 산업 및 사회간접자본이 기타 지역에 비해 잘 정비된 지역이다.

표 Ⅲ-23. 제조업투자의 지방이전 시뮬레이션 결과

구분	파리지역	파리 외곽지역	북부 및 동부지역	지중해 연안지역	서부 및 남서부지역
GDP(%)	-0.55	+0.06	+0.21	+0.12	-0.01
실업자수(천명)	+77.0	-11.5	-17.4	-12.8	-11.3
시간당 임금(%)	+1.50	-0.28	-0.40	-0.32	-0.06
GDP deflator(%	+1.07	-0.16	-0.33	-0.20	+0.02
무역수지(백만프랑)	-2910	+402	+944	+543	-206
파리지역과지방의 소득격차	+0.74	-0.17	-0.05	-0.12	-0.36

출처: Courbis(1982)

주: 1970년부터 제조업투자액을 특정지역에 점진적으로 증가시키는 대신 여타 지역에서는 감소시킬 경우 1980년에 나타나는 시뮬레이션 결과임(전국 수치).

꾸비스의 연구 결과를 요약하면 공공투자사업의 지방분산 효과는 제조업투자에 비하여 낮은 것으로 분석되었고, 특히 인프라 중심의 공공사업투자는 특정 경제활동에만 파급효과가 존재하는 것으로 분석되었다. 또한 장기적인 관점에서 볼 때 지역 간 균형발전은 국가 전체의 파이가 증가할 때 더욱 큰 효과를 발휘하는 것으로 분석되었다. 즉, 국가성장을 오인할 수 있는 정책수단이 균형발전을 위한 정책수단보다 선행될 때 균형발전효과가 더욱 효율적임을 유추할 수 있다.

야마노와 오오카와라(Yamano and Ohkawara, 2000)의 연구에서는 정책의 목적에 따른 다양한 방식의 공공투자 배분방식은 지역적 특성에 따라 다르게 적용됨을 설명하고 있다. 따라서 동일한 배분방식에 의한 공공투자도 지역적 특성이 다를 경우 상이한 결과로 이어질 수 있음을 제시하고 있다. 야마노와 오오카와라는 일본의 현(prefecture) 단위 자료를 이용하여 공공자본(SOC)의 생산성을 분석하고 시뮬레이션을 통하여 공공투자의 지역 간 배분효과를 분석하였다. 이들은 공공투자가 지역경제에 미치는 효과를 단기효과와 장기효과로 구분하였는데 공공투자의 배분효과를 시뮬레이션 하기 위하여 다음과 같은 세가지 시나리오를 상정하였다.

a. 효율적 배분(efficient allocation): 매년 지역별 공공투자의 한계 생산성 크기에 따라 배분하는 방식으로 한계생산성이 높은 지역부터 순차적으로 공공투자를 배분
b. 균등 배분(equal allocation): 1인당 공공투자액을 균등하게 배분하는 방식

c. 롤즈식 배분(Rawlsian allocation): 소득이 낮은 지역일수록 공공투자를 많이 배분하는 방식(공공투자액 배분액은 지역의 1인당 소득에 반비례)

이 연구의 결과를 보면 롤즈식 배분의 경우 발전지역의 생산을 감소시킴으로써 GDP와 1인당 소득을 감소(1994년 기준으로 실제 GDP수준 보다 4% 감소)시키는 것으로 드러났다. 효율적 배분의 경우 1994년 기준으로 GDP를 1.6% 증가시키나 47개 현 지역중 11개 현 지역에서만 GRDP가 증가(10개 현지역에서는 GRDP가 10% 이상 하락, 지역 간 불균등지수는 50% 이상 악화)하는 것으로 분석되었다[표 Ⅲ-24]. 이들은 일본에서의 공공투자는 지역의 한계생산성에 따라 배분되지 않고 지역 간 소득격차를 축소하기 위한 목적으로 활용되어 왔다고 평가하고 있어 일본의 공공투자배분은 효율성보다는 형평성에 중점을 둔 것이며 배분방식을 변경했을 경우 더 높은 경제성장률을 기록했을 것이라고 주장하고 있다.

표 Ⅲ-24. 일본공공투자의 할당방식에 따른 시뮬레이션 결과

구분	Base(실적치)			Rawlsian		균등 배분		효율적 배분	
	1976	1985	1994	1985	1994	1985	1994	1985	1994
GDP(조엔)	248.3	351.4	480.2	344.9	461.1	353.6	485.1	355.6	487.9
고용자당 평균 임금(천엔)	4419	5920	7402	5811	7107	5957	7476	5990	7521
Gini계수	0.089	0.072	0.067	0.057	0.054	0.078	0.076	0.102	0.101
편차계수(Y/E)	0.157	0.128	0.122	0.104	0.101	0.140	0.140	0.183	0.185
Max/Min(Y/E)	1.77	1.69	1.76	1.69	1.73	1.78	1.89	2.08	2.23

출처: Yamano and Ohkawara(2000)

주: Gini계수와 편차계수의 계산에는 소비자물가지수의 지역 간 격차지수를 가중치로 사용.

마지막으로 참여정부가 균형발전이라는 정책적 목표 달성을 위해 채택한 전략적 도구인 지역혁신체계(RIS)의 동인에 대한 몰이해가 문제로 지적될 수 있다. 자본주의 체제하에서 지역혁신의 원천이 민간부문 자본 유동성에 대한 최대 활용임은 자명하다. 장하준(2007)이 주장하듯이 도약단계 국가들에 있어서의 국가 및 공기업의 중요성을 십분 감안하더라도 민간에 대한 시장의 유인효과가 제한적인 가운데 공공부문주도의 가치창출은 극히 제한적임을 인식했어야 했다. 더욱이 우리나라의 경우 GRDP의 창출에 있어 민간이 공공의 5배 정도인 경제구조를 감안하면 공공부문 주도의 혁신체제 조성은 더욱 문제라 하겠다. 다른 한편, 전은하 · 이성우(2007)의 연구에서 보이듯이 지역의 자립을 달성할 수 있는 기반경제 부재하의 공공사업은 지역 간 격차 유발을 더욱 확대하는 결과를 낳을 수 있음을 유념해야 한다. 이러한 지역개발정책의 이론적 문제점들은 다음에서 기술할 농촌 정책에 그대로 투영되어 있다.

3. 참여정부의 농촌 정책

1992년 UR 이후 10년의 뼈아픈 농정 실패를 경험한 우리나라는 2003년 11월 농업-농촌 119조 투 · 융자 계획을 마련하여 WTO체제의 도하 라운드(Doha Round) 및 한-미 FTA를 비롯한 다양한 농업-농촌 위기 상황에 대한 대응책을 마련한 바 있다. UR 이후 10년(1994-2003년)동안 시행된 사업비의 약 2배에 달하는 119조 사업의 핵심은 과

거의 산업 위주의 농업정책에서, 공간으로서의 농촌 및 농촌 지역 거주민의 복리증진에 주안점을 두고 있는 정책으로의 전환에 있다고 할 수 있다. 이에 따라 주무 부처인 농림부(현 농림수산식품부)는 물론 다양한 정부 부처에서 농촌 개발과 관련된 사업이 시행되어 왔다.

하지만 참여정부 당시 각 부처에서 경쟁적으로 시행되었던 농촌 개발사업은 집행기관별로 유사한 사업이 시행되고 있음에도 상호 조율이 거의 이루어지지 못하는 집행상의 난맥상을 노정했다. 농림부를 비롯하여 행정자치부, 해양수산부 등 다수의 정부 부처에서 농촌 개발과 관련된 농 · 산어촌 체험마을사업을 독립적으로 시행하였으나 그 목적과 내용 그리고 대상 지역의 지리적 특성이 거의 유사한 편이었다. 지역의 규모를 대상으로 할 때 다수 마을이 하나의 권역을 형성하는 권역사업과, 마을 단위의 마을사업으로 구분이 될 수 있으나 행자부와 농림부의 경우처럼 단일 부처에서도 농촌 개발사업에 대한 큰 그림을 보이지 못했다.

농림부에서 시행되었던 농촌마을종합개발사업은 단일 사업으로는 가장 큰 7조 규모의 사업비로 편성되어 있으며 지역주민과 자치단체의 의사를 대폭 반영한 '상향식 개발'이라는 시험적인 지역개발사업의 성격을 가지고 있다. 농촌마을종합개발계획사업은 농림부 최고 당국자의 '농촌발전을 위한 마지막 기회'라는 비장한 각오에서 표현되듯이 가장 핵심적인 사업이라 할 수 있다. 이 사업은 지역 실정에 따라 권역별 특성화 사업을 통한 주민 소득증대가 가능하도록 다양한 방식의 개발을 도모하고 있는 소규모 권역 종합개발사업의 성격을 가지고 있다. 사업계획 단계에서 총 7조로 편성된 이 사업은 약 3-4

개의 농촌 지역 법정리로 구성된 1개 권역당 약 70억원(국고 80%, 지방비 20%)을 투자하여 2013년까지 1,000개 권역을 구축하는 내용으로 구성되어 있다.

(1) 119조 농업농촌 투 · 융자 계획

우리나라의 경우 산업으로서의 농업과 공간으로서의 농촌의 역할은 지속적으로 낮아지고 있는 것으로 나타났으며, 이러한 경향은 특히 1992년 UR 이후 더욱 악화되고 있는 것으로 드러났다. 전체 산업대비 농업의 비중은 1970년 27.1%에서 1980년 14.8%, 1990년 8.5%, 2000년 4.9%로 줄어들었고, 2003년에는 3.6%로 줄어들었다. 국내총생산(GDP)은 1985년 약 80조에서 2002년 약 584조로 약 700% 이상 증가했으나, 동기간 중 농업의 비중은 약 10조에서 23조로 증가하여 230% 증가에 그치고 있다.

전체 농가인구 비율은 1980년 28.9%에서 1990년 15.3%, 그리고 2000년에는 8.7%, 2005년에는 7.3%를 보이고 있다. 1970년부터 2000년까지 농림어업분야의 취업인구는 475만 1,000명(전 취업자의 49.5%)에서 절반 이하인 220만 3,000명(전 취업자의 10.5%)로 줄어들었다. 그러나 10.5%의 취업인구가 GDP의 4.1%를 생산하고 있다는 점에서, 농업부문의 노동생산성이 다른 산업부문보다 훨씬 뒤쳐지고 있다.

농업 및 농촌분야에서의 전망치 역시 그다지 밝지 못한 것으로 나타났다. 한국농촌경제연구원은 최근 내놓은 『농업전망 2005』에서 농가인구는 2004년 346만 5천명으로 전체 인구대비 7.2% 수준이나 10년 후인 2014년에는 120만6천명이 줄어든 225만 9천명으로 전체의

4.5%에 그칠 것이라고 전망했다. 이것은 농가인구가 현재보다 3분의 1 이상 감소할 가능성이 높음을 의미한다. 특히 농촌 지역의 고령화는 한층 심각해져 오는 2020년에는 읍이나 면 등 농촌 지역 인구 네 명 중 한 명은 65세 이상 노인일 것으로 추정됐다.

전체 농가 호수도 2004년 125만 2천가구에서 2008년 115만 8천 가구, 2014년에는 100만 가구로 줄어들 것으로 한국농촌경제연구원은 예측했다. 연령대별 인구구성도 2005년에는 농촌(읍과 면 지역)의 65세 이상 노령층 비중이 18.6%에서 2010년에는 21.4%로, 2020년에는 25.4%로 계속 증가해 농촌의 초고령화가 심화될 것으로 나타났다. 이에 비해 생산연령층인 15-64세 인구가 농촌에서 차지하는 비중은 2005년 63%에서 2010년 61.4%, 2020년 60.7% 등으로 줄게 된다. 또 14세 미만 인구 역시 2005년 18.4%이던 것이 2010년 17.2%, 2020년 13.9% 등으로 감소할 것으로 전망됐다.

도시근로자가구소득 대비 농가소득 비율은 1982년의 약 120% 수준이었으나 1980년대 후반 이후 농업소득만으로는 가계비를 충당할 수 없는 상황에 이르고 있다. 이에 따라 도시근로자가구소득 대비 농가소득 비율도 지속적으로 하락 추세를 보이고 있으며 2004년에는 79% 수준을 보이고 있다.

가구당 농가부채는 1990년 470만원 수준에서 2002년에는 약 2천만원, 2003년에는 약 2,660만원, 2004년에는 2,690만원으로 약 5.7배 이상 증가하였다. 그동안 정부는 UR협상 이후 10년 동안 농업 분야에 82조원(1992년부터 2002년까지 농업 투 · 융자 규모는 약 82조원이었으며, 농민들이 부담하는 자부담과 지방비 지원을 빼면 순수 국고지원은 62조원 수준임)을 지원했지만 농촌 사정은 오히려 악화되었다. 용도별 농가부채를 살펴보면 2002년 현재 생산성부채가 75.5%로 가장 많고 그 다음이 가계성부채로 약 19.7%를 보이고 있다. 악화일로를 치닫고 있는 우리나라 농업과 농촌의 문제를 해결하고 이러한 내부환경을 더욱 악화시킬 개연성이 높은 WTO와 한-미 FTA 등과 같은 외부 환경에 대처하기 위해 노무현 정부는 2003년 말 '농업 · 농촌 119조 투 · 융자 계획'이라는 사상 초유의 지원계획을 수립하였다.

(2) 투 · 융자 계획의 내용 및 전망

농업 · 농촌 투 · 융자 계획은 2004년부터 10년간 순수 국고 지원만 119조원이 투입되는 대규모 계획이다. 특히 노무현 정권 체제하에서 집행 가능한 정부중기재정운영계획에 반영된 계획에 따르면 2004년 8조 4천억에서 2008년 11조 4천억까지 약 50조5천억이 투입될 계획이었으며 이의 상당 부분이 실제 농촌현장에 투입되었다[표 Ⅲ-25].

주요 내용을 보면 과거의 농업생산기반 정비 분야에 대한 투자를 줄이고(2003년 33% 에서 2008년 12%로 감소), 농업구조조정, 농어민 복지 및 지역개발, 소득-경영안정 부문에 대한 투자를 대폭 확대하고 있다. 이러한 투 · 융자 금액은 UR 이후 1994-2003년에 총 투입된 농업 · 농촌 부문에 대한 순수 국고지원액 약 62조의 약 2배에 달하는 막대한 지원이다.

계획집행에 따라 농림부에서 기대하는 농업 및 농촌 그리고 농민들에 대한 각 부문의 개선 내용은 다음과 같다[표 Ⅲ-26]. 사업 이후 농림부에서 기대하는 주요 지표의 기대치를 살펴보면, 첫째, 규모화된 전업농 중심으로 재편(예: 평균 6ha 이상의 쌀전업농 50%선, 축산전업농이 전체 사육 비중의 85% 등), 둘째, 농외소득비중이 계획이 완료되는 이듬해인 2013년에는 선진국 수준인 67%에 도달하며, 이 기간 중 직접지불금도 2003년 6천7백억에서 2008년 2조6천억으로 확대할 예정으로 있다. 셋째, 농촌 지역개발과 복지여건 향상, 그리고 농촌 지역 내 자본과 산업유치로 농촌 지역 인구 비중을 현재와 비슷한 17%에서 20%선으로 유지하는 것을 목표로 하고 있다. 종합하면, 현재의 계획안이 실현될

표 III-25. 농업-농촌 투 · 융자 계획안 내역 (단위: 원 억, %)

분야	2003년		2004-2008년		연 평균 증감률
	규모	비중	규모	비중	
농업 체질 강화 및 경쟁력 제고	2조4390억	31.7	18조4530억	36.5	11.4
소득 및 경영안정 강화	1조5560억	20.2	12조9240억	25.6	12.6
농촌복지 증진 및 지역개발	5570억	7.2	6조1400억	12.2	19.0
농산물 유통 개선	6370억	8.3	4조9990억	9.9	2.7
농업생산기반 정비	2조5150억	32.6	7조9980억	15.8	-9.1
합계	7조7040억	100	50조5140억	100	7.8

표 III-26. 투 · 융자 계획에 따른 농업 농촌의 변화상 (단위: %)

구분	2002년	2008년	2013년
농가 가구 수 (단위: 호)	128만	99만	80만
전체 가구 중 농가가 차지하는 비율	7.5	4.8	3.4
농업 국내총생산(GDP) 중 쌀이 차지하는 비율	33	30	25
도시 근로자 소득 대비 농민소득 비율	90	104	105
전체 인구에서 농촌 인구가 차지하는 비율	20	18	17-20

출처: 농림부 보도자료(2005)

경우 2013년 농가 1인당 소득은 도시근로자의 105% 정도가 될 정도로 살기 좋은 농촌으로 바뀔 것이라는 낙관적인 전망을 제시하고 있음을 알 수 있다.

(3) 투 · 융자 계획의 평가

119조 투 · 융자 계획은 UR 이후 지난 10년 동안 집중적으로 투자되었던 농업생산기반정비부분이 대폭 삭감되고 농촌 복지-지역개발, 소득-경영안정 등을 중심으로 한 대책이 주요 골격을 형성하고 있다. 이것은 최근 농림부가 표방하고 있는 '농업정책에서 농촌 정책'으로의 전환에 따른 실행내역으로 간주될 수 있다.

하지만 현재의 투자액 편성은 그 실상을 들여다보면 UR협상 타결 직후 발표된 '농업경쟁력 강화 10개년 계획'(1994년)과 일부 변화에도 불구하고 시장실패적 공간과 산업이라는 시각에서는 큰 차이점을 보이고 있지 않은 것이 현실이다. 여타 부문에 대한 계획은 집행상의 오류가 존재하지 않는 한 사회 · 경제 · 정치적 이유로 시행해 볼 필요가 있다고 판단된다. 하지만 현행 계획에서 가장 높은 비중이 책정된 농업 체질강화 및 경쟁력 제고를 위해 투입되는 부문은 문제이다. 현재 투 · 융자의 대부분이 농가에 대한 직접지원으로 구성되어 있는데, 이것의 상당 부분은 과다한 농가 부채를 경감하기 위한 대책이다.

하지만 상기 부문에 대한 대폭적인 투자는 투 · 융자의 주요 대상인 농가의 시장경쟁력 제고가 이루어지지 않는 한 지난 10년간 농가부채가 확대된 비율(1994-2003 기간 중 2.5배(농가당 약 2천만원)) 이상으로 증가할 가능성을 배제할 수 없다. IMF 이후 정부가 내수 진작을 위한 주요 수단으로 신용카드 사업을 확대함으로 인해 주로 저학력의 도시빈곤층 채무자가 급증했다는 사실에 유의해야 한다. 이러한 경향은 도시빈곤층 대비 상대적으로 저학력의 농민들에게 더욱 문제점으로 작용할 가능성을 배제할 수 없다. 따라서 정부의 초기 생각대로 투 · 융자 부분에 대한 지원은 엄정한 선택과 집중의 원칙이 적용되는 것이 옳다고 판단된다. 하지만 이러한 경직성으로 인해 예산 대비 수혜 농민의 수가 적게 나타나는 등 농민단체의 반발이 노정되고 있고 융자부분을 사업비로 전환해달라는 요구도 제시되고 있는 것이 현실이다.

직접지불제는 단기적으로는 농가소득 안정을 목표로 하고 있지만, 장기적 측면에서 농지의 휴경을 통해 유사시(국제시장에서의 식량가격 인상 등)에 대비한 식량안보를 유지할 수 있다는 측면에서 현재의 계획이 유지 또는 확대될 필요가 있다. 특히 상기의 목적달성을 위한 다양한 직불제는 현재 WTO체제하의 농업협상에서 공세적인 국가들(미국 등 케언즈 그룹)이 자국의 농민 보호를 위해 채택하고 있는 사항이다. 또한 현재 대체 작목 이식을 통한 소득증대 등 농가소득 증대를 위한 이중의 효과가 있을 것으로 기대된다.

현 단계에서 농업농촌 투 · 융자 계획에 있어 부처 이기주의로 인해 가장 큰 시행상의 문제가 노정되고 있는 분야는 '농촌 정책'의 핵심이라 할 수 있는 지역개발 분야라고 할 수 있다. 기타 농정사업이 주로 농림부 단독 또는 일정 정도 위계가 형성되어 있는 지방자치단체와의 관련성하에 시행되는데 반해, 농촌 개발사업은 각 부처별 사업에 대한 조정기능이 부재한 가운데 개별 부처가 독립적으로 사업을 시행하는 데서 많은 문제점이 발생한다.

4. 농촌 개발사업의 현황

(1) 권역별 농촌 개발사업 현황

[표 Ⅲ-27]에서 보듯이 중앙 정부의 권역단위 개발사업은 농림부, 행자부 그리고 해양수산부의 사업으로 구분될 수 있다. 행자부의 사업은 그 연원이 매우 오래된 것으로 소도읍육성사업의 경우 1972년부터 시행되어 왔으며, 접경지역개발사업을 포함한 오지개발사업도 현재 시행되고 있으며, 국가균형개발사업의 일환인 신활력사업은 2004년 계획되어 2005년부터 시행되고 있는 사업이다. 해양수산부의

표 Ⅲ-27. 참여정부 당시 중앙 정부의 권역 단위 개발사업

주관	사업명	지원규모	사업 특성
농림부	농촌마을종합개발사업	권역당 70억원,(국비 80%, 지방비 20%) 2013년까지 1000개 조성	상향식 개발사업, 소득증대 및 정주기반 확충 등 종합개발사업,
	정주권개발사업	면당 3~5년간 30억원, 총 800개 정주권 면 대상, 2010년까지 233개 착수	정주기반 확충, 2004년까지 지방양여금, 2005년부터 균특회계
행정자치부	소도읍육성사업	권역당 연간 30억 (100억원/3년 수준, 국고)	정주기반 확충, 1972년부터 2004년까지 읍지역을 대상으로 실시
	오지종합개발사업	권역당 50억원 수준 (총399개 오지면 대상)	정주기반 확충
	신활력사업	전국 234개 지자체 중 70개 시와 군, 낙후도에 따라 3년간 20-30억원 지원(평균 70억원)	종합개발사업, 소프트웨어 개발에 중점, 조기졸업제 및 인센티브제 도입
해양수산부	어촌종합개발사업	권역당 평균 35억원	소득기반 정비 등 종합적, 어선계류, 직판장 설치 등

어촌종합개발사업은 어선계류장 설치 및 보강이나 직판장 설치 등 어촌의 기반시설 보강을 통해 광역적 어촌의 기반 정비 및 이에 따른 소득 증대를 도모하는 사업으로 구성되어 있다. 농림부의 경우 권역 단위의 사업은 농업농촌 투·융자 119조 사업의 일환으로 2004년 시작된 농촌마을종합개발사업과, 2006년부터 시작되는 면단위를 대상으로 한 정주권개발사업으로 구성되어 있다. 부처 간 협의 과정이 전혀 없는 이들 권역 사업 모두가 문제점을 가지고 있으나 이들 중 농림부의 농촌종합개발사업은 단일 사업으로는 가장 많은 문제점을 노정하고 있다.

1) 농촌종합개발사업의 규모 축소

최초 계획안에서 2013년까지 1,000개 권역에 대한 7조 규모의 사업시행을 계획했던 농촌종합개발사업은, 2006년 농림부의 중기재정계획 변경(안)에 의하면 현재 2010년까지 220개 권역으로 축소하는 것을 기본 골자로 하고 있어(농림부, 2006) 최초 계획량 대비 최소 1/3로 축소될 것으로 예측되고 있다. 이러한 축소의 주요 원인은 첫째, 계획 수립에 따른 전문가들의 비판(사업 내용과 농촌정비 목표의 부적합, 사업지구의 효율성, 지구의 적정성, 사업비의 과다 등)과 감사원, 예산처 등 정부 관련 부처의 비판에서 기인하는 것으로 판단된다.

두 번째 요인은 2005년 대통령의 지시에 따라 새로이 '농촌복합생활공간 조성' 등과 같은 사업이 신설되면서 신규 예산의 필요성이 생긴 데 따른 것이다. 셋째, 사업 3년차인 2006년에도 여전히 사업의 방향성이 명확하지 못한 데 따른(2005년부터 예비타당성 평가의 시행, 2006

년 평가항목의 신설 등) 사업 성패에 대한 불안감으로 농림부 내 사업 축소에 대한 요구가 강하다는 점과 담당 공무원들의 자신감 결여도 큰 문제인 것으로 판단된다. 이로 인해 전원마을 조성사업, 녹색농촌체험마을사업, 면단위개발사업 등 상대적으로 적은 예산이 책정된 사업부문에 사업 분량이 확대되고, 농어민 복지부분에 추가적인 사업비가 배정되는 등 순수 농촌 개발을 중심으로 한 지역개발 사업비는 전반적으로 축소될 것으로 우려되고 있다.

2) 농촌종합개발사업 시행상의 문제점

실제 사업시행의 효과에 대한 판단도 없이 사업규모가 대규모로 삭감된 것은 정부 사업 역사상 전례가 없는 것으로, 이것은 농림부 7조 사업이 얼마나 부실하게 계획되었는가를 반증하는 사례라고 할 수 있다. 선정과정에서의 혼란도 이 사업 축소의 주요 원인인 것으로 드러나고 있다. 예를 들면, 2004년 농특회계에 따른 농림부의 사업지역 주체적 선정, 2005년 균특회계 전환에 따른 선정 지역의 지역별 배분, 2006년 지역별 안배 없이 농림부의 주체적 선정으로 다시 환원 등 재원출처의 변경과 이로 인한 재원 집행의 변경 및 이에 따른 사업지역 주민들의 혼란은 극에 달하고 있는 것이 현실이다.

권역선정의 혼란(현장 및 세미나에서는 1개 법정리 가능에서 농림부의 시-도로 시달된 사업지침에는 3-5개 법정리로 명시 등)은 이 사업 시행의 가장 큰 문제점의 하나라고 할 수 있다. 이로 인해 수많은 권역에서 생활권이 상이한 기이한 형태의 권역이 설정되고 있으며, 이러한 현상은 사업이 시행된 지 약 3년이 경과한 현재까지도 지속되고 있다. 농림부 담당자의 교체(2006년 3월)와 이로 인해 새로이 이 사업을 담당한 공무원들의 이해 부족 및 가치판단의 상이 등은 또 다른 혼란의 단초가 될 가능성이 있는 것으로 판단된다. 또한 예비타당성 평가와 3차에 걸친 사업심사위원회 위원들의 사업 판단 기준 상이와 이로 인해 야기되는 독자적 해석으로 현장에서의 혼란은 매우 심각한 수준에 놓여있다.

다른 한 편으로 "농촌 1개 권역에 수백억을 쏟아도 농촌을 회생시킬 수 있다는 자신을 가진 농림부 공무원이 전무"하다는 농림부 최고위 정책당국자의 인식에서 드러나는 사업 시행에 대한 자신감 결여, 그리고 정책 형성에 있어서 인적 풀의 제한으로 과거의 실패에 대한 경험만을 가지고 있는 인적자원이 대부분 유지되고 있는 것 역시 대규모 국책사업이 표류하고 있는 주요 원인으로 판단된다. 이러한 종합적인 문제로 인해 2005년 현재 재정자립도 전국 6위와 7위 수준인 화성시와 용인시, 그리고 약 30위권이지만 대규모 국책사업이 시행되고 있는 파주시의 권역이 선정되고, 경제적 낙후도 하위 20%에 속하는 자치단체들에 속하는 지역들이 대거 탈락하는 부작용이 생겨났다.

(2) 부처별 체험마을사업의 현황

1) 사업 중복에 따른 문제점

2000년대에 들어오면서 각 부처는 농 · 산어촌 지역의 활성화를 위하여 각종 체험을 중심 테마로 한 다양한 '체험마을사업'을 조성하여 추진 중이다. 그동안 유사한 사업들을 추진하여 사업이 시행되고 있는 농 · 산어촌의 기초생활여건이 상당부분 개선된 면이 있으나, 여러 부처별로 유사한 사업을 시행하다보니 사업이 중복되어 비효율적이라는 문제 제기가 지속되고 있다. 이러한 문제 해결의 일환으로 농림부에서 2004년 11월 행정자치부의 정보화마을을 제외한 각 단위사업에 대한 '농 · 산어촌 체험마을지원사업에 관한 통합지침'을 마련하여 이를 보다 효율적으로 추진하고자 노력해 왔으나 관련 지침은 법적 구속력이 없어 실질적인 통합적 추진에 장애로 작용하고 있는 것이 현실이다.

현재 각 부처에서 진행되고 있는 농 · 산어촌 체험마을 사업은 [표 Ⅲ-28]과 〈부록〉에서 보듯이 그 목적과 내용에서 상당히 유사성을 보이고 있다. 국무조정실의 2005년 연구에 의하면 동일한 생활권과 비슷한 주변 환경을 가지고 있음에도 수혜마을의 주변 지역에 상이한 사업비가(행자부 10억 원, 산림청 14억 원, 해양수산부 5억 원 등) 집행되고 있다.

또한 사업 내용에 있어서도 산림청 사업이 소득기반시설을 위주로 하는데 비해 기타 사업은 체험 기반시설 위주의 사업 집행으로 인한 직접적인 수혜가 적음으로 인해 불만족하는 지역이 존재하는 것으로 나타났다. 특히 농림부와 농촌진흥청 사업의 경우 실제 사업내역은 거의 동일함에도 불구하고 시행주체가 서로 달라서 농민들에게 혼란만 가져다 줄 소지가 있는 것으로 드러나고 있다.

2) 인적/물적 자원에 대한 사후관리 미흡

사업 시행 이후에는 주민들에 대한 지속적인 관리 운영에 대한 교육이 없는 실정이나 최근 농림부의 경우 이러한 문제점에 대한 시정 노력이 이루어지고 있다. 하지만 초기 사업 내용 구상과 실제 사업 운

표 III-28. 부처별 마을 단위 개발사업

주관	사업명	지원규모	사업 특성
농림부	전원마을 조성사업	2~3년간 마을당 30~50억원, 2013년까지 300개소 조성	정주기반확충 (주거환경개선)
	녹색농촌체험마을 육성사업	마을당 2억원, 2013년까지 850개소 조성	도농교류 (소득기반조성)
	농촌복합생활공간 조성사업	2006년(9개소, 31억원), 2007(15개소, 108억원), 2008(3개소, 47억)	2006년 신규사업(대통령 특별 지시), 도시민 대상 정주기반 조성
행정 자치부	농어촌 주거환경 개선사업	빈집정비(동당30만원), 마을정비(지구당 1~3억원)등	주거환경개선(정주기반확충)
	도서종합개발사업	도서당 연간 5억원수준, 총 410개 도서면	정주기반확충
	아름마을가꾸기 시범사업	마을당 평균 20억원	소득증대, 1개 마을단위 종합개발, 사업시행 3년만인 2003년 중단
	정보화마을	마을당 5억원(국비 3.5억원), 2012년까지 280개소 조성	도농교류 (소득기반조성)
문광부	문화역사마을사업	1단계 사업당 1억원, 2단계 마을당 10억원-80억원	문화관광자원개발
농진청	전통테마마을 육성사업	마을당 2억원(국비 50%) 2009년까지 66개소 조성	도농교류 (소득기반조성)
산림청	산촌개발사업	지구당 3~4년간 14억원 수준 2007년까지 153개소	소득기반조성
해양 수산부	어촌체험마을조성	마을당 5억원(국비 50%) 2009년까지 31개소	도농교류 (소득기반조성)
환경부	자연생태우수마을	마을지정 및 홍보	자연 및 환경보전시설 예산 신청 시 우선 배정

영시 발생할 수 있는 여건이 상이한 지역이 존재함에도 사업구상에 대한 사전교육만 존재함으로 인해 실제 운영에 어려움을 겪고 있는 지역이 존재하는 것이 현실이다. 또한 생활편의시설, 체험시설 등과 같

은 물적 시설물들은 근본적으로 시행마을에서 지속적인 유지보수가 이루어지도록 해야 하지만, 실제 운영비용을 충당하지 못하거나 주도적인 역할을 하는 주민들의 부재가 발생하는 마을의 경우 낙후된 상태로 방치될 여지가 존재한다.

3) 사업지역의 지속 및 유지 가능성

일부 지역을 제외하고는 사업 시행 이후 약 2년이 경과한 지역에서도 출산과 같은 자연증가는 물론 외부로부터의 인구유입을 통한 지역유지의 가능성은 극히 적은 것이 현실이다. 또한 체험을 통한 농외소득증대가 주요 목적인데 반해 실제 사업이 이루어진 지역에서의 체험을 통한 소득증대는 극히 일부 지역을 제외하고는 극히 저조한 실정이다. 이것은 녹색농촌체험마을과 농촌전통테마마을에서 제공하고 있는 프로그램이 빈약한 것과 다수 녹색농촌체험마을과 농촌전통테마마을에서 제공하는 프로그램이 비슷하여 도시민들의 지속적인 방문 여력이 반감된 것에 기인하는 것으로 판단된다. 본 연구자의 이러한 판단은 관계 부처의 홍보와는 상이한데, 이러한 상이성은 다음에서 다루어질 평가지표의 문제와 대상 지역의 상이성에서 기인하는 것으로 여겨진다.

4) 마을주민들의 정부지원사업 의존성 심화

명시적으로 나타내고 있지 않지만 이 사업을 포함한 모든 농·산어촌 체험마을 사업의 목적은 사업 시행 이후의 마을의 독립적 유지 및 성장이다. 하지만 사업이 시행된 마을 주민들의 정부지원에 대한 의존성은 더욱 심해지고 있고 이러한 경향은 농림부가 성공이라고 자평하는 스타마을의 경우에도 동일하게 나타난다. 따라서 평가와 심사 등을 통해 마을의 실제 현실을 이해하는 사람들은 냉소적인 평가를 하는 경우가 상당수 존재한다.

5) 사업비의 비목 및 지원액 상이에 따른 마을체험사업의 문제

사업 내용에 있어서 권역사업 위주의 지원이 이루어지고 있는 것처럼 보이지만 실질적으로는 개인(가구)별 지원금으로 사용되고 있는 곳이 상당수에 이르고 있는 것이 현실이다.

이러한 실질적인 개인(가구)별 보조금 성격의 지원은 동일한 생활권역에서 농림부나 행정자치부, 그리고 농촌진흥청 사업의 수혜 마을과 비교하여 정책에 대한 불신을 낳을 소지가 다분히 존재한다. 지원금액에 있어서도 산림청 사업의 경우 농림부와 농촌진흥청 사업에 비해 현저히 높은 수준을 유지하고 있음으로 인한 반목 조성이 우려되고 있는 것이 사실이다.

5. 부처별 농촌 개발사업의 종합

(1) 참여정부 국정방향과의 정면 배치

행정리를 기준으로 볼 때 약 1만 개가 넘는 전국 농촌 지역에 대한 부처별 사업지역 선정과 유사한 성격을 가진 사업비의 집행은 선택과 집중이라는 정부 사업비 집행의 원칙에도 배치되는 비효율성을 낳고

있다. 이것은 분권, 분산, 분업이라는 3대 국정기조가 최소한 정부 각 부처에서 실시되고 있는 농촌 개발사업과는 유리되고 있음을 반증하는 것이다. 또한 대부분의 농촌 개발사업이 2005년 이후 균특사업으로 회계가 전환됨에도 불구하고 자치단체가 소관사업으로 인식하고 있는 경우는 거의 없다. 이것은 사업선정에서부터 사업비 집행까지의 모든 절차를 개별 부처가 정하고 있는 지침에 의존하고 있는데 연유한다. 주로 보조금 성격의 이러한 사업이 완료되었을 때의 상황은 주인의식의 부재로 인해 대부분의 시설물들이 노후된 상태로 방치될 가능성이 농후하다 하겠다.

(2) 제로섬게임으로의 귀결

참여정부 당시 정부 각 부처에서 계획되었던 농 · 산어촌을 대상으로 한 마을 또는 권역단위의 농촌 개발사업은 약 4,000개에 달하고 있다. 권역 사업(농림부의 농촌종합개발사업, 행자부의 신활력사업 등)이 약 3-5개의 행정리를 포괄하고 있다는 점을 감안하면 전국적으로 약 8,000-10,000개의 마을이 사업에 참여한다는 의미다. 하지만 대부분의 사업이 체험을 중심으로 한 농촌관광사업을 사업 내용에 포함하고 있다. 전국의 모든 농촌 지역이 체험을 중심으로 한 관광지역으로 변모하고 있어 차별성을 부각할 수 없을 가능성이 많다. 또한, 각 부처의 무계획적인 계획의 진행은 최근 농촌관광을 통해 성공적인 사례가 되고 있는 일부 지역의 경쟁력도 약화시킬 가능성도 배제할 수 없다. 수도권에서의 접근성이 떨어지는 지역, 예를 들면 서천군 등에서는 이러한 현상이 이미 가시적으로 나타나고 있다.

(3) 사업의 통일성 및 연계성 부족

정부 각 부처의 사업 목적 사업별 방향은 표면적 내용상의 일부 이질성에도 불구하고 농촌 지역 주민들의 농업 및 농업외 소득의 증대를 통한 농촌 사회의 지속성 유지라는 단일 목적으로 귀결되고 있다. 하지만 지자체의 각 부서별로 집행되고 있어 사업의 최종 목적과 사업의 내용 사이에 괴리가 나타나고 있을 뿐만 아니라 서로 다른 성격의 사업비 집행으로 인해 주민들 사이의 갈등 소지가 존재한다.

각 부처에서 지원하는 권역단위 사업은 물론 마을 단위의 '체험마을사업' 역시 사업의 목적과 내용에서 중복되는 부분이 상당수 있다. 정보화마을 조성사업은 초기 정보격차해소 목적에서 농 · 산어촌 체험 관광 목적으로 변화됨에 따라, 농림부, 농진청, 산림청, 해수부 등에서 추진하는 각종 테마마을 조성사업과 사업 목적이 동일하다. 이러한 경향은 문광부, 환경부의 경우에도 비슷한데, 농협의 팜스테이(Farmstay), 기타 지자체의 독립적 사업(예를 들면, 강원도의 새농촌사업 등)을 포괄하면 훨씬 많은 사업이 중복성을 가지고 있다.

특히 농촌전통테마마을, 녹색농촌체험마을, 어촌체험마을 등 농어촌체험마을은 사업추진상의 약간의 차이 이외에는 차별성이 거의 없는 것이 현실이다. 농촌전통테마마을, 녹색농촌체험마을, 어촌체험마을 등이 공통적으로 외부 관광객을 유치하고 농특산물을 판매하고 있는 것과 마찬가지로, 정보화마을 사업의 핵심 내용 또한 도시민의 농촌체험 관광 수요를 유치하고 농특산물을 판매하여 농외소득을 증대시키고자 한다는 점에서 사업 내용이 동일한 것으로 나타났다.

(4) 공간상의 중복

공간적으로는 농촌(녹색농촌체험마을, 농촌전통테마마을) · 산촌(산촌종합개발사업) · 어촌(어촌체험관광마을) 마을은 대상지역이 농촌, 어촌, 산촌으로 중복이 없는 것처럼 보이지만 실제는 지리적으로 최인접 지역에서 유사한 사업이 존재하는 것이 현실이다. 특히, 정보화마을은 농 · 산어촌 모두 해당되어 농림부, 농진청, 산림청 등의 사업과 공간적으로 중복되고 있다. 녹색농촌체험마을(농림부)과 농촌전통테마마을(농진청)은 모두 농촌마을을 대상으로 하고 있으며 중복지원을 피하고 있으나 지리적 인접성은 여전히 존재하고 있다. 하지만 농림부의 권역사업이라 할 수 있는 농촌종합개발사업은 이들 지역을 모두 포괄하고 있어 현재 진행되는 권역 중 중복되는 지역이 상당수 존재하고 있다.

중복지원 자체는 문제가 될 수 없으며 오히려 투자의 집중은 긍정적인 집적의 효과를 낳을 수 있다는 측면에서 오히려 권장할 필요가 있다. 문제는 이러한 투자가 큰 틀에서 우리나라 농촌 지역개발의 올바른 방향인지 여부를 가름할 수 없다는데 있다.

(5) 조정 · 연계의 부재

농 · 산어촌 테마마을 사업 간 중복 문제를 해결하고자 '농 · 산어촌 체험마을 지원사업에 관한 통합지침'(2004.11)을 제정하였으나, 행정자치부의 정보화마을은 현재 대상에서 제외되었다. 하지만 행자부 사업 중에 이미 종료된 '아름마을' 사업은 포함되고 있다. 현재 「농림어업인의 삶의 질 향상 및 농 · 산어촌지역개발촉진에 관한 특별법」 제

5조 및 제6조에서 규정한 '농림어업인의 삶의 질 향상 및 농 · 산어촌 지역개발기본계획' 및 시행계획을 통하여 부처 간 유사 중복사업에 대한 조정 통합을 유도하고 있으나, 기본계획 및 시행계획은 각 부처의 개별사업을 취합하는 수준에서 이루어져 실질적인 조정이 이루어지지 않고 있는 것이 현실이다. 개별부처가 유사한 사업을 동시에 지원하고 있음에도 불구하고 지원사업의 초기단계에서 조정되지 못하여, 중복 · 유사 사업의 조정 및 통합을 통한 시너지 효과 모색이 결여되고 있다. 또한 사업이 진행된 이후에도 이들과 유사한 목적을 지닌 사업을 통합하여 시너지 효과를 낼 수 있는 체제를 갖추지 못하고 있다.

6. 농촌 개발사업의 개선 방안

(1) 사업 통합 및 창구의 단계적 단일화

1) 1단계: 부처내 사업의 원칙 수립에 따른 사업의 통일성 확보 (단기, 1년)

부처별로 지원하는 농촌 개발사업은 특히 농림부와 행정자치부의 경우 '왜' 어떤 지역에는 권역사업이, '왜' 어떤 지역에는 마을사업이 집행될 필요가 있는가에 대한 원칙이 없다. 따라서 개별 부처에서 지역별, 사업 목적별 원칙을 완비하여 농림부와 행정자치부의 경우 개별적으로 시행하고 있는 농촌 개발사업이 진행될 수 있도록 해야 할 것이라 판단된다.

2) 2단계: 마을 단위 체험마을사업 선정의 통합 창구화 (단기, 2-3년)

농림부가 주관해 온 체험마을 사업의 경우 통일된 준비 없이 추진되어 다른 부처의 농 · 산어촌 체험마을에 대한 악영향을 야기하고 있는 대표적 사업 유형이다. 따라서 현재 사업의 유사성이 가장 두드러지게 나타나고 있는 농촌체험마을 사업은 현재 운영되고 있는 부처간 협의회의 활용을 통해 지역별, 사업 내용별 구분이 가능하도록 할 필요가 있다.

3) 3단계: 전 부처 농촌 개발사업 선정 및 집행의 통합 (중기, 4-5년)

현재 농 · 산어촌 지역에 계획되어 있는 다양한 정부 부처들의 농촌 개발사업은 한마디로 '불필요한 지역에 대한 중복지원'에 따른 예산의 비효율적 집행 및 '나눠먹기식 분산지원'에 따라 발전 잠재성이 있는 지역의 사장화라는 폐해를 야기할 가능성이 많다. 농 · 산어촌마을 지원사업은 사업 목적과 사업 내용의 측면에서 유사하기 때문에 이들 사업을 전체적으로 통합하여 추진할 필요가 있으나 사업의 역사와 성격, 그리고 부처이기주의로 인해 성사될 가능성이 없다고 판단된다.

따라서 최소한 사업계획 및 선정 단계에서의 통일성이 이루어질 수 있도록 단일 부처 또는 위원회에서 총괄하고 사업의 집행과 책임은 개별 부처와 지자체에서 담당하도록 관련법을 개정하여야 할 것이다. 이러한 원칙은 특히 정부가 광역자치단체별로 상정하고 있는 지역특화산업의 개발, NURI(New University for Regional Innovation), 제4차 국토

종합개발계획에서 설정된 광역개발권역 등과 같은 상위 개발계획에 부합될 수 있도록 해야 함은 물론이다. 하지만 이러한 고려가 농촌 개발사업에서는 전무한 것이 현실이다.

(2) 사업의 다양성과 연계성의 원칙 구비

'분권'을 통한 지방자치제의 농촌 개발 역량 강화 및 '선택과 집중'에 따른 경제적 효율성 제고 그리고 농촌 지역의 발전 수요에 대한 '다양성'의 원칙이 지향되도록 해야 한다. 따라서 전국적으로는 농촌 개발사업이 약 3,000개 마을 또는 권역에서 시행될 수 있도록 지원 범위를 축소할 필요가 있다. 사업비는 약 5-6억 규모의 1차 사업과 약 10-20억 규모의 2차사업, 그리고 50-70억 규모의 3차 사업으로 규모화와 연계성을 고려하여 시행하는 것이 바람직하다고 판단된다.

1차 사업은 '다양성의 원칙'이라는 기조하에서 농산어업생산기반 지원형과 농 · 산어촌 관광체험기반 지원형으로 분리하는 것이 효율적이리라 여겨진다. 2차와 3차 사업은 1차 사업지역의 사업성과에 대한 판단 이후 '연계성의 원칙'하에서 이루어지도록 하는 것이 필요하다. 즉, 권역규모와 1차 사업시행 이후 드러난 지역의 발전가능성 및 잠재력에 의해 결정될 수 있도록 하는 것이 연계성의 원칙은 물론 경제적 효율성을 담보할 수 있을 것으로 판단한다. 따라서 1차지역의 수는 약 3,000개 지역으로 설정하며 2차와 3차 사업으로 연계되는 지역의 총수는 약 2 000개 지역을 넘지 않도록 할 필요가 있다.

특히 시행에 있어서는 '분권'의 원칙에 따라 지자체가 대부분의 농촌 개발사업을 집행하는 것이 가장 바람직하다. 독립적인 사업수행 경험이 적은 현재 시 · 군 단위 자치단체의 역량을 고려하여 초기에는 1차 사업의 일부, 이후 1차 사업 전부, 그리고 사업결과 및 그 평가에 따라 2 · 3차 사업을 지자체에서 수행하는 방향으로 단계적으로 사업을 이양하는 것이 바람직할 것으로 판단된다.

(3) 사업 시행부처에 대한 성과지표의 현실화

기본계획 및 시행계획의 추진실적에 대한 평가를 실시하고, 그 결과를 환류시켜 사업관리자 및 지원마을의 책임성을 높이고 부실하거나 성과가 부진한 정책을 퇴출시키는 제도의 운영은 이 사업의 성패를 가름하는 주요 요인으로 생각된다. 2005년 이래 정부 각 부처는 사업부서별로 목표 지표를 설정하도록 하고 매년 그 결과에 따른 성과를 평가하고 있으나 모든 부처에서의 농촌 개발사업을 담당하고 있는 해당 실 · 국별 지표의 설정이 농촌 지역의 지속가능성이라는 본연의 취지에 부합하고 있지 못한 것이 현실이다.

농 · 산어촌 체험마을 및 모든 농촌 개발사업을 시행하고 있는 정부 각 부처는 평가에서 사업실시 지역에 대한 '인구의 증감'이나 '농산어가별 소득 증감' 또는 '투자액 대비 농산어가의 소득 증감'과 같은 실질적 지표를 채택한 부처가 하나도 없다. 현재 각 부처의 실-국에서 설정하고 있는 지표는 대부분 사업 실시 권역 수, 방문객 수, 농축산물 매출액 등과 같은 수행지표로 설정되어 있어 보다 정확한 국가의 정책 목표에 부합하는 지표의 역할을 하지 못하고 있는 것이 현실이다.

각 부처별로 소개하고 있는 일부 소수 성공적인 지역에 대한 산발적 언론 및 자체홍보는 농촌 사회의 지속성 유지라는 실질적 정책 목표에 부합하는 것이 아니며 일부의 사례를 통해 전체적인 문제점을 일시적으로 가리는 것에 지나지 않는 것으로 판단된다. 사업 시행 지역에 대한 '인구의 증감'이나 '농산어가별 소득 증감' 또는 '투자액 대비 농산어가의 소득 증감'과 같은 실질적 지표를 사업 부서별 목표 지표로 설정하는 것은 담당 부서 및 공무원의 책임감을 제고시킬 뿐 아니라 실질적인 정부 정책 목표와도 부합하는 것이라 하겠다.

7. 결론: 지역개발정책 및 농촌 정책 방향

개발 또는 계획(planning)이 가지고 있는 내재적 특성은 미래지향적(future-oriented)이라는 데 있는데, 우리나라 농촌과 같이 그 변화의 방향성이 명시적일 경우 미래에 대한 예측 및 이에 기초한 지역개발정책의 수립은 필수적이라 하겠다. 하지만 현재 정부 부처별로 무분별하게 이루어지고 있는 농촌 개발사업은 정부가 기대하고 있는 장밋빛 농촌의 건설과는 달리 개별 사업의 효율성 악화는 물론 UR 이후 10년의 실패를 반복하지 않을까 우려된다. 1992년 UR 이후 등장한 십 수년 간의 정부정책이 주로 반시장적 정책 위주로 편성되었다면, 2008년 출범한 이명박정부의 정책은 시장위주의 정책의 전환을 도모하고 있다. 이러한 시도는 다음에서 설명하는 새로운 세계질서로의 전환을 도모하는 정책형성에 도움이 되리라 기대된다.

(1) 지역개발정책 방향

새로운 경제체제에서의 부의 생성 및 활용의 변천은 탭스콧과 윌리엄스(Tapscott and Williams, 2007)가 제시하고 있는 위키노믹스(Wikinomics)에 의해 잘 드러나고 있다. 새로운 세계질서하에서의 성장 및 부의 생성에 원천적인 지식과 정보 생산의 원천에 대한 이해를 설명하는 이 이론에서는 소수가 혁신과 가치창출 및 경쟁수단을 제시하는 이코노믹스(Economics) 시대가 종말을 고하고 성장의 결정적 동인인 정보와 지식 생산 및 이에 따른 부의 생성이 다수에 의해 이루어지는 위키노믹스(Wikinomics) 시대가 이미 도래했음을 알리고 있다.

위키노믹스가 주창하는 대규모협업(mass collaboration)의 원리는 정보의 개방성, 평형성을 유지하는 동등계층생산, 정보의 공유, 그리고 시장 및 행동의 세계화라는 4가지 기본 원리를 추구하고 있다. 이러한 원칙에 기초한 대규모 협업의 사례는 무수히 많은데 예를 들면 마이스페이스(MySpace), 유튜브(YouTube), 리눅스(Linux), 위키피디아(Wikipedia) 등이 우리의 일상생활에서 쉽게 마주칠 수 있는 위키노믹스 시대 협업의 사례라 하겠다. 위키노믹스의 지역정책에 대한 함의는 국가성장을 위해서는 자율성과 창발성을 토대로 지식과 정보생산 그리고 이에 따른 부의 생성이 지방을 비롯한 모든 경제주체들이 공유해야 할 필수요건이라는 점이다.

위키노믹스가 부의 생성 및 원천에 대한 이해를 돕는 이론이라면, 보다 정책형성에 고려해야 할 이론적 추론은 바인호커(Beinhocker, 2007)가 제시한 복잡계경제체계이론이라 할 수 있다. 새로운 세계경제 질서하에서 생산된 지식 및 정보의 집행에 따른 부의 실현에 대한 이해를 구할 수 있는 이 이론에서는 빈곤지역과 지역 간 불평등은 부유한 지역의 착취에 의한 가능성(좌파적 진단)과 인적, 물적 지역역량의 부재에 의한 가능성(우파적 진단) 모두에 귀결된다고 설명한다. 따라서 공공정책의 형성을 위해서는 '지식의 조정'과 '완벽한 합리성'에 대한 가정에 기초한 좌파적 시각과 '시장의 비효율성'과 '시장만능주의'에 대한 가정에 기초한 우파적 시각 모두에 대한 포괄적 시각이 필요하다는 것이 복잡계경제학의 주장이다. 따라서 지역 간 격차와 같은 문제해결을 위해서는 '시장'과 '정부' 모두의 기능이 필수적임을 함의하고 있는데 이 이론이 실용적인 정치적 사고인 '제3의 길'과 구별되는 점은 자본주의적 수단을 사회주의적 목적을 위해 사용하는 정치논리가 아닌 경제학적 이론에 기반하고 있다는 점이다.

향후 우리나라 지역개발정책의 방향은 위키노믹스시대의 지식 및 자본 생산이 가능한 방향으로, 복잡계경제학의 실천적 정책방향이 이루어질 수 있는 정책이 이루어져야 할 것으로 판단된다. 이러한 논의는 시장계획적(Market Planning) 지역개발정책이 이론적 측면에서 가장 부합한다고 할 수 있다. 시장계획적 지역개발정책에 대한 이론적 논의는 바이토, 리차드슨, 고든(D. T. Beito, H. W. Richardson, P. Gordon) 등 미국과 유럽의 진보적 계획가들이 제시하는 도시 및 지역계획이론(Beito et al., 2002)으로 정부의 정책형성은 시장이 작동할 수 있는 정책 개입(planning that market can work)에 한정한다. 시장계획적 계획은 다음의 3가지 원리에 기초하고 있다. 첫째, 중앙 정부는 시장체제가 작동할 수 있는 정책형성에 주안점을 둔다. 즉, 민간부문의 활성화가 가능한 방향으로의 정책 개입이 가장 최선의 정책임을 인지한다. 둘째, 중앙 정부의 지방정부에 대한 지원은 철저히 경쟁의 원칙하에 이루어진다. 기본분배는 가능한 한 최소화하고 대신 지방의 역량에 기초한 자원의 배분을 통해 최선의 지역정책 형성이 가능하도록 한다. 셋째, 권한과 재원의 대폭적, 실질적 이양을 통해 지방의 역량 제고를 도모한다. 중앙 정부의 정책형성은 최소화하고 지방의 문제를 스스로 해결할 수 있는 방향으로의 정책을 도모한다.

(2) 농촌 정책 방향

참여정부 이후 이명박정부가 취하고 있는 '농업정책에서 농촌 정책으로'의 변화 방향은 지지부진한 편이다. 지금부터라도 농촌 정책의 맥락을 가다듬고 시장경쟁체제에서도 가치가 구현될 수 있는 농촌 내재자원에 대한 잠재적 기능의 현재적 기능화에 대한 의미로 구체화되어야 한다. 이것은 공공재적 시장의 구성(planned market)이라는 전통적 시장개입적 시각에서, 시장이 작용할 수 있는 정책 개입(market planning)으로의 전환을 의미하며, 내재화된 농촌공간의 재화 및 용역에 대한 시장가치를 구현할 수 있는 접근 방식을 의미한다. 시장가치를 인정받지 못했던 농촌공간이 축적하고 있는 다양한 공공재적 재화는 최근 시장에서 그 가치를 구현할 수 있는 적기를 맞이하고 있다.

하지만 여전히 농촌-농업에 대한 시장실패적 시각에서의 정책이 주류를 이루고 있는 것은 장기적 측면에서의 우리나라 농촌-농업의 발전과는 유리된 것으로 판단된다. 상기의 염려와 계획 실행상의 난맥상 등의 연유로 UR 이후 지난 10년 간 정부 농업정책의 주요 축을 담당했던 서울대학교 정영일 교수 역시 현재의 계획이 '잃어버린 10

년의 경험을 반복하게 아닌가 하는 우려'를 표시하고 있는 게 사실이다(조선일보 11/12, 시론).

이번 기회가 실질적으로 농업 및 농촌의 구조조정을 실행할 수 있는 마지막 기회라는 것이 대다수 농업 및 농촌관련 전문가의 견해다. 따라서 현재의 계획보다는 보다 실질적인 측면에서 '농업정책에서 농촌 정책으로'의 전환에 부합되는 안이 필요할 것으로 판단된다. 또한 실제 정책집행의 방향은 시장에서 작용할 수 없는 부문에 대한 투자보다는 농촌 지역이 경쟁력 있게 작용할 수 있는 방향으로의 정책 시행이 필요하다.

앞서 언급했듯이 현재 계획의 다수를 점유하고 있는 부문은 역시 비시장적 정책이다. 이것은 과거에도 그랬지만 농촌 및 농민이 시장에서 경쟁력을 확보하지 못할 것이라는 전제에서 제시된 것이다. 하지만 시장으로 진입할 수 있는 여건이 주어질 경우 시장에서 성공하는 농민과 농촌이 생겨날 수 있음을 청매실농원의 홍쌍리여사 등과 같은 최근의 사례는 보여주고 있다.

따라서 현재 계획되어 있는 전체 금액은 농촌-농업 부문에 투자하더라도(정치적 이유로) 그 내용은 달라져야 한다. 특히 농업생산기반 정비 부문과 농업 체질강화 및 경쟁력 제고, 소득 및 경영안정 강화 등의 부문은 다른 부문으로 전환하여 농촌의 시장순응적 체질 강화를 도모해야 한다. 생산기반정비 및 소득 및 경영안정강화 등과 같은 부문은 지난 10년 동안 실패한 대표적 사례인 농공단지, 농촌관광사업 등과 같은 비시장적 부문에 대한 투자 또는 채무불이행자의 과다 등으로 귀결될 가능성이 매우 우려되는 사업이다. 농촌 지역개발사업은 더욱 시장지향적인 방향으로 시행되어야 한다. 난립하고 있는 농촌 개발사업이 뚜렷한 미래 농촌상에 대한 공간적 이해가 없다면 현재의 공급자 위주의 정책에서 수요자 중심으로의 과감한 정책전환이 요구된다. 지방자치단체로의 대폭적 이양, 사업 내용의 수요자 설계 및 제안 등이 이러한 수요자 중심으로의 정책이라 할 수 있다. 다음은 시장계획적 정책원리에 기초한 구체적 농촌 정책의 방향이다.

첫째, 농촌 정책에 있어 산업과 복지정책의 분리다. 농업은 시장경제체제에 대응할 수 있는 산업으로서의 기능 제고에 최고의 농정목표를 정립해야 하며, 농촌과 농민에 대한 정책은 사회정책에 따른 복지적 성격의 지원으로 정부의 역할을 명확히 할 필요가 있다.

둘째, 농업의 산업(제조업)화, 기업의 농촌입지를 통한 자립형 농촌 경제기반 구축이다. 규모화된 수출지향형 농기업육성 및 지역경제기반형 농기업 육성을 통한 농업 및 농촌의 경제기반 형성은 필수적이라 하겠다. 이들 기업의 입지는 농촌 지역에서 이루어져 농촌 지역에서 양질의 고용창출이 가능하도록 해야 함은 물론이다.

셋째, 농산품의 국제 경쟁력 확보다. 농수산물 수출을 획기적으로 증진시킬 수 있는 (2006년 현재 23억불) 세계적 농림수산 브랜드를 육성해야 한다. 수출지향형 농기업 육성은 향후 예상되는 FTA/DDA의 타결에 따른 농업분야 교역효과를 극대화할 수 있는 방안이라 하겠다.

넷째, 자생적 농업-농촌 육성자본 육성이다. 농업분야의 경우 2007년 현재 부채 35조를 포함하여 총자산은 약400조(토지자산 약250조) 이상에 달하지만 농업의 연간 총매출은 22조에 불과한 실정이다. 또한 2006년말 현재 농가 가구당 평균자산은 357백만원으로, 전년

(298백만원)에 비해 19.7% 증가한 것으로 나타났는데 이것은 전국 가구 평균자산에 비해 높은 것이다. 따라서 농촌 및 농업분야에서 이러한 잠재자산의 경제성 제고를 기할 수 있는 정책적 고려가 절실하다 하겠다. 이를 위해서는 정부재정소진형 산업 및 공간구조라는 이미지 탈피를 위해 자체 자본으로 농업의 산업화, 기업화를 유도할 필요가 있다. 예를 들면, 부채농가의 경우 일반 기업에 적용되는 농가워크아웃 형태로 농촌 및 농업의 자본을 조성하여 규모화된 농산업을 육성하는 등의 전향적 정책적 고려가 필요하다 하겠다.

마지막으로 정주 여건 향상을 위한 농어촌 지역 교육 환경 개선이 병행되어야 한다. 농촌 지역의 산업기반 형성과 함께 반드시 고려해야 할 점은 교육 환경의 개선이다. 예를 들면 국립대학의 지역할당제를 농촌 지역 시-군 지자체에 실시를 고려할 필요가 있다. 주요 국립대학의 지역할당제 실시는 지자체별로 최소 10인의 국립대학 진학을 보장하는 것으르, 교육적 측면에서의 농촌 지역 기반구축에 획기적 토대를 마련할 수 있을 것으로 판단한다. 경제기반 구축에 이은 교육 환경의 개선은 젊은 층의 농촌 지역 거주의사 및 실천을 대폭 상향시킬 수 있는 방안이라 하겠다.

시장에서 작용하는 원리는 동일한 재원을 가지고 약점에 대한 보완보다는, 시장가치구현이 가능한 기회요인에 대한 집중 투자가 효율성 제고의 최적이라는 점이다. 문제는 정부의 농촌 정책에서 시장가치가 구현될 수 있는 방향으로의 정책 개입이 후발 계획이고, 단기적 소모성 정책이 여전히 주류를 이루고 있다는 점이다. 농어촌 거주민의 환심을 얻기 위한 한시적 정책보다는 미래지향적인 농촌 정책의 도입이 농촌발전에 더욱 필요로 되는 시기다. 도시와 농촌의 연계성 강화, 자본유입에 필요한 농지제도의 정비 등과 같이 도시자본이 시장에서 농촌으로 유입될 수 있는 시장수용적 정책이 더욱 농촌발전에 도움이 된다. 시장체제에서 작용할 수 있는 정책 개입은 갈수록 심화되리라 예상되는 농촌의 공동화와 도시가계 대비 농촌가계 소득 감소를 막을 수 있는 근원적 처방이라 할 수 있겠다.

참고문헌

국무조정실, 2005, 테마마을 정책의 평가.

농림부, 2006, 2007년도 농림예산(기금) 편성방향.

농림부, 2006, 〈농업-농촌의 희망과 미래〉를 열어가기 위한 2006년 주요 업무계획.

농림부, 2006, 보도자료(2월 13일 배포), 농림부 재정기획실 정책기획팀.

지역개발연구소, 2005, 『농촌마을종합개발사업의 발전방향연구』, 전남대학교.

문정호 · 양하백 · 김선희 · 장은교, 2006, 『참여시대 공공계획의 패러다임에 관한 연구』, 국토연구원.

임형백 · 이성우, 2004, 『농촌 사회의 환경과 기능』, 서울대학교 출판부.

장하준, 2007, 『나쁜 사마리안들』, 도서출판 부키.

전은하 · 이성우, 2007, 고속철도가 지역균형발전에 미치는 영향, 『서울도시연구』, 8(4), 73-87,

Beinhocker, E., 2007, *The Origin of Wealth: Evolution, Complexity, and the Radical*

Remaking of Economics, USA: McKinsey & Company, Inc.

Beito, D. T., Gordon, P. and Tabarrok, A., 2002, *The Voluntary City: Choice, Community and Civil Society*, Michigan: The Independent Institute.

Courbis, R., 1982. Measuring effects of French regional policy by means of a regional-national policy, *Regional Science and Urban Economics*, 12, 59-79.

OECD, 2004, www.oecd.org.

Tapscott, D. and Williams, A. D., 2007, *Wikinomics*, USA: Portpolio.

Toffler, A. and H. Toffler, 2006, *Revolutionary Wealth*, New York: Curtis Brown Ltd.

Yamano and Ohkawara, 2000, The regional allocation of public investment: efficiency or equity?, *Journal of Regional Science*, 40(2), 205-229.

〈부록〉 부처별 농촌체험마을사업 비교

사업명	정보화마을	녹색농촌체험마을	어촌체험관광마을	농촌전통테마마을	산촌마을
주무부처	행정자치부	농림부	해양수산부	농촌진흥청	산림청
시행주체	용역사업 형태	지자체	지자체	농업기술센터	산림청
지자체	정보화부서	농정부서	해양수산부서	농정부서	산림부서
사업 목적	정보화에 소외된 농어촌에 초고속인터넷 이용 환경을 조성하고, 전자상거래 등 정보콘텐츠를 구축, 지역공동체 의식을 함양시켜 지역주민의 정보생활화와 실질적인 수익성 창출	도시민의 농촌관광 수요를 유치하여 휴양·체험공간을 제공하여 농외소득 증대	어업체험을 중심으로 어촌의 자연환경생활문화 등과 연계한 관광기반시설을 조성하여 어업인의 어업외 -소득증대	농촌의 전통지식·문화자원을 발굴·활용한 테마마을 조성을 통해 농촌다운 마을환경 조성	산촌지역의 풍부한 산림 및 휴양자원을 활용한 소득원 개발과 생활환경개선사업을 통해 낙후된 산촌을 살기 좋은 마을로 개발함으로써 균형 있는 국가발전을 도모하고 산촌을 산림경영의 거점지역으로 육성
근거법	정보격차해소에관한법률 농림어업인 삶의 질 향상 및 농·산어촌지역 개발촉진에 관한 특별법	농업농촌기본법 농어촌정비법 농림어업인 삶의 질 향상 및 농·산어촌지역 개발촉진에 관한 특별법	농어촌정비법 해양수산발전기본법 농림어업인 삶의 질 향상 및 농·산어촌지역 개발촉진에 관한 특별법	농업농촌기본법 농촌진흥법 농림어업인 삶의 질 향상 및 농·산어촌지역 개발촉진에 관한 특별법	산림기본법 농림어업인 삶의 질 향상 및 농·산어촌지역 개발촉진에 관한 특별법
사업기간	2001 – 2012	2002 – 2013	2002 – 2009	2002 – 2009	1995 – 2007
사업대상	마을	마을	연안시군별 1개마을	마을	마을
마을수	280(39)	123	31	66	153
사업 내용	지역 간 정보격차 해소 및 정보화를 통한 지역경제 활성화, 전자상거래 등 정보화생활화로 주민소득증대, 농촌체험관광기능 강화	농촌관광을 추진하는 마을("행정리, 자연마을, 마을연합"포함)에 대해 주민합의를 바탕으로 마련한 마을협정과 사업계획에 따라 도시민 유치를 위한 마을 공동의 농촌체험기반시설, 마을경관조성, 생활편의시설 등을 지원하여 농촌관광 수용기반 조성	주차장, 마을안길정비, 산책로, 종합안내센터, 다목적광장, 어촌진입로, 진입도로포장, 가로등, 조경식재 및 시설, 수장레저 편의실, 해변광장, 먹거리장터, 야영장	마을 고유의 테마 및 마을별 어메니티 자원의 체계적 발굴, 체험·학습시설, 숙박 및 편의시설 정비, 프로그램개발 및 보급, 교육(마을전문가 양성), 전문가 컨설팅, 홍보 및 마케팅, 캐릭터 개발	농임산물 생산기반시설과 생활환경개선으로 쾌적한 산촌조성, 다양한 산촌자원(자연문화, 관광)을 고려한 특색있는 산촌 개발, 산촌체험 등의 녹색관광 도입으로 농외소득 증대
선정 기준	지역특산물, 관광 등 마을별로 공동의 주제가 있고 전자상거래를 통하여 경제적 이익을 얻을 수 있는 등 수익모델 창출이 가능한 지역	마을 및 인근지역의 관광자원 및 여건, 주민합의와 사업추진의지, 사업계획의 충실성 및 실천가능성을 기준으로 함	사·도(사·군)수산조정위원회의 심의를 거쳐 사·도지사가 대상마을을 선정하되 원활한 사업추진을 위해 사설타당성조사 등 기본계획 및 기본설계를 실시한 마을을 우선적으로 선정	마을 고유의 전통문화자원이 있거나 개발할 수 있는 부존자원이 있어 타 지역과의 차별화와 특화가 가능한 마을, 전체 가구 수의 50% 이상이 농업에 종사하고 친환경농업 추진 의지가 있는 마을	소득 수준이 낮고 생산기반 및 생활환경정비가 시급한 산촌마을, 주변 산촌마을의 중심지로의 기능이 가능한 자연부락중 집단마을, 산촌마을 개발에 대한 주민의 호응도, 참여도가 높은 지역
사업비	개소당 5억원 (국비 3.5억원)	개소당 2억 원 (국비 50%)	개소당 5억 원 (국비 50%)	개소당 2억 원 (국비 50%)	개소당 14억 원
추진기간	1년	1년	1년	2년	3년
전체예산	1,052억원	246억 원	359억 원	112억 원	2,413억 원

IV

농촌 공간의 인식론적 이해

1장. 실학(實學)의 농촌 · 도시에 대한 공간 인식: 생태주의적 관점[1]

생태주의의 출현은 물질문명을 중시하는 서구 산업화에 기초하고 있지만, 그 근본적 원인은 서구문명이 기초한 인식론적 한계에서 찾아 볼 수 있다. 생태위기의 원인에 대해 많은 환경 철학자(생태철학자)들은 서구의 인간중심적 지배적 세계관과 그에 따른 물질적 진보의 개념을 주저 없이 꼽는다(한면희, 1994). 그런데 인간중심적 논의는 존재론적으로 자연과 인간과의 관계설정에 있다. 인식론적 논의에서 서양은 인간과 자연을 존재론적으로 다른 대상으로 파악하며, 인간을 인식주체로 파악한다. 반면 동양의 관점은 인간과 자연을 존재론적으로 분리해서 바라보지 않는다.

인간 이성에 대한 낙관과 자연을 대상화시켜 존재론적으로 파악하는 서구의 인식론적 방향은 자연지배와 이용의 정당성을 인간에게 주었고, 능동적 존재로서 인간은 자연보다 우위에 있는 것으로 설정되며, 자연은 존재론적으로 다른 대상, 물질적 존재로서 파악된다. 반면 동양의 관점에서 자연은 인간과 존재론적으로 다른 대상이 아니며, 자연은 물질을 넘어선 정신적 작용을 하는 존재로 파악된다. 따라서 서구의 인식론적 틀 속에서 자연이용의 폐해는 존재론적으로 다른 대상으로 설정되기에 인간에게 영향을 주는 존재로 파악되지 않지

[1] 본 장은 김정태 · 이성우, 2007, 생태주의의 인식론적 비교: 성리학과 운화론을 중심으로, 『농촌계획』, 13(2), 39-49를 바탕으로 작성되었음.

만, 동양의 관점에서는 존재론적으로 영향을 받는 대상으로 규정된다. 이러한 면에서 자연과의 공존을 모색하는 서구의 생태 개념에 대한 논의는 한계를 안고 있다.

계획분야에서도 생태 개념은 지속가능성 및 생태도시 등의 개념과 관련하여 중요하게 진행되고 있으나, 아직까지 명확한 개념을 도출하지 못하고 있다. 계획의 공간적 적용이 환경과 관련된다는 점에서 현재 생태 개념의 계획적 적용은 자국의 인식론적 논의에 기초할 것을 요구받고 있다. 따라서 서구에서 개발된 생태 개념의 연역적 적용은 한계가 있을 것이라 판단하며, 고유한 인식론의 흐름 속에서 생태 개념이 도출되어야 한다.

그러나 메이(May, 1971)의 연구에서 보여지듯 지역개발분야에 서구의 시각이 많이 침투되어 있다는 사실은 우리나라 지역개발 인식론의 주류적 흐름이 우리의 인식론에 기초하고 있지 않다는 것을 보여준다. 이러한 사실은 동도서기(東道西器)적 관점을 넘어, 서도서기(西道西器)적 방법론이 사용되어 왔음을 의미하며 생태 개념 또한 위와 같은 시각에서 자유롭지 않다고 생각된다. 그런데 새로운 인식론의 전개는 기존의 인식론상에서 전제된 여타의 지식과의 단절을 의미한다. 역사적으로 자유로울 수 있는 민족과 개인은 없으며, 계획상에서도 사회적 인식론과 부합해야 그 논의의 담론이 깊어질 수 있고, 이에 실천성은 보완될 수 있다. 따라서 생태 개념의 한국적 인식론적 전통에서의 고찰은 계획의 실천성과 지역개발의 관점을 제공한다는 점에서 중요하다. 그러나 다양한 전통적 가치관과 서구 가치관이 혼재된 사회적 실재 위에 주류적 지적전통을 설정하는 것은 통사적 관점에서 사리에 맞지 않을 수 있으나 서구의 인식론적 한계에 대한 지적은 동양의 가치관을 대안으로 여기고 있다는 점에서 동양적 인식론 흐름의 표현형인 우리의 인식론적 논의는 중요성을 가진다. 뿐만 아니라 인식론은 사고의 틀로서 인간, 자연 등에 대한 가치관의 근간이며, 이를 통해 배태된 문화가 설정된다는 점에서 전통적 인식론은 연속된 영향력을 가지며, 타 문화소(文化素)를 흡수하여 융합하는 본체라는 점에서 중요하다.

그런데 인식론과 관련된 담론의 논의는 '전통인식론의 설정'에 있다. 전통적 인식론에 기초한 계획분야의 생태 개념에 대한 연구들은 풍수(風水)와 관련된 것이 대다수를 차지하며 풍수의 한국적 변형으로 주로 예를 드는 것은 택리지(擇里志) 등에 기초하고 있다. 풍수는 주역(周易)에 기초하고, 택리지는 유교적 이상을 반영하고 있다는 사실[2]은 논의의 기초가 성리학적 인식론에 있다는 점을 보여준다. 다시 말해서 계획의 실천적 방향설정을 위한 이들의 논의는 포괄적으로 성리학적 인식론의 체계를 구체적으로 형상화한 것이다. 성리학이 주희에 의해 완성되었다는 사실은 전통적 가치관의 논의가 유교에 기초한 오리엔탈리즘으로 생각될 수 있으나, 성리학 논쟁의 역사가 한국사에서 다른 발전을 영위했다는 논거들은 역사적 실체로서 전통적 지적 흐름으로 생각해 볼 수 있다. 지적 흐름의 또 다른 축은 실학에서 찾아 볼 수 있다. '실학=반봉건'이라는 테제에서 출발하는 실학은 최근

(2) 환경결정론적 사고에서 양반의 주거개념에 대한 논의라 볼 수 있다.

에 논란의 대상이 되고 있다.[3] 그러나 성리학의 폐단을 극복하기 위한 사상적 움직임이 역사 속에 실재하였고, 실학자인 최한기는 기(氣) 중심의 인식론을 통해 성리학적 패러다임과 다른 사상체계를 완성하고 있는 것으로 평가받고 있다. 성리학과 최한기의 사상 속에서 전통 인식론을 개진하는 이유는 우리의 사고체계에 준 영향이 클 뿐만 아니라 그것이 우리의 문화 및 역사 속에서 탄생된 것이기 때문이다. 성리학자들 및 최한기의 사상 모두 역사적 개인으로서 우리의 현실 문제를 해결하기 위한 사상적 견해이기에 전통적 인식론으로 생각해 볼 수 있다. 즉 이들의 사상은 조선이라는 역사적 상황맥락에서 형성되었기 때문이다.

이러한 관점에서 본 장은 한국적 인식론에 기초한 생태 개념의 도출을 위한 기초적 논의로서 성리학과 최한기의 운화론(運化論)에 바탕을 두고 서구 생태 개념과의 차이를 인식론적 관점으로 분석하는 것을 목적으로 하였다. 이에 따라 인간과 자연과의 존재론적 의미규명과 욕망에 근거한 개발의 관점을 중심으로 논의를 전개하였다. 뒤이어 계획적 관점에서 생태 개념과 관련된 선행연구를 살펴보고, 지속가능성을 중심으로 서구 인식론의 한계를 지적하였으며 성리학과 최한기의 인식론을 중심으로 우리의 생태 개념과 관련된 인식론의 논의를 고찰하고, 결론을 제시하는 순으로 기술하였다.

[3] 김용옥(1990)은 실학개념의 허구성을 말하고 있고, 한영우 등(2006)의 논의에서는 실학개념의 해체가 강력히 대두되고 있다. 김용옥(2004)은 '측인에 나타난 혜강의 생각'을 바탕으로 실학개념의 역사서술적 개념의 반성과 실학이라는 쿤자의 동일성을 바탕으로 한 의미의 동시성으로 해석하는 오류를 통해 실학개념의 허구성을 주장하고 있다.

1. 선행연구의 인식론적 비판

전영옥 등(2004)은 생태도시에 대한 선행연구를 고찰한 결과를 다음과 같이 말하고 있다.

> 접근 방식에 있어 생태도시 혹은 지속가능성이라는 이상적 개념에 입각한 일반모형을 상정하고서 어느 국가 및 도시에서도 적용 가능한 보편화된 계획지표를 연역식으로 제시하였다. 외국에서 논의되는 가장 앞선 개념이나 지표를 종합함으로써, 즉 장점의 집합체로서 생태도시모형을 제안함으로써 현재 한국도시 환경과의 괴리감을 확대시켰고, 외국도시의 생태기술적 선진성에 경도되면서 우리 도시가 지닌 생태적 장점을 발견하지 못하는 결과를 낳았다(전영옥 · 이상문, 2004:8-9).

위의 논거는 생태 개념의 한국적 적용의 실태를 보여준다. 생태 개념의 계획적 적용인 생태도시와 관련한 대다수의 연구가 공통적으로 지적하고 있는 사실은 '생태 개념의 한국적 정립'의 문제이다. 대다수의 연구는 생태 개념에 대한 한국적 정립을 시도하고 있다기보다 실천방향으로서 생태도시 모형의 구체적 계획원리를 모형에 입각하여 제시한다. 모형은 개념의 정립을 통해 구체화된다는 점에서 우리의 생태 개념을 정립하지 못한다면, 여타의 모형 및 지표는 현실과 괴리된 면을 보여줄 뿐이다. 즉 외국의 연구를 포함한 선행연구들이 제시한 연구 결과를 바탕으로 비판 없는 연역적 추론과 적용의 문제일 수도 있으나, 근본적 문제는 인간과 자연을 포함한 생태적 개념의 인식론적 논의의 부족에 원인이 있다. 바꾸어 말하면 기존의 인식론적 체계가 상정하는 전제를 그대로 담지한 채, 실현을 위한 구체적 방향의 설정에만 집중해 왔다고 할 수 있다. 그러나 개념의 정립이 '체(體)'가 되어야 하며, 계획적 실천방향의 모형, 지표들과의 관계는 '용(用)'의 관계로 설정되어야 한다는 점에서 인식론적 논의를 바탕으로 개념의 정립이 선행되어야 한다.

인식론은 지식의 정당성을 말하는 것으로, 지식을 만들어 가는 체계이다. 인식론적 관점은 인간과 자연을 포함한 세계원리의 이해방식으로 생각해 볼 수도 있다. 그런데 서구와 동양은 자연에 대한 존재론적 논의의 기초가 다르다.[4] 경험론과 합리론의 논의의 기초가 존재론으로서 인간과 자연을 분리하는 이분법적 사고에 기초하는 반면, 동양은 자연과 인간을 존재론적으로 구분하지 않는다.[5] 박상환(2002)은 자연에 대한 서양철학의 근간을 '현존재의 실존', '본질'에 대한 실체론적 설명으로, 중국철학은 유기체적 설명인 관계성으로 본다. 즉 동양에서는 인간과 자연은 관계론으로 유기체적 입장에 있고, 서양의 관점은 자연과 인간을 존재론적으로 다른 개체로서 파악한다.

생태 개념이 인간과 자연의 관계설정에 있다는 점에서 서구와 동양의 위와 같은 인식론적 관점의 차이는 생태 개념이 우리의 사고에 기초할 경우 서양과 다른 개념으로 파악될 수 있는 가능성을 보여준

---

(4) 홍윤순(2002)은 인간과 자연에 대한 사유로 치환하면서 서구사유의 근간을 실재론으로, 동아시아 사유의 근간은 관계론으로 규정하고 있다.

(5) 이기(異氣)의 개념으로 볼 때, 인간과 자연(모든 개체)은 이일분수(理一分殊)와 기일분수(氣一分殊)의 입장에서 동일한 질료를 전제로 한다.

다. 존재론적 관점에서 동양의 사고는 자연과 인간의 존재론적 근원을 동일시하는 반면 서양의 경우는 개체의 존재론적 차이를 인정하는 사고를 견지한다. 따라서 자연과 인간에 대한 분리의 관점이 서양에서 중시된다면, 동양적 사고에서는 자연과 인간의 통합을 상정한다는 측면에서 그러하다. 생태 개념의 핵심적 내용은 자연과 인간의 관계를 설정하는 데 있다고 볼 수 있는데, 흔히 사용되는 '자연과 인간과의 공존' 및 '유기적 관계'라는 말은 표현상의 문제에 국한되는 것일 뿐, 보다 면밀한 의미에서 자연과 인간의 관계는 독립된 개체로서 상호관계를 주고받는 것이 아닌 존재론적 동질성의 의미로 그 내용을 파악해야 한다.

또한 과연 서양은 자연에 대한 존재론적 분리에 따라 자연을 물질의 개념으로만 바라보는가의 문제가 있는데, 자연법사상의 내용을 고찰해 보면, 인간의 도덕적 근원을 서양의 경우에도 자연철학에서 그 내용의 본질을 찾고 있다. 이러한 사실은 선악의 근원으로 자연을 준거로 삼는 동양의 사상과 그 내용적 표현에 있어 동일하다고 할 수 있을 것이다. 그러나 서양에서 논하는 자연은 그 자체로 주어진 실체가 아닌 창조주에 의해 부여된 것이며, 그 자연적 속성은 바로 창조주에 의해 제공된 질서를 논하는 것이다. 반면 동양적 자연은 무신론적 관점에서 존재생성의 근원을 자연에서 찾는다는 점에서 그 의미가 다른 것을 확인해 볼 수 있다. 즉 '법천도 입인도(法天道 立人道)'의 자연법적 의미를 서양의 인식에서도 찾을 순 있으나, 그 의미체가 다르다.

이상과 같이 자연과 인간과의 의미가 다름에도 불구하고, 전통적 인식론에서 생태 개념을 찾아보는 시도를 어렵게 하는 것은 근대성의 기준이 서양에서 기인하기 때문이다. 이러한 시각은 전통적 지적 흐름의 전통을 찾는 과정 또한 어렵게 한다. 최한기에 대한 대부분의 연구는 실학개념을 통해 설정된다. 주된 경향은 기학을 완성했고, 경험주의적 연구경향을 보인다는 점이다. 근대성의 개념이 서구의 가치에 의해 지워지면, 기(氣)를 중심으로 개체사물에 대한 탐구를 통해 자연과학적 인식토대를 완성했다는 점이다. 이러한 연구경향은 박종홍(1965)의 연구 결과에 바탕을 두고 있고, 현재의 대다수의 학자들 또한 최한기를 경험주의자로 판단하는 것이 대다수다. 그러나 경험주의자로서 최한기는 김용옥(2004)의 경험개념을 통해 비판받고 있다.

그러나 최한기의 기학(氣學)적 체계는 경험주의자로서, 근대적 인식론을 전개하기 보다 이(理)중심의 성리학적 패러다임을 기로 변화시켰고, 기존의 성리학자들과 달리 기중심의 인식적 체계를 사상전체에 전반에 흔들림 없이 개진한다는 점이다. 서경덕, 임성주와 장재는 그에 앞서 기중심의 인식론을 논파했으나, 서경덕과 임성주는 본성과 관련하여 이(理)중심으로 회귀하였으며, 장재는 최한기와 자연에 대한 본성의 파악에서 현격한 입장차를 보인다. 박희병(2003)은 최한기 사상의 한계를 지적하고 있는데 보다 중요한 것은 최한기의 사상사적 맥락이 조선후기의 사회적 환경을 근간으로 서양의 철학적 영향에 의해 완성된다는 것이다. 즉 그가 성리학적 기학을 바탕으로 서구철학을 융합했다는 사실이다. 이러한 점은 현재 우리가 처해 있는 인식론적 혼란과 동일한 사회적 실재를 보인다는 점이다. 따라서 서구 물질문명과 동양적 유기체적 관점의 공존을 그에게서 볼 수 있다.

성리학(性理學)적 관점에서 부정하는 욕망(인간생존의 필요에 의한 것)을 긍정했다는 점에서 개발행위와 자연과의 조화로움을 볼 수 있는 사상적 내용을 견지하고 있다.

2. 서구 인식론을 통해 본 지속가능성과 생태 개념의 한계

본 절은 서구 인식론을 중심으로 지속가능성 및 생태사상을 인식론적 입장에서 비판하는 것을 목적으로 하였다. 이를 통해 지속가능성 및 생태주의에 대한 서구적 한계와 장점을 검토하고 이러한 문제적 시각을 통해 성리학(性理學) 및 운화론(運化論)을 바탕으로 극복해야 할 대상이 무엇인가를 검토하였다.

인간과 자연의 공존을 모티브로 하는 생태 개념은 지속가능성이 논의에 중심에 있다. 생태도시 또한 지속가능성의 계획적 적용으로 생각해 볼 수 있다. 브룬트란트 보고서(Our Common Future)에 제시된 지속가능성에 대한 논의를 보면 지속가능한 개발에 대한 정의와 그에 따른 실천전략을 제시한다. 그 내용을 보면,[6] 지속가능성은 미래세대와 현 세대의 형평성을 바탕으로 한 욕구충족을 의미한다. 김홍순(2005)은 지속가능성의 개념의 다의성을 바탕으로 충분한 합의에 이르지 못하고 있음을 밝히면서 그 의미를 포괄성, 형평성, 안전성, 신중성, 연결성의 개념으로 설명하고 있다. 지속가능성에 대한 논의는 다양한 의미를 바탕으로 각 분야에서 진행 중이다.

[6] http://alcor.concordia.ca/~raojw/crd/reference/reference001377.html

대체적으로 지속가능성은 미래사용에 대한 의사 결정의 프레임웍[7]으로 간주되고 있고, 비판적 입장에서 신세계 질서를 노정하는 것[8]으로 이해되기도 한다. 그러나 여타의 논의들이 공통적 시각은 개발과 발전을 지속가능성의 의미 속에 내포하고 있다. 자연 이용 관점에서 형평성을 전제로 한 개발을 용인하고 있으며, 종국적으론 인간에 의한 영원한 자연의 사용과 개발을 암시하고 있다. 즉 인간의 끊임없는 성장을 위한 정당성 확보 논리로 생각해 볼 수 있다. 내용적 면에서도 지속가능한 개발을 가능하게 하는 모든 기준은 인간에 의해 좌우되는 것으로 개념이 설정되어있다. 생태주의 입장에서도 기술중심주의에 입각하여 이를 해결하려는 시도는[9] 결국 인간에 의해 설정된 기준에 대한 관점이며, 도구적 이성에 의해 끊임없는 자연이용이 가능할 것이라는 낙관적 입장에 있는 것이다. 또한 미래세대에 대한 언급 또한 인간의 필요와 이해만을 자연에 부과하는 것으로 생각된다.

생태주의의 경향은 심층생태주의, 사회생태주의, 생태여성주의적 시각에서 출발하는데, 이중 가장 급진적인 것으로 평가받는 심층주의의 입장을 보면, 개체론적 자연지배의 세계관을 근본적으로 바꿀 것을 강조한다. 그리고 정치경제, 과학기술을 포괄한 사회와 문화의 기본구조 자체를 바꾸는 이러한 변화는 생태의식을 계발해 '인간, 동식

---

(7) Opdam(2006)

(8) Willers(1994)

(9) 이종훈 · 한면희(2002)에 의하면 과학기술의 당면한 과제는 항상 안전과 통제에 관한 새로운 문제를 야기하며, 그 자체만으로는 성장에 주안점을 둔 보수적 환경주의로서 환경관리와 자연보전에 적정한 기준을 제시할 수 없을 뿐 아니라 일반 시민의 비판적 감시와 자발적 참여를 유도할 수 없다. 더구나 이것은 인간중심주의의 집단이기주의를 벗어날 수 없다고 하였다.

물, 지구의 통일성'을 깨닫는 '생태적, 철학적, 영성적 접근'이라고 주장한다(한면희, 1994). 이들의 주장은 생명평등사상이다. 그렇다면 무생물과 같이 생명이 없는 자연적 개체의 무분별한 사용은 정당화될 수 있다. 결국 심층생태주의의 입장 또한 생명의 관점에서 인간과 타종들을 동일한 관점으로 해석하는 것으로, 인간과 각 종들의 형평성에 대한 논의로 생각해 볼 수 있다는 점에서 서양의 생태주의 사상의 인식론적 존재론의 의미는 생명일 뿐, 생명을 넘어선 자연적 존재의 대상으로 그 영역을 확대시키지 못한다. 그런데 존재적 의미에서 자연은 생물과 무생물을 총칭하는 것이라는 점에서 이들은 부분만의 생태 개념설정으로 국한된다. 결국 이들의 사상은 본래적 의미인 인간중심적 사고의 한계를 안고 있는 것으로 보인다.

서구 인식론의 특성에 의하면 주체와 개체의 분리와 신에 의한 자연지배의 정당성이라는 측면에서 이러한 점이 해석될 수 있다. 신에게서 권능을 인간이 부여받았다는 점은 인간의 자연 지배를 정당화시킬 뿐만 아니라 인간외의 대상에 대한 이용을 가능케 한다. 존재론적으로도 인간과 그 외 자연대상은 신의 평가에 의해 차등적 가치를 갖는 존재로 해석되기 때문이다. 이러한 관점에서 인간은 의식을 갖는 주체적 능동적 모습으로 형상화되나, 자연은 대상화되고 자연의 각 개체는 피동적 모습으로 형상화된다. 도구적 이성을 통해 자연에 인간의지가 투영된 것을 개발, 그렇지 못한 것을 미개로 파악할 수 있게 한다.

따라서 존재론적으로 다른 대상으로 파악되는 자연은 파악될 하나의 대상일 뿐, 결코 인간과 같은 동일한 존재로서 인식될 수 없다.

개체로서 독립된 존재인 인간과 자연의 이분법적 구도는 지속가능성의 논의에서 보듯, 나와 다른 존재이기에 다른 존재의 문제는 인간의 문제로 인식될 수 없게 하며, 이러한 점이 서양의 인식론에 바탕을 둔 지속가능성 및 생태주의의 한계이다.

3. 성리학의 인식 논의

성리학과 서양철학의 논의는 각각 무신론(無神論)과 유신론(有神論)의 입장에 있다는 점이 근본적으로 다르다. 성리학적 세계관은 신을 부정한다. 후에 정약용에 이르러 주재자(主宰者)로서 인격신의 개념을 성리학 경전해석에 이용하였으나,[10] 성리학의 근본적 시각은 무신론의 입장에 있다. 유신론적 입장에서 세상의 창조는 창조주인 신에 의해 역할이 규정되나, 성리학의 입장에선 태극(太極)이 존재할 뿐이다. 태극은 누군가에 의해서 만들어진 것도 아니고, 본래 그러한 우리의 인식 전에 존재해있던 것을 가정한다. 성리학은 인간을 포함한 자연은 본질적으로 동일한 개체에서 시작되나, 유신론적 입장에선 창조주에 의해 주어진 물질을 의미한다.

이러한 점은 존재론적 근원이 어디에서 발생하는가에 대한 차이이며, 인간과 자연의 관계설정에 차별성을 부여하는 근원이다. 존재론적으로 서양의 경우 물질을 파악해야 할 대상으로 인식하는 데 반

[10] 송영배(2000)는 천주실의 등에 나타나 있는 서양의 아리스토텔레스적인 그리고 그것을 계승한 토미즘적 사유의 패러다임이 그대로 정약용 철학의 핵심 구도를 이루고 있다는 점을 밝히고 있다.

해, 성리학(性理學)은 태극을 인식해야 할 대상의 근원으로 삼는다.

(1) 이기(理氣)의 존재론적 의미

인식론의 전제는 지식을 탐구하는 활동이다. 탐구의 대상은 존재하는 실체에 대한 것인데, 이와 같은 활동은 파악해야 할 대상이 존재할 때 성립한다. 이러한 입장에서 보면 성리학에서 파악해야 할 대상은 태극이다. 성리학의 존재론적 근원은 태극이기 때문이다. 태극은 주어진 실체이면서 정신적 활동을 나타내는 포괄적 개념으로 파악된다. 본래 그러한 것으로 주어진, 기원의 시작이며 끝을 나타내는 개념이다. 태극은 본래의 그러한 원리에 의해 이(理)와 기(氣)로 분화된다. 분화된 이와 기는 태극의 분극된 형태로, 개체의 본질은 태극의 본질인 이에 있다.

유신론적 입장에서 인식대상은 개체로서 주체와 분리된 물질의 개념으로 일반화된다. 중세시대 중국 선교사들과 편지 왕래를 통해 얻은 성리학적 지식을 바탕으로 중국철학에 조예가 깊었던 학자였던 라이프니찌 또한 이와 기에 대한 의미를 명확히 파악하지 못한다. 박상환(2002)에 의하면 그는 기를 서양철학적 개념인 물질, 에테르로 파악하고 있다. 송영배(2000)는 마테오리치의 이 개념은 개체에 내재되어 있는 속성으로 파악한다고 말한다. 유일신의 천지창조를 믿는 마테오리치에게 태극(理)이 천지만물의 근원이라는 개념은 일종의 무신론적 체계로서 유신론적 입장에서는 이해의 한계가 존재했기 때문이다.

존재론적 기원이 누구에 연원하는가의 문제는 유신론의 입장에

선 만물을 생성하는 의지자가 존재하고, 그에 의해 생성된 개체는 물질이며, 자연에 대한 능동성을 부여받은 인간에 의해 파악해야 될 개체를 의미한다. 존재론적으로도 인간과 개체 대상은 다른 대상이며, 정신작용과 분리된 물질로서 그 역할은 축소된다. 반면 이와 기는 근원적 존재인 동시에 의지자로서 파악된다.

김영식(2005)[11] 은 이와 기가 포괄하는 개념의 범위와 작용에 근거하여 이와 기의 정의가 쉽지 않다고 말하며, 주희의 기 개념이 서양의 물질개념과 아주 다른 것임은 분명하다고 밝히고 있으나 이러한 이와 기 개념의 의미를 명확히 표현할 수 있는 어휘가 존재하지 않는다고 말한다. 이와 기 개념과 등치할 수 있는 단어가 없다는 사실은 서양 속에 그와 같은 개념이 없음을 보여주는 증거이다. 이는 근원적 무엇을 표현하는 의미소체(意味素體)이고, 기는 그에 대한 당위성의 의미소체(意味素體)로써 표현된다. 또한 이와 기는 쓰임에 따라 -이와 기의 표현형에 근거하여 볼 때- 보편명사와 개체를 뜻하는 명사 두 가지 모두로 사용되기도 한다. 그러나 일반적으로 이는 소이연(所以然)의 고(故)로, 기는 소당연(小黨然)의 칙(則)으로 설명된다.[12] 그리고 이는 때론 본원적 실체로 규정되기도 하고, 기는 생명력이 있는 무엇으로 표현되기도 한다.

마테오리치와 라이프니찌의 이기(理氣) 개념에 대한 인식은 이와 기의 다의적 의미[13]에서 그 이유를 찾아볼 수도 있으나, 근본적으로

[11] 서양어로 번역이 불가능한 어휘라 말하고 있다.

[12] 소이연(所以然)은 '~한 까닭', 소당연(小黨然)은 '그렇게 될 수 밖에 없는 당위'를 표현한다.

[13] 김영식(2005), 조동일(1997)

존재론적 근원에 대한 입장차에서 발생한다. 그들의 인식활동의 특징인 인간을 주체로 설정하고 자연을 대상화하여 파악해야 할 물질로 보는 존재론적 분리의 사고는 인간중심사상을 바탕으로 대상을 신이 준 물질로 파악된다. 반면 이와 기는 분리된 개체 또한 존재적 의미를 보면 이와 기를 동시에 갖는 대상이며, 하나에서 나온 동일의 산물이다. 이와 같은 존재론적 대상의 차이는 인식의 객체에 대한 다른 의미규정을 갖게 되는데, 성리학은 존재론적 근원의 물음으로, 유신론적 입장에서는 개개사물에 대한 파악의 방향으로 설정된다. 바로 이러한 차이가 성리학과 유신론적 견해의 원인으로 생각된다. 그런데 이는 만수지리(萬殊之理)의 성질을 지닌다. 하나로서의 이는 그 자체가 태극이나, 태극은 다시 이와 기로 분리된다. 그러나 이는 나누어진다고 하여도, 그 자체의 의미는 변하지 않는다. 따라서 모든 생물체와 무생물은 고유한 이((본원지리(本源之理))를 품부하고 있는 것이다.

이러한 논의는 이일분수(理一分殊) 및 기일분수(氣一分殊)의 입장에서도 확연히 드러난다. 즉 이와 기의 동일성은 인간과 자연이 존재론적으로 다르지 않음을 보여준다. 그러나 인물성동이론(人物性同異論)의 입장에서 이러한 관점은 부정될 수 있다. 인물성동이론은 성리학이 유교적 신분질서 및 가치체계를 규정하는 논리로서, 이는 동일하나, 자연으로부터 부여 받은 기의 탁함에 대한 논쟁이다. 결국 기의 맑고 탁함에 대한 논의로 해석되는 것이지, 본질적으로 기가 다르다는 것을 규정하는 것은 아니라는 점에서 존재론적 관점에서 인간과 만물의 관계는 평등하다. 김기현(2004)[14] 은 자연과 인간의 관계설정에 있어 자연은 인간을 생육(生育)하는 입장에 서 있음을 밝히고 있어 자연은 인간을 포용하고, 인간은 자연에 포용되는 개념을 제시한다. 이러한 입장은 태극의 논의에서 그 이유와 관련이 있는 듯하다. 이런 의미에서 자연이 만물의 개념으로 분화될 경우 그 자체가 존재론적으로 평등한 관계로 규정되는 것이며, 만물이 자연의 개념으로 포괄되어 사용될 때는 자연은 본원적 태극으로 환원되어 인간보다 자연이 높은 위치에 서기 때문이다.

이러한 의미에서 이와 기의 존재론적 의미는 개체적으로 분리되어 있는 존재이나, 동일한 것으로 파악되는 반면 서양의 인식론적 입장은 존재론적 의미가 완전히 다른 대상일 뿐이며, 인간에 의해 개발되어야 할 대상으로 설정된다. 또한 자연과 인간의 구도는 성리학적 입장에서 자연우위의 개념을 내포하고 있다고 판단할 수 있을 것이다.

(2) 이기(理氣)의 인식과정

존재론적 대상으로 이와 기는 동일한 태극에서 시작했으나, 이가 소당연(小黨然)의 까닭이고, 기는 그에 의해 그렇게 될 수 밖에 없는 당위적 존재로서 파악되었다. 따라서 기의 모든 작용은 이에 의해 좌우되는 것으로 이는 존재론적 의미의 근원적 물음에 대한 답이다. 서욱수(2005)에 의하면 본체(本體) 문제에 있어 기를 이의 질료 정도로 이해한다는 점은 이와 기의 관계에 대해 성리학(性理學)자들이 이에 대한

[14] 김기현(2004)은 주역, 설괘전의 '하늘은 아버지요, 땅은 어머니'라는 언명과 '천지는 만물을 생육하는 큰 덕사업을 행하며, 그것을 일시로 끝내는 것이 아니라 부단히 날로 새롭게 펼쳐내는 위대한 역량을 갖는다'는 언명을 바탕으로 인간과 만물이 모두 자연의 자식으로써 존재근원을 같이 한다는 생각을 통해 유가의 유기체론을 설명한다.

파악이 인식과정의 핵심이었음을 보여준다.

모든 사물이 이를 지니고 있으나, 사람에게 내재된 이기(理氣)를 지칭하는 용어는 성정(性情)이다. 모든 대상이 동일하게 이(理)를 갖고 있으므로, 내 자신의 이인 성(性)을 파악하는 것은 곧 시공간을 초월하는 절대적 깨달음을 얻는 행위로 규정되는데, 깨달음을 얻기 위한 방법은 인간에게 내재된 본연의 이를 파악하는 것이다. 그런데 이는 언제나 정에 의해 가려져 있어 그 실체를 파악하기 어려운 존재로 여겨진다. 이가 구체적으로 나타나는 것이 사단(四端)(인의예지(仁義禮智))이며, 정(精)은 언제나 이를 방해한다. 따라서 인간에게 내재된 성(性)을 파악하는 방법은 정을 억제하고, 본연의 사단(四端)을 발현하여 이를 파악하는 것이다. 이러한 이유로 조선시대의 사회철학적 성격이 도덕 중심으로 흐를 수밖에 없었고, 개인수양을 위한 방법으로 궁리설(窮理說)과 격물치지(格物致知)에 대한 논의가 조선성리학 논쟁의 핵심일 수밖에 없었다. 김영식(2005)에 따르면 주희는 이러한 관계를 다른 개체와 인식주체간의 이의 공명관계로 설명하고 있는데, 이러한 사실은 인식주체의 이가 순연한 모습을 갖춤으로써 다른 대상의 순연한 이와 조응(照應)하는 과정으로 생각해 볼 수 있을 것이다.

즉, 성리학적 인식활동은 결국 구체적 대상이나 경험을 통해 밖에서 안으로 인식의 확장을 꾀하는 것이 아닌 안에서 밖으로의 전개이며, 진리파악을 위한 인식주체인 인간 자신의 내면수행을 뜻한다. 반면 모든 개체가 파악되어야 할 존재인 서양철학은 실험과 관찰 등의 연역과 이를 통한 합리적 추론 즉, 밖에서 안으로의 인식적 확장을 통한 지식 확충 과정을 인식활동으로 본다.

위와 같은 인식활동의 차이는 계획적 사고에 욕망과 관련하여 중요한 시사점을 준다. 생존을 위한 인간의 본질적 동력은 욕망 추구에 있다. 계획적 사고와 개발활동 모두 욕망의 충족과 관련된다는 점에서 욕망에 대한 규정이 어떻게 설정되는가에 따라 위와 같은 관점이 개진될 수 있기 때문이다. 서양철학의 관점에서 신에 의한 자연이용의 정당성을 확보한 인간은 욕망 충족을 위해 자연에 대한 무제한적인 추구가 가능하다. 그러한 점은 인간에게 부여된 창조주의 권능부여에 기초하여 생각해 볼 수 있다. 그러나 성리학적 관점에서 보면 욕망은 적극적으로 부정되어야 할 대상으로 규정된다. 참된 지식의 실체인 이에 대한 인식론적 확장을 방해하는 요소이기 때문이다. 이러한 점은 적극적 자연이용을 통한 욕망추구는 지양해야 될 것으로 인식되며, 그에 따라 욕망충족을 위한 자연의 개발은 부정된다. 오로지 인정되는 자연이용은 노장사상의 무위자연[15]적 이용에 국한되는 최소한의 이용일 뿐이다.

이러한 점에서 성리학적 관점의 생태 개념은 자연과 인간이 유기체적으로 영향을 받는 관계의 구도를 넘어선 자연과 인간의 동일시와 인간생존을 위한 자연이용의 어떠한 행위도 부정되는 적극적 개념의 생태주의 관점이라 할 수 있다. 그러나 이러한 관점은 인간의 생존을 위한 기존에 이룩한 물질문명과 개발행위를 포기하는 사고이다. 현대적 의미에서 성리학적 관점은 적극적 생태 개념의 한 예로써 패러다

---

[15] 노장사상의 핵심인 무위자연은 다음의 예를 통해 설명될 수 있다. 새가 물을 먹는 행위는 갈증이 나타난 시점에 본능적으로 행하지는 자연이용의 행태이다. 새의 행위는 자연을 이용한다는 관념보다 생존을 위해 본능적으로 행해진 최소한의 개념이다.

임적 담론의 의의는 가진다 할지라도 기존의 생활 방식 모두를 포기하는, 이로 인한 인간생존을 위협하는 관점일 수 있다는 점에서 현실과 괴리가 있다.

4. 최한기의 운화론(運化論)[16]

최한기의 기학(氣學)적 체계는 성리학적 입장과 동일하게 무신론적 관점에서 논의가 전개된다. 성리학이 형이상자(形而上者)인 이를 궁극적 실체로 보고 관념적 근거로 나아간데 반해, 최한기는 이를 부정하였다. 최한기는 세상의 존재론적 실체를 이를 제거한, 유형적 대상인 기로서 파악했다. 그는 격물치지에 대한 논거로써 유형적 실체만을 인정했다. 그러나 그가 상정한 기는 세상을 가득 채운 어떠한 것을 의미하는 것으로, 단순히 물질의 개념인 실체를 의미하는 것은 아니다. 최한기의 기학은 추측(推測)과 운화(運化)를 통해 설명된다. 추측(推測)은 존재론적 대상인 기를 인식하는 과정을 의미하고, 운화(運化)는 기의 작용을 의미한다.

최한기는 모든 현상과 존재의 근거, 세계와 우주의 궁극적 실체가 기라고 생각했으며, 이러한 기의 자기운동(自己運動)을 운화(運化)

[16] 김용옥(1990)에 의하면 최산기의 문화론과 성리학 사이의 단절은 경학사상사적 단절이 아니라, 문명사적 단절이며, 그 단절을 결정지우고 있는 것은 푸코의 말을 빌리자면 서로 완전히 다른 두개의 디스코스(Discourse)에 속한다는 사실인 것이다. 그것은 두개의 다른 패러다임이며, 두개의 다른 에피스팀인 것이다.
박희병(2000)은 최한기가 조선의 전통적 학문을 전복시키고 있다는 점에서 가장 파격적이고 독특하다고 생각하고 있다.

라는 말로 표현했다(박희병, 2003). 기의 자기운동인 운화는 일신운화(一身運化), 통민운화(統民運化), 대기운화(大氣運化)로 구분되며, 세 가지 운화는 승순(承順)의 관계에 따라 상호 교섭한다.

(1) 신기(神氣)[17]의 존재론적 의미

성리학의 존재론적 근원이 이에 있다면, 최한기의 근원은 기에 있다. 성리학이 기를 이의 질료로 격하시키고, 형이상자인 이를 존재론적 본체로 인식하는 반면 기학에서는 리의 주재성은 부정되고, 이는 기에 내재되어 있는 속성으로 의미가 전락한다. 즉 이는 존재론적으로 근원적 실체가 아닌, 개체에 대한 조리 정도의 의미이다. 즉 최한기의 기학에서 신(神)은 곧 기다(박희병, 2003). 최한기는 경험할 수 없고, 증명할 수 없는 관념적 개념인 이를 경험과 증명이 가능한 물질적 기원인 기의 내재적 실체로 보는 것은 타당하지 않다고 본다(서욱수, 2005). 즉 관념적 실체인 이는 존재론적 본유관념도 아니고, 기와 존재론적으로 동시에 공존하는 실체인 반면, 시간상으로 기가 있고 난 후에 존재하는 기의 속성이다. 따라서 존재론적 근원으로서 이는 오직 형체가 갖추어진 상태에서만 존재하게 된다. 서욱수(2005)에 따르면 이는 결국 기의 운동 -기운화- 를 설명하는 말일 뿐이다. 즉 선대의 학자들이 무형의 이(체(體))와 유형의 기(용(用))를 존재의 본질로 보았다면 최한기는 아직 구체적인 사물로 질화되지 않은 유형의 기((氣: 體))와 이미 질화된 유형의 기(器: 用)를 존재의 본질로 보는 기통기국(氣通

〔17〕 손홍철(2003: 144) 신기는 '순환하고 변화하는 기 자체'를 의미한다.

器局)[18]의 입장이다(서욱수, 1995).

따라서 존재론적 근원의 의미로 파악해야 할 대상은 기일 뿐이며, 기일분수(氣一分殊)의 관점에서 또한 모든 대상은 동일한 존재이다. 또한 앞 절에서 논의한 내용을 바탕으로 이를 살펴보면 기의 운동법칙 정도를 의미한다고 볼 수 있다. 최한기의 입장과 성리학적 존재론과의 차이는 바로 이러한 점이며, 기를 통해 본다는 입장은 존재론적 개체에 대한 파악을 가능하게 한다는 점에서 서양철학의 개체 파악의 방법론적 관점과 비슷하나 개체들은 존재론적으로 동일한 것이라는 점은 서양의 존재론적 의미와 다르다. 즉 구체적 대상을 인식대상으로 본다는 점에서 관념에서 실체로의 접근방향을 설정한 것이다.

(2) 추측(推測)

최한기가 파악해야할 대상으로 오직 기만을 상정한다는 것은 유형의 실체만이 파악해야할 중요한 의미가 있다는 소극적 의미보다 인식과 정상의 오류를 극복하기 위한 방법론적 변화라고 볼 수 있다. 최한기가 바라본 조선후기는 진부한 형이상학적 관념적 논쟁으로 현실과 괴리되어 있었다. 그에게 보이지도 않는 실체인 이에 대한 논쟁은 실체가 없는 것에 대한 작위적 해석을 통한 소모적 논쟁일 뿐으로 그는 작위적 해석을 최소화할 수 있는 근거를 실체인 기에 준하여 진리

[18] 기통기국(氣通器局)을 설명하기 위해서는 이통기국(理通氣局)을 설명하면 쉽게 알 수 있다. 이통기국에서 이(理)는 모든 사물에 보편적으로 내재되어 있는 근원이다. 그러한 근원이 기(氣)(형체(形體))에 국한되어 있다는 것으로, 이(理)는 모든 존재론적으로 동일하나 기의 차이에 의해 국한되는 것을 의미한다. 기통기국(氣通器局)은 이(理)의 위치에 기를 놓은 것이며, '器'를 사용한 것은 '氣'와 근본적으로 다른 차이에 있다기보다 의미의 전달을 위한 구별이라 생각된다.

를 파악하는 인식론을 전개한다. 최한기의 이러한 사고는 대학(大學)의 격물(格物)을 구체적 대상에 대한 탐구로 해석하고, 자신의 추측론의 이론적 연원으로 삼은 것이다(이현구, 2003). 즉 인식론적 대상이 실체로의 전환을 의미한다. 실체를 파악하기 위한 최한기의 인식론적 활동은 추측이다.

추측은 독립된 객관세계의 이치를 인간의 인식활동으로 끌어들이는 것을 의미한다. 즉 인간의 마음은 추측하는 이치가 있지만 인간의 마음과 독립된 객관세계는 '유행(流行)'하는 이치가 있다. '유행(流行)의 이'는 객관적 기의 운동법칙을 가리키고 있으며, '추측(推測)의 이'는 인간의 사유, 즉 추리와 판단을 가리킨다. 객관적 세계의 법칙은 기의 운동 그 자체로서 운동과 법칙이 분리되지 않으므로 이 법칙은 인간의 인식에 대하여 절대적 진리이다(이현구, 2003). 결국 존재론적으로 동일한 소재인 인간과 자연은 - 동일한 기의 작용 - 기의 본질적 의미에 의해 동일한 질서 속에서 움직인다. 그러나 인간은 외부세계에서 펼쳐지는 유행의 경험을 추측의 과정을 통해 지식을 확장한다. 그러나 같은 기이지만 추측은 경험이 있고 나서 생기는 것이므로 본래 내 마음에 갖추어진 것이 어떤 계기로 드러나는 것이 아니다(이현구, 2003). 이러한 입장은 성리학적 관점이 인간에 내재되어 있는 이의 발현의 과정을 통해 인식을 확장시키는 반면 최한기의 입장은 경험을 통해 그와 같은 활동을 전개한다. 바로 이러한 최한기의 경험주의적 견해에 의해 최한기와 관련된 대부분의 연구는 그를 경험주의자로 평가하고 근대적 사상의 맹아라고 평가한다.

최한기에게 인식의 주체는 신기(神氣)로 표현된다. 신기는 신체의 모든 기관, 감각을 담당함으로써, 현실을 인식하게 하는 것을 의미한다. 그러나 팔, 다리 등과 같은 신기를 모두 인식의 주체로 보기보다는 몸 중의 어떤 신기가 담당하고 있는 추측의 기능을 인식의 주체라고 보고 있다(서욱수, 2005). 그러나 객관세계의 유행하는 이치가 절대적 진리이고, 추측을 통한 인식론적 사유는 자연질서에의 순응이라 해석해 볼 수 있다. 이런 의미에서 넓은 의미로 보면, 분석적 인식이 인간만이 가능하다는 관점을 배제한 채, 자연과 순응하는 형태를 보이는 모든 동식물의 자연적응의 모습 또한 객관세계인 운화(運化)의 본성이며, 넓은 의미에서 동식물 또한 신기의 주체적 존재라고 생각해 볼 수 있다.

실제로 '신기라는 개념의 내포 범위는 운화하는 기의 당위적 조리에 따라 존재하는 모든 생명체이고, 인간만이 인식의 유일한 인식의 소유자라고 말하지 않는다(서욱수, 2005)'는 사실은 자연의 섭리 앞에 생명체는 유행지를 따라야 하는 동등한 의무와 권리를 보유한 존재일 뿐이다. 또한 인식은 인간에 의해서 파악되는 외부 세계에 관한 이해만을 의미하는 것이 아니라 인간과 인간, 인간과 사물, 사물과 사물 사이의 모든 교감을 의미한다(서욱수, 2005)는 점에서 생명체에 대한 동등한 입장을 최한기의 인식활동 과정에서 보여주는 증거라 할 수 있을 것이다.

이러한 사고는 전술한 논거들에 비추어 볼 때, 최한기는 인간과 생명체를 존재론적으로 평등한 대상으로 여긴다. 또한 그가 파악한 인식이라는 것은 자연과 인간의 교감을 통해서 이룩되는 것으로 본다는 점에서 인식의 주체적 기능이 인간과 존재론적 개체인 생명체 모두 지니고 있다고 파악한다. 그러나 기일분수(氣一分殊)의 관점은 생명체뿐만 아니라 자연 속에 있는 만물이 존재론적으로 동일하다는 사고이다. 최한기는 생명을 가진 존재만을 인식론적 주체로 본다는 점에서 생태적 개념 대상의 축소를 보인다. 그러나 이러한 점은 서양 철학에서 말하는 생명체와 무생물의 입장과는 다르다. 서양철학의 인식론적 논의에 의하면 인간을 제외한 여타의 존재는 인식의 주체가 될 수 없고, 존재론적으로도 인간과 다른 대상이다. 그러나 최한기의 인식론에서 보이는 내용은 인간과 만물의 대상이 존재론적으로 동일하다는 전제 아래 지각하고 생존을 위한 활동 자체를 인식의 주체적 기능으로 본 점에서, 인식 주체로서의 생명체의 상정은 당연한 것으로, 그의 논의에서 무생물을 급진적 생태사상에서 논의하는 것과 같이 폄하하는 것은 아니다. 결국 지향하는 바는 인간과 만물의 평등적 관점의 중심에서 인식론적 논의를 전개하는 것이다.

성리학의 이일분수(理一分殊) 및 이통기국(理通氣局)의 입장과 최한기의 기일분수 및 기통기국의 차이에서 존재론적으로 자연과 인간을 동일시한다는 점은 동일하다. 그러나 성리학은 인식주체로서 인간을 그리며 이를 통해 동질적 존재인 자연 인식에 대한 논의인데 반해 최한기는 인식주체로서 인간을 포함한 생명체로 확장시킨다는 것이다. 이러한 차이를 생태 개념과 관련지으면, 생태적 개념의 대상에 대한 능동적 위치부여라는 측면에서 파악될 수 있다. 또한 최한기는 추측으로 얻은 지식의 옳고 그름의 판단준거로써 자연의 법칙인 유행을 근거로 상정한다는 점이 다르다.

(3) 운화(運化)와 승순(承順)

기의 자기운동인 운화는 천지운화(天地運化), 통민운화(統民運化), 일신운화(一身運化)로 구분된다.[19] 그런데 이러한 세 운화는 승순(承順)의 관계에 의해 상호 교섭한다. 승순은 깨우침의 구조를 나타내는 순서라 할 수 있다. 즉 일신운화를 알아야, 통민운화를 알 수 있고, 궁극적으로 천지운화를 깨우쳐 천인운화(天人運化)를 이룰 수 있는 단계적 절차가 승순이다. 운화의 의미는 우주에 두루 퍼져 막힘이 없으며 모든 사물이 본성대로 완전하게 갖추어지는 상태와 변화라 할 수 있으며, 간단히 본체인 기의 유행이라 할 수 있다(손홍철, 2003). 천지운화는 우주적 자연적 층위에서 이루어지는 기의 운행을 가리키는 말이며, 통민운화는 사회적 · 인민적 층위에서 이루어지는 기의 운행이고, 일신운화는 인간 개체 단위에서 이루어지는 기의 운행이다(박희병, 2003).

앞 장의 추측지리(推測之理)와 유행지리(流行之理)에 대한 논거에서 인간인식의 판단근거는 유행지리라 설명했다. 유행지리는 기의 객관적 세계 속의 이치이다. 그런데 유행지리는 기의 운동이라는 면에서 운화의 관계라는 것을 알 수 있다. 즉 최한기는 인식주체가 객관적 세계의 실체와의 패러다임적 일치에 대한 관점에서 논의를 전개한 것이다. 이러한 유행지리의 운화는 또 다른 각 단계별 판단기준이 작용함을 중시해야 한다.

다시 말해서 인식은 인간에 의해서 파악되는 외부 세계에 대한 이

---

[19] 박희병(2003)은 '천지운화(天地運化)＝일기운화＝대기운화, 통민운화(統民運化)＝전민운화＝인민운화'로 보았다.

해만을 의미하는 것이 아니라 인간과 인간, 인간과 사물, 사물과 사물 사이의 모든 교감을 의미한다(서욱수, 2005). 즉 인식의 준거가 승순의 과정을 통해 자연의 도리에서 벗어날 수 없다는 것은 판단의 준거로서 자연을 상정하고 있다는 것을 의미한다. 그런데 인식과정에서 운화의 특징은 인식의 범위가 넓어지는 것과 궤를 함께 하며 승순의 관계를 형성한다. 각 운화를 파악해야 결과적으로 지향하는 천인운화의 단계이 이를 수 있는 과정을 말한다.

그림 IV -1. 인식과 운화(運化)의 단계

출처: 김용옥(2004) p. 79역 그림 수정.

핵심개념인 운화(運化) 또한 다른 성리학적 사상의 전개와 동일하게 체, 용의 관점에서 전개한다. 운화의 체로서 자연을 말하고, 운화의 용으로 당연을 말한다. 여기서 체의 자연은 인간이 간섭할 수 없는 필연의 질서를 의미하고, 용의 당연은 인간이 자연을 본떠서 만든 사회적, 도덕적 규범들을 의미한다(서욱수, 2005). 이러한 점은 성리학 체용(體用)((이기(理氣))론이 이기(理氣)의 구도로 표현되고, 인간의 사회 및 도덕적 규범이 이의 발현인데, 최한기는 기만이 오로지 세상의 근원이라고 한 점에서, 이러한 사고가 전개된다. 즉 기의 구체적 형태인 자연과 그의 작용인 유행지리를 바탕으로, 인간이 추측의 인식과정을 통해 자연을 본떠 만든 사회적 산물이다. 즉 이러한 추론의 원인은 변하지 않는 질서인 자연과 진리의 개념이고, 자연적 질서를 인간사회에 접목한 것이 제도로서, 자연 속에서 살아가는 인간은 자연의 질서를 따라야 한다. 인간사회 모든 것은 근본적으로 자연질서의 표현형인 것이다. 따라서 제도와 도덕의 판단 기준은 인간에게 있지 않고 자연에 있다.

자연이라는 의미 속에는 항상 인위적 개입이 저지된 '있는 그대로의 순수'라는 의미가 들어가 있다. 그러나 여기에서 자연은 조잡성이나 미완의 불완전성의 의미는 전혀 없다. 오히려 그와는 정반대의 의미, 즉 인간이 절대적으로 모방해서 따라가야 하는 필연의 매커니즘이라는 의미가 들어가 있다(서욱수, 2005). 따라서 자연의 운행지리를 표현하는 천지운화(天地運化)는 반드시 따라야할 법칙이다. 이러한 의미로 보면 전 세계의 도덕과 사회적 규범은 궁극적으로 동일할 것이라는 보편적 입장을 볼 수 있다. 즉 그가 볼 때 자연이란 그 자체가 완전한 질서로서 오류가 있을 수 없으나, 추측(推測)을 통해 파악한 인간의 인식의 오류에 의해 자연에 대한 그릇된 인식을 가질 수 있기 때문이다. 이러한 점은 그가 격물치지(格物致知)의 이해에서 성리학적 방법을 버리고 실체로서 파악하려 했다는 사실과 형체를 지닌 개체인 기로써 인식의 대상으로 삼았다는 점에서 자연에 대한 완전한 질서와 인간의 오류 가능성을 말하고 있는 것이다. 즉 그가 볼 때 자연은 당연과 부당연의 기준으로 인간행위에 대한 기준이다. 이러한 사실은 지속가능성 및 생태사상의 한계인 인간중심적 기준에 대한 논의를 자연에 근거하여 설정한다는 점이다.

5. 결론

이상에서 인식론적 논의를 통해 서구 생태 개념의 한계점을 지적하고, 성리학, 운화론의 생태적 개념을 분석하여, 우리의 전통적 사고에 입각한 생태주의 개념정립을 위한 기초적 시각을 제시하는데 목적을 두었다. 서구의 인식론은 개체와 인간을 존재론적으로 분리하는 사고를 보이나, 성리학 및 운화론의 입장에서는 인간과 자연을 분리하는 사고를 볼 수 없었다. 이러한 차이는 인간중심적 사고체계 속에서 찾아 볼 수 있었다. 이러한 인간중심적 사고체계의 바탕은 유신론과 무신론의 입장에서 그 해답을 찾아볼 수 있었다. 유신론적 입장에서 창조주는 인간과 만물의 생성자이며, 신에게서 부여 받은 권능을 통해 자연이용의 정당성을 확보한다. 창조주에 의한 생성은 인간과 다른 개체를 존재론적으로 다른 개체로 상정하며, 신에게서 받은 권능을 바탕으로 인간을 제외한 다른 대상들은 존재론적으로 다른 대상으로 인식되기 때문에 인간생존을 위한 자원으로 파악될 뿐이다. 반면 성리학 및 운화론은 무신론적 입장에 있다. 본래적으로 그러한 태극이 있을 뿐이었고, 태극의 본래적 성질에 의해 분화된 존재로 인간과 만물이 나누어져 있을 뿐이다. 또한 성리학 및 운화론의 관심에 의해 이와 기를 논의에 중심에 세우나, 본질적으로 모든 개체가 이와 기를 갖고 있는 존재로 상정된다. 이러한 관점은 인간과 만물의 다른 대상이 아니다. 따라서 자연이용에 있어 존재론적으로 모든 대상은 연결되어 있기 때문에 자연에 대한 무분별한 사용은 부정된다.

생존에 대한 생명의 역동성인 개발에 대한 관점을 욕망이라는 구도 아래에서 분석한 결과 성리학적 입장에선 본연의 이를 탐구하기 위한 방법으로써의 욕망의 추구는 곧 부정되어야 할 존재로 보아 욕망추구를 위한 적극적 의미의 개발 및 자연이용을 부정한다. 존재론적 의미에서도 개체로서 자연대상은 평등한 존재이나, 만물이 하나의 자연으로 포괄될 경우 본원적 태극으로 환원되어 인간보다 높은 위치에 있다. 이러한 성리학적 입장에서 보면 자연이용은 무위자연과 같은 개념으로 축소되어 개발에 대한 인간의 능동적 위치는 부정되는 급진적 생태 개념의 전개로서 현재까지의 생활방식의 전반이 자연으로 회귀되어야 함을 의미한다.

반면, 운화론의 생태 개념을 보면 기일분수(氣一分殊)의 존재론적 입장에서 인간과 자연은 동질이며, 관계는 평등한 존재로 규정된다. 그러나 인식주체에 대한 논의에서는 생명체만이 인식주체로 상정되고 무생물과 같은 자연대상물은 제외되는 것을 파악해 볼 수 있어, 생태적 개념의 축소가 발생함을 생각해 볼 수 있었다. 그러나 인식주체라는 관점에서 생명체를 인식주체로 파악할 수밖에 없는 것일 뿐, 존재론적으로 동일하다는 의미에서 자연과 인간에 관계는 성리학적 관점과 다르지 않은 것이라 생각된다.

자연이용과 관련되는 욕망의 추구에 있어 운화론은 성리학과 다른 시각을 전개한다. 운화(運化)와 승순(承順)의 개념 속에 욕망의 추구는 자연의 법칙인 천지운화(天地運化)의 자연법칙 아래에서 긍정된다. 욕망추구가 인간생존과 관련된다는 점을 인식한 최한기는 생존을 위한 욕망추구는 다른 생명체에게 피해를 주지 않는 범위에서 욕망추구를 정당화했다. 즉 자연이용에 대한 정당성을 확보한다. 그러나 천지운화의 틀 속에서 정당성의 범위에 대한 가치기준은 자연에 있고, 그에 따라 제약을 받는다. 현재의 지속가능성이 인간중심적 사고의 견지에서 자연이용의 기준이 인간의 가치기준에 있는 반면, 운화론은 자연이용의 정당성을 자연에 두고 있다.

이상의 결과는 한국적 인식론에 바탕을 둔 생태 개념의 도출을 위한 기본적 시각과 방향에 대한 논의는 제시하고 있으나, 계획의 구체적 실현을 위한 실천원리를 제공하지 못하고 있다. 이로 인해 우리의 인식론에 근거한 생태계획의 원리를 제시하는데 한계를 안고 있어 이를 극복하기 위한 후속 연구가 진행되어야 할 것이라 판단된다.

참고문헌

김광웅, 1996,『방법론 강의』, 박영사.

김기현, 2004, 퇴계의 이 철학에 내재된 세계관적 함의,『퇴계학보』, 116, 1-66.

김영식, 2005,『주희의 자연철학』, 예문서원.

김용옥, 1994,『독기학설』, 통나무.

김용옥, 2004, 측인에 나타난 혜강의 생각: 독인정설,『대동문화연구』, 45, 63-100.

김홍순, 2005, 한국에서 지속가능성 이념의 실현양태: 경남지역 시범생태산업단지 사업에 대한 비판적 고찰,『담론 201』, 8(1), 60-90.

이종훈 · 한면희, 2002, 생태적으로 지속가능한 문화의 환경철학 모색,『철학과 현상학 연구』, 19, 135-163.

이중환, 2006,『택리지』, 이익성 역, 을유문화사.

이현구, 2003, 최한기 사상의 인식론적 의의,『대동문화연구』, 43, 253-272.

박채옥, 2004, 칸트의 자연과 기술이성 비판,『범한철학』, 35, 285-306.

박상환, 2002, 라이프니츠의 성리학의 이해에 대한 비교철학적 분석,『유교사상연구』, 16, 213-233.

박희병, 2003,『운화와 근대』, 돌베게.

박희병, 2003, 최한기 사상에 있어서 자연과 인위의 관계,『대동문화연구』, 42, 117-136.

서욱수, 2005,『혜강 최한기의 세계인식』, 소강.

손홍철, 2003, 혜강 최한기의 기운화론으로 본 자연관,『동방학지』, 120, 125-172.

송영배 · 금장태, 2000,『한국유학과 이기철학』, 예문서원.

임형택, 2004, 정약용의 경학과 최한기의 기학: 동서의 학적 만남의 두 길,『대동문화연구』, 45, 1-19.

전영옥 · 이상문, 2004, 한국 전통도시의 생태적 계획원리에 관한 연구,『국토계획』, 39(2), 7-20.

최영진 · 이행훈, 2004, 최한기 운화론의 생태학적 해석,『대동문화연구』, 45, 119-139.

한면희, 1994, 환경철학의 세계관과 윤리: 인간중심주의 대 생태중심주의,『철학연구』, 35, 327-355.

May, J., 1971, 한국계획가의 가치관과 기법,『도시문제』, 6(3), 58-68.

Opdam, P., SteingrÖver, E. and Rooij, S.V., 2006, Ecological network: A space concept for multi-actor planning of sustainable landscapes, *Landscape and Urban Planning*, 75, 322-332.

The World Commission on Environment and Development, 1987, *Our Common Future*, Oxford, Oxford University Press.

Willers, Bill., 1994, Sustainable development: a new world deception, *Conservation Biology*, 8(4), 1146-1148.

2장. 농촌성과 도시성의 인식론적 이해

농촌성(rurality)과 도시성(urbanism)의 인식론적 의미는 사회과학의 제 분야에서 가지고 있는 이론적 배경에 따라 결정된다(Ilbery, 1998; Macionis et al, 2004). 이론적 배경의 바탕이 되는 철학의 차이는 연구의 출발을 다르게 규정하는데(Madsen and Adrainsen, 2004), 동서양의 철학은 그 방향이 다르게 발전하였다(조동일, 1997; 안재순, 2005). 인식론은 '지식과 믿음의 정당화'(Dancy, 1985) 또는 '개념이나 명제와 같은 지식(knowledge) 영역과 경험과 사물과 같은 객체(objects) 영역 간의 조화 또는 일치(correspondence)를 추구하는 이론'(Hindess, 1977)으로 설명된다. 따라서 실체적 진실과 해석의 올곧음은 해석 기준에 따라 다양하게 나타날 수 있다. 이 장에서는 공간적 측면에서 우리나라를 대표하는 인식론적 전통으로 실학을 규정하고 영국의 경험주의와 미국의 실용주의의 인식론적 사고를 비교하여 농촌성과 도시성에 대한 인식론적 함의를 기술하였다.

개인 또는 공간에 대한 인식변화는 해당 요인이 개체의 요건에 귀속되는 1차적 요인과 외부환경 변화에 기인하는 2차적 요인으로 구별되는데, 공간변화에 대한 인식은 대체로 국가정책과 같은 외부환경의 변화에 기인하는 경향이 크게 나타난다(Barns and Sheppard, 2003). 민주주의 정치체제와 자본주의 경제체제를 지향하는 국가의 사회적 변화는 시장에 기저하고 있는 '비가시적인(invisible)' 동력과, '가시적인(visible)' 국가 정책의 개입에 주로 기인한다(Friedmann, 1987). 하지만

"(모든) 사회변화는 그 사회에 내재되어 있는 인식론적 사고에 기초" 하고 있다는 푸코(Faucault, 1994)와 하버마스(Habermas, 1994)의 주장에 따르면 사회변화의 이념적 체계를 구축하는 인식론적 흐름에 대한 연구는 특정한 사회현상을 이해하는데 필수불가결한 논의라 하겠다. 즉, 사회의 변화과정에 대한 보다 원론적인 이해를 위해서는 개별 국가의 철학적 사조에 기초한 인식론(epistemology)이 사회변화에 필연적으로 내재되어 있다는 해석학적 가정에 대한 이해가 불가피하다(이남인, 2004).

논의의 편의를 위해 '농촌 및 도시 공간에서 영위되는 삶의 모습'으로 농촌성 및 도시성을 한정하면 이의 전제는 농촌 및 도시 공간(space)의 실체적 진실과, 그 속에 살고 있는 인간 삶의 모습(way of life)을 종합적으로 정의하는 것이 농촌성 및 도시성에 대한 일단의 해석을 가능하게 한다 하지만 도시성과 농촌성에 대한 이러한 단순화가 인식론적 사고와 결합되면 실체에 대한 해석학적 다양성이 부가된다. 해석의 기준이 타당한 결과를 얻기 위해서는 해당 사회 문화 속에서 배태된 인식론적 흐름 속에서 실체(reality)가 파악되어야 한다는 현상학적(phenomenological) 논의를 따른다면(이남인, 2004), 한국 사회의 농촌 및 도시변화를 이해할 수 있는 지배적인 인식론적 지적 흐름은 어디에서 찾아야 하는가?

서양의 인식론적 전통이 합리주의와 경험주의로 대변되고 있다면 한국의 인식론적 전통은 유교적 맥락으로 이해하는 것이 일반적이다. 한국의 인식론적 토대의 구축에 많은 영향을 끼친 사상적 전통 중

'격물치지(格物致知)[20] 를 관(觀)하는 방법'을 규정하고 있는 유교는 현재 한국사회 전반을 지배하는 사회사상으로 평가받고 있다. 유교를 한국의 전통적 인식론으로 규정하기 위해서는 '사상의 발생사적 기원'과 '사회전반에 미친 영향력'의 시각으로 조명할 필요가 있다. 유교사상은 중국에서 발생했다는 점에서 우리 사회를 지배하는 논리로서 작용했으나, 이는 중국의 지적 전통이라고 생각해 볼 수 있다. 그러나 유교는 조선중기 이후 한국 사회문제를 해결하기 위한 우리 고유의 독립적 사회사상으로 발전해 온 것이 사실이며[21], '격물치지'를 바탕으로 인식론적 차이가 나타났고(박성규, 2002), 이러한 인식론적 차이는 실학의 다양한 사상의 모태로 작용하였다. 하지만 유교적 사상에서 공간적 함의를 찾는 것은 쉽지 않은데,[22] 이는 유교가 주로 개인의 도덕적 행위와 이에 따른 규범적 사회문화의 형성을 규정하는 '도덕률'에 치중하여, 객체의 영역을 규명하는 지식연구의 방법론적 측면에서는 취약한 편이기 때문이다.

또 다른 한국 고유의 인식론적 흐름은 '실학'적 전통 속에서 찾는 것이 타당할 것으로 판단된다. 조선조 이래 실학적 사고가 우리 사회 전반에 걸쳐 영향을 주었는가와 그와 같은 인식론이 현실에 투영되었

---

[20] 朱子는 '格'을 '致'로 해석한 程子의 해석을 수용 발전시켜 격물치지를, 〈사물에 나아가 그 이치를 탐구하기 시작하여 마침내 뭇 사물의 모든 측면(表裏精粗)과 내 마음의 온전한 원리와 크나큰 작용(全體大用)을 전부 깨닫는 '활연관통'의 경지에 도달하는 것〉으로 풀이했다(박성규, 2002)

[21] 전정희(2005)는 이용후생학파가 박규수의 개국론에 미친 영향을 고찰하고 있고, 김한식(2005)은 실학이 동학에 미친 영향을 고찰한다. 홍정근(2005)은 실학자인 홍대용과 정약용의 현실인식을 人性·物性론을 통해 성리학의 현실인식을 밝히고 있다. 한정길(2005)은 실학에 대한 양명학의 영향을 부정하고, 실학자에게 양명학적 사고가 보이나 양명학과 같은 것이 아니라고 말한다.

[22] 신경준, 정약용, 홍대용 등의 지리사상이 '공간이론의 사상가들'이라는 책 속에서 언급되고 있으나, 지리인식이라기 보다는 현실타개를 위한 방법으로 상업 및 도로의 확충에 관한 것들이다.

는가에 대한 의문점이 있는 것은 사실이다. 실제로 실학적 사고가 소수의 유림세력에서 제한적으로 이루어졌고, 정책에 반영된 예가 극히 적었다는 점에서 한국의 인식론적 전통으로 규정하는 것은 문제가 있다는 시각이 존재한다.[23] 그러나 실학이 우리나라 사회를 관통한(또는 하고 있는) 다양한 인식론적 사고들 중 가장 현실 문제를 해결하기 위한 사고[24]라는 측면에서 본 연구에서 조명하고자 하는 농촌성과 도시성의 논제를 규명하는데 도움이 되리라 판단된다.

1. 농촌성과 도시성의 일반적 이해

(1) 농촌성과 도시성의 의미

도시성은 도시인의 삶의 방식(Wirth, 1938; Tittle and Stafford, 1992; Wilson, 1993)으로 명확히 규정되는 반면 농촌성의 의미는 모호한 편이다. 서구사회에서 산업화와 도시화의 문제는 이전에 경험하지 못한 새로운 문제였으며, 이에 대한 탐구가 도시사회학으로 발전하는 과정 중에 도시성이 논의된 반면, 농촌성은 도시문제로 인한 폐해로 농촌의 문제가 재부각되면서 논의되었기 때문이라 생각된다. 농촌성은 정치·경제 등 개별부문의 관심에 따라 다르게 규정되어 왔으며, 타 공간과의 상호작용 결과로 개념규정이 어렵다(Cloke, 1996).

[23] 이광래(2003)는 사상의 중층적 의미로서 실학을 평가하고 시대 전반에 걸친 전통으로 보지 않는다.

[24] 조선후기 실학자들은 당시 사회가 가지고 있는 문제점을 인식하고, 이것을 새로운 것으로 개편내지 변화를 모색하였다. 이들은 관료와 마찬가지로 《주례》를 기본적인 개혁의 모델로 생각하면서도 시대에 따라 개혁의 방법은 조금씩 달리하고 있다(장희흥, 2005).

농촌성이 도시민들의 관심에 의해 재구성되는 개연성이 존재하는 것이 사실이고(Willits and Luloff, 1995), 최근 재구성된 의미인 어메니티와 농촌관광과 관련하여 농촌이 연구되는 것을 보면, 농촌성은 농촌의 기능변화를 의미하는 것으로 생각할 수도 있다. 이러한 측면에서 윌츠와 루롤프(Willits and Luloff, 1995)는 도시민의 농촌에 대한 견해가 크게 그릇된 점을 밝히면서, 도시민은 농촌을 도시 경관 및 문화의 환경적 보고로 보며 여가 및 즐거움의 공간으로 묘사한다는 점을 밝히고 있다. 비슷한 맥락에서 벨(Bell, 2000)은 농촌 지역에 대한 대중적 이미지는 특정 장소를 규정하고, 그에 따른 관계를 형성한다고 보고 있다.

따라서 농촌성이란 다수인 도시인에 의한 '농촌공간의 의미 규정과 기능 부여'일 가능성을 보이는 것으로, 도시성과 농촌성에 대한 논의 또한 각 공간이 주는 공간이미지를 규정한 것일 수 있다. 그런데 학문적 관점에 따라 농촌성은 다르게 규정되고 있는 것이 일반적이다. 계획학적 시각으로 학교공간을 연구한 조용훈(2003)은 농촌성을 지역성을 반영하는 건축특성으로, 박석회 외(2003)는 농촌사람들의 기질과 농촌관광에 초점을 두고, 안동만 외(2005)는 농촌의 경관을 농촌성으로 규정하는 등 농촌성과 도시성에 대한 논의는 학자들의 입장과 학문적 성격에 따라 다르다. 그러나 농촌성과 도시성을 접근하는 방법은 대부분의 연구에서 이미지에 의한 농촌성의 의미부여 또한 농촌과 도시가 다르게 시작된다는 점에서 농촌성과 도시성은 반대의 개념으로 생각하고 있다.

농촌성과 도시성을 연구한 워스(Wirth, 1938)와 클락 외(Cloke et al., 1997) 등은 지역의 실체로서 농촌과 도시가 무엇인가를 보여주지 않은 채, 사회적 실체로서 도시성의 의미를 보여주고 있다. 그러나 도시화(urbanization)를 규정하고(Wirth, 1938), 공간의 상호작용을 인식(Cloke et al., 1997)한다는 점에서 지역의 의미로서 농촌과 도시를 구분하고 있다. 이러한 측면은 특히 공간을 주요 의제로 다루고 있는 지역계획에서 두드러지게 나타난다. 지역계획의 전통적 관심이 지역의 개발정비(고병호, 2000)를 근간으로 한다는 점에서 지역계획이 파악하는 농촌성과 도시성은 물리적 공간의 차별성을 전제한다.

하지만 사회과학의 제 분야 모두에서 농촌과 도시는 다르다는 입장에 있다는 전제는 달라 보이지 않는다. 이러한 이질성은 다양한 선행연구들에서 고찰할 수 있는데 씨웰과 아멘드(Seweall and Amend, 1943), 윌킨스(Wilkinson, 1984), 클락 외(Cloke et al, 1997), 박석희 외(2003)의 경우 농촌성은 공간으로서 도시와 다른 삶의 기반이 존재하고, 그 속에서 형성된 이질적인 삶의 형태로 규정된다. 하지만 농촌성과 도시성은 모두 삶의 영위 조건인 공간과 공간에 거주하는 사람의 삶의 형태로서, '인간+공간'으로 형성된 개념이라는 점은 공통적인 가정이다. 따라서 인식의 대상의 차이에서 오는 학제 간의 차이는 경험적 실재를 보는 관점의 다름으로서, '학적' 인식에 의해서 파악되는 세계이며 우리가 '실제로 있다'고 파악된 세계라고 보는 것이 타당할 것으로 생각된다(백종현, 1990). 따라서 어느 한 분야의 시각에서 제기되는 농촌성과 도시성의 논의는 개별 학문의 인식 차이에서 오는 개념규정으로 순환될 가능성을 갖고 있으므로, 다양한 학문의 기본적 가정을 통합적으로 견지하여 공간과 인간을 농촌성 및 도시성의 실체로 하여 접근하여야 하는 것이 타당하리라 생각된다.

(2) 농촌성과 도시성의 분해

1) 농촌성과 도시성의 구성요소

농촌성과 도시성은 앞에서 제시한 것과 같이 '공간', '인간' 요인으로 볼 수 있으나, 농촌성과 도시성을 삶의 방식과 공간이라는 점에서 생각해 보면, 다음의 [그림 Ⅳ-2]에서 보듯이, ①공간요인, ②공간과 인간적 요인, ③인간요인의 세 부분으로 나누어 볼 수 있다. 공간과 인간과의 관계는 공간의 적응 및 이용과 관련되는 인간 노력의 결과로 생성되는 정신적 측면(예: 전통양식)과 물리적 측면(예: 건축물)으로 ②의 요소는 '인간', '공간' 요소를 모두 가진 실체로서 존재한다. 계획학과 사회학의 경우도 이 부분에 상호 중복되는 성격을 갖는다. 그러나 조용훈(2003)과 박석회 외(2003)의 연구에서 나타나 듯, 계획적 입장에서의 연구는 물리적 측면을 강조하여 정신적 측면은 간과되고, 정신적 측면에 선 연구들은 공간의 인간에 대한 영향을 무시한 채, 인간의 주관적 특성만을 강조하여, 농촌성과 도시성에 대한 의미 규정이 다르게 발전되는 경향이 있다.

그림 Ⅳ-2. 공간 속성에 대한 개념 규정의 모호성.

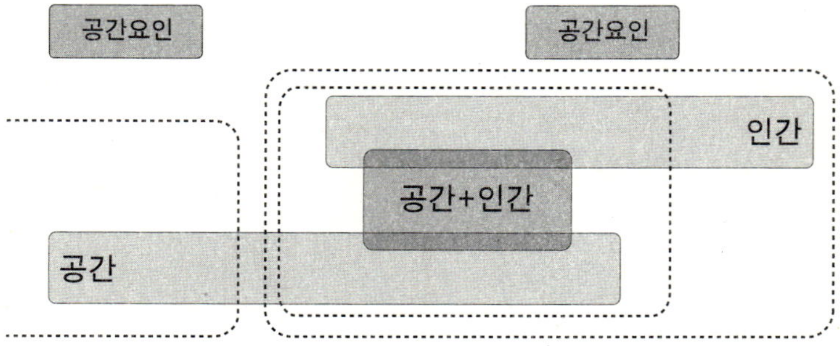

실체론적 입장으로 표출되는 현상을 지각의 결과로 보면, 주어진 공간의 제 현상들(기후, 지형조건 등)과 적응의 형태(가옥구조 등) 등의 정신적 측면이 반영된 물리적 결과는 지각되는 결과이며 적응의 결과인 생활양식이다. 생활양식은 상황에 대처하는 일반화된 반응 양식(윤은종 · 김희수, 2005)인 인간의 의식작용으로 볼 수 있어 '②공간과 인간적 요소', '③인간요소'는 결국 인간적 요인으로 생각해 볼 수 있다. 결국 농촌성과 도시성을 규정하는 요인들은 '공간요인, 인간요인' 두 가지로 보는 것이 타당하다고 하겠다.

2) 공간적 실재 요인

농촌과 도시를 공간상으로 분리하는 경향은 ①도시 · 농촌이분법설, ②도시 · 농촌 연속설, ③도시 · 농촌 공생설의 시각으로 구분된다. 그러나 도시 · 농촌 이분법설은 도시와 농촌을 이분법적으로 분리하여 파악함으로써 실체에 대한 접근보다는 관념화된 공간의 실체를 스스로 규정한 것으로 생각해 볼 수 있다. 도시 · 농촌 연속설은 '고립국 모형'을 상정한 것에 지나지 않는다. 지역의 실체적 의미에서는 - 양 공간이 극단적으로 분포한다는 것이 아니라는 점 - 타당하나, 이러한 논의는 양 지역 모두 상호작용하는 공간이 없다거나, 한 지역만의 영향을 상정한 것에 지나지 않는다. 실제로 한 공간에 영향을 주는 지역은 다수의 지역이며, 연계성이 강화된 시점의 경우 공간에 대한 영향력은 각기 상이할 수밖에 없다.

도시 · 농촌 공생설은 도시와 농촌은 서로의 기능을 하며 그에 따라 공존한다는 것으로 이는 기능주의적 시각이다. 그러나 기능주의적 시각에서 각 하위체계는 반(半) 독립적 성격을 지니고 나름의 요구 사항을 충족시키는 동시에 상호작용하며 자신이 속해 있는 전체를 존속시킨다(김성철, 1994). 따라서 반독립이라는 것은 나누어져 생존할 수 없다는 것을 의미하고, 전체를 지향한다는 것은 나누어져 생존할 수 없는 이중론적 이론구조를 가진다.

3) 인간적 실재 요인: '직업의 장(場) 및 생활의 장(場)'

워스(Wirth, 1938)는 인구크기, 인구밀도, 사회적 이질성이 인간성(personality)과 사회구조를 분리시켜 도시성을 형성하는 것으로 본다. 씨웰과 아멘드(Seweall and Amend, 1943)는 농촌성을 커뮤니티의 인구규모와 관련되는 요인으로 농촌인과 도시인의 기질은 상이하다고 생각한다. 클락과 굿윈(Cloke and Goodwin, 1993)은 기능주의 시각에서 비도시의 특성으로 농촌성을 규정하며(Cloke, 1995 재인용), 휴고 외(Hugo, et al, 2003)는 도시와 농촌 인구의 기질이 지역에 따라 차이가 있는 것으로 생각한다. 이들은 삶의 방식으로서 농촌과 도시는 다른 것으로 파악하고 있어 공통적으로 '삶의 방식'으로서의 농촌성과 도시성은 상이하다고 보고 있다.

[표 Ⅳ-1]은 일반적으로 받아들여지고 있는 사회-경제적, 인구적 특성 차이에 따른 도시 및 농촌의 차이점을 보여주고 있다. 교육수준의 경우 로시그노와 크로우웨이(Roscigno and Crowley, 2001)는 농촌 지역이 도시 지역보다 개인적 배경(교육적 관점)이 낮은 공간으로 생각한다. 도시의 경제활동은 2 · 3차 산업이 중심이며, 농촌은 1차 산업 및 관련활동에 집중된다. 인구이동의 여러 원인 중 취업과 교육이 중요

한 역할을 하고(권상철, 2003), 2 · 3차 산업은 전문직 및 기술직이 중심이고, 높은 교육수준이 요구될 것(이무근 이재기, 1987)으로 전망한다. 따라서 직업의 산업구조와 인구의 성격 및 연령구조는 상호밀접한 관련을 맺으며(노정현 등, 2005), 도시와 농촌 인구의 교육적 특성의 차이는 곧 취업구조의 성격을 반영하고 있다는 것이다. 농촌 지역에서 도시 지역으로의 인구이동의 특성은 곧 농촌 지역에 고등교육을 받은 사람들을 수용할 수 있는 일자리가 적기 때문이다. 이러한 특성이 곧 농촌 및 도시 지역의 교육수준의 차이로 귀결되는 것이다.

서비스 및 정보 접근성은 도시가 교육수준이 높은 사람들이 거주하는 공간이고 인구밀도가 높다는 점에서 상대적 접근성이 농촌에 비해 수월하게 나타난다. 또한 도시 내 공간이 2 · 3차 산업이 주가 된다는 점은 거주 및 생산 공간이 동일한 공간 속에 위치하는 1차 산업과 달리 이직률이 높으며, 그에 따라 인구이동 수준은 높을 것이라 생각될 수 있다. 따라서 경제와 직업구조의 산업활동과 관련되는 부분은 생산방식의 '인공성과 자연성' 중 어느 곳에 집중되는가에 따라 다르게 구분할 수 있다. 이것은 인구의 성격 규명이 곧 생산방식이 주는 영향에 의해 구분될 수 있다는 점을 시사한다. 다른 한편, 인구 구성과 개별 공간 내부에서의 협치(governance) 방식은 도덕과 자유의 표현의 경우, 농업이 보다 원초적 협업을 필요로 하고 - 물론 도시의 직업 구조 또한 협동을 필요로 하지만 - 생산의 장과 거주의 장이 도시에 비해 구분되지 않는다는 점에서 도시 공간구조가 미치는 영향과는 차별적이다. 결국 우리가 생각하는 농촌성 및 도시인의 삶이라는 것은 결국 '직업 및 생활 장소'의 분리 여부 문제 속에서 파악될 수 있다고 하겠다.

'직업의 장/생활의 장'이 분리되어 있을 경우, 우리는 누군가를 안다고 할 때, 과연 어떤 객체로서 그 대상을 아는가의 문제를 생각해 보아야 한다. 직업의 장에서 만나는 사람의 경우에도 우리는 그 대상을 인지한다고 할 수 있고, 생활의 장에서 만나는 대상의 경우에도 마찬가지다. 농촌의 경우 이 두 가지가 일치하는 성격을 보이지만, 도시의 경우 분리될 가능성이 큰 것이 일반적이다.

따라서 '삶의 방식'으로서 도시인의 삶을 평가할 경우에 어떠한 관점에서 보는가에 따라 도시성은 다르게 정의될 수밖에 없다. 직업인으로서 그 사람을 안다고 하면, 도시의 성격을 말할 때 흔히 표현되는 익명성은 무색해질 수밖에 없다. 이러한 측면은 생활의 장에서 만나는 사람의 경우에도 동일한 결과를 가져온다. 그러나 문제는 이 두 가지가 불일치하는 도시공간은 '도시인의 삶'을 규정하는 경우에는

표 Ⅳ-1. 도시 및 농촌의 사회경제적 · 인구학적 특성 차이

차원	도시	농촌
경제	2차 및 3차 산업활동 중심	1차 산업과 이를 지원하는 산업 중심
직업구조	제조, 건설, 행정 및 서비스 활동	농업 및 다른 1차 산업
교육수준과 설비	국가 평균 보다 높음	국가 평균 보다 낮음
서비스 접근성	높음	낮음
정보 접근성	높음	낮음
인구통계	낮은 출생률과 사망률	높은 출생률과 사망률
정치	자유와 급진적 요소의 더 많은 표출	변화에 대한 저항과 보수적 태도
인종	다양	보다 동질적
인구이동 수준	높음 그리고 순 유입형태	낮음 그리고 순 유출형태

출처: Hugo et al(2003)

도시의 경우 단절된, 즉, 익명성의 인간관계를 상정하는 결과를 가져온다. 이런 의미에서 볼 때, 농촌성과 도시성의 의미에서 '삶의 방식'의 문제는 결국 농촌의 경우 '직업의 장/생활의 장'이 일치된 상태에서 보는 것이며, 도시인의 경우 그 반대를 상정하고 있기 때문에 발생되는 문제이지 본질적으로 삶의 방식이 다르다는 것은 생각할 수 없다. 따라서 '삶의 방식'으로 농촌성과 도시성을 반대적 의미로 규정하는 것은 생산방식에서 오는 인간적 요소를 생각하지 못한 결과라 판단된다.

2. 인식론(epistemology)적 전통

인식론은 인식주체인 사람이 인식주체 외의 대상[25]을 받아들이는 활동[26]으로 이해할 수 있다. 따라서 인식주체와 인식대상의 관계는 인식론의 핵심적 요소이다. 그러나 경험주의를 비롯한 서양철학의 인식론은 주체와 객체의 분리를 전제로 객체에 대한 인식의 객관화에 초점을 맞춘다(김재범, 1998, 조동일, 1997). 안재순(2005)은 주체와 객체의 관점에서 'Having mode는 물아분리(物我分離)를, Being mode는 물아일여(物我一如)를 전제로 한다'는 것으로 서양과 동양의 차이를 제시한다. 서양철학이 과학적 지식의 확실성과 정당성을 확보하기 위한

---

[25] 인식주체는 사람이고, 인식대상은 인식주체 외의 모든 것임(최병환, 2003).

[26] 인간은 물질적 세계를 감각관을 통해 인지하고, 이성을 바탕으로 그 세계를 규명한다. 즉 '물질적 세계→감각기관→이성'의 과정을 통해 이 세상에 대한 지식을 완성해 간다. 서양의 합리주의와 경험주의 전통은 지식실체의 파악을 위해 무엇에 중점을 두는가에 따라 이 두 가지 사상의 발전이 진행된다.

논의로서 귀납주의와 연역주의 방법론을 사용했다(진성배, 1994)는 것은 서양의 진리관이 개체에 대한 탐구를 중심으로 이루어졌다는 것을 의미한다. 이것은 주체와 개체가 분리된 상태여서 각 대상은 탐구를 통해 파악해야 할 대상으로 존재하는 것으로 인식되기 때문이다.

동양의 인식론은 특히 우리나라의 경우 이(理)와 기(氣)의 탐구를 통해서 이루어졌다. 태극(太極)에서 시작되는 이기(理氣)는 모든 대상에 공통적으로 내재하는 실재이다. 그러나 이일분수(理一分殊)의 관점에서 이(理)는 곧 인간에게도 내재되어 있는 실재이다. 따라서 자신의 이(理)를 탐구하는 것은 곧 사물의 모든 이치에 도달하는 것이다. 이(理)는 소이연(所以然)의 보편자로서, 주재자(主宰者)로서의 성격을 갖는다. 따라서 기(氣)는 소이연에 의한 소당연(所當然)이기에, 사물의 궁극적 진리는 이(理)이다. 이러한 동양의 인식론은 주체와 객체를 분리하지 않은 인식론의 사고이다.

인식론에서 주체와 객체의 관계는 곧 서양과 동양의 진리개념이 서로 다르다는 것을 의미한다. 경험주의, 합리주의, 실용주의가 상정하는 진리와 실학에서 생각하는 진리는 다르다. 주체와 개체의 분리는 곧 개개대상물에 내재되어 있는 속성을 경험과 이성을 통해 확인하는 것으로, 즉 개개대상의 특성이 파악된 것이 지식이며, 이의 축적은 진리를 형성한다. 반면 실학의 진리는 곧 우주적 질서를 의미한다. 실학자들에게 있어 우주적 질서는 곧 태극이며 이는 곧 이와 기의 통해로 분화된다. 그러나 소이연의 보편자로서, 주재자로서의 이를 파악하는 것은 곧 우주적 질서 및 개개 사물의 모든 이치를 파악하는 것과 같다. 서양철학은 개개대상물로서 특성을 통해 진리에 도달하는 반면, 실학의 진리는 이를 파악함으로써 이룩된다. 이러한 특성으로 경험주의와 실용주의 특성은 곧 인식대상인 개개사물과 인식주체의 구분에서 시작되나, 실학은 주체와 개체의 구분이 없는 일물(一物)로서 하나이다. 이것이 바로 경험주의 · 실용주의와 실학이 사물을 인식하는 가장 큰 인식론상의 차이이다.

(1) 합리주의와 경험주의

경험주의와 합리주의 논쟁의 핵심은 이성/경험의 두 요소 중 어느 요소를 강조하는가에 대한 구태의연한 가정에 의존해 왔다. 합리주의 인식론의 기본적 전제는 '세계는 합리적으로 조직된 하나의 전체이며, 세계의 구성부분들은 논리적 필연성으로 연계되어 있다'는 것[27]이고, 경험주의 인식론은 '경험은 지식에 앞서며 인간의 가치는 그것들에 대한 독립적으로 존재한다'고 보는 것이다(최영출, 1990). 하지만 경험주의와 합리주의 모두에서 강조하는 것은 대상에 대한 가치판단, 즉 사실을 어떻게 규명하는가에 대한 관심이다. 하지만 이성과 경험에 대한 논증 속에서 이들이 추구하는 방향은 인식대상에 대한 해석(사실의 확인)은 결국 인간의 가치가 배제된 채로 사물에 대한 것으로 한정하는 경향을 보인다. 즉, 인식대상을 인식주체와 완전히 분리시켜, 감각을 통해 지각된 경험을 마음속에 존재하는 표상적 관계로 한정한다.

경험주의의 초기 학자로 평가받는 베이컨은 인간이 유일하고 진

[27] "합리론" 한국 브리태니커 온라인. 〈http://deluxe.britannica.co.kr/bol/topic.asp?article_id=b24h3281b〉. [2006. 4. 24자 기사]

정하고 보편적인 방법의 도움에 의지할 때 비로소 지식을 획득할 수 있다고 생각하였는데(백승현, 2003), 사용되는 논리의 전제는 '질서 있고 조직된 경험으로부터 공리를 이끌어내고 그 공리로부터 새로운 경험을 통해 보다 일반적 공리로 나아가는 것'(김영한, 1981)으로 보아 '경험을 통한 지식의 검증'으로 그 논리를 한정하였다. 베이컨에게 있어 신학적 세계관이 추구하는 논리는 경험과 무관한 형이상학적 논증일 뿐이었고, 그에 따라 인간의 경험과 무관하게 부여되는 철학적 논리는 진리가 아닌 그 자체가 하나의 신념일 뿐이었기에, 지식이 갖추어야 할 체계 및 기준은 '경험'으로 확인할 수 있는 것이어야 했다.

이와 같은 사상의 발달은 르네상스 및 계몽주의 철학에 기반한 인간에 대한 믿음이 그 역할을 했을 것이라 생각된다. 그러나 인간경험은 언제나 오류의 가능성을 안고 있을 뿐 아니라, 문화적으로 경험한 내용적 사실에 따라 경험주의 철학의 진리는 다르게 전개될 수 있는 취약점을 안고 있다. 따라서 경험주의 철학은 보편적이며, 필연적인 논리구조에 타당성이 결여되어 있다고 하겠다.

반면 합리주의 철학자들은 경험주의가 안고 있는 '경험의 오류'와 그에 따른 논리 및 지식의 필연성의 한계에 대한 반대로 지식의 근원을 인간이 갖고 있는 이성적 능력의 추론에 따를 것을 요구한다. 데카르트, 스피노자, 라이프니찌 등이 진리에 도달하기 위해 수학적 방법을 적용해야 한다고 주장한 것(김광웅, 1997)은 합리주의자들의 세계관을 극단적으로 보여주는 것이다. 이들은 인간이성에 의해 기학적 증명을 추론할 수 있는 진리, 따라서 논리적 전개 속에서 의심할 바 없는 필연적 논리로 연결되는 지식만이 참된 진리라는 것이다. 이들이 수학적 지식에 능통했다는 점과 이러한 추론이 무관할 순 없을 것이라 생각되나, 인간 이성에 대한 그리고 인간이 갖고 있는 선천적 지식의 능력을 무한히 인정하였다는 점은 합리주의 사고의 백미이자 한계라 하겠다.

합리주의자들이 말하는 것과 같이 수학적 지식체계가 상정하는 세계가 과연 논리적, 수학적 세계로 모든 것을 부분적으로 나눈 상태에서 증명될 수 있는가 여부는 논리적 실증체계의 최대 관심사라고 할 수 있다. 이러한 전제는 대상으로서 인간의 정신활동을 기계적 체계적으로 구분한 것이라 생각된다. 인간정신활동은 물질에 내재되어 있는 속성과 다른 그 무엇이 있다. 또한 부분으로 나누어진 인간에 대한 지식이 과연 인간에 대한 지식전반으로 연결될 수 있는가도 문제이다. 인간에 대한 부분적 지식은 그 부분으로 한정되는 것으로 부분에 대한 지식이 하나로서 종합되었을 때, 인간이 갖는 정신활동은 또 다른 질적변화를 보인다고 말할 수 있다. 이러한 의미에서 합리주의의 대표라 생각되는 데카르트의 카르테지안(Cartesian)이 제기하는 "이성을 통해 진리를 획득해 가는 사고과정에 대한 논의"는 합리주의 사고의 주요 사상을 엿보게 한다.

복잡한 생각들은 분석의 과정에 의해 가장 단순한 요소들로 분해되어야 한다. 이것들은 다시, 오로지 모든 의심을 잘 견뎌낼 수 있을 만큼 분명하고 명료한 생각들만이 진실한 것이라고 받아들여질 수 있는 그런 방식으로 검토되어져야 한다. 복잡한 구조들은 가장 단순하고 손쉬운 개념들로부터 더 복잡한 것으로 진전해 나감으로써 재결합되어야 한다. 마지막으로 이러한 전체 과정은 조심스럽게 모니터

되어야 하고, 각각의 단계는 그 중 어느 하나도 누락되지 않도록 점검이 확실히 보장되어야 한다(백승현, 2003).

즉 데카르트의 합리주의는 가장 단순한 것에서부터 시작하여, 의심할 수 없는 체계적 지식을 갖추어 가는 과정이며, 단순한 지식의 확장은 결국 전체 지식을 획득할 수 있다는 이성에 대한 낙관적 견해를 표출하고 있는 것이다. 데카르트의 인식론 또한 인식주체와 대상을 분리한 상태에서 감각에 의해 지각된 대상에 대해 이성에 바탕을 둔 채, 사물의 본질에 다가서기 위한 노력을 말하는 것이다. 반면 경험주의자들은 철학적 이상주의(Idealism)보다는 물질주의(Materialism)에 가깝다. 지식이라고 하는 것은 직접 경험한 바에서 나오는 것이지 단순히 직관적 이성, 즉 본유적인 앎으로부터 결과하는 것은 아니라는 것이 이들의 입장이다(김광웅, 1997).

베이컨은 경험만을 지식을 확장할 수 있는 유일한 원천으로 보며, 베이컨이 전제하는 인간은 결국 '백치' 상태의 인간으로 볼 수 있다. 아무것도 모르는 상태에서 점차적으로 경험의 확장을 통해 인간의 지식이 확장 될 수 있다는 것에 대한 믿음이다. 그러나 인간은 경험을 통해 대상에 대한 특성을 파악하지만, 그것에 만족하지 않고 경험적 지식을 체계화하고 관념화 한다. 또한 그와 같은 지식을 바탕으로 새로운 것에 대한 인식을 할 수 있다.

이러한 측면에서 칸트는 경험주의와 합리주의 모두에 대해 새로운 견해를 전개한다. 그는 경험 이전의 순수 이성에서 비롯된 '선험적(prior) 지식'과 더불어 경험에서 출발하는 '후천적(posterior) 지식' 모두를 수용하고자 했다(조종혁, 2004). 칸트의 시각은 인간의 선천적 본유

지식(innate ideas)을 부정하고 경험을 통한 '인과율'만을 주장하는 경험주의자들은 논리 전개에 있어 경험의 논리적 한계가 있다는 것이다. 결국 왜 특정한 결과가 발생하는가에 대한 물음에 대한 답이 불분명하다는 것과 합리주의자들이 주장하는 필연적 논리구조가 어떻게 경험과 일치할 수 있는가는 모호하다는 것이다. 따라서 칸트는 경험을 통한 지식이 하나의 선험적 지식을 형성하고 그에 따라 추후에 발생할 사건에 대한 결과를 기대할 수 있다고 사유한다. 이러한 측면에서 경험주의의 종합적 인과론(synthetic proposition)과 합리주의자의 분석적 명제(analytic proposition)의 한계를 지적하고 그에 대한 통합을 시도하는 작업의 일환으로 칸트는 경험주의적 '경험적-선험적 명제(synthetic a priori statesments)[28]'를 제시한다.

다른 한 편 흄은 추론방법의 적법성을 문제 삼고 있다. 흄은 경험주의가 갖는 문제점으로 사회현상 모두에 대해 가능한 관찰을 할 수 없다는 점과, 경험을 통해 얻은 지식은 과거의 경험일 뿐, 그에 따른 인과율은 지식이 아닌 믿음이라는 생각을 견지했다. 결국 그가 생각한 것은 귀납적 관찰에 근거하는 인과론이라는 것이, 따지고 보면 과거의 경험에 기초한 신념/믿음일 뿐 반드시 논리적 확실성/필연성을 갖는 것은 아니라는 사실을 주장하였다(조종혁, 2004).

추론을 정당화하기 위해서는 어떤 이성적 논증이나 경험적 증거를 제시할 수 있어야 하나, 경험적 증거는 이미 원리적으로 불가능한 것이다. 결국 흄의 결론은 "우리가 경험했던 대상들과 우리의 관찰 한

---

[28] 하나의 당구공을 쳤을 때 그것에 부딪힌(경험적 사실) 다른 공의 진행 방향을 기대할 수 있는 것(선험적, 이성적 사실)은 그런 가능성을 보여준다(조종혁, 2004).

계 너머에 있는 대상들 사이에 유사성이 있음에 틀림없다는 것을 가정할 뿐이지 결코 입증할 순 없는 것이다"는 것이었다. 따라서 경험을 넘어선 그 어떤 것에도 정당성을 확보할 수 없다(최희봉, 2004)는 견해를 통해 개념을 비인과적인 용어로 환원시킴으로서 단순화된 인과관념을 제거하고 있다(김유신, 1995).

이에 대한 칸트의 반론은 인간의 경험이라는 것이 사실은 이미 '프로그램화'된 선험적 카테고리 체계의 지시에 의해 인식되는 현상이며, 무엇을 경험했다는 것은 결국 선험적 카테고리의 존재를 확인하는 결과에 해당하는 것으로 보고 있다. 따라서 경험주의적 인과론은 막연히 과거의 경험에 기초한 하나의 신화적 믿음에 불과한 것이 아니라 실제로 선험적 카테고리의 성격이 지시/결정하는 타당한 인과론으로 생각했다(조종혁, 2004).

결국 칸트는 순수이성비판, 형이상학, 순수한 이성과는 다른 경험철학의 세 영역으로 나누어진다고 보고, 순수이성의 탐구를 통해 형이상학을 해석할 수 있다고 했다. 그러나 형이상학은 순수한 철학의 고유한 영역이어서 철학이 아닌 다른 학문으로 미룰 수 있는 것이 아니다. 따라서 순수이성을 발판으로 형이상학을 해석할 수 없음에도 불구하고, 즉 이른바 물(物) 자체에 관해서는 알 수 없다고 전제했으므로, 경험적 철학이 전개되었다 하더라도 경험의 영역으로 들어온 사물의 모습에 대해서 논의할 수 없을 따름이라고 하겠다(조동일, 1997).

경험주의와 합리주의가 주장한 바는 인식하는 방법으로써 진리에 도달하기 위해 대상에 대한 사유방법에 대한 논의라고 할 수 있다.

이들 주장의 논리는 결국 인식주체/인식대상을 명확히 구분함으로써 어떻게 해야 그 대상에 대한 실재에 접근할 수 있을 것인가의 논의라고 볼 수 있다. 그와 같은 방법은 곧 경험의 주체인 지각(감정)을 통제하는 방법론으로 귀결된다. 합리주의 연역적 측면에서 경험의 부정을 통해 참된 지식에 도달하는 방법론은 이성을 바탕으로 추론한 논증의 부정을 통해 필연적 구조로 탄생되는 지식을 말한다. 반면 경험주의 입장은 귀납적 체계를 통해 이 과정이 가능하다고 보고 있다. 즉 감각기관을 통한 지식의 확장이 가능하다는 입장에선 경험주의와 순수이성을 강조하는 합리주의의 견해는 모두 상이한 방법론을 구사하고 있으나, 방법론의 바탕이 되는 연역과 귀납의 논리에서 두 입장은 하나로 통일된다. 연역을 통한 지식의 확장은 결국 '이론'을 형성하고, 그에 대한 이론적 바탕 위에서 '경험'을 부정하는 합리주의는 결국 하나의 체계 속에서 어떠한 것이 전제가 되는가에 대한 논의로 볼 수 있다.

경험주의와 합리주의 모두 각 철학의 배경은 두 철학이 노정하고 있는 철학적 배경과 함께 한다. 따라서 합리주의와 경험주의 모두 전제된 상황이 다른 문화권에 적용된다면, 보편적 진리는 불가능하다. 따라서 모든 관찰들이 배경 이론들에 물들어 있다는 것이 사실이라면 각 패러다임의 가치는 실험에 의한 검사를 실시함으로써 비교될 수가 없다(햄린, 이병욱 역). 이는 인식적 상대주의(epistemic relativism)를 말하는 것으로, 우리가 믿고 있는 사회철학 또한 그 철학을 해석하는 인식론적 기초 위에서 자유로울 수 없다는 것을 의미한다. 따라서 실재 자체가 사회적으로 구성되었다고 생각할 수 있어 이론은 결국 사회구성주의(social constructivism)시각과 다르지 않다.

그렇다면 무엇이 과학을 사회구성주의의 산물로서 생각하게 하는가? 그것은 바로 개별 연구자에 배태되어 있는 인식론의 영향이다. 우리가 믿는 지식은 믿음일 수 있다. 보편적으로 그 사회 및 시대에 지식으로 인정받는 지식은 그 내용과 오류가 있을지라도 그 또한 그 시대의 지식이라 할 수 있다. 현대와 달리 과거의 지식은 생존의 문제를 해결해 줄 수 있는 것이었다. 생존을 위해서 사람들은 주어진 환경과 제 조건을 생존에 가장 유리한 방식으로 생각하고 동일한 환경에 있는 사람들에게 그와 같은 지식은 참된 지식이었다. 중세시대 지식이라 생각되어 왔던 많은 지식이 오늘날의 과학의 진보로 '믿음'이라고 밝혀졌다.

또한 보다 중요한 것은 합리주의 및 경험주의 철학의 전통이 상정하고 있는 세계는 결국 인식의 주체와 인식대상의 완전한 구분에 있다. 지각작용을 통해 느끼는 감정을 이성과 불리함으로써, 파악되는 대상은 나와 다른 그 무엇이 되고 만다. 이들의 사물인식의 방법이 추구하는 것은 나와 대상의 철저한 분리를 추구하는 방법론의 논쟁이라고 할 수 있다. 즉 합리주의와 경험주의 철학이 경험/이성의 강조 여부에 따라 서로 추구한 방향성이 달랐다고 하나, 이 둘은 서로 보완적인 관계라는 것을 알 수 있다. 그러나 결과적으로 이들이 사유한 근본적 방법은 보다 엄격한 주체와 객체의 분리에 있는 것이며, 감각과 이성, 감정과 이성, 그리고 대상과 나의 분리에 그 철학적 바탕이 형성된다.

(2) 실용주의

실용주의 철학은 미국인의 생활 전반을 지배하는 사상으로 이해되고 있다. 실용주의 철학은 미국에서 발생되었지만, 철학의 형성에 영향을 미친 사상은 경험주의, 합리주의의 전통 및 공리주의의 영향을 받았다고 평가받고 있다(Joas, 1993). 실용주의 철학이 태동하던 시기에 학계를 휩쓸었던 '진화론'의 영향은 곧 실용주의 철학에 융합되어, 진리에 '시간'을 부여하는 방향으로 전개된다. 이러한 점은 경험주의자와 합리주의자에게 비판을 받는다.

실용주의적 인식론에 대한 비판의 요지는 형이상학적 진리를 형이하학적 세계로 이끌어 내렸다는 점이다. 그러나 실용주의의 중요성을 설파하는 학자들의 경우 진리에 '시간' 개념을 부여하여, 형이하학적 상황으로 내려놓았다는 점이 오히려 실용주의 철학의 장점이라고 주장한다(Margolis, 1986; Verma, 1993a; 1993b). 이는 곧 진리라는 것은 철저히 상대적인 것이라는 관점을 제공하고, '때'와 '상황'에 따라 진리는 바뀔 수 있고, 그에 따라 인간은 경험주의 및 합리주의의 굴레에서 벗어나 더 한층 능동적인 존재로 승화될 수 있다는 것이다. 실용주의가 미국의 개척시대를 규정하고 새로운 도전에 대한 관점을 제공함으로써, 미국의 발전을 이룩할 수 있었다고 평가를 받는 것 또한 이러한 실용주의적, 다원주의적 관점 때문이라고 생각된다.

그러나 인식론으로서 실용주의는 곧 경험주의 철학적 전통의 영향을 강하게 받았다고 평가받는다. 경험주의 전통에서 이들의 사물 파악 방법은 또한 인식대상의 능동적 형태에 관점을 부여하여, 주체와 객체의 명확한 분리에서 논의가 시작된다. 그러나 경험주의와 다른 점은 그와 같은 경험에 시간을 부여함으로써, 목적에 이르기 위한 방향으로 경험 또한 부정되고 수정될 수 있다는 진리관을 가지고 있다는 점이다.

(3) 실학

실학의 인식론적 기반을 이해하기 위해서는 주희의 '격물치지(格物致知)'와 '궁리(窮理)'의 두 개념에서 시작할 필요가 있다. 격물치지와 궁리는 곧 진리에 도달하기 위한 실학적 방법론에 대한 논의이다. 실학적 논의는 성리학과 유리되어 논의될 수 없다. 성리학의 경우 논쟁의 핵심이 되는 이기(理氣)는 곧 태극의 논의에서 시작된다. 따라서 만물의 근원에 대한 이해가 곧 이기의 작용을 어떻게 규정하고 판단하는가에 대한 논의로 이해한다면, 물(物)에 대한 인식의 발전이 실학의 사고를 낳았다고 할 수 있다. 실학의 논의 또한 성리학을 버린 것이 아닌, 방법론으로서 이와 기의 작용을 어떻게 볼 것인가의 인식론으로 이해할 수 있다.

주희는 격물(格物)을 사물의 이를 탐구하는 것으로 해석했고, 또한 모든 사물은 각각 그 사물의 이를 지니며 그러한 개개의 이는 보편적 이의 발현이라 생각했다(김영식, 2005). 이와 같은 주희의 격물이론은 곧, 만물에 이가 공통적으로 들어 있는 것으로 생각해 볼 수 있다. 주희는 '이는 하나이나 나누어져서 서로 다르다'(理一分殊)의 입장에서 이를 파악하고 있다. 이렇게 될 때 주희에게 있어 만물은 다른 대상이 아닌 나와 동일한 성질의 것으로 파악된다.

이에 대한 관점은 이를 법칙성으로 해석하고 그것의 두 가지 의미인 소이연과 소당연 또한 존재와 당위의 법칙적 관계로 파악된다(최봉근, 2004). 결국 모든 사물의 이치는 반드시 각각이 그 '소이연(所以然)'의 고(故)와 그 '소당연(所當然)'의 칙(則)을 지니는데, 이것이 이(理)이다.

예를 들어 부모를 섬김에 있어 마땅히 효성스럽고, 형을 섬김에 있어 마땅히 '아우(弟)의 도리를 지키는 것 등이 바로 소당연의 칙이다. 그러나 부모를 섬김에 있어 어째서 반드시 효성스러워야 하고 형을 섬김에 있어 어째서 반드시 아우의 도리를 지켜야 하는가? 이것이 바로 소이연의 까닭(故)이다(김영식, 2005).

그러나 소이연은 그렇게 되는 까닭으로서, 소당연은 까닭에 연유해서 반드시 그렇게 되어야할 숙명적 존재이다. 따라서 성리학의 진리관에서 파악되어야 할 지식은 숙명적 존재자인 소당연이 아닌 소이연으로서의 이의 작용에 대한 탐구이다. 인식(格)의 대상(物)은 존재하는 모든 것과 인간관계나 인간과 사물의 관계에서 생긴 일 모든 것을 포함한다. 즉 '격(格)'하는 '사물의 이(理)'는 보편의 하나의 이(一理)와 분리 단절되지 않는 분수리(分殊理), 즉 구체적 사물들의 이치이다. 주자는 '만물의 이(萬理)'를 궁극하고서야 하나의 이(一理)를 얻을 수 있다고 보며, 하나의 이는 만물(萬物) 가운데 있지 않는 그것과 격단되어 있는 것이 아니라고 본다(이기용, 1998). 이러한 의미에서 성리학에서 말하는 논리전개는 연역 및 귀납과 차별적이다. 연역 및 귀납이 개별 사물의 탐구를 통해 얻어지는 지식이라고 한다면, 성리학의 진리탐구는 곧 '활연관통(豁然貫通)'으로 현 지식을 뛰어넘는 깨달음의 돈오(頓悪)의 경지를 말하는 것이다.

그러나 이일분수(理一分殊)의 입장에서 인식주체와 대상이 다른 대상이 아닌 하나로서 합쳐진 태극의 발현이며, 동시에 개체의 성격을 갖는 대상으로 존재한다. 이의 본성은 동일하므로, 내 자신의 이(理)를 탐구하는 인식주체의 행위는 곧 인식대상의 이를 탐구하는 것과 같다. 그런데 인간의 마음에 들어 있는 이는 성(性)으로 표현되고, 마음(心)은 성과 정(情)으로 구성되어 있다. 따라서 내 자신의 성을 맑게 하는 것은 곧 진리에 도달하는 방법이다. 성리학에 있어 성은 곧 사단(四端)의 발현이고, 기는 칠정(七情)의 발현이라는 점에서 성을 어지럽히지는 정(情)은 극복되어야 할 대상으로 인식되었다. 이러한 개념으로 인(仁), 의(義), 예(禮), 지(智)에 대한 일방적 탐구를 통해 진리에 도달할 수 있다는 사단이 중시되는 지식관을 형성하였고, 이와 같은 방법은 곧 개별대상이 아닌 통합된 태극의 진리에 도달하는 것으로 진리탐구 방향이 윤리의 일방향으로 나아갈 수 있다는 것이다.

학문하는 방법으로서 격물치지(格物致知)에 대한 이해, 특히 물(物)을 분기점으로 한 인식의 차이가 시대인식의 단절을 증언하는 중요한 논의이다(이광래, 2003). 물을 어떻게 보는가는 곧, 만물의 근원으로 주희가 이를 보는 관점에서 벗어나는 것을 의미하는 것으로, 실학철학의 인식론적 발상이 이와 같은 물에 대한 관점에서 출현하였다. 실학논쟁의 역사를 보면 결국 사물과 인간을 구성하는 이와 기의 역할을 어떻게 볼 것인가와 인간에게 있어서 성정(性情)의 작용을 어떻게 보는가의 논쟁의 역사라고 할 수 있다. 중농학파의 효시로 여겨지는 유형원의 경우는 이러한 논쟁에 더욱 근접한 이론을 제공하고 있다.[29]

[29] 이후의 조선실학자들의 성리학적 관점은 안재순(1991)의 것을 따랐다.

표 Ⅳ-2. 사상가별 실학적 인식론

유형원	·자연관 : 이기불상잡(理氣不相離) → 이(理)는 기(氣)에 내재하는 이(理) ·심성론 이기부잡(理氣不雜) → 사단이지발(四端理之發) 칠정지기발(七情氣之發), 사단(四端)은 칠정중(七情中)에 발현(發現) ·통합 : 이기불상잡(理氣不相離)의 대전제 속에 이기부잡(理氣不雜)강조
이익	·자연관 이기불상잡(理氣不相離)의 입장에서 주리(主理)나 주기(主氣) 모두 맞음 : 이일지리(理一之理(보편성)) 측면보다 분수지리(分殊之理) → 개체(個體)의 이(理)((性=在物之理의 個體性 주목)) ·심성론 : 사단지발(四端理發)을 강조 인지단(仁之端)인 측은(惻隱)[30](公的) ≠ 칠정(七情)의 애(哀)(私的) 사단(四端)=천리지공(天理之公)형기지사(形氣之私)=인욕사(人欲私) ·개인적 욕구를 낮추어 공동체 의식에 초점(상업을 진흥시키지 않은 이유) ·남인계열(퇴계학파) 인간욕심을 억제하는데 초점 → 공공성 확보 → 1) 토지제도 2) 과거제도 3) 신분제도
홍대용	·자연관 : 이기불상잡(理氣不相離) 이(理)를 기(氣)속에 내재하는 것 기(氣)의 차이에 따라 이(理)가 차별 ·심성론 : 이기(理氣)가 불상잡(不相雜)함을 지적하여, 이(理)의 보편성 확보 인인물물(人人物物)의 다름은 기(氣)에 의해 결정 → 본래의 이(理)에서는 인성(人性)과 물성(物性)이 같음 → 인물성동론(人物性同論) → 그러나 이인견물(以人視物) 이물경인(以物視人), 인구물천(人貴物賤) 비판 → 인(人) = 물(物)

실학사상에 대한 접근이 개별 사상가의 철학적 사고를 통해 접근하는 것이 더욱 바람직하다는 측면에서 본 연구에서는 [표 Ⅳ-2]에 대표적인 실학자들의 사회현상에 대한 인식론적 이해를 정리하였다. 유형원의 입장을 보면, 자연관은 이와 기는 떨어질 수 없는 것으로, 단지 이는 내재하는 것에 지나지 않는다. 따라서 이를 파악하는 것은 곧 공공성의 실현으로 통일된다. 반면 심성론의 입장에서는 이와 기는 나누어질 수 없는 것으로 묘사된다. 또한 이익은 유형원과 동일

[30] 측은(惻隱)은 다른 사람의 일로 내가 슬퍼지는 것이며, 애(哀)는 내 문제로 내가 슬퍼지는 것을 의미한다.

한 입장에서 결국 이의 보편성을 강조하게 되므로, 이는 곧 개체의 이를 인정하나, 곧 기란 극복해야 할 대상이다. 따라서 이들의 인장에서 면 '이(理)=사단(四端)=공공(公共)=선(善)'의 입장으로 연결된다고 할 수 있다. 그러한 까닭에 이들이 부국강병을 주장하면서 찾았던 방법론은 상업의 진흥이 아닌, 토지개혁을 통한 농민의 안정에 있다. 농민층이 곧 세금을 부담하는 세력이었기 때문에 그러하며, 토지개혁은 곧 공공의 실현이었기에 그러한 방법론을 구사할 수밖에 없었다.

홍대용은 북학파의 효시라 불리고 있다. 홍대용의 자연관은 이를 기속에 내재하는 것으로 규정하고, 기의 차이에 따라 이가 차별적이라는 입장에 선다. 이러한 시각은 곧 만물의 근원을 이가 아닌 기로서 파악하려는 시도이다. 또한 기의 차이에 의한 개체의 차이는 곧 심성론으로 연결되어, 인성과 물성이 동일하다는 인물성동론(人物性同論)의 입장을 견지하는 것이며, 그에 따라 인간에 대한 평등을 지향하는 과정으로 연결되는 것이다. 따라서 홍대용이 상업을 주장할 수 있었던 근원이 본원적 기가 같기 때문에, 인간의 속성은 동일하며, 그에 따라 궁리(窮理)의 측면에서 부정해야 할 사욕의 대상인 상업(商業)은 부정해야 할 대상이 아니라고 본 것이다. 이에 따라 홍대용이 생각한 부국강병은 곧 상업을 통한 진흥의 방향으로 나아가고 있다.

이상과 같이 실학논쟁의 역사는 곧 이기론(理氣論)의 역사이면서, 또한 심성론(心性論)의 역사이다. 또한 실학의 인식론은 주자에서 벗어나 새로운 인식론의 세계를 보인다. 곧 이기(理氣)를 어떻게 볼 것인가에 대한 관점의 차이에서 이들의 사상은 부침을 해 온 것이 사실이다. 그러나 본질적으로 실학사상의 공통점은 모두 분수지리(分殊之

理)와 분수지기(分殊之氣)의 입장에서 만물을 각각의 개체로 파악하나 결국 동일한 것으로 간주한다는 것이다. 이는 곧 성정(性情)의 논의 또한 동일한 것이다. 따라서 실학의 인식론은 인식주체와 인식대상의 구분이 없고, 인식대상과 인식주체 또한 다른 것이 아니다. 즉 일물(一物)로서 세상을 파악하는 인식론을 구사하는 것이라 할 수 있다.

3. 인식론적 전통과 공간인식

합리주의, 경험주의, 실용주의[31]인식론은 우선 인식주체인 인간과 인식대상의 사물을 이분법적으로 구분함을 시작으로 한다. 반면, 실학의 인식론은 이기론(理氣論)의 전통 속에서 주리론(主理論), 주기론(主氣論), 기철학(氣哲學) 모두 이와 기 중 어떠한 것으로 볼 것인가에서 시작하지만, 인식주체와 인식대상을 엄격히 분리하지 않는다. 즉 인식주체와 인식대상 사이에는 분리가 아닌 전체로서 일물(一物)의 시각을 견지한다.

주체와 객체를 분리하는 이분법적 도식에서는 사물의 각 특성에 대한 고찰을 통해 원리를 파악해가는 구조를 갖지만, 분리하지 않는 일원론적 관점에서는 본원의 질서인 이의 탐구를 통해 만물의 이치를

[31] 실용주의 인식론의 방법은 경험주의 철학과 매우 많은 점이 흡사하다. 경험주의의 경험을 통한 지식의 확장을 상정하고, 경험을 통한 지식의 확장을 긍정한다. 그러나 경험주의가 본 경험은 지각을 통해 인지하는 과정으로서, 경험 그 자체는 진리로서 연결될 수 있는 것이었다. 그러나 실용주의 인식론은 당시에 유행하던 '진화론'의 입장을 받아들인다. 이들은 경험에 '시간'의 개념을 받아들인다. 시간의 개념을 받아들인다는 것은 곧 경험과 현실의 일치길 때, 경험을 통한 지식의 확장은 그 의미가 있는 것으로 생각해 볼 수 있다.

궁구해가는 단선적 세계관을 형성한다. 따라서 경험주의 및 합리주의 특성이 개개 사물에 대한 관찰에서 그 이성과 경험을 엄격히 분리해가는 과정이었다고 한다면, '실학'의 관점은 이성과 경험의 통합적 시각에서 이를 관찰한다. 실학에서 이성은 곧 성(性), 경험은 곧 정(精)이라고 생각할 수 있다. 인식의 주체로서 인간의 심(心)의 구조가 성(性)이고, 성(性)의 근원에서 외부 사물에 대해 작용인 정(情)은 분리되지 않고 하나로 인식된다. 즉 합리주의와 경험주의 인식론의 방향이 경험/이성의 구분에서 시작되어 외부세계와 나를 분리하는 작업이었다면, 실학의 인식론은 성정(性情)의 통합에서 경험과 이성의 조화를 통해 외부세계를 인식한다.

이러한 특성이 학문을 하는 방법론으로 연결되면, 경험주의와 합리주의, 실용주의는 외부 세계의 관찰과 실험, 그리고 이를 통한 추론과 귀납적 확장의 과정을 통해 사물에 대한 지식을 형성한다. 즉, 경험과 이성이 합쳐진 입장에서 학문의 방법은[32] 양자의 조화이며, 이는 곧 활연관통(豁然貫通)과 같은 인식의 깨달음에 대한 과정으로 인식적 단계를 뛰어넘는 과정으로 생각될 수 있다. 이러한 시각에서 공간을

〔32〕 조선철학의 발전과정은 곧 합리주의에서 경험주의로 발전하는 과정이었다고 생각해 볼 수 있다. 이(理)와 기(氣)의 입장에서 개개 사물인 기의 추구 보다 그 본연의 질서인 이(理)의 확인을 통해 우주적 진리를 획득할 수 있다고 생각하는 이들의 입장은 주리론(主理論)과 주기론(主氣論), 기철학(氣哲學)의 철학적 입장을 견지하나, 이 모두 개개의 이 및 기의 질서를 확장할 수 있다는 입장이다. 이런 의미에서 보면, 즉 이들은 합리주의와 비슷한 듯하나 - 우주적 질서를 상정하고, 본연의 이(理), 이것은 인간에게서 성(性)으로 발현된다. - 이기(理氣), 성정(性情)을 구분하긴 하나, 결국 양자는 떨어질 수 없는 하나이다. 분수지리(分殊之理)와 분수지기(分殊之氣)의 입장에 선 경우에는 보편적 이(理)를 추구하는 합리주의의 경향을 보이지만, 분수지기(分殊之氣)의 입장에 선 경우, 개체를 달리 파악한다는 점에서 경험주의 철학으로 변화하는 과정에 영향을 주었을 것이라고 생각된다. 그러나 분수지리(分殊之理)와 분수지기(分殊之氣)의 입장 모두 또한 근원적 질서인 태극(太極)을 상정하는 입장을 견지한다는 점에서 합리주의와 경험주의와 다른 또 무엇이라고 할 수 있다.

인식하는 태도를 보면, 경험주의와 실용주의 모두 경험을 통해 공간을 인식한다. 그러한 의미에서 이들이 경험한 공간인식은 경험의 역사적 내용과 다른 것이 아니며, 이러한 객관적 관찰과 경험에 따라 농촌성과 도시성을 형성한다고 할 수 있다.

경험주의 철학이 발전했던 영국의 경우 도시의 발달은 곧 산업 발달의 역사라 생각할 수 있다. 또한 시민계급이 형성되고 그에 따라 이들이 경험했던 도시의 기능은 시민에게 자유를 부여하고, 산업의 발달을 통해 부가 형성되며 이에 따른 빈부의 격차를 통한 사회적 폐습의 경험은 이들의 도시성을 형성하는 과정으로 연결되었다. 이러한 과정에서의 농촌은 상황적 실제라고 할 수 있으며, 이러한 실제는 독립적 개체로 해석되기보다는 도시성 형성과정에서 수세적으로 형성되는 농촌 문제에 대한 이해로 귀결된다. 따라서 이들 국가에서의 빈곤과 같은 농촌 문제는 농촌 자체가 가지고 있는 현실적 문제로 이해하지 않는 경향이 있다. 실제로 영국의 경우 농촌의 빈곤 문제가 심각함에도 불구하고, 이들은 결코 농촌의 문제를 빈곤(poverty)의 문제로 보지 않는다. 이들이 보는 농촌은 도시화의 과정으로 인구가 유출되어 발생하는 인구 유출(deprivation)의 경험적 입장에서 농촌 공간을 분석하는 것이 일반적이다(Cloke, 1996).

미국의 실용주의 입장에서 도시를 보는 입장은 영국의 경우와 크게 다르지 않다. 그러나 실용주의 특성은 '지금 현실에 그러한 사실이 맞는가'의 입장을 취한다는 것이다. 이렇게 되면 농촌성의 문제는 결국 미국인의 시각에서 필요한 용도로 재구성되는 문제를 안게 된다. 따라서 농촌성에 관한 대부분의 미국 연구의 특성은 곧 농촌의 문제를 빈곤의 문제에 집중시키고, 농촌의 기능 부여는 곧 미국인의 대다수가 요구하는 방향으로의 전개에 그 특성을 맞추고 있다. 지금 시점에서 실용주의 입장에서 농촌에 기능을 부여하는 것은 곧 이들이 바라보는 농촌성을 규정하는 것으로 생각해 볼 수 있다. 즉, 미국 농촌사회가 가지고 있는 농촌성의 형성은 도시성 형성의 지속에 따른 불가피성이 야기될 수밖에 없는 가변성을 가질 수밖에 없으며, 이러한 새로운 농촌성의 형성이 결코 사회발전에 비관적이지 않다는 시각을 가진다고 할 수 있다. 예를 들면 최근 제시되고 있는 미국 농촌 사회의 발전은 농촌 사회가 보유하고 있는 다원적 기능에 초점을 맞추는 지극히 실용주의적 시각을 견지하고 있다(Gartner, 2005).

반면 실학적 인식론의 경우 농촌은 도시와 분리되지 않은 상태를 상정한다. 단지 농촌과 도시의 문제는 현재 상황에 따라 농촌과 도시의 문제가 발생한 것일 뿐, 이는 언제든지 변화할 수 있는 태극의 입장을 견지한다. 또한 분수지리와 분수지기의 입장에서 농촌의 문제는 곧 도시의 문제와 분리되어 있지 않다.[33] 또한 공간의 변화가 태극의 입장에서 논의된다는 점을 상기해보면, 농촌의 문제로 한정할 경우 농촌은 곧 새로운 기회를 통해 도시로 발전이 지향될 수 있다는 가능성을 담보한다.

이러한 인식이 얼핏 앞서 분석했던 서구의 인식론적 사고와 차이

[33] 이러한 입장은 곧 현 한국의 사회문제를 그대로 반영하는 관점이라 생각된다. 도시에 거주하는 사람들의 출생지가 농촌에서 시작되었다는 점 -이점은 급격한 도시화로 인해 농촌에서 도시로 이주한 인구가 생존하는 경향이 영국, 미국과 달리 크다는 점이다- 에서 농촌 문제는 곧 도시인의 문제로 상통하는 관점을 제공할 수 있다. 또한 농촌과 도시의 기능이 상호 간에 조화를 이룰 때 문제에 궁극적 지향점을 제공할 수 있다는 점에서 유용한 관점을 제공한다고 볼 수 있다.

가 존재하지 않는 것처럼 보일 수 있으나 보다 분명한 것은 실학의 인식론이 견지하는 공간에 대한 태도라 할 수 있다. 분수지리 및 분수지기의 관점은 '공간과 공간은 분리되어 있는 것이 아니며, 분리되어 있으나, 하나로 통일되는 것'임을 보여준다. 이러한 시각은 곧 농촌과 도시가 분리되어 있으나, 하나로 통합되어 있고, 각 지역의 실체는 다르나 곧 동일하다고 생각할 수 있다. 따라서 농촌과 도시의 문제는 다른 실체로서 존재하나, 그 원인은 하나로서 생각해 볼 수 있다. 이러한 측면은 특히 공간과 인간의 상호 연관성을 바라보는 관점에서 더욱 극명하게 드러난다.

공간과 인간의 관점에서 이를 살펴보면, 공간과 나는 분리되어 있는 것이 아니다. 최한기의 지효사상의 경우 이러한 사례를 가장 극명하게 볼 수 있는데 최한기에게 있어 '지(地)'는 곧 '효(孝)'의 대상이다. 이는 공간과 인간은 하나로써 통일된다는 것이다. 경험주의와 실용주의 입장에서 공간과 사람은 분리되어 있는 상태이며, 신학적 세계관에서 부여된 인간의 특성으로 개발할 수 있는, 그리고 나아가 공간의 지배는 정당화된다. 그러나 '실학'의 관점에서 이러한 점은 인정되지 않는다. 우선적으로 공간과 인간은 분리되어 있는 그 무엇이 아니고, 통합되어 나타나는 일물(一物)의 대상인 것이다. 따라서 공간에 대한 인간의 지배는 정당화 될 수 없고, 그로 인해 공간과 인간은 종속의 관계가 아닌 '조화'를 이룩해야 할 일체(一體)이다.

이러한 시각은 지역과 이러한 객체의 변화를 어떻게 관조해야 하는가에 대한 관점을 제공한다. 경험주의와 실용주의의 영향을 받은 영 미식의 사고에서 공간에 대한 연구는 자연철학을 사회과학에 접목시키는 방향으로 공간의 문제(성격)를 파악하며 원인과 결과를 바탕으로 그에 대한 유추를 통해 문제해결을 지향한다. 또한 각 지역은 기능주의 시각[34]에서 전체로의 통일이 지향된다. 하지만 지역에 대한 '실학'의 관점은 기능주의와 비슷하나 기능주의가 아니다. 기능주의 시각에서 지역은 부분적으로 나뉘어져 있으나, 하나로 통합되어 있을 때에만 그 기능을 전제한다. 각 지역을 따로 떼어놓을 경우 지역은 그 실체적 특성을 잃는다. 이러한 점이 농촌과 도시문제를 바라보는 실학에서의 '공생적' 관점 제공의 근원이 되었을 것이라 판단된다.

4. 결론

본 장의 목적은 공간적 측면에서 우리나라를 대표하는 인식론적 전통으로 실학을 규정하고 영국의 경험주의와 미국의 실용주의의 인식론적 사고를 비교하여 농촌성(rurality)과 도시성(urbanism)에 대한 인식론적 함의를 찾는데 있다. 본 장에서는 사회 또는 공간변화는 그 사회 또는 공간에 내재되어 있는 인식론적 사고에 기초하고 있다는 기본 가설을 설정하고, 변화 과정에 대한 보다 원론적인 이해를 위해서는 개별 국가의 철학적 사조에 기초한 인식론에 대한 이해가 필수적임을 가정하였다. 인식론적 이해에 기초하여 본 연구에서 분석된 농

[34] 여기 돼지가 있다고 생각해 보자. 돼지는 살아있는 하나의 대상이다. 그러나 돼지의 각 신체부위와 장기들은 또 다른 살아있는 실체이다. 그러나 기능주의 시각에서 각 부분은 전체의 실체(돼지)를 위해 각 역할을 담당하는 부속으로 인식될 수 있다. 그러나 부분으로 돼지를 나누어 놓았을 경우, 그 조직이나 실체는 살아서 있는 상태이나, 돼지라는 개체는 죽어 없어지는 생명활동이 정지된 상태로 놓이게 된다.

촌성과 도시성의 연구결과는 다음과 같다.

농촌성과 도시성의 해석학적 의미는 사회과학의 제 분야에서 가지고 있는 이론적 배경에 따라 상이하게 조명되고 있다. 특히 이론적 배경의 바탕이 되는 철학의 상이함은 연구의 출발을 다르게 규정하는데 동서양의 철학적 인식론은 그 가정의 설정과 변화의 동력, 그리고 그 현상에 대한 이해가 매우 상이한 것으로 인식되고 있다. 인식론은 인식주체인 인간과 인식대상의 관계 설정의 논의에서 시작되며, 인식된 지식의 타당성을 확인하는 것으로 판단된다. 경험주의, 합리주의, 실용주의가 인식주체와 개체를 분리시키는 방향으로 인식론을 전개한 반면, 실학의 인식론은 인식주체와 개체를 통합하는 과정으로 인식론을 전개하였다.

경험주의, 합리주의, 실용주의 철학의 공간과 인간에 대한 인식은 다음과 같은 특징을 갖는다. 첫째, 서구의 인식론은 인간의 능동성에 대한 부여 측면에서 공간을 인간의 인식에 의해 파악해야 할 대상 및 개발해야 할 대상으로 규정한다. 즉, 경험주의와 실용주의 입장에서 공간과 사람은 분리되어 있는 상태이며, 신학적 세계관에서 부여된 인간의 특성으로 개발과 그리고 나아가 공간에 대한 지배는 정당화된다. 하지만 '실학'의 관점에서 이러한 점은 인정되지 않는다. 우선적으로 공간과 인간은 분리되어 있는 그 무엇이 아니고, 통합되어 나타나는 일물(一物)의 대상인 때문이다. 따라서 공간에 대한 인간의 지배는 정당화 될 수 없고, 그로 인해 공간과 인간은 종속의 관계가 아닌 '조화'를 이룩해야 할 일체(一體)로 이해되고 있다.

둘째, 지역의 인식에 있어 영미식 사고인 기능주의 관점은 국가라는 한 실체가 존재하며, 각 지역은 독립적으로 규정되는 공간이 아닌 전체의 부분으로서 전체의 생존을 위해 기능하는 역할로 축소된다. 그러나 실학의 전통 인식론은 인간과 공간은 분리되어 있는 대상이 아닌, 전체, 즉 하나의 존재로서 인식된다. 부분으로 나누어진 공간 또한 하나의 실체로서 존재한다. 실학적 인식론의 공간인식은 공간을 분리(농촌과 도시)하면서도, 하나로 통합되는 관점을 제공한다는 측면에서 기존에 분석의 틀로 사용되고 있는 도시-농촌 이분법의 사고에 많은 시사점을 제공하리라 판단된다. 경험주의 및 실용주의의 인식론의 시작은 곧 경험을 통한 지식이 새로운 경험에 대한 시작이다. 따라서 이들이 주장하는 도시성의 견해는 도시의 발달 과정 속에서 서양이 겪었던 사실에 근거한 그들의 도시에 대한 이미지이다.

인식론에 기반한 철학적 전통은 정반합의 변증법적 논리에 관계없이 인간 사고의 형성에 그 영향력을 노정해 왔다. 인식론적 사고에 기반한 이와 같은 믿음과 지식은 문화를 형성하고, 그 문화는 지식과 이성을 통해 개별 사회 또는 국가 고유의 인식론적 전통을 형성하였음은 자명하다. 이런 의미에서 보면 서구에 의해 진행되고 있는 지적 토대는 바로 서구인의 경험을 통해 형성된 지적 전통에서 탄생한 것이며, 그들에 의해 생성된 인식론인 것이다. 따라서 경험주의와 합리주의, 실용주의와 실학 등 모든 인식론적 이해는 결국 철학 형성의 역사적 경험을 바탕으로 진리가 형성된다. 결국 서구의 역사적 환경이 우리와 다르다는 점을 생각해 볼 때, 그들의 지적 토대는 우리식의 인식론과 다르다는 점은 당연하다고 하겠다. 즉, 모든 과학적 사고에서 우리가 믿고 있는 지식은 개별 사회의 역사적, 사회-정치적 인식론에서 결코 자유로울 수 없다. 급격한 경제발전과 이에 따른 사회변화를 경험하고 있는 우리나라는 한계화되고 있는 농산업과 농촌공간의 등치성이라는 전근대적 공식이 함몰해가는 과정에 놓여있다. 다원적 기능이라는 새로운 산물이 농촌공간에 이입되고 있는 현실에서 도시와 농촌의 공생적 상존이 가능하다는 실학적 인식론체계는 농촌 사회가 유지될 수 있는 새로운 가치체계를 부여하고 있다.

참고문헌

고병호, 2000, 도시 및 지역계획 분야의 학문적 동향과 연구과제에 관한 연구, 『도시행정학보』, 13(2), 101-120.

권상철, 2003, 인구이동과 인적자원 유출: 제주지역 유출 유입인구의 속성 비교, 『한국도시지리학회지』, 6(2), 59-73.

김광웅, 1997, 『기초 원리 응용 방법론 강의』, 박영사.

김성철, 1994, 풀란차스 인식론의 지적 전통: 구조주의, 체계론, 기능주의를 중심으로, 『한국과 국제정치』, 10(2), 269-289.

김영식, 2005, 『주희의 자연철학』, 예문서원.

김영한, 1981, 베이컨의 방법: 그 의의와 한계, 『역사학보』, 92, 137-173.

김유신, 1995, 경험주의 설명이론: 헴펠과 반프라센을 중심으로, 『철학연구』, 37, 119-146.

김재범, 1998, 동서사상의 비교를 위한 인식 준거: 동서의 참된 만남과 생산적인 동아시아담론을 위한 인식론적 정초작업, 『전기사회학 발표논문집』, 194-200.

김한식, 2005, 동학의 전통성과 근대성 : 실학과 동학의 변혁사상, 『동학학보』, 9, 55-104.

노정현 · 김태균 · 김재진 · 박영선, 2005, 지역의 산업구조와 연령구조의 연관성 및 영향력 분석, 『국토계획』, 40(2), 171-182.

박석희 · 이동기 · 윤상헌, 2002, 농촌다움의 의미와 측정 척도개발에 관한 연구, 『관광농업연구』, 9(1), 22-37.

박성규, 2002, 격물치지와 정명, 『철학연구』, 56, 145-170.

백승현, 2003, 17세기 지식혁명과 근대 정치학의 인식론적 변환의 토대: 베이컨과 데카르트를 중심으로, 『시민정치학회보』, 6, 1-25.

백종현, 1990, 실재와 경험적 인식, 『철학』, 34, 77-100.

안동만 · 손주동 · 김명수, 2005, 농촌경관의 농촌다움과 선호도 평가연구: 내국인과 외국인 평가 비교를 중심으로, 『농촌계획』, 11(3), 43-52.

안재순, 1991, 조선후기 실학파의 사상적 계보: 성리학파와 관련하여, 『동양철학연구』, 12, 45-78.

안재순, 2005, 동양사상의 '조화'와 '균형' 관념: '조화와 균형'에 대한 유가적 해명, 『동양철학연구』, 44, 37-65.

윤은종 · 김희수, 2005, 청소년의 생활양식 유형과 정신건강 및 학교적응과의 관계, 『청소년복지연구』, 7(2), 105-120.

이광래, 2003, 『한국의 서양 사상 수용사』, 열린책들.

이기용, 1998, 율곡의 격물궁이에 관한 연구, 『한국사상사학』, 11, 187-211.

이남인, 2004, 『현상학과 해석학: 후썰의 초월론적 현상학과 하이데거의 해석학적 현상학』, 서울대학교 출판부.

이무근 · 이재기, 1987, 산업구조의 변화에 맞는 인력개발을 위한 직업교육의 방향, 『직업교육연구』, 6(1), 67-74.

장희흥, 2005, 조선후기 실학자의 환관제도 개혁론: 반계, 성호, 다산을 중심으로, 『동국사학』, 41, 29-53.

전정희, 2005, 실학사상의 정치적 현실주의와 사상적 계보, 『한국정치외교사논총』, 26(2), 115-143.

조동일, 1997, 『우리학문의 길』, 지식산업사.

조용훈, 2003, 학교건축의 도시성과 농촌성: 학교건축의 경계성, 지역성, 역사성, 낭만성을 중심으로, 『교육시설』, 10(3), 94-101.

조종혁, 2004, 경험주의 VS. 이성주의: 방법론적 함의, 『커뮤니케이션 연구』, 11(1), 199-235.

진성배, 1994, 경험주의의 기초와 확률문제, 『동서철학연구』, 11, 37-50.

최병환, 2003, 통일사상에 의한 새로운 인식론의 시도, 『동서철학연구』, 28, 247-275.

최봉근, 2004, 변화와 생성의 관점에서 본 퇴계철학의 소당연과 소이연: 유기체적 세계관을 중심으로, 『동양철학연구』, 40, 141-167.

최영출, 1990, 행정학연구방법론에 관한 연구: 경험주의와 현상학에 대한 논의를 중심으로, 『한국토지행정학회보』, 6, 105-160.

최희봉, 2004, 흄의 철학과 근대 과학: 과학의 확장과 그 인식론적 기초, 『범한철학』, 34, 125-150.

한정길, 2005, 조선 후기 실학자들의 양명학관, 『한국실학연구』, 10, 219-251.

햄린(D. W. Hamlyn), 1970, 『인식론』, 이병욱 역, 서광사.

홍정근, 2005, 조선후기 성리학파와 실학파의 인성 물성론: 녹문, 노사, 담헌, 다산을 중심으로, 『한국사상사학』, 24, 45-104.

Barnes, T . J. and Sheppard, E., 2003, Introduction: the art of economic geography, *in A Companion to Economic Geography*, Oxford: Blackwell.

Bell, D., 2000, Farm boys and wild men: rurality, masculinity, and homosexuality, *Rural Sociology*, 65(4), 547-561.

Cloke, P, Milbourne, P. and Thomas, C. 1997, Living lives in different ways? deprivation, mirginalization and changing lifestyles in rural England, *Transactions of the Institute of British Geographers*, 22(2), 210-230.

Cloke, P. and Little, J.(eds), 1997, *Contested Countryside Cultures*, New York: Routldege.

Cloke, P., 1996. Rural life styles: material opportunity, cultural experience, and how theory can undermine policy, *Economic Geography*, 72(4), 433-449.

Dancy, J., 1985, *Introduction to Contemporary Epistemology*, Oxford: Blackwell.

Foucault, M., 1994, *Ethics-Subjectivity and Truth*, Cambridge: The MIT Press.

Fridemann, J., 1987, *Planning in the Public Domain: From Knowledge to Action*, Princeton: Princeton University Press.

Habermas, J., 1994, *Postmeteaphysical Thinking*, Cambridge: The MIT Press.

Hindess, B., 1977, *Philosophy and Methodology in the Social Science*, Brighton: Harvester Press.

Hugo, G., Champion, A. and Lattes, A., 2003, Toward a new conceptualization of settlements for demography, *Population and Development Review*, 29(2), 277-297.

Ilbery, B., 1998, *The Geography of Rural Change*, UK: Longman.

Joas, H., 1993, *Pragmatism and Social Theory*, Chicago: The University of Chicago.

Macionis, J. J. and Parrillo, Vincent N., 2004, *Cities and Urban Life*, New Jersey: Prentice Hall.

Madsen, Lene Moller and Adriansen, Hanne Kirstine, 2004, Understanding the use of rural space: the need of multi-methods, *Journal of Rural Studies*, 20, 485-497.

Margolis, J., 1986, *Pragmatism without Foundations*, New York: Blackwell.

Roscigno, V. R. and Crowley, Martha L., 2001. Rurality, institutional disadvantage, and achievement, *Rural Sociology*, 66(2), 268-292.

Sewell, W. H. and Amend, E. E. 1943. The influence of size of home community on attitudes and personality, *American Sociological Review*, 8(2), 180-184.

Tittle, C. R. and Stafford, M. C. 1992. Urban theory, urbanism, and suburban residence, *Social Forces*, 70(3), 725-744.

Verma, N., 1993a., Metaphor and analogy as elements of a theory of similarity for planning, *Journal of Planning Education and Research*, 13, 13-25.

Verma, N., 1993b, Revisiting rationality in planning: pragmatic planning theory, Paper presented at the 35th Annual Meeting of the Association of the Collegiate Schools of Planning.

Wilkinson, K. P., 1984, A research note on homicide and rurality, *Social Forces*, 63(2), 445-452.

Willits, Fern K. and Luloff, A. E., 1995. Urban residents' views of rurality and contacts with rural places, *Rural Sociology*, 60(3), 454-466.

Wilson, Thomas C. 1993, Urbanism and kinship bond: a test of four generalization, *Social Forces*, 71(3), 703-712.

Wirth, L. 1938. Urbanism as a way of life, *The American Journal of Sociology*, 44(1), 1-24.

V 사회변화의 인식론적 이해

1장. 농촌 개발계획 모형의 인식론: 개발국가에서 신자유주의로

1. 도입

본 장은 공간계획의 인식론, 즉 농촌 지역을 포함하는 지역에 있어서 계획 및 개발 절차가 개입하는 방식과 관련된 특정 지식의 정당성을 증명하기 위한 것이다. 이는 '진리' 그 자체를 찾으려는 시도가 아니며, 공공정책의 실행에 있어 계속적 행동을 이끌 수 있는 진리로서의 지식의 구성 및 재현과 관련되어 있다.

다른 분야와는 달리 계획에 있어 사회가 작동하게 되는 원칙은 인식론에만 국한되지 않는다. 계획은 실제 생활에 목적 지향적 개입이 어

그림 V-1. 실체적 주제와 절차적 주제의 관계

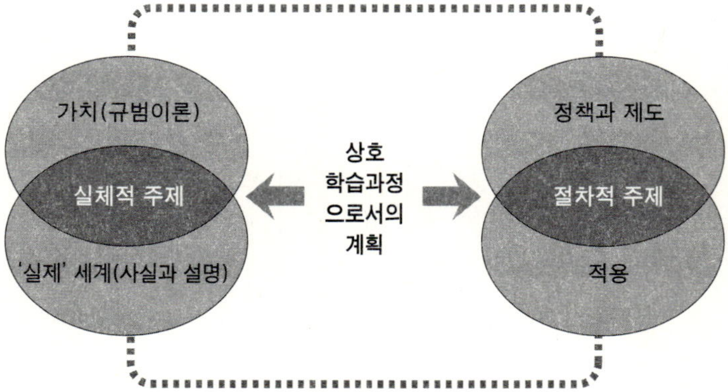

떤 식으로 이루어져야 하는지에 대한 방향도 제시해주어야 한다. 이와 같이 계획은 공공재에 대해 인식론적으로 조망하는 명백히 규범적 과정으로서 지식과 행동을 연결해주는 반복적인 학습과정(Freidmann, 1987) 이라고 정의할 수 있으며, 기본적으로 실체적 주제와 절차적 주제로 구분된다[그림 V-1]. 실체적 주제는 현실에서 가치(규범적 이론)와 인지상황 간의 차이를 다룬다. 절차적 주제는 목적과 수단의 규범적 관계에 대한 내용도 포함하나 주로 계획을 실행에 옮기기 위한 정책적 제도와 제도적 메커니즘에 관심을 가진다. 이 과정은 한 번으로 끝나지 않고 다양한 방향으로 반복적 상호작용을 거치게 된다.

규범적 이론은 다소 추상적인 형태로 '좋은 사회' 혹은 '좋은 도시'에 대해 이상주의적으로 서술하며, 가치를 어떻게 결정할 것인지에 대해 논한다. 현실에서 이러한 가치와 관련하여 반대되거나 적어도 부적합한 상황이 나타나는 경우에 한해 계획적 개입은 정당화될 수 있다. 예를 들어 빈곤상태가 악화되어 심각한 문제를 발생시킬 경우에는 빈곤 감소를 위한 계획적 개입이 정당화될 수 있다. 따라서 현실의 상황을 분석하고 설명할 때 많은 주의를 기울여야 한다.

실체적 주제의 문제는 논쟁의 중심이 되는 동시에 인식론적 패러다임을 형성하기도 한다. 공간계획 역시 하나의 패러다임이며 현실을 규범적으로 설명하기 위한 패러다임의 전환이다. 지난 수십 년 동안 잘 알려진 개발계획으로는 '성장을 통한 재분배', '인간의 기본적 욕구', '지속가능한 개발' 등이 있다. 현실세계에서 개발이 왜 성공적으로 이루어지지 않는가에 대해 이들 각각은 특정한 규범적 배경과 함축적 설명을 가지고 있다. 또한 이들은 급격한 개입보다는 점증적 변화를 중시하는 정책 수단을 제시한다.

서구에서 근대적 공간계획은 인간 정주와 사회관계의 새로운 형태에 대한 탐색 과정에서 규범적인 동기로부터 발생하였다. 유토피아 사회주의와 18, 19세기의 무정부주의에서 기원을 찾을 수 있는 공간계획은 산업혁명과 이로 인해 점점 황폐해지는 도시에 대한 비판을 통해 널리 알려졌다. 하워드(E. Howard)의 전원도시(1902)를 통해 공간계획은 유토피아적 환상과 소규모 농촌-도시에 대한 계획에서 대규모의 도시계획으로 전환되었다(Buder, 1989). 이러한 공간계획은 국가나 민간 경제가 아닌 시민사회로부터 발생하였다. 이 사실은 본 연구 후반에서 다룰 아시아-태평양 지역에 있어 계획의 현대적 맥락을 이해하는 데 중요하다.

절차적 주제는 어떻게 행동을 취할 것인가를 알게 되는 방식에 초점을 두며 정책 수단과 그 이행방식을 결정하게 된다. 대부분의 서구 사회에서 이러한 문제들이, 비록 투명하지도 시민들의 참여에 쉽게 개방적이지도 않은 채, 계획을 담당하는 관료들에 의해 위임되는 경향이 있긴 하지만, 직간접적인 민주적 절차를 통해 공적 영역에서 다루어진다고 여겨진다. 본 연구에서 다루게 되는 기간 동안 아시아에서는 시민의 요구가 거의 수용되지 않는 전체주의적 정부의 대규모 기술관료 집단 내부에서 명령적 계획을 통해 정책의 계획과 이행이 이루어졌다. 이 계획으로 인해 정부는 정책을 공표하고 실행에 옮기기 위한 막강한 권력을 가지게 되었다. 그러나 이렇게 되었다고 해서 정책이 반드시 이행되는 것은 아니었다. 부패, 정부 부처간 갈등, 시민 동원(citizen mobilization), 등은 행동을 위한 지식의 적용을 제한하였다.

계획이 분야가 다른 상호의존적인 연구 영역들과 관련됨을 이해하게 되면서, 계획가들은 프로그램의 실패가 이론의 취약성 때문인지, 아니면 정치적 의지와 실행이 부족하기 때문인지를 쉽게 판단할 수 없다는 인식론적 난제를 갖게 되었다. 공간계획에 있어 이러한 문제는 이미 나타났다. 성장축 전략이 실패하게 된 것은 이론적인 부적합성이 원인이었다는 주장과 확고부동한 확신이 결여된 채 계획을 실행한 것이 원인이었다는 주장이 모두 존재한다. 원인이 무엇이건, 30~40년 이상 분야별 계획, 거시경제 정책, 실행 능력 등과 동떨어진 공간계획이 실행되었던 것은 확실하다. 이처럼 공간계획은 성공에 대한 실질적인 가능성보다는 이에 대한 기대감이 더 높았다. 농촌의 경우 거시적 전망을 확보한 계획부처가 아닌, 농업분야의 계획부처에서 공간계획을 담당하였기 때문에 이러한 문제는 더욱 심각하였다.

이 부분부터는 아시아-태평양 지역에서 실체적 계획과 절차적 계획에 대한 지식이 어떻게 생성되고 실행에 옮겨졌는지에 대해 세 가지 주제로 나누어 논의를 전개하기로 한다. 첫째, 시민사회와 국가, 그리고 기업의 권력관계 내에서 지식이 어떻게 생성되고 발전되었는지에 대해 살펴본다(Friedmann, 1987). 이러한 권력관계 내에서 작용한 지식의 결과물이 공간계획이다. 1960년대부터 21세기 초반에 이르는 수십 년 동안 개발계획을 실행함에 있어 권력관계는 두 가지 중요한 변화를 맞게 된다. 먼저 시민사회가 성장하여 민주적 통치를 향한 근본적인 정치적 개혁이 이루어졌으며, 다음으로는 신자유주의가 확산되어 국가 공간경제에 미치는 국가기구의 영역이 축소되었다. 이 두 가지 변화로 '개발국가'의 영향력은 쇠퇴하고(Douglass, 1994), 21세기 초반 이후 시장 중심의 공간계획이 주도권을 갖게 되었다.

둘째, 동아시아와 동남아시아에서 계획에 대한 지식 생산의 장에서 국민국가(nation-state)가 전형적으로 가정된 반면, 1960년대에 나타난 공간계획은 주로 미국과 유럽의 규범적이고 설명적인 모델을 제한적으로 도입한 것이었다. 이러한 현상은 탈식민주의 국가의 정치적 구조에 의해 더욱 강화되었는데, 이때 시민사회의 개입을 통해 계획과정에 통합될 수 있는 지방의 지식은 배제되었다. 최근에는 정치개혁으로 계획과정에 지역 고유의 지식을 포함시킬 수 있는 기회가 확대되고 있다.

셋째, 아시아-태평양 지역의 기적적인 경제성장이 이루어진 지난 수십 년간 개발관련 공간경제의 상황은 크게 변화하여, 농촌 지역의 인구 및 경제적 중요성이 급격하게 감소하였고, 비핵심 산업의 중심지 역시 심각하게 쇠퇴하여 지역균형개발이나 농촌 지역개발의 전망은 그 어느 시기보다 어두워졌다. 이러한 상황에서 인식론적 관심들도 급부상하는 전세계적인 도시 간의 위계질서 내에서 어떻게 하면 핵심도시의 지위를 상승시킬 것인지에 온통 집중되게 되었다.

2. 1960년-1990년대 아시아-태평양 지역의 공간계획

탈식민화, 국가의 독립, UN과 세계은행 같은 기구들의 출현은 1950년대와 1960년대 아시아-태평양과 당시 제3세계로 불리던 저개발국가, 개발도상국들에게 새로운 국가 계획의 시대를 알렸다. 10년가량 정치적 불안정기를 거친 후 1960년대에 정권을 잡게 된 통치세력은 '개발'을 국가적 의무로 규정하게 된다. 비록 문화와 정치 양식은 사회 간에 차이가 있지만, 서구의 원조와 자문을 거치면서 개발의 개념과 구성요소는 서구에서 도입된 모델과 이념을 거의 완전히 차용하는 방식으로 수립되었다.

1960년대까지만 해도 국가개발모델은 공간에 관한 측면을 강조하지 않았다. 또한 국가 개발에 있어 전통적-근대적, 농촌적-도시적, 비형식적-형식적 개발 등 모든 종류의 이중적 구조가 저개발국가의 상황에 당연히 부합할 것이라고 받아들여졌다. 널리 알려진 루이스(Lewis, 1954)의 가속화된 산업화 모델은 이후 파이와 라니스(Fei and Ranis, 1964)에 의해 다듬어지는데, 이 이론은 암묵적으로 각각 도시와 농촌을 의미하는 산업과 농업을 단순 구분하여, 산업은 역동성을 더해가고 농업은 정체된다는 전제를 기반으로 하고 있다. 이러한 경제 모델은 '전통(농촌)'사회의 '근대화(도시)'를 국가개발의 주요한 가치로 칭송하던 당시의 사회학과도 잘 맞아 떨어졌다.

상기한 발전모델의 인식론적 헤게모니는 전세계적인 현상이었다. 저개발국의 문제는 산업사회가 아닌 농촌 사회였기 때문이며, 근대사회가 아닌 전통사회였기 때문이라고 모두가 믿고 있었다. 관세와 무역장벽을 통해 산업화를 촉진시키려는 수입 대체형 전략은 자본주의와 사회주의를 막론하고 당시 독립을 이룬 모든 국가에서 계획의 주요 전략으로 사용되었다. 정부가 공적 자원을 도시의 산업화에 집중시키면서 농업은 경시되었다.[1] 산업 활성화 정책과 해외 직접투자를 통해 형성된 새로운 국제 관계는 '신흥 산업경제'를 성공적으로 창출해내는 원동력이었는데 그 결과, 각국의 수도들은 '공상과학소설' 수준으로 급격하게 성장하였다.

개발국가가 수립되던 1960년대에 서구의 고등교육에서는 단일 거주지 이상의 거시적 규모의 공간(지역)개발이 새로운 전문 연구분야로 등장하였다. 그 기원은 다양하지만 공간계획의 실증주의적 인식론은 곧 주류로서 확산되었고, 아시아 등 기타 지역으로 전파되었다.[2] 합리적 사고를 통해 사회를 과학적으로 이해하고 개선시킬 수 있다는 믿음(Harvey, 2000), 그리고 계몽사상의 영향으로 사회에 대한 이해가 확장되었다는 확신을 배경으로 미국에서는 시카고 대학의 도시생태학에 관한 사회학적 탐구가 공간계획 연구의 직접적인 시발점이 되었다. 그리고 아이사드(W. Isaard)에 의해 주도된 독일 인문지리학의 번역을 통해 MIT에서 나온 또 다른 모델들은 이후 이른바 '지역과학(regional science)'의 시발점이 되었다(Isaard, 1968).

이러한 모델들은 역사는 선형적인 것이며, 저개발국가들의 진보는 서구에 의해 이미 밝혀진 미래로의 단일한 경로를 따라갈 때 이뤄질 수 있고, 기술적 혁신은 핵심적이고 긍정적 역동성을 가지며, 근대

(1) 이후 식량안보와 식량 가격이 주요 문제로 떠오르게 되면서 농업이 새로운 관심사로 부각되어, 녹색기술혁명과 막대한 정부 보조금 및 지원기술이 농촌에 제공된다. 그러나 이러한 농촌 개발은 농작물의 다양성 증가나 전반적인 농촌소득의 증가로 이어진 것이 아니라 단순한 곡식 생산의 증가로 나타났을 뿐이었다.

(2) 지역계획 연구의 시발점은 1960년대 중반 발간된 Alonso and Friedmann(1964)의 저작에서 기원을 찾을 수 있는데, 이 책은 미국과 유럽의 주요 대학에 설립된 프로그램을 위한 표준 독본이 되었다.

성은 과거보다 우선한다는 이해를 기반으로 한 인식론을 깔고 있다. 수많은 학문들이 이러한 인식론적 기반을 채택하고 이에 공헌하였다. 이에 대한 논쟁이 주기적으로 활발해지기도 했지만, 시간이 지남에 따라 새로운 주류는 다른 이해 방식을 흡수하거나 주변화시키는 신고전주의 경제학에 의해 지배당하게 되었다.

공간적 양극화와 개발에서 지역 간 균형발전에 관한 이론들은 쉽게 경제주의적인 헤게모니를 향한 이러한 경향을 드러냈다. 1960년대에는 이후에 좀 더 일반적으로 불균등한 공간 개발이라는 개념으로 재양식화 되는, 공간적 양극화에 관한 세 가지 주요 이론이 제시되었다. 이 주제와 관련된 논문으로 노벨상을 수상한 사회학자 미르달(Myrdal, 1957)이 제시한 첫 번째 이론은 두뇌유출, 수도로의 집중, 좀 더 역동적인 지역을 선호하는 정부정책 등을 통해 한 지역이 다른 지역을 희생함으로써 이익을 얻게 되는 '누적적 인과관계'의 과정을 만들어 낸다고 주장했다. 이렇기 때문에 낙후지역(the 'south')의 개발을 이끌어낼 어떠한 필연적 전환점도 존재하지 않으며, 결국 양극화(낙후지역)는 언제까지나 계속된다는 것이다.

프리드만(Friedmann, 1973)의 이론에 따르면 불균형 성장이 공간적 균형개발과정으로 전환되는 것은 기본적으로 정치적 과정을 통해서이다. 지역 고유의 혁신동력이 국가적 자원의 사용방향을 전환시킬 수 있는 정치적 권력으로 발전하면 결국 주변 지역이 도시화된다. 불균형 성장의 역전에 어느 정도의 시간이 소요될지는 불확실하지만 주변 도시의 성장을 활성화하기 위해서는 정부의 개입이 필요하다. 혁신과 선도산업에 대한 이러한 경제적 이론에서 지역 개발의 성장거점

전략이 탄생하게 되었다.

허쉬만(Hirschman, 1958; 1975)은 극화발전에 관해 좀 더 직접적 경제적 모델을 제시하였는데, 개발의 양극화가 국가 경제발전의 초기 단계에 일어날 수 있지만, 거리마찰이 극복되고, 자본이 주변부의 값싼 노동력과 투자 기회를 쫓아가기 시작하고, 정부가 마침내는 공간에 자원을 균등하게 확산시키고자 하면 결국에는 파급효과(spread effects)가 나타나게 될 것이라고 주장하였다. 윌리암슨(Williamson, 1965)은 양극화가 초기에는 증가하다가 이후 1인당 GNP가 증가함에 따라 줄어드는 것을 보여주는 횡단면 데이터를 통해 자신의 관점이 정확함을 입증하고자 했다. 샤크(Shakhs, 1972)는 국가 도시체계에서 한 도시의 지배성을 나타내는 종주성(primacy)도 이와 같은 패턴을 나타낸다는 횡단면 데이터를 추가로 제시하였다. 나아가 샤크는 도시의 강력한 집적경제는 그것이 규모의 비경제에 도달할 때까지는 계속 될 것이라는 또 다른 증거를 제시하였다. 즉, 도시는 결국 지나치게 비대해질 것이라는 것이다.

불균등 공간 개발에 관한 허쉬만(Hirschman)의 연구와 이후의 경험적 연구들은 '쿠즈네츠 곡선(Kuznets curve)', 즉 역-U자형곡선의 형태에 의해 수정된 신고전주의 경제학의 균형이론(equilibrium theory)과 잘 맞아떨어졌기 때문에, 쉽게 공간이론에서 신고전주의 경제학의 영역으로 이동할 수 있었는데, 이들은 공간적 불균등이 '단기간'에는 증가할 수도 있지만, 장기적으로 불균등은 감소하거나 균형 상태로 이동할 것이라 보았다. 반대의 결과를 보여주는 경험적 증거들 또한 연구되었지만(Gilbert and goodman, 1976; Bronger, 1985; Vining, 1986), 경제성장이 결국에는 공간적 불평등을 완화시킬 것이라는 믿음이 정책 곳곳에 침투하기 시작하면서, 산업화와 수입대체정책을 중심으로 국가 경제성장을 가속화하는 방향으로 정책의 초점이 이동하게 된다. 이러한 믿음은 또한 1인당 소득의 증가에 의해 발전을 이해하는 선형적인 역사발전의 사고와 일치하는 것이었다. 같은 진영 내의 다른 연구들은 공간의 경제적 잠재력과 효율성의 차이를 고려하는 불균등 개발이 전혀 문제가 없다는 좀 더 편협한 견해를 취했다. 빈곤한 지역에서 보다 발전된 지역으로 인구가 이동할 수 있고 이러한 과정을 통해 균형에 도달하게 된다고 하였다.

저개발국가들이 좀 더 시의적절하게 서구의 경로를 따르게 하기 위해서, 핵심 도시 지역에서 떨어진 곳에 공간적으로 산업이 집적되는 성장거점(growth poles) 개념이 제시되었고, 이는 결국 공간적 양극화를 뒤집기 위한 주요 전략으로 채택되었다. 그 후에는 한두 개의 '상대거점(countermagnets)' (Richardson, 1978)이 역전을 만들어 낼 수 있을지, 아니면 중간 규모 도시의 더 광범위한 배치를 통해서 양극화를 해소할 수 있을 지에 관해 논의가 집중되었다. '선도기업(propulsive firm)'의 개념이 애초부터 실제의 지리 공간이 아니라 추상적 경제 공간에서 상상되었다는 점에서 이 개념 자체가 상당히 문제가 있다. 실제 토지 공간에서 발견될 수 있는 지역의 성장거점은 자동적으로 분명하게 드러나는 것도 아니고, 성장거점을 성장하게 하거나 그것의 추진력을 주변부로 확산시키게 하는 메커니즘 또한 분명치 않다. 하지만 이러한 비판이 정부가 성장거점전략을 포기하도록 설득하지는 못했고, '사막의 성(cathedrals in the desert)'이라는 별칭이 붙을 정도로 형편없는 성장거점들의 수행 결과도 이를 포기시키지는 못했다.

3. 농촌 지역계획

산업의 성장거점은 농촌 지역개발과 직접적 관련성을 갖는 것은 아니었다. 하지만 1950년대를 통해 1970년 경까지 정책으로서의 공간이론은 농업과 농촌 개발, 농촌마을에는 거의 긍정적인 관심을 기울이지 않은 채 도시에만 초점을 두었다(Friedmann and Alonso, 1964; 1975). 장기적으로 도시는 '기생적인' 것(Hoselits, 1957)이 아니라 '진보적인' 것으로 여겨지게 되었고, 이는 도시가 궁극적으로는 농촌을 개발하게 될 것이라는 가정으로 이어졌다. 동시에 농촌 지역은 도시와 도시의 신흥 산업경제를 위한 잉여 노동력의 '무제한적 공급원'으로 여겨졌다(Lewis, 1954; Fei and Ranis, 1964). 이는 허쉬만(A. O. Hirschman)의 역류효과(trickle-down)이론과도 잘 일치했다. 결국 성장거점전략은 균형모델의 대안으로서가 아니라, 오히려 국가 도시 위계구조에서 개발의 추진력을 좀 더 시의적절하게 아래 방향으로 수직화하려고 시작된 것이었다(Lo and Salih, 1978).

1970년대 지방개발을 위한 농촌마을의 활성화를 주장하는 존슨(Johnson, 1972)에 의해 마침내 농촌 지역이 관심을 받게 된다. 지역과학의 중심지 이론에서 도출된 개념들은, 인도나 보통의 제3세계에서 농업의 상품화를 촉진하고, '기생적'인 대도시와 농촌 간의 거대한 거주지 격차를 메우기 위해서 농촌 마켓타운(market towns)의 활성화를 주장하였다. 후에 루들과 론디넬리(Ruddle and Rondinelli, 1976)에 의해 발전되었지만 이는 농업이나 소작농 경제의 특수성을 고려하지 않은, 또 다른 도시중심적 관점으로 밝혀졌다. 녹색혁명과 같은 농촌 개발프로그램에 대한 대안적 인식론으로서 '소작농의 도덕경제(moral economy)'(Scott, 1976)에 관한 인류학, 사회학, 정치학의 방대한 문헌들은 농촌 지역계획에서는 쉽게 묵살되었다.

도시라는 하나의 껍질에서 나온 두 개의 콩처럼, 정부가 성장거점과 도시-농촌연계 형성이라는 수사학을 채택했지만, 1970년대 중반에 가서야 개발의 공간적 패턴과 관련 정책에 관한 비판적인 평가들이 등장하기 시작했다.

제3세계에서 도시화는 산업 집중적이고 통제 가능한 속도로 성장한 것이 아니라, '사이비' 같거나 '현실이 아닌 것'과 같았다. 빈곤은 세계화되는 도시의 '공식 부문'과는 어느 정도 단절된 채 빈곤의 대부분을 차지하는 '비공식적 부문'으로 이전되었다. 개발의 양극화는 (제한적인) 성장 거점 정책의 시도에도 불구하고 계속되었다. 촌락과 도시 간의 격차는 커져갔다. 빈곤은 많은 나라에서 만성적인 현상이 되었고, 빈곤이 축소되고 있는 곳에서조차 도시 슬럼과 서비스가 결핍된 도시 인구의 형태로 빈곤은 지속되었다. 라틴 아메리카에서 성장거점이라는 아이디어는 끝나지 않을 것처럼 보이는 불균등 개발에 대한 변명이라는 이유로 거부되었다. 마르크스주의 학자들은 더 나아가 불균등한 공간 개발이 세계 자본주의가 살아남기 위한 필요조건이었다고 주장했다(Stillwell, 1978).

한편 1970년대에는 세계를 이해하기 위한 규범적 기초가 개발을 재고하는 방식으로 조정되거나 수정되었다. 기본적 욕구(basic needs)는 UN과 같은 국제기구의 구호가 되었다. 해방신학(liberation theology)은 인간 경험의 비유물론적 측면을 표현하기 위해 라틴 아메리카에서 나타났다. '생태보존적개발(ecodevelopment)', '성장의 한계(limits to growth)'와 기타 환경 지향적 경향의 관점도 확대되었다, 이 모든 것들은 무엇보다, 개발의 수단이나 목적으로서의 경제성장은 인간의 행동과 개발의 의미를 파악하기에는 불충분한 것이라고 주장하는 대안적 인식론을 확립하고자 하는 시도들이었다.

성장 거점 전략의 대표적 주창자인 프리드만(J. Friedmann)은 성장극의 선도자로서의 개발을 잘못 유도된 것으로 거부하고, 분산된 공간계획 프로세스에서 농촌 지구(district)와 주요 중심지들을 기본적인 단위로서 활성화시키고자 하는, 대안적인 농촌기반적 공간의 사고틀로서 '도농개발(agropolitan development)'이라는 개념을 발전시켰다(Friedmann and Douglass, 1978). '통합적 농촌 개발(integrated rural development)'에 대한 좀 더 기술관료적 접근은 농촌 계획정부(rural planning state)로 이동했다(Douglass, 1998).

요약하면, 십 년 간 인식론적 동요가 신고전주의적 경제학 공식에 도전하였다. 하지만 1980년대의 몇 가지 사건들로 이러한 고민들은 침묵되기 시작했다. 미국과 영국에서 신보수주의가 승리하면서 공립대학의 규모가 축소되기 시작했다. 마오쩌둥 시기의 종언과 뒤이은 시장개혁 속의 중국과 베트남, 이어진 소련의 붕괴는 자본주의가 승리하고, 어떠한 대안도 필요하지 않다는 것을 역사가 증언했다는 승리감을 낳았다(Fukuyama, 1992). 아시아-태평양에서는 세계화의 새로운 국면이 막 시작되었다.

4. 자본과 소비의 세계화, 그리고 경제위기 : 1980년대-1997/98년

1980년대 중반까지 여러 경향들이 발생하였고, 이는 국가 개발을 위한 공간 계획에 영향을 주었다. 가장 많이 언급된 것 중 하나는 농촌 인구의 감소이다. 농촌 지역은 역사에서 뒤쳐지고 있었다. 일본에 이어 한국과 타이완은 농촌 지역으로부터의 만성적인 인구 유출이 시작되었고, 도시인구가 전체 인구의 80% 이상을 차지하게 되었다. 농촌 노동력은 전체의 10% 미만까지 감소하였다. 대규모 면적을 점유하면서 정부의 보호와 보조를 지급받는 주요 곡물 생산지를 제외하면 발전하는 농업 지역은 대부분 주요 도시의 주변부에 위치하고 있었다.

한국의 경우 1980년에서 2000년 사이 국토면적의 약 60%에 해당하는 지역에서 인구가 감소하였는데 이들은 모두 농촌 지역이었다. 또한 도시화는 국토 전체에 걸쳐 균등하게 이루어지지 않았다. 개발의 불균형이 지속되면서 서울특별시와 경기도, 인천지역에서는 인구가 증가하여 이들 지역의 인구는 전체 지역의 40% 이상을 차지하게 되었다. 일본에서는 국토의 절반을 차지하는 농촌도시에서 인구 감소가 진행되었다. 2000년에 동경 대도시권의 인구는 전체 열도의 1/3을 차지했다. 타이완의 경우 대도시인 타이페이시의 인구가 전체 인구의 거의 40%를 차지했다. 중국의 해변에 위치한 도시 중 일부는 시장개혁을 통해 경제적 성장을 독식했다.

두 번째 요소로는 한때 성장가도를 달렸던 제2의 도시가 급격하게 탈산업화하게 된 것이다. 1985년 플라자 협상을 통해 달러 대비 일본 및 아시아권의 통화 환율이 갑자기 상승하면서 발생한 엔고현상(endaka)으로 일본, 한국, 타이완, 싱가포르 등의 경제는 저임금 수출기반 산업으로서의 경쟁력을 상실하게 되었다. 이러한 산업은 대부분 중심도시 주변이나 제2의 도시에 집중해 있었다. 핵심도시들은 변화에 대한 대처가 보다 용이했는데 이는 이들이 본사기능과 동남아 지역에 주로 위치한 해외지사 플랜트의 운영을 보조하는데 필요한 생산자서비스 기능에 중점을 두고 있었기 때문이다. 농업 인구의 비중이 감소하고 농촌 인구가 지속적으로 감소하자 농촌의 지역개발보다는 쇠퇴 일로의 산업도시를 소생시키기 위한 전략 수립에 관심이 집중되었다. 일부 국가에서는 축소된 농촌과 쇠약해진 산업도시를 연계하는 시도를 하였으나 이들은 서로의 발전에 도움이 되지 못했다.

세 번째 요소는 아시아-태평양 지역의 경제가 은행 및 재정시스템의 개혁을 통해 세계적 자본의 단기적 투자가 가능해지는 등 세계적 자본을 향해 개방된 것이다. 또한 은행과 개발업자의 세계적 제휴를 통해 대규모 프로젝트에 투자할 수 있는 새로운 수단을 도입하여 도시에서 대규모 프로젝트를 효과적으로 시작할 수 있는 시대가 열리게 되었다. 네 번째 요소는 이러한 현상을 촉진하였는데, 아시아-태평양 도시의 중산소비층의 부상이었다. 아시아-태평양지역 도시에서는 이제 세계적 프랜차이즈와 대규모 쇼핑센터 및 할인점 등이 보다 부유한 도시를 찾아 영업할 수 있는 가능성이 열리게 되었다. 대도시 지역의 핵심부지에 정부 및 민간의 개발이 유례없이 집중되었다.

1990년대에 수십억 달러의 자금이 유럽 및 북미지역에서 유입되었다. 이 자금은 수출거점 구축에 도시개발의 초점을 두던 이전과는 달리 대부분 교외지역 주택, 세계적 비즈니스 중심지, 혹은 도시의 대규모 프로젝트 등에 목적을 둔 도시의 토지개발에 사용되기 위한 것이었다. 아시아-태평양 지역 주변의 대도시를 중심으로 거품경제가 발생하기 시작했다. 1990년대 초 일본에서 이 거품이 이미 터진 바 있었지만 몇 년이 지난 1997년에는 경제, 정치, 사회의 기반이 송두리째 흔들리는 타격을 받게 된다. 공간계획은 이 시점을 기준으로 급격하게 변화한다. 신자유주의 정책에 기반한 도시 간 세계적 경쟁이라는 더욱 단순한 인식론이 계획의 중심으로 등장하게 되면서 계획에 있어 농촌 지역개발에 대한 관심은 더욱 멀어지게 된다.

5. 공간계획의 새로운 시대: 1997/98년 위기와 그 이후 시기

미국 달러화에 대한 태국 바트화의 평가절하로 투자자들의 공포가 빠르게 확산되고, 은행에서 수십억 달러의 국제 단기금융투자자금이 인출되면서 1997년 후반, 동아시아와 동남아시아, 특히 한국, 태국, 말레이시아, 인도네시아의 개방 경제가 급작스럽게 붕괴되었다. 20~30년간 유지되어 왔던 경제성장률이 역전되었고, 대기업과 중소기업이 모두 지급불능에 빠지고, 실업률이 치솟았으며, 중산층과 저소득 가구들이 국가 경제 붕괴와 함께 소득을 상실하면서 새로운 빈곤 계층이 등장하였다.

타격을 받았던 경제는 1999년에 이르러 회복되기 시작하였지만 위기가 지나간 후 남은 영향을 극복하는 것은 잠시 비틀거렸던 경제가 회복되는 것보다 훨씬 어려운 일이었다. 계획 측면에서 가장 큰 영향은 위기 극복을 위해 필요한 구제자금을 받는 조건으로 IMF가 요구한 일련의 신자유주의적 개혁을 제도화시킨 것이다.[3] 이러한 개혁의 주요 내용으로는 세계적 자본에 대한 개방 확대, 해외직접투자 자본과 토지에 대한 외국인 소유 허용, 공기업 및 대학의 사유화 등이 포함되었는데 이로 인해 정부의 정책 보호 대상이던 시장이 개방되고 정부 및 금융기구의 투명성이 확대되며 공공재와 공공서비스 제공에 있어 시장제도가 확대 도입되는 등의 효과가 기대되었다.[4]

정치 경제학적 측면에서 보면 위기 이후 신자유주의로의 전환은 하비(Harvey, 2000)가 신유토피아적 시각이라고 불렀던 상태로 갑작스럽게 전환한 것을 의미한다. 신유토피아적 시각에 따르면 세계적 시장체계(global market)는 자기규율적일 뿐 아니라 세계규모의 첨단경쟁

(3) 1998년 한국정부는 무관세지역 4곳을 인천, 광양만, 김포공항 등에 설치할 것이라고 발표했다. 무관세지역으로 지정되면 기업은 관세, 부가가치세, 그리고 다양한 간접세의 의무를 면제받게 된다. 해당 지역에서는 모든 기업소득세와 다양한 세금의 면제, 토지의 무상대여, 상품의 자유로운 반출 및 반입의 허용, 저장, 생산, 제조 등 모든 활동의 허용 등 다양한 혜택과 보조가 주어진다.

(4) 한국의 경우 금융위기의 가장 위급한 상태에서 당선된 김대중 대통령 정부는 해외투자가 자유롭게 이루어지도록 급속한 조치를 취하였다. 이러한 개혁과 위기로 인한 한국 자산의 가격 폭락에 힘입어 해외 직접투자액은 1996년 32억 달러에서 2004년에는 128억으로 증가하였다. 주요 기업의 소유자나 대표자가 외국인인 경우가 증가하였으며 시티그룹은 2004년 3월 보람은행을 24억 달러에 인수하였는데 이는 한국 역사상 가장 큰 규모의 외국인 직접 투자였으며 시티그룹 측에서는 북미 이외의 지역에서 이루어진 가장 대규모의 투자였다.

을 통해 빈곤을 감소시키고 사회적 평등을 촉진하며 모두에게 물질적 풍요로움을 가져다줄 것이다. 금융위기가 프라이빗 뱅킹과 토지개발의 세계화 과정에서 촉발되었음에도 불구하고 국제기구가 강요한 해결책은 공적 활동과 자본의 사유화를 이용한 공적 영역의 축소와 세계적 자본에 대한 추가적인 개방이었다. 돌이켜보면 이는 보수적인 경제발전모델을 위한 대규모 개방을 1970년대 OPEC 관련 경제위기에서 벗어나지 못하던 라틴 아메리카에서, 국가주도적인 경제발전을 다른 지역에 대한 모델로 제시하고 있던 아시아로 확장시킨 사건이다.

세계적 투자에 대한 필요성을 충족시키기 위해 국가의 공간을 세계경제에 편입시키려는 노력에 집중하는 사이에 농촌의 공간계획에 대한 관심은 더욱 멀어지게 되었다.

구체적으로, 세계에 대한 새로운 인식은 두 가지 상반되는 공간정책으로 나타났다. 먼저 국가와 모든 지방을 세계의 무한경쟁 무대에 개방하여 모든 도시와 지역은 세계의 경쟁시스템에서 보호받지 못한 채 생산과 무역을 위한 방법을 스스로 개척하도록 강요되었다. 이를 위해 모든 형태의 보호, 보조금, 가격의 왜곡 등이 제거되었다.

이와 대조적으로 정부가 추구한 두 번째 전략은 대규모의 공공투자와 보조금을 통해 핵심 도시 지역의 세계적 지위를 격상시켜 세계도시 및 지역구심점으로 만드는 것이었다. 이러한 도시는 수출거점전략을 사용했던 과거의 기적적 경제성장을 훨씬 능가하는 국가경제의 부흥을 가져다줄 것으로 기대되었다. 정부의 새로운 정책은 핵심지역이 국가경제에서 차지하는 중요성을 보여주는 것이었다. 민간부문은 규모와 비용 면에서 세계적으로도 유례를 찾아볼 수 없는 대규모 프로젝트를 통해 이러한 정책에 기꺼이 동참하였다.

지방도시에 대해서는 신자유주의 세계경제 속에서 자신들의 길을 스스로 찾도록 방임했던 반면 핵심지역에 대해서는 모든 형태의 기능적이고 상징적인 대규모 프로젝트를 동원하여 세계, 혹은 아시아-태평양 지역에서 중심지 역할을 선점하기 위한 지원을 아끼지 않았다.[5] 모든 국가에서 결과는 즉각적으로 나타났다. 핵심지역이 건조환경과 브랜드로 대표되는 세계적 역동성의 장으로 부각되는 사이에, 비핵심지역은 자신들의 산업적 경제기반을 중국과 아시아의 저소득 국가에게 내주고 있다. 세계적 초고층 건물들, 수십억 달러의 비즈니스 허브, 최대 규모의 공항, 고속열차 등이 이미 구식이 된 하이테크 지구와 실리콘밸리의 복제물이 되고자 하는 지역들이 더해진다. 이러한 정책의 효과로 지역 간 경제적 번영의 불균등이 심화되었다. 지방과 제2의 도시를 개발하기 위한 계획은 사양산업을 지속해가거나 핵심지역의 공간계획을 모방하는 방식으로 이루어졌다.

---

(5) 비록 세계 경쟁에 직면하여 관세와 다른 보호막을 해제할 전조가 보이긴 하지만, 한국 등 몇몇 국가에서는 농업이 지속적으로 보호받았다. 하지만 계속적으로 인구가 감소하는 농촌 지역을 위한 공간 개발의 모델이 될 만한 뚜렷한 방법이 존재하지 않는다.

6. 결론: 공간계획 인식론의 분산화를 향하여

유용하다고 믿어지며, 행동의 지침이 되는 지식이 어떻게 생성되는지를 의미하는 여기에서 다룬 계획의 인식론은 전략이나 정책에 의해 드러나는 것은 아니다.[6] 계획에 있어서의 인식론은 사회에 대해 적절한 설명을 제공하는 것처럼 보이는 정책 모델과 패러다임의 토대로 자리하고 있다. 따라서 이를 밝히기 위해서는 고고학적인 해석이 필요하다.

이러한 해석의 초기에, 정체성과 문화의 힘은 가치와 사고를 형성하고, 이해를 맥락화하는 모든 방식을 통해 우리가 맞닥뜨리는 세상으로부터 충격을 처리하는 데 있어 결정적인 역할을 하는 것으로 인식된다. 동서양의 차이에 관한 최근 논쟁으로부터 이러한 구분이 계속되는 한, 아시아의 인식론은 서구의 것과 분명히 다르다는 관점이 유도될 수 있었다. 하지만 여기에서 제기된 입장은 동양 대 서양의 문화적 환원주의를 지시하는 것(Huntington, 1993; Nisbett, 2003)과는 상당히 다르다.

이와 같은 주장은 다음과 같은 근거에 의해서이다. 첫째, 동아시아와 동남아시아 개발주의 국가의 탈식민주의적 제도화는 지식의 구성에서 주로 해외에서 훈련받고 서구의 학교를 마친 인력들을 통한 계획의 기술관료주의의 구축과 연관되어 있다. 이로 인해 이들 국가의 계획과정에 서구의 지식이 도입되게 되었다.

[6] 본문에서 지식은 경험적 사실과 정체성, 문화적 관습 등의 측면을 모두 포함하는 이 사회를 어떻게 바라볼 것인가에 대한 고민의 결과로 정의된다.

둘째, 서구의 인식론이 동양과 서양 모두에서 논쟁이 된 반면, 1970년대와 1980년대 초반까지 십여 년 간의 혼란 이후, 개발주의 문제는 대안적 이해 방식보다는 개발경제학의 편협한 경향에서 유도된 개념화에 의존하는 경향이 증가했다. 지속가능한 개발은 경제성장과 상충되는 것으로 축약되었다. 사회적 협조는 사회적 자본이 되었고, 경제성장의 도구성에 대한 담론으로 이어졌다. 빈곤에 대한 논쟁은 절대적 해결책으로서 경제성장과 함께 하루 1달러의 빈곤선(poverty line) 개념으로 요약되었다. 공간적 양극화에 대한 해석과 문제화에 있어서, 지역과학 개념의 해석이든 농촌 개발에서 소규모 촌락의 역할이든지 간에, 경제학적 주장들이 지배적인 반면 인류학, 사회학, 정치학 등은 주변화되었다. 이러한 경향은 1990년대, 특히 신자유주의의 좀 더 본질적 공식화로 결합된 1997/98년 아시아의 금융 위기 후에 더욱 분명해졌다.

셋째, 아시아와 서구의 차이는 사회가 운영되는 방식에 관한 지식생산에 있는 것이 아니라 절차적 주제[그림 V-1], 즉 정책의 형성과 시행과정에 있었다. 1960년대 서구에서 공간 계획의 시대가 도래했을 때, 아시아-태평양에서는 개발주의 국가가 등장하기 시작했다. 체제를 정당화하기 위한 이러한 인식론은 아시아 대부분에서 채택되었다. 하지만 국가의 권위는 공간경제를 시장의 힘에 맡기는 것이 아니라, 세계 경쟁으로부터 경제를 보호하기 위해 '가격을 왜곡시키는 데'(Amsden, 1989) 이용되었다. 이들 국가는 경제 발전을 통해 증가된 물질적 복지와, 언론 출판과 정치적 연대의 자유들을 강제적으로 맞바꾸어 이들 자유를 심하게 제한했다. 이어진 20여 년 간 아시아-태평양지역에서 시행된 강력한 정부주도의 국가계획개발과 위로부터의 개발의 효과를 강조하는 '정부권력의 재도래'에 관한 무수한 저작이 출판되었다.

이러한 움직임은 계획분야 교육과정에서 참여적 계획(Sandercock, 1998)에 대한 관심이 높아지는 서구의 경향과 대조를 이루었다. 아시아-태평양지역에서 서구로부터 도입한 기술적 과정으로서의 공간계획과 사회적 과정으로서의 공간계획을 분리해서 생각하는 것에는 많은 이유가 있었다. 우선, 국제적 계획이 중요 제공자/투자자들을 제도적으로 구성하고, 이것이 수반하는 전문직 고용을 통해 과도하게 경제중심주의로 되어가는 경향이다. 국가 수준에서 더욱 중요한 것은 개발주의 국가 그 자체가 되었으며, 군사쿠데타와 엘리트주의적 · 반민주적 체제가 전형적으로 나타났다.

1980년대 후반까지만 해도 개발국가의 정치적 통치세력이 권력을 유지하는 것은 어렵지 않았다. 경찰력을 이용해 정치적 활동을 가혹하게 통제하면서 높은 경제적 성장률을 이루어냈으므로, 이들은 정치적 자유를 위한 사회적 운동이 일어나면 경제성장과 물질적 풍요가 심각하게 저해될 수 있다고 위협하였다. 앞서 언급한 바와 같이 전체주의적 통치를 지속하기 위해 이용된 개발국가의 특징은 계획을 담당하는 대규모 기술관료층의 성립이었다. 태국, 인도네시아 등 여러 국가에서 국가 계획이라는 것은 새로운 개념이었기 때문에 세계은행(World Bank)측에서도 자금에 대한 전제 조건으로 국가계획전담기구의 설치를 요구할 만큼 이 존재의 필요성은 절실했다. 한국 등의 일부 국가의 경우는 이러한 기술관료주의가 초기부터 기업과 같은 비국가

행위자들로부터 높은 자율성을 누렸다.

서구에서 교육받은 기술관료들과 국제자금 지원기구 및 소속자문단이 계획을 전담하였으므로 계획의 인식론이 어떻게 구성되는지에 대해 일반에게는 알려지지 않았다. 지식이 생산되고 수용되는 것에 대해 지방 고유의 가치는 반영되지 않았으며, 이를 위한 지역내의 적극적인 움직임도 없었다. 시민들은 단지 저항과 논쟁의 방식으로 계획에 대한 의견을 표출하고 있었다.

그러나 1990년대에 이르자 한국, 타이완, 인도네시아 등 일부 아시아-태평양 개방경제국을 중심으로 중대한 정치개혁이 이루어졌으며 사회주의 체제를 유지하던 중국과 베트남에서는 '이행경제(transitional economy)'를 도입하여 다양한 사회주의적 통제 메커니즘을 해체하기에 이른다. 최근에는 말레이시아 역시 마타히르 통치 이후 더욱 개방된 통치체제로 전환하고 있다. 이러한 변화가 이루어지기 전까지만 해도 공간계획의 인식론이 사회문화적 하위부문으로 전달되는 경우는 거의 없었다.

개발 이데올로기와 정치구조의 커다란 전환 외에 국가공간경제 역시 변화하였다. 1970년대에만 해도 상당한 소득을 올리던 농촌 지역은 출산율 저하와 도시로의 만성적 인구 유출로 인해 인구가 감소하기 시작했다. 노동집약적 수출품 생산의 중심지가 되었던 제2의 도시 또한 1980년대 중반부터 급속히 쇠퇴하기 시작했다. 이러한 경향은 중국이 1990년대에 이르러 급속한 성장을 통해 세계의 공장 역할을 담당하게 되고, 1997년/98년 금융위기를 거치면서 더욱 심해졌다. 심지어는 태국, 말레이시아, 인도네시아 등 동남아시아의 신흥산업

경제국들 역시 이러한 경향을 보이기 시작하였다.[7]

요약하자면 1990년대에 이르러 농촌 지역개발과 관련 논의는 고도로 도시화된 아시아-태평양 지역에서 전면에 등장하지 못했다. 불균형 개발의 반대 개념으로서의 농촌 개발은 사라지게 되었다. 1960년대 미국에서와 같이 뒤쳐진 지역의 공간개발에 있어서의 초점은 제2의 도시를 탈산업화시키는 것으로 전환되었다. 교통망 확충과 지방도시간 연계를 통해 주변 지역으로 도시를 더욱 확장시키고자 하는 의도는 실현되기 시작했지만 전세계적 경쟁이나 세계도시 형성이라는 과제에 여전히 우선순위가 두어져 예산은 한두 개의 주요도시에만 집중적으로 지출되고 있다. 이러한 상황이다 보니 다른 지역 차원에서 어떤 시도를 해도 핵심도시 지역의 신규 프로젝트와 발전계획에 가려 관심을 받지 못하는 경우가 많다.

이와 동시에 민주주의가 실현되어 계획에 관한 새로운 담론의 장이 열리게 되었다. 최근 정치혁신을 위해 제도적으로 정비한 결과 비경제학적, 비서구적 시각 중심의 지식이 계획과정에 반영될 수 있는 기회가 그 어느 시기보다 열려있는 상황이다. 적극적인 활동을 보이고 있는 시민사회 단체의 수와 이들의 정치 참여가 점차 증가하고 있다. 국가기구는 여전히 명령적 방식을 보이고 있지만 선거를 통해 선출된 정부가 정권을 장악하여 도시 및 지역계획에 있어 다양한 국민의 요구를 수용하기 위한 노력을 기울이고 있다.

---

[7] 마르코스 통치와 이후 정권에서 산업화가 활발하게 진행되지 않았던 필리핀은 국가발전에 있어 다소 다른 양상을 보인다. 인구성장률은 여전히 높으며 노동력의 1/3을 해외로 수출하여 발생하는 수입이 국가경제의 새로운 버팀목이 되고 있다. 필리핀에서는 라틴 아메리카에서와 같이 농촌의 토지소유권이 지방의 유력한 가문에 귀속되어 있다는 점 역시 다른 아시아 국가들과 차이를 보인다.

세계를 이해하는 다양한 방식과 관련된 또 다른 중요한 변화 요소는 아시아-태평양 내에서 진행되고 있는 문화적 교환과 상호작용의 지역화이다. 문화경제라고 지칭되는 상품을 생산하는 세계시장이 서구에 의해 독과점적으로 확장되고 있음에도 불구하고 두터운 도시 근로중산층의 소비자를 주축으로 아시아-태평양 지역 내에서 새로운 문화적 교류가 활발하다. '한류'는 이러한 현상의 예이다. 1980년대 말 시작된 아시아-태평양지역 내에서의 국제이주가 이러한 문화적 혼합을 촉진하는 역할을 하였다. 이러한 경향이 계획에서의 인식론과 완전히 동떨어진 주제인 것처럼 보이겠지만 아시아-태평양 국가 간 문화적 학습의 기회가 증가한 결과 주도적 문화권의 지식생성방식이나 사회에 대한 이해방식을 반영하는 정체성의 확립이 이루어질 수 있는 가능성 역시 증가했다고 할 수 있으므로 연계성이 확보된다.

비(非)대도시권과 농촌 지역 공간계획의 시각에서 본다면 이러한 현상은 역설적이다. 농업 및 농촌 인구가 전체 경제에서 차지하는 비중이 매우 적어 독립적으로는 주요한 경제적 원동력이 될 수 없으므로 국가의 정치경제적 권력의 중심이 되는 도시 지역으로부터 지지를 확보해야 한다.

하지만 이러한 가능성은 신자유주의의 거대 담론에 의해 반대되었다. 국가공간경제에 대한 신자유주의의 과장되고 피상적 이해에서는, 농촌 경제는 개혁의 장애물로 여겨졌고 이에 대한 지지는 경제성장보다는 형평성을 고려하는 것으로 비춰진다. 농업에 대한 국가의 보호를 제거하는 것은 세계자유무역을 향한 길에 박힌 최후의 가장 뿌리 깊은 말뚝 중의 하나가 되었다. 선진국에서 개최되는 자유무역을 위한 협상에서 농부들이 벌이는 저항운동은 농촌계획이 어떤 과정을 거쳐 세계적 정치의 산물이 되었는지를 여실히 보여준다.

신자유주의 중심 세계의 공간계획에 있어 지침이 되는 단어는 협력보다는 경쟁, 사회적 규제보다는 시장적 유인책, 경제활동을 통한 이익창출에 나선 정부, 그리고 공공재보다는 사적 인센티브와 소유권 등이 된다. 민주화 정치가 공간적 형평성이나 농촌재활성화와 같은 원리에 대한 존경을 요구하긴 하지만, 이들 어휘는 세계적 기능을 위해 핵심도시 지역으로 자원 할당을 강화하는 방식으로 운용된다.[8]

이러한 맥락에서 세계화의 신자유주의 시대에 시민사회가 성장하는 것은 정부와 시민, 기업 간 권력관계에 상당한 변화가 있다는 것을 의미한다. 개발계획에 있어 정부의 역할이 축소되고 있는데, 이 시기 시민사회와 세계자본 간에는 치열한 논쟁이 벌어졌다. 1999년 시애틀에서 개최된 WTO 회의에서 이러한 새로운 국면이 표출되었으며, 이후 세계 곳곳에서 비슷한 사건이 발생했다. 아시아-태평양 지역의 도시 계획가가 보기에 자신들은 이러한 사건과 큰 관련이 없을 수 있지만 개발국가체제 이후의 개발을 실행함에 있어서는 물질적 풍요 외에도 사회적 목적의 합의에 대한 요구가 환경, 문화유산 및 역사적 유산 보존을 위한 비정부기구에서뿐 아니라 지역 내에서도 제기되고 있는 상황이다(Douglass, 2006; Douglass et al, 2006).

[8] 한국의 한 계획가가 설명하였듯이 지역 균형이라는 개념은 정치적 동기에서 추구될 뿐이다. 경제적인 효율성을 위해서 경쟁력 있고 실현 가능성 있는 세계도시 후보에 대한 집중적인 투자라는 정반대의 전략이 수행되고 있다.

역사의 이러한 국면에서, 좀 더 지역화 되고 사회적으로 맥락적이며, 시민사회가 참여하는 계획과정에 대한 희망은 하나의 단일한 인식론을 중심화하려는 것이 아니라, 예를 들면 아시아적 방식(Asian Way)과 같은 주도적 내러티브를 주장하는 것이다. 계획을 위한 정치적 권력을 분산시키고 지역 고유의 지식을 반영하여 주류적인 인식론과는 독립된 계획의 인식론을 확립할 수 있을 것이다. 이렇게 탈중심화 되는 과정에서 비대도시 지역과 농촌 지역은 세계 기업경제의 부속물이 아니라, 다양한 경험과 세계관의 공간 매트릭스 안의 고유한 배경으로서, 농업경제와 탈농업경제에서 생활과 안녕을 위한 기반이 발전할 수 있도록 자신들의 역사, 문화와 장소를 형성할 수 있을 것이다.

참고문헌

Alonso, W. and Friedmann, J. eds., 1964, *Regional Development and Planning: A Reader*, Combridge, MA: The MIT Press.

Alonso, W., 1975, Urban and regional imbalances in economic development, in Friedmann, J. and Alonso, W. eds., *Regional Policy: Readings in Theory and Application*, Cambridge, MA: MIT Press, 622-635.

Amsden, A. H., 1989, *Asia's Next Giant: South Korea and Late Industrialization*, New York: Oxford University Press.

Bradford, M. and Kent, W., 1974, Economic development in space, *Human Geography*, 167-177.

Bronger, D., 1985, Metropolitanization as a development problem of third world countries: a contribution towards a definition of the concept, *Applied Geography and Development*, 26, 71-97.

Buder, S., 1989, Ebenezer Howard: the genesis of a town planning movement, *AIP Journal*, Nov, 390-397.

Douglass, M., 1994. The 'developmental state' and the newly industrialised economies of Asia, *Environment and Planning A*, 26, 543-566.

Douglass, M., 1998, A regional network strategy for reciprocal rural-urban linkages: an agenda for policy research with reference to Indonesia, *Third World Planning Review*, 20(1), 1-33.

Douglass, M., 2006, Local city, capital city or world city? civil society, the (post-) developmental state and the globalization of urban space in Pacific Asia, *Pacific Affairs*, 78(4), Winter, 543-558.

Douglass, M., Ho, K. C. and Ooi, G. eds., 2006, *Globalization, the Rise of Civil Society and Civic Spaces in Pacific Asia Cities*, London: Routledge.

El-Shakhs, S., 1972, Development, primacy, and systems of cities, *Journal of Developing Areas*, 7, 11-26.

Fei, J. C. and Ranis, G., 1964, *Development of the Labor Surplus Economy*, Homewood, Ill.: Irwin.

Friedmann, J., 1973, *Urbanization, Planning and National Development*, Beverly Hills: Sage.

Friedmann, J., 1987, *Planning in the Public Domain: from Knowledge to Action,* Princeton, NJ: Princeton University Press.

Friedmann, J. and Douglass, M., 1976, Agropolitan development: toward a new strategy for regional planning in Asia, in Lo, F. and Salih, K. eds.,1978 *Growth Pole Strategy and Regional Development Policy*, London: Pergamon Press, 163-192.

Friedmann, J. and Alonso, W. eds., 1975, *Regional Policy: Readings in Theory and Application*, Cambridge, Mass: MIT Press.

Fukuyama, F., 1992, *The End of History and the Last Man*, London: Penguin.

Gilbert, A. and Goodman, D. E., 1976, Regional income disparities and economic development, in Gilbert, A. ed., *Development Planning and Spatial Structure*, New York: John Wiley, 113-142.

Harvey, D., 2000, *Spaces of Hope*, Berkeley: UC Press.

Hirschman, A. O., 1958, *The Strategy of Economic Development*, New Haven, Conn.: Yale University Press.

Hirschman, A. O., 1975, Interregional and international transmission of economic growth, in Friedmann, J. and Alonso, W. eds., *Regional Policy: Readings in Theory and Application*, Cambridge, MA.: MIT Press, 139-157.

Hoselitz, B. F., 1957, Generative and parasitic cities, *Economic Development and Cultural Change*, 3, 278-294.

Huntington, S. P., 1993, The clash of civilizations, *Foreign Affairs*, 72(3), 22-50.

Isaard, W., 1968, *Methods of Regional Analysis: An Introduction to Regional Service,* N.Y. : The Technology Press of MIT.

Johnson, E. A. J., 1972, *The Organization of Space in Developing Countries*, Cambridge, MA: Harvard UP.

Lewis, W. A., 1954, Economic development with unlimited supplies of labour, *The Manchester Papers*, May, 139–191.

Lipton, M., 1979, Urban bias and rural planning in India, in Bernstein, H. ed., *Underdevelopment and Development*, Penguin, 2335-2253.

Lo, F. C. and Salih, K., 1978, *Growth Poles Strategy and Regional Development: Alternative Approaches*, Oxford: Pergamon Press.

Mera, K., 1976, The changing pattern of population distribution in Japan and its implications for developing countries, in Lo, F. and Salih, K. eds.1978, *Growth Pole Strategy and Regional Development Policy*, Oxford: Pergamon Press, 193-216.

Myrdal, G., 1957, *Economic Theory and Underdeveloped Regions*, Harper and Row.

Nisbett, R. E., 2003, *The Geography of Thought – How Asians and Westerners Think Differently...and Why*, New York: Free Press.

Richardson, H., 1978, *Regional Economics*, London: Penguin.

Rondinelli, D. and Ruddle, K., 1976, *Urban Functions in Rural Development: An Analysis of Integrated Spatial Development Policies*, Washington, D.C.: USAID.

Sandercock, L., 1998, The death of modernist planning: radical praxis for a postmodern age, in Douglass, M. and Friedmann, J. eds., *Cities for Citizens*, London: John Wiley, 163-184.

Scott, J., 1976, *The Moral Economy of the Peasant*, Yale University,

Soja, E., 1989, *Postmodern Geographies*, London: Verso.

Stilwell, F. J. B., 1978, Competing analyses of the spatial aspects of capitalist development, *Review of Radical Political Economics*, 10(3), Fall, 18-27.

Vining, D., 1986, Population redistribution towards core areas of less developed countries, 1950-1980, *International Regional Science Review*, 10(1), 1-46.

Williamson, 1965, Regional inequality and the process of national development: a description of patterns, in Friedmann, J. and Alonso, W., eds., *Regional Policy: Readings in Theory and Application*, Cambridge, MA: MIT Press, 158-200.

2장. 영국의 지역계획 형성에 영향을 미친 사상

1. 서론

영국의 공간정책에 영향을 미친 사상은 매우 많고 다양하기 때문에 이를 포괄적으로 어딘가에 위치시키는 것은 불가능할 것이다. 그럼에도 불구하고 영국의 토지정책 발전과정, 특히 농촌 지역을 도시지역으로 용도전환하기 위한 법령과 정책을 형성하는데 바탕이 되었다 할 수 있는 몇 가지 핵심적인 사상이 있다. 민주주의 사회에서는 큰 비용이 발생한다는 일정 정도의 공감대가 형성되면 제도가 출현하게 된다. 국가수권법, 시행령, 법정과 정책에서의 법률적 판례, 수준별 정부의 준칙 등은 모두 사회적, 정치적 상호작용과 경제적 거래에서 발생하는 비용을 절감하기 위해 도입된다. 집권한 정부기관의 이해관계와 학문분야와 같이 제도형성에 영향을 미치는 분야의 이해관계는 특정한 제도의 형태로 반영된다. 사회적 격변기나 구시대 사상이 유용성을 상실하여 더 이상 향후 방향설정에 도움이 되지 못하는 시기가 되면 법률제정에 미치는 학자들의 영향력이 특히 중요하게 부각된다. 제도가 일단 수립되고 나면 서로 다른 신념을 가지고 자신들의 이익을 추구하고자 하는 집단들 간 갈등이 발생하게 된다. 이 혼란스러운 과정을 통해 제도의 효율적 실행방안이 지식으로 축적되며 이렇게 형성된 지식은 각 집단마다 다른 의미를 갖게 된다.

본 장은 영국의 토지이용계획 법률과 정책에 관한 것이다. 영국 공간계획의 틀을 형성하는 핵심사상이 무엇인지에 관한 논란은 의외로 계획 및 개발관련 학문분야 외부에서 제기된다. 특정한 시기를 풍미하는 정치경제학 사상은 그 시기에 공표된 법률에 반영되기 마련이다. 영국은 성문헌법이 없으며 근대의 '계획법'은 일련의 법령을 통해 만들어졌다. 도시의 개발과 교외지역의 용도전환을 규정하는 기본 법률은 19세기 말부터 20세기 초 사이에 시행이 중단되었지만 2차 세계대전 직후 사회주의적 법률체계를 도입하는 과정에서 주요한 법률적 기반이 새롭게 마련되었다. 1945년 산업배분법, 1946년 뉴타운법, 1947년 도시 및 국가계획법 그리고 1949년의 국가공원 및 교외접근법 등이 이에 해당한다. 이러한 법률은 토지 및 개발시장을 비롯한 공간경제 구조가 정부주도로 결정되어야 한다는 공통 전제를 갖고 있었다. 이런 의미에서 전후 영국에서 정부개입주의 정책을 실시하는 데 사상적 정당성을 제공했던 경제학자 케인즈(J. M. Keynes)의 이론은 영국의 계획에 커다란 영향을 미쳤다고 할 수 있다.

1947년 도시 및 국가계획법이 제정되면서 정부가 토지이용 배분의 모든 부분을 통제해야 한다는 인식은 널리 받아들여지게 되었다. 이전에는 당연히 지역적 이익을 추구하던 지방정부를 상대로 많은 규제가 가해졌다. 이로 인해 지방 내에서의 거시적 계획이 강화되었다. 이는 역설적으로 중앙 정부가 다른 공공정책 분야에 케인즈식 모델을 도입하고 난 몇 년 후에도 토지공급에 있어서는 스탈린식의 규제를 유지해야한다는 것을 의미하기도 했다. 중앙 정부, 지역정부, 지방정부가 경제활동을 공간적으로 조직화하는 과정에서 권력이 분산화

되는 현상이 나타났는데 이는 세계대전 이전 케인즈와 사상적 경쟁 관계에 있던 하이에크(F. Hayek)가 부활하는 계기가 되었다. 대처(M. Thatcher) 총리는 하이에크의 영향 하에 영국정부에 대한 구조조정을 실시하였으나 중앙 정부 주도를 기본으로 하는 개발 관련 산업은 타격을 받지 않았으며 대처 기간 이러한 경향은 오히려 강화되었다. 대처 정부의 경제로 인해 발생한 거품이 터지기 시작했던 1997년 이후 집권한 좌파정부 역시 하이에크의 사상적 영향을 이어받아 전후 계획경제시스템으로부터 탈피하는 정책을 실시했다. 그 결과 계획관련법이 목적에 보다 부합되는 방향으로 수정되었으며 이러한 경향은 향후에도 지속될 것이다. 그러나 영국공간계획에 있어 1947년부터 시작된 토지개발권의 중앙 정부 집중화로부터 궤도를 수정하는 작업은 쉽지 않았다. 시간이 지나면서 개발권은 보다 적합한 시행주체에게 선택적으로 이양되어 일부는 민간이 행사하게 되었지만 전략적 국가기반시설과 같은 부문의 개발은 중앙집권 단위에서 시행하도록 전환되었다. 그러나 이외의 토지이용관련 권리는 다양한 이익관계에 얽혀 적절하지 못한 주체에게 고착되어 개발패턴이 매우 비효율적이고 불공평하게 되었다.[9]

정책실패와 관련된 일부 지식은 빠르게 입증되어 급격한 정책변화를 일으키곤 한다. 또 일부 지식은 때로는 진실과 동떨어진 신념으로 인해 애매해지기도 한다. 영국은 국토가 협소하고 농촌토지 역시 급속히 소진되어 가므로 영국 국민들이 유럽의 평균보다 훨씬 높은 인

[9] Evans, A. and Hartwich, O.는 최근 저작(2005a, 2005b, 2005c)을 통해 영국의 공간계획시스템이 영국 동남부에서 주택가격 상승, 주택 질의 저하, 일련의 주택문제에 영향을 미쳤음을 밝히고 있다.

구밀도를 감수하며 살아야 한다는 사실을 전반적으로 수용하는 듯하다.[10] 실제로는 국토의 10%에도 못 미치는 면적에서 영국 국민의 90%가 거주하고 있다. 그러나 이러한 잘못된 믿음으로 인해 토지분야에서 계획경제의 영향력이 지속될 수 있었다. 인기있는 지역에서 인구를 증가시키는 것이 지역에 이익이 되지 않는다는 믿음 역시 마찬가지였다. 지방의 세금정책이 중앙 정부의 통제를 받지 않게 된다면 이러한 믿음은 변화할 수 있는데 이 부분은 뒤에서 다시 다루도록 한다.

2. 토지개발의 규제

토지개발에 대한 규제는 항상 존재해왔다. 원시부족사회에서는 건축자재, 노동력, 건축 등을 알맞게 배합하고 관습적 권리에 부합하도록 조직화하는 주체가 존재했다. 가족단위 농가가 배수장치를 개량한다면 공급량과 투입물의 설치는 물론이고 물사용권에 대해 이웃이나 하천 관할기관과 협상을 거쳐야 했다. 도시의 토지이용은 본래 다른 용도의 토지이용과 상호 연관되어 있다. 도시에는 긍정적, 부정적인 외부효과가 어디나 존재하며 이러한 영향은 밀집되어 있다. 긍정적 외부효과를 누리기 위해 도시가 발생했지만 도시에서 이루어지는 협력으로 얻게 되는 이득에 대해 지불해야 하는 대가로서 밀집된

[10] 영국에서 신규주택의 평균적인 방의 규모가 15.8㎡ 인데 반해 이탈리아의 경우는 21.4㎡, 프랑스의 경우 26.9㎡ 이다. 영국에서 신규주택의 규모는 76㎡ 인데 이는 덴마크 137㎡의 거의 절반에 해당하며 유럽에서 가장 작은 규모이다. 독일의 경우 신규주택 규모는 109.2㎡이다(Evans and Harwich, 2005a).

인구와 활동으로 인한 부정적 외부효과가 나타나게 된다. 개인들 간 거래의 기초가 되는 주관적인 이해관계에 대한 계산에 따라 협력을 통해 발생하는 이득과 손실에 대한 균형이 달성된다. 균형은 또한 시장 질서를 유지하기 위한 법률제정, 규제, 투자, 경영, 법령도입, 절차수립 등의 복합적인 작용을 통해 달성되기도 한다. 토지의 용도전환을 발생시키는 거래는 시간이 흐르면서 관련 이익에 따라 다양한 방식으로 변화되어 왔다. 소규모 토지소유주, 부족회의, 군사지도자, 지주가문, 종교단체, 식민지행정부, 산업가, 박애주의자, 개발회사, 농기업, 자치정부, 중앙 정부, 군부 등의 집단이 변화의 주체가 된다. 이러한 기관들은 공간경제를 어떻게 조직화할 것인지에 대한 지식을 가지고 있음이 역사적으로 증명되었다. 특정한 역사적 혹은 공간적 단계에서 이루어지는 개발을 이끌게 되는 지식이 무엇인가는 어떤 기관이 더욱 막강한 권력을 가졌는지에 따라 결정된다.

일반적으로 특정한 생산단계에서 희소한 생산요소를 소유하거나 이에 대한 접근권을 가지고 있는 개인과 단체는 그 생산을 조직화하는 역할을 담당하는 권력을 지향하기 마련이다. 토지에 대한 개발이 이루어지는 곳에서 토지가 희소하다면 토지소유자는 개발과정에서 막강한 영향력을 행사하게 된다. 개척농 시기와 같이 노동이 희소한 곳이라면 노동자는 가장 막강한 이해관계자가 된다. 현대 도시에서 고수익을 실현하기 위해서는 대규모의 자본투자를 통해야만 한다. 그 결과 이익을 창출하기 위해 자본과 토지를 어떻게 배합해야 하는지에 대한 희소한 지식을 보유한 자본가와 개발회사는 건조환경 생산에 필수적인 요소를 획득하기 위해 토지소유주와 제휴하게 된다. 외부효과와 공공재로부터 발생하는 문제를 해결하기 위한 집합적 행동을 조직할 수 있는 권력이 희소한 곳이라면 건조환경을 계획하는 과정에서 이러한 권력을 보유한 기관이 핵심적인 발언권자가 된다. 불확실하긴 하지만 낙관적인 분위기가 팽배해 있던 전후 영국에서는 케인즈의 영향 하에 국가가 개발에 대한 독점력을 가지고 있었다. 이는 사회가 토지개발을 어떻게 조직화해야 하는가에 대한 지식이 발달하게 된 전환점이 되었음을 의미한다.

3. 케인즈의 영향과 영국의 공간계획

2차 세계대전과 1930년대 대공황으로 인한 난파상태에서 구조조정을 통해 신영국을 창출해야 하는 과업을 앞두고 전쟁기간 영국의 경제자문이었던 케인즈의 이론이 전쟁 후 시기에도 영국에 적용되게 되었다. '고용 이자 및 화폐에 관한 일반이론(1936)'에서 케인즈는 전쟁기간과 같은 공황이 심화되어 유발되는 경기침체를 정부투자와 세금감면을 통해 방지할 수 있다고 주장하였다. 그는 정부에 대한 기술적 처방으로서 공공사업의 결손을 보충하고 공공부문을 확충할 것을 제시했으며 이렇게 한다면 승수효과를 통해 총수요(상품과 서비스에 대한 총소비)가 투자보다 더 큰 폭으로 증가하게 될 것이므로 실업상태를 개선할 수 있다고 하였다. 그가 제시한 해결책을 보다 일반적인 틀에서 조망해 본다면 정부가 더욱 적극적인 경제주체로 활동해야 한다는 것이었다. 이러한 이론을 전쟁기간과 전후시기에 시행한 결과 성공적인 것으로 판명되었으며, 계획된 시장경제가 전쟁 전의 불안정한 시장상황으로 되돌아가지 않도록 하는 수단임을 믿고 있던 영국 국민을 사로잡았다. 1937년부터 1943년 사이 이러한 상황과 사상적 분위기 하에서 토지 및 개발관련 다양한 사안에 대한 일련의 보고서가 작성되었다. 케인즈의 이론은 1947년 도시 및 국토계획법과 여타 산업배분을 규정하는 사회주의 법령, 국립공원 설립, 뉴타운 개발 등의 기반을 이루는 사상이 되었다.

중앙집중화를 기본 골자로 하는 1947년 도시 및 국토계획법은 지방의 계획담당기관으로 전달되어 국가, 지역, 지방단위 토지계획의 법적인 토대가 되었다. 이 재산권 개혁과 비슷한 시기에 보다 나은 영국을 재건하기 위해 만들어진 관료정치계획, 규제와 공공행정 등의 구조가 다듬어졌다. 전쟁 이전시대의 자유방임적 공간경제에 대한 반감으로 인해 영국은 어떤 곳에서도 실시된 바 없는 보다 극단적인 형태의 과학적 사회주의의 실험장이 되었다. 요긴과 스타니스로(Yergin and Stanislaw, 1998)가 저술한『Commanding Heights』의 제목은 국가가 교통, 중공업 등과 같은 경제의 주요한 기반시설에 대한 권력을 소유해야 한다고 주장한 레닌(V. Lenin)으로부터 인용한 것이다. 케인즈의 영향으로 영국에서는 중앙집중화된 철도, 철강, 석탄, 의료분야 등 경제의 지휘탑(commanding heights)에 대한 투자가 집중되었다. 이의 연장선상에서 만들어진 토지이용계획 시스템은 중앙 정부 주도의 개발로 조직화된 산업이었다. 전쟁으로 폐허가 된 도시의 물리적 재건, 오염, 런던의 무질서한 도시팽창과 과잉인구의 규제, 자연지역 보존, 전후에 총리직을 맡은 애틀리(C. R. Atlee)의 '신예루살렘' 건설을 위한 공간경제 재구성 등에서는 모두 토지가 핵심적인 지휘탑(commanding heights)의 관리하에 위치한다는 것을 의미하고 있었다.

다른 근대적 사상들이 사회에 영향을 주던 시기에 영국에서는 평화롭게 관리시장경제(managed market economy)로 전환되었다. 당시 공간의 전개과정, 문제 및 계획에 있어서의 경제적 분석은 낮은 수준에 그쳤으므로 이에 대한 불만족으로 인해 도시 및 지역분야에서 1940년대 후반 지역과학이 탄생했다. 지역과학 분야에서는 미시경제의 연역적 방법을 사용하여 공간경제이론을 발전시켰는데, 이 분야의 창시자인 코넬대학의 아이사드(W. Isard)는 이 이론이 급속도로 복잡해지는 사회문제를 해결하는데 도움이 될 것이라고 믿었다.

> "전형적인 지역과학자라면 오랜 기간 연구조교와 컴퓨터에 둘러싸여 모든 관련정보를 수집하고 이를 주의깊게 분석하여 가설을 수립한 후 마지막으로 어떤 결론에 이르러 제안으로 연구를 마무리할 것이다. 이러한 그의 연구 결과는 의사 결정주체에게 전달되게 된다." (Isard, 1975, 2).

1969년 초판된 영국 계획학자 맥러플린(B. McLoughlin)의『도시와 지역계획: 시스템적 접근(Urban and Regional Planning: A Systems Approach)』은 과학적 도시계획의 발전과정을 더 넓은 독자층에게 전달하기 위해 저술되었다. 이러한 목적을 가진 저서는 아이사드의 저서뿐 아니라 컴퓨터를 이용한 도시시뮬레이션에 관한 펜실베니아 대학의 해리스(B. Harris)의 선구적 저술과 영국의 경제학자이면서 계획가인 리치필드(N. Litchfield)의 다중기준평가기법에 관한 연구업적 등도 포함된다.

다른 업적들도 존재하지만 근대 사회과학의 계획가에 있어 부문 간·공간 간(토지를 포함한) 희소자원의 최적배분에 관한 이론, 이들을 조작하기 위한 컴퓨터기법, 집계된 값과 연관 프로그램, 그리고 목적달성을 위한 계획을 위한 과학적 접근 등의 세 가지 이론이 매우 중요한 세부분을 구성한다. 맥러플린은 베버(M. Webber)와 폴리(D. Foley)의 연구 결과를 혼합하고 관련된 형성과정과 구조, 구상에 관한 견해를 첨가하여 자신의 이론을 만들었다. 맥러플린의 혼합이론은 공간계획의 새로운 근거, 방법, 정체성 확립을 목적으로 하였다.[11] 이 이론은 공간계획이라는 학문을 전략관련 연구 분야와 1940년대에 발생한 의사소통 과학 및 인공두뇌학의 영역 사이에 위치시키고자 하였다. 복합적인 공간시스템을 통제하고자 하는 것이 공간계획의 근본적 동기가 되었고 시스템 분석, 디자인, 엔지니어링의 방법을 사용하였으며 계획가는 도시사회공학자로서의 역할을 담당했다.

흥미로운 점은 맥러플린의 1969년 저작에는 당시 급속히 파급되고 있던 정부의 시장경제 개입에 대한 보다 일반적인 경제적 배경을 뒷받침할 만한 사상적 이론에 대한 언급이 없다는 사실이다. 당시 케인즈주의 거시경제학 이론과 신고전주의 미시경제학은 현상 묘사와 처방에 대해 각각 정교한 과학적 모델을 발전시키고 있었다.[12] 거시경제를 분석하기 위해 개인행동의 미시경제학 모델을 이용하던 후생경제학은 이들의 중간 정도에 위치하였으며 지역과학에 중대한 영향을

[11] George Chadwick의 저작 참조.

[12] Cambridge 경제학자들이 거시와 신고전 양측으로 나뉘어 벌인 열띤 논쟁에 대해 기술한 노벨 경제학상 수상자 자서전 Amartyr Sen편을 참조(http//nobelprize.org/economics/laureates/1998/sen-autobio.html).

주었다. 그러나 소위 합리적이고 복합적인 도시계획과 그 시스템 및 상징은 이러한 경제학의 기본적인 사상으로부터 받은 영향이 미미한 것으로 보였다. 일반시스템 이론, 전략연구, 그리고 인공두뇌학이 계획에 더욱 큰 영향을 미친 것은 아마도 계획이라는 것이 물리적인 것에 관심을 두고 엔지니어링으로부터 발생하였는데 1947년 이후 계획에 대한 수립 및 농촌토지 개발통제의 행정적, 법적 과정에서 엔지니어링의 영향이 증대되고 있었던 것이 원인이었던 것으로 보인다.

케인즈주의 사상의 황금기는 제2차 세계대전 말에서 1970년대 중반까지 약 30년 간 지속되었다. 이 시기 점점 복잡해지는 혼합시장 도시개발과정을 관리하면서 영국의 토지이용계획시스템은 급속하게 발달하였다. 1947년에서 1979년(정권을 이은 보수적인 대처정부가 케인즈주의 경제의 물결을 되돌리기 시작하였던 시기) 사이에 독립된 법령과 규칙이 53개, 관할부처의 주요한 관리규정은 215개가 도입되어 도시계획 관련 사안이 입법화되었고 이에 대한 정교화가 이루어졌다. 1947년 한 개에 불과하던 정책지침과 가이드라인이 1977년 18개로 증가한 사실을 보더라도 당시 규제과정이 얼마나 복잡했었는지 짐작할 수 있다(Jonas, 1997).

즉각적으로 평화체제와 경제적 안정에 매진한 결과 영국이 경제적 성장을 누리던 1960년대 중반, 복잡한 토지이용계획시스템이 복합적인 개발시장을 규제하는 최선의 방책이 아닐 수도 있다는 조짐이 나타나기 시작했다. 『도시와 지역계획』의 서문에서 맥러플린은 다음과 같이 언급하고 있다:

"코번트리(Coventry) 재건사업, 뉴타운, 전경보전사업, 세계에서 가장 복잡하고 포괄적인 계획시스템에 대한 국민 신뢰의 유지 등을 볼 때 제2차 세계대전 이후 영국이 이루어낸 업적은 한 편으로는 대단히 성공적이었다고 평가할 만하다. 그러나 다른 한편으로는 계획수단의 효율성 측면에서뿐 아니라 제도화된 계획이 지향해야 하는 목적, 전체의 일부로서의 과정의 특성, 전문가적 기술과 교육에 대해 심각한 의문이 든다."(McLoughlin, 1969, 15).

복잡한 체제를 운영하는 최선의 방법은 단순한 법칙이라는 사실을 이해하기 위해서는 부가적인 설명이 필요할 것으로 보인다. 복잡한 통제기구의 기반을 이루던 사상은 당시 널리 퍼져있던 정부개입 이론과 인공두뇌학 간의 조화를 통해 만들어졌다. 맥러플린이 지적했던 문제는 계획가가 발전하는 후생경제이론의 실체를 파악하지 못함으로써 더욱 악화되었다. 만약 이 이론에 대한 계획가들의 이해가 보다 완벽했다면 토지이용계획의 목적이 부정적 외부효과를 감소시키고 상품의 공급을 증가시키는 데 있으며, 계획이 이러한 목적을 어떻게 달성할지(더 정확히 얘기하자면 계획이 토지경제를 어떤 식으로 변화시켜 이러한 목적을 달성할지), 예상치 못한 결과에는 어떠한 것이 있을 수 있는지, 그리고 동일한 결과를 달성하기 위해서는 어떤 대안이 있는지(규제, 재정, 직접투자, 정보체계 등)에 대해 보다 나은 해결책이 제시될 수 있었을 것이다. 그러나 문제는 사고를 전개시키기 위한 도구에만 있는 것이 아니었다. 과학적 접근에 대해 탐색하는 것은 더 나은 지식, 정보, 데이터, 이론 및 방법론을 이용하여 계획에 대한 규제단계를 발전시키는 데 있었다. 그러나 이러한 목적을 실현하는 것은 어려워 보였다. 확장되는 시장경제를 규율하기 위해 고심해야 하는 것은 도시계획(town planning) 분야에만 국한된 것이 아니었다. 거시경제계획과 중앙집중 계획으로 조성된 산업과 서비스는 행위이론에 기반하여 중앙집중적 토지시장계획보다 시행에 있어 더욱 안정적이었지만 문제에 직면하기는 마찬가지였다.

1958년에서 1966년 사이 영국에서는 국가경제계획 도입을 비롯하여 가장 강력한 경제계획이 시행되는 시기였으나 실업과 인플레이션이 동시에 나타나는 시기이기도 했다. 그러나 케인즈의 이론에 따르면 실업이 증가하면 상품과 서비스에 대한 수요가 감소하고 가격과 임금상승이 억제되어야 하므로 실업과 인플레이션이 수반되는 현상은 나타날 수 없는 것이었다. 이러한 '스태그플레이션'[13]에 대처하기 위해 영국정부는 경제시스템에 대한 조정에 착수하였으나 임금과 가격에 대한 규제를 통한 조정은 경제를 안정화시키지 못했다. 국가경제는 난관에 처했으며 케인즈주의 사상은 후퇴하기 시작하였다. 1973년 OPEC 석유파동 이후 유가가 400% 상승하였을 때 영국은 심각한 스태그플레이션을 겪게 되었고 강력한 노동조합이 계획경제의 유지(조합 구성원에 대한 고용 및 임금보장)를 요구하는 등 거대한 정치적 소용돌이의 시기를 맞게 되었다. 케인즈주의 계획의 시대와 이후의 혼란기는 석탄 노동자들의 폭력적 파업과, 케인즈의 사상 대신 그의 학문적 라이벌이었던 하이에크의 사상을 도입하기로 결정한 신임총리의 입각으로 인한 갑작스런 정권교체와 함께 막을 내리게 되었다.

〔13〕 경제적 스태그네이션 + 가격과 임금의 인플레이션.

1970년대 말에 이르러 영국의 계획관련 종사자들은 도시와 지역의 공간경제가 기계처럼 조작될 수 없다는 것을 깨닫게 되었다. 영국의 법령을 통해 중앙계획경제와는 독립적이면서도 가장 강력한 토지규제시스템이라고 할 만한 것을 구축하였음에도 불구하고 도시는 분명히 그들만의 존재방식이 있어서 형태의 변화, 조종, 혹은 제한을 가하려는 시도에 대해 저항하였다. 많은 계획가에게 계획은 그 자체가 목적이었지 계획이 어떤 문제를 해결해야 하는지, 혹은 어떤 식으로 기능하도록 해야 하는지에 대한 고려는 거의 없었다. 하위수준 지역의 전략적 토지이용계획(구조계획)에 대해 논하면서 브라켄과 흄(Bracken and Hume)은 다음과 같이 평하였다:

> "가변적인 전략적 계획의 이러한 소설 같은 시스템에 대해 1960년대 말에 풍미하던 낙관주의와 신념은 이미 증발한 것으로 보이며 이제 계획가들의 주된 걱정은 보다 실용적인 것, 즉 만족할만한 마무리와 그들이 수립한 계획에 대한 승인이다." (Bracken and Hume, 1980, 96)

카디프(Cardiff)에 기반을 둔 이 계획학자들이 언급한 전략적 계획 시스템은 맥러플린이 제안한 시스템 규제 계획의 유형에 대해 제도적 틀을 제공하기 위한 것이었다. 영국의 계획가들이 토지개발시장을 어떻게 규제할 것인가에 대해 답을 찾지 못한 채 1970년대는 지나갔다. 복잡한 관료제도 운영의 노하우는 생겼지만 토지와 부동산시장에 대한 지식은 충분치 못했다. 근본적인 문제는 지식과 규제의 중앙 집중화가 전제되어 있는 법적, 절차적 메커니즘이 토지와 부동산시장의 운영에 적합하지 않다는 것이었다. 이러한 문제는 하이에크가 30년 전 이미 예견했던 것이었다.

4. 하이에크와 영국의 계획

대처는 1979년 정권을 이양받은 후 하이에크의 사상을 도입하여 정치가와 관료의 손에서 경제를 해방시키고 이를 자본투자가와 기업가에게 넘겼다. 1979년 5월 다우닝가의 수상관저에서 보내온 편지에서 대처는 하이에크에게 다음과 같이 쓴다:

> "당신의 진심어린 전보를 받고 매우 감사했습니다. 전보를 받고 저는 매우 기뻤으며 지난 몇 년간 당신에게서 정말 많은 것을 배우게 된 것이 자랑스러웠습니다. 제가 이끄는 정부에서 향후 몇 달 안에 당신 사상의 일부를 정책에 반영시킬 생각입니다. 당신의 열렬한 지지자 중 한 명으로서 우리가 성공하게 될 것을 확신합니다. 그렇게 된다면 우리의 궁극적인 승리에 있어 당신의 공헌은 지대할 것입니다." (하이에크 문서, 후버재단 도서관 및 문서국)[14]

수상은 약속을 지켰다. 국가가 운영하던 산업은 공기업으로 전환된 후 매각되었다. 버스와 기차에 대한 규제가 풀렸고 국가 의료와 교육부문에 경쟁이 도입되었다. 규제가 경쟁으로 대체되고 정치적 신호는 가격신호로 대체되었다. 1984년 대처는 하이에크로부터 차용

[14] http://www.hoover.org/hila/exhibits/wealthideas/econ2.htm 2006년 5월 5일 참조.

한 사상에 대해 보답하고 경제학 분야에서의 학문적 노고를 치하하기 위해 엘리자베스 2세 여왕으로 하여금 그에게 대영제국 명예작위(Companion of Honor)를 수여하게 하였다.

케인즈주의 시기에 하이에크는 그늘로 후퇴하여 1950년 런던경제학교에서 시카고대학으로 자리를 옮겼고 이후 1960년대에 독일을 거쳐, 그의 고향인 오스트리아로 돌아왔다. 공개적으로 그의 사상에 대한 지지를 밝히고 주요한 산업 권력을 장악한 수상이 정권을 넘겨받게 되자 그는 음지로부터 나와서 자신이 주장하던 사상의 학파를 부활시켰다.

이 사건이 중요한 것은 이론이 더욱 널리 보급되고 상세한 이론을 현실에 적용할 수 있게 되었다는 이유보다는 영국 경제사상의 오랜 전통, 즉 애덤 스미스의 보이지 않는 손의 전통이 부활하게 되었다는 점으로 인해서이다. 거시경제시스템을 작동시키는 케인즈의 기술적 공식과 달리 하이에크는 저작에서 개인을 강조한다. 이것은 거시경제에서 미시경제로, 그리고 시스템 설계에서 개인행위 설계로 되돌아가는 것이었지만 하이에크의 분석은 신고전주의의 객관적 메커니즘을 일축했다. 거시경제와 미시경제 모두 현상을 묘사하고 분석하며 예측 및 처방을 제시하는 것이 가능하다고 전제했던 점을 감안할 때 어떤 면에서 미시경제는 거시경제의 원대함에 대한 환상을 공유하고 있었다. 거시경제학자들은 계획을 수립하여 가격과 노동, 토지, 자본의 공급을 조정하여 최상의 계획대로 경제가 운영되는 것을 추구한다. 후생경제학자를 포함한 미시경제학자들은 완전시장의 이상적 개념에 비추어 불완전 시장의 문제점을 해결하기 위해 재정과 규제적 개입을 통한 처방책을 제시했다(오염정도를 사회적으로 바람직한 수준까지 낮추기 위해 배출이나 소비에 따라 세금을 부과하는 것을 예로 들 수 있다).

하이에크에 따르면 경제학은 어떤 면에서 이보다 훨씬 간단했다. 그가 20세기의 위대한 사회과학자 중 하나로 자리매김될 수 있었던 것은 근대의 뿌리가 된 16세기 무역의 성장기 시절의 논쟁을 설득력 있게 종합하였기 때문이다. 그는 경제학이 조화의 과학이라고 특징지었다. 노동분화는 경제성장을 수반하고, 이를 통해 지식의 분화가 이루어져 많은 개인들 사이에 보급된다. 사람들은 효용에 대한 개인의 주관적 가치에 따라 상품, 서비스, 직업, 주거지 등에 대해 각자의 선호를 가진다. 이러한 상황에서 가장 근본적인 문제는 제한된 지식과 인지능력을 가진 많은 개인들이 어떻게 상호의 이익을 추구하면서 조화를 이루어 생산과 소비에 대한 계획을 수립할 것인가이다. 스페인-포르투갈 국경에 위치한 스페인 살라망카(Salamanca) 학파의 신학경제학자인 몰리나(L. Molina)는 이에 대한 법칙이 신에게서 부여받은 무역에 대한 자유의지를 개인들이 실행하는 것이라고 보았다. 그가 보기에 규제된 시장과 가격통제는 자유의 핵심가치를 침해하는 것이었고 개인들은 신성한 자유의지를 실행할 책임을 신에게서 부여받았다는 이상을 실천하지 않는 것이었다. 그러므로 가격은 각자의 주관적인 공급과 수요의 상호작용에 의해 결정되도록 두어야 한다. 맨드빌(B. Mandeville)은 꿀벌의 우화(The Fable of the Bees)에서 일찍이 사회적 효용은 개인적 이익을 우선시하는 개인의 행동과 시장에서 비롯되며 이를 통해 경제적 부를 달성할 수 있다고 했던 스코틀랜드 계몽주의 사상에 대해 언급한 바 있다. 영국 서부 글로스터(Gloucester)성당의 주임사제였던 터커(J. Tucker)는 맨드빌의 이기심에 대한 장려를 거부하면서 개인들의 이익 추구가 곧 공공의 이익을 촉진시킬 것이라는 적극적인 주장을 하였다. 스코틀랜드 계몽주의 철학자 흄(D. Hume)은 시장에서 이루어지는 개인들 간 교환은 사유재산과 개인적 이익을 보호하기 위해 발생되었지만 사회 전체적인 효용을 위해 작용한다고 보았다.

> "법칙을 만든 사람들이 의도했던 것은 아니었지만 재산, 권리, 의무를 결정짓게 되는 법칙은 직접적이고 확실하게 사회적 이익으로 귀결되는 경향이 있다…법칙은 소유, 동의를 거친 소유의 이전, 그리고 약속의 이행 등이 안정적으로 이루어지도록 작용한다."

흄의 동료인 스코틀랜드 출신 애덤 스미스(A. Smith)는 『국부론(Wealth of Nations, 1776)』에서 자기통제의 자발적 질서는 개인적 자극과 행동에서 비롯된다고 하였다. 경제는 스스로 통제할 수 있으며 법적 규율, 사유재산, 그리고 계약의 자유 등 최소한의 통제 장치만 있으면 발전할 수 있다고 그는 주장하였다. 이러한 제도 하에서 개인들은 그들 지식의 산물을 가져갈 수 있으며 따라서 그들의 사적 자원을 다른 사람에게도 이익이 되는 방향으로 투자할 유인이 발생하게 된다고 하였다.

하이에크로 대표되는 오스트리아 학파의 창시자인 멩거(C. Menger)는 개인들이 단위상품의 추가에 대한 한계가치에 근거해서 의사 결정을 할 때 사회 질서가 자연 발생적으로 이루어진다는 것을 보임으로써 기존의 이론이 가진 통찰력을 더욱 정교하게 하였다. 그는 당시에 주목을 끌기 시작하던 이론에 대해 폭넓은 이해를 하고 있었으며『사회학과 경제학의 문제(The Problems of Sociology and Economics, 1871)』에서 다음과 같이 쓰고 있다:

"언어, 종교, 법, 심지어 국가 그 자체와 몇 가지 사회 경제적 현상, 시장, 경제, 돈의 현상, 그리고 여러 가지 다른 사회 구조들은 사회에서 우리가 의도했던 방향으로 적절하게 조화를 이루지 못하고 있다."

하이에크는 일관되고 집합적인 사회질서가 개인의 행위로부터 어떻게 자연발생적으로 출현하게 되는지에 대한 이러한 사상들을 집대성하였다. 그의 분석에 의하면, 시장을 통해 이루어지는 분권화된 의사 결정은 제한된 지식과 타인의 행동을 예측하기 어려운 현실에 대처할 수 있는 유일한 조정 수단이다.

하이에크에게 사회주의는 자유에 대한 위협이었고 전체주의의 교활한 일면이었기 때문에 그의 전반기 저작들은 사회주의에 대한 대항에 치중하였다. 부의 창출과 사회조화를 강조하는 말기 사회주의와 투쟁하지 않는 현명한 선택을 한 후 그는 정보와 인센티브의 두 가지 기술적인 문제를 기반으로 논의를 전개한다. 경제관련 정부조직은 사회주의가 표방하는 목적을 절대로 달성할 수 없을 것이다. 왜냐하면 ①상품과 서비스의 수요를 측정하고 총합할 수 없기 때문이며 ②사유재산제도가 없다면 경제주체들이 자발적으로 자신들의 효율적인 통제하에 자원을 배치시킬 리 없기 때문이다. 한 산업분야에서 생산계획을 담당하거나 산업 간 자원의 배분을 담당하는 정부가 어떻게 수백만의 개인들이 상품과 서비스의 서로 다른 수량과 묶음에 대해 부과하는 가치를 매기는 방식에 대해 정확한 정보를 획득할 수 있겠는가? 따라서 계획은 시장과 비교했을 때 불리할 수밖에 없다. 또한 효율적인 자원배치에 대한 인센티브를 부여하는 방식에 대해 어떻게 하나의 정부기구가 시장보다 효율적인 운영방식을 설계할 수 있겠는가?

토지와 토지이용계획의 분야에서도 동일한 질문을 던질 수 있을 것이다. 지역, 도시, 국가적 규모에서 이루어지는 토지와 행위의 미래 대안적 배분에 따르는 사회적 이익과 비용을 정부가 어떻게 알 수 있을 것인가? 토지와 부동산 시장은 가격을 통해 이익과 비용의 신호를 보내는 정교한 제도이며 정부는 이러한 정보를 알아낼 수 없다. 또한 토지와 건물의 소유주들이 그들의 자원을 가장 광범위한 사회적 이익을 위해 쓰도록 유인하는 데 있어 사유재산제도에 필적하는 효율적인 인센티브 제도를 어떻게 정부가 만들어낼 수 있을 것인가?

이러한 측면에서 하이에크 영향 아래에서 영국 토지이용계획의 결과가 어떻게 되었는지 알아보는 것은 흥미로운 일이다. 이 주제에 관한 권위있고 상세한 분석은 런던경제대학의 쏜리(A. Thornly)에 의해 이루어졌다. 그 결과는 단순해 보일 수 있지만 이후 15년 동안 자유주의 정책실험의 가능자를 보여주었다.

대처 정부는 계획관련 법안을 검토하는 것에 착수하였으며 세부적인 것과 더욱 근본적인 변화를 추구하는 실험을 행하였다. 전자의 예로는 토지이용방식의 전환[15]을 통제하는 규제의 변화가 있다. 후자의 예는 계획적 일관성을 필요로 하는 경우 일반적인 부지별 개발 통제 과정을 협상 계획 프레임워크(negotiated planning framework)로 대체하는 신청을 할 수 있는 기회를 지방정부나 개발자에게 부여하는 단순화된 계획지구(Simplified Planning Zones)가 있다. 도시개발공사 역시 개혁의 대상이었는데 이들은 유사 정부기관에 개발권을 맡겨둔 채 강력한 재정 및 토지관련 입법권한을 가지고 있었다. 새 정권이 들어선 이후에는 토지이용계획이 어떤 기능을 가질지, 실제로 어떤 기능을 수행하며 수행하지 않을지, 그리고 사회와 경제가 원하는 기능은 어떤 것인지에 대해서 장기적이고 냉정한 판단을 하게 되었다. 새로운 계획의 수립과 개발규제에 대해 무조건적으로 거부하는 사례는 없었다. 오히려 토지개발에 있어 보다 적합한 시장주도와 정부주도 간의 경계를 찾으려는 노력이 이루어졌다. 이러한 시도 가운데 대처정부 말기인 1990에 도입된 새로운 계획관련 주요 법안에서 토지이용계획이 약화되지 않고 오히려 한층 강화된 법적제도가 되었다는 점은 의외의 결과였다. 한편 정부의 의욕적인 하이에크 철학의 지향정책은 주효한 것이었다는 증거가 나타나고 있었다. 도시계획에 대한 하이에크 본인의 견해는 그의 『자유헌정론(Constitution of Liberty, 1960)』[16]에 나타나 있다. 여기에서 그는 공기, 물, 소음, 교통으로 인한 대기오염 등과 같은 비시장적 외부효과로 사회적 비용이 야기되는 경우 시장에 대한 개입이 필요하다고 주장한 후생경제학의 견해를 수용한다.

[15] 토지이용 등급의 순서.

[16] Lai, L. W. C., 2002 재인용.

> "가격 메커니즘이 도시의 토지이용을 규제하는 데 불완전함에도 불구하고, 개발이 민간주도에 의해 이루어지거나 사람들 간의 지식과 예측이 일치하지 않을 경우 가격은 필수적인 요소이다. 토지소유자들은 자신들의 결정으로 초래될 수 있는 모든 결과를 따져보므로 가격 메커니즘에 의해 보다 효과적으로 작동 될 수 있는 유용한 방법이 도출될 가능성이 많다. 그러므로 이러한 경우 개인적 선택이 사회적 이익과 일치하도록 하는 법칙의 구체적 실천 방안은 다른 종류의 자산에 비해 보다 특정 지역환경에 부합하도록 다듬어지고 조정되어야 할 것이다. '도시 계획'이 지역 및 주변환경의 모든 개발에 적용이 되는 동시에 실질적 결정은 개별 소유자에 맡겨 이들이 시장에 미치는 영향을 통해 운영되는 방향으로 수립된다면 시장 메커니즘이 보다 효율적으로 작동되는 것이다." (하이에크, 1960, 350, Lai WC, 2002, 297에서 재인용)

영국에서 부정적 외부효과를 내재화하거나, 제거, 혹은 감소시키는 메커니즘을 통한 하이에크의 주변환경계획은 만족스러웠다. 대처정부의 환경부장관이었던 헤설타인(M. Heseltine)은 1982년 다음과 같이 말했다:

> "오랜 기간 나는 계획이라는 개념에 천착해있다. 계획이라는 것이 없었다면 영국은 지금보다 형편없었을 것이고 개발규제에 대한 광범위한 철학이 도외시된다는 것은 내게 있어 상상할 수도 없는 일이다. 우리의 토지자원은 매우 제한적이므로 철학부재의 상황을 내버려두기에는 부담이 너무 크다."

1990년대에는 이와 유사한 평가가 많이 이루어졌다. 그러나 이런 평가가 있다고 해서 정부가 케인즈식 제도를 수정하는 것을 멈춘 것은 아니었다. 동시에 헤설타인은 개발규제의 적절한 수준이 필요하다는 점을 역설하면서 지역수준 개발당국을 '거시적 계획가'로 일컬었다. 영국 도시계획시스템의 계획수립과 개발규제 간 구분은 어떤 의미에서 좀 더 넓게 보면 경제해법에 있어 거시와 미시의 구분과도 같았다. 1960년대 말에는 카운티 수준에서 전략적 토지이용계획을 실행하게 되면서 많은 지방정부가 토지이용계획을 지역수준의 일반적 사회경제개발계획처럼 적용하고 있었다. 헤설타인의 환경부는 이러한 사례를 부적합한 것으로 규정하였다. 즉 도시 및 국가계획(Town and Country Planning) 시스템의 계획은 토지이용계획이어야 하며, 개발규제는 이의 일부로서 토지 및 부동산 시장메커니즘을 보다 효율적으로 만들기 위한 목적을 가질 때만 용인될 수 있다고 하였다. 1980년 정부는 카운티 수준 구조계획의 범위를 축소하여 국가 하위수준의 개발계획과 같은 대대적인 조사 및 분석을 불허하고, 대부분의 개발규제권력은 지역수준 정부에게로 이양시킴으로써 이전의 기능적 모호함을 제거하였다. 이는 케인즈주의식 거시적 목적을 지향하는 구조계획의 약화가 진행되는 첫 번째 단계였으며, 2004년 이같은 방식을 폐지한 노동당 정부시기에 그 정점을 이루었다. 1990년 법령은 개발규제의 주안점을 계획에서 재량권을 보장하는 방향으로 전환시키면서 토지이용계획이 개발시장에 있어서의 거래비용을 감소시키기 위해 사용된다는 개념을 더욱 확고하게 하였다. 보다 강력한 새로운 계획은 사적, 공적 의사 결정의 비용을 감소시키고 과정에 있어서의 객관적 확실성을 증가시킬 것이다.

1997년, 보수당의 통치가 마침내 막을 내리고 새롭게 정권을 장악한 노동당의 토니 블레어 총리는 영국의 사회당을 근대화하는데 관심을 기울였다. 그의 접근법은 케인즈주의식의 중앙집중과 하이에크식 시장우선주의의 양 극단 중간에 있었다. 빌 클린턴(Bill Clinton)과 함께 블레어 총리가 가진 정치학적 '제 3의 길' 노선은 전체주의 철학자 맥머레이(J. MacMurray)에게서 영향을 받은 것으로 보인다.[17] 블레어는 공동체와 상호책임을 강조했다. 그러나 이러한 그의 노선이 시장 스스로 조화를 위한 최선의 방책을 찾아내도록 하는 하이에크식 정책을 근본적으로 거스르는 경우는 없었다. 그가 보기에 사상적으로 개인주의를 기반으로 하는 시장 자유방임주의의 철학적 빈곤함에 대해 확신에 찬 정치가가 제시할 수 있는 해법은 공동체에 대한 강조였다. 2004년 계획 및 구매법(Planning and Compulsory Purchase Act)을 통해 블레어정부는 1947년 계획시스템 이래 가장 큰 변화를 시도한다. 이 변화는 맥머레이가 아닌 하이에크의 사상적 영향을 수용하는 방향으로 이루어졌다. 예를 들자면 토지이용법령에 있어 탈규제화가 확대되었고 보다 단순한 계획지구(업무계획지구)를 새롭게 도입하였으며, 개발영향부담금의 한 종류로서 사적 개발거래의 외적 비용을 보다 효과적으로 평가하기 위한 개발이익보충(Planning Gain Supplement)을 통해 개발 이전 상태를 복구하기 위한 세금부과를 정착시켰다. 계획은 여전히 개발규제결정에 강력한 영향력을 가지고 있었

[17] 블레어는 옥스포드(Oxford)에서 수학하는 동안 1960년대에 이름을 날렸던 철학자 맥머레이에게서 영향을 받았다. 이 영향은 그의 종교적 스승이었던 오스트리아 신부 톰슨(P. Thomson)을 통해 전해졌다. 공산주의를 기반으로 한 제 3의 길 사상은 20세기 초반 독일 철학자였던 카이퍼(A. Kuyper)의 저작에서도 찾아볼 수 있다. Kuyper, 1981; Richards, 2004; Blair, 1998 등 참조.

지만 계획의 역할은 개발시장이 조화롭게 운영되도록 하며, 시장을 통해 비용과 편익이 평가되도록 보장하는 것이라는 점은 그 어떤 시기보다 분명하게 표방되었다. 계획의 기본적인 준비기간을 월단위로 규정한 조항을 보더라도 지방 정부의 개발계획 담당자들이 미래의 자원배분을 자의적으로 결정하거나, 시장 상황의 변화에 따라 기본적인 권리를 통제하는 코즈 메커니즘(Coasean style mechanism)을 도입하지 못하도록 규정한 것을 알 수 있다.[18]

5. 농촌 보호주의와 국토규제

이러한 개혁에도 불구하고 영국 계획시스템에는 사회주의-시장주의 철학을 기반으로 하는 중앙집중적 메커니즘이 깊숙이 내재해 있었다. 이는 전후 복지국가의 다른 모든 요소를 변화시켰던 경제적 평가 없이 시스템이 어떻게 그렇게 오래 지속될 수 있었는지에 대해 사람들로 하여금 의문을 갖게 했다(Corkindale, 2004; Pennington, 2002). 중앙의 규제는 헌법상 개발권의 정부소유권과 특정 자원배분 과정에서의 정부의 제도적 규제라는 두 가지 의미를 갖고 있다.

법적 의미에서 정부는 여전히 개발을 주도할 권리를 갖고 있었다. 이러한 권리는 일정한 조건 하에 개인소유자에게 되돌아갔으며 지방정부의 권한이 확대되었으나, 영국에서의 개발은 여전히 개발업자에 비우호적이었다. 이는 정부기구가 토지와 토지배분에 관한 최

〔18〕 Webster, 1998 ; Webster and Lai, 2003 ; Webster and Wu, 2001 등 참조.

종결정권을 가지며 정부기관이 이러한 결정에 필요한 정보를 가장 잘 알고 있다는 것을 의미하는 것이었다. 집합적으로 소비되는 재화인 기반시설이나 외부효과 등은 기술적으로나 정치적으로 가격을 산정하기 모호하며 이들의 영향을 개인적으로 할당하는 것 역시 곤란하다. 다른 국가에서와 마찬가지로 이러한 정보를 영국 계획시스템에 적용할 경우 발생하는 문제는 집합적으로 소비되는 재화의 비용 및 편익에 관한 지식과 사적 재화에 대한 사회적 수요에 관한 지식을 구분하는 것이었다. 일반적으로 시장은 가격과 손익계산시장을 통해 후자의 공급에 적합하고 정부는 전자를 처리하기에 보다 적합하다. 이렇게 본다면 조화를 이루는 데 있어 발생하는 여러 가지 문제를 해결하기 위한 집합적 행동을 담당하기에 가장 알맞은 정부기관은 무엇인가에 대한 정의가 필요하게 된다.[19] 그러므로 토지개발권에 대한 중앙의 소유권은 개발시장에서 제3자가 치를 수 있는 비용을 최소화함으로써 시장기반의 운영이 더욱 효율적이고 사회적으로 용인될 수 있도록 만드는 방향으로 현명하게 사용되어야 한다. 우리가 살펴본 바와 같이 과거에는 시장이 수행할 수 있는 기능을 진단하고 처방하는 데 있어 개발권이 잘못된 방식으로 사용되었다.

영국의 계획이 아직 이러한 권한을 완전히 가지고 있는 것은 아니었다. 이에 대한 일례로 주택에 대한 토지의 중앙배분을 들 수 있는데, 이는 시스템을 구성하고 있던 시장의 실제상황과 지난 25년 간 불협화음을 만들었다. 주택을 배분한다는 것은 국가정부가 정기적으로

(19) "누가 사회적 사안을 조정해야 하는가?" 라는 물음에 대한 학자 10인의 논문을 수록한 Economics Affairs의 2005년 겨울호 참조(Webster, 2005b).

작성하는 국가 및 지역인구 성장을 반영하는 것이고 새로운 성장동력을 지역정부에 배분한다는 것을 의미한다. 이는 20세기 주로 사용되던 계획경제 정책의 공식 그대로였으며 서부 유럽 다른 국가의 토지정책에서는 찾아볼 수 없는 것이었다. 지방정부는 인구, 주택 및 토지 공급을 보다 많이 배당받기 위해 치열한 경쟁을 벌였는데, 이로 인해 지방에서는 농촌에서 도시로의 전환과 도시 팽창을 목적으로 하는 계획이 불가피하게 수립되었다.

이러한 시대착오적인 절차에 대한 필요성은 오랫동안 지속되었던 전후 정부의 개입주의와 농촌보존에 대한 이데올로기적 믿음이란 측면에서 이해될 수 있다. 현대의 지속가능성에 대한 강조는 보수주의의 강화와 영국의 계획시스템에 대한 통제와 관련이 있다.

전후 계획시스템은 지방정부에 토지에 대한 강력한 규제수단을 부여하였다. 정부가 개발계획을 통해 향후 사회에 가장 바람직한 것이 무엇인지를 결정할 수 있다는 개념을 기반으로 규제와 통제가 강화되었는데, 이로 인해 지역사회가 자체적으로 신규 개발의 비용과 편익을 평가하게 됨에 따라 불균형이 발생했다. 보다 균형 잡힌 시스템이라면 지역의 소득과 부, 지역 세수, 집적 이익이 증가와 함께 이루어지는 녹지 감소와 서비스에 대한 수요증가 등으로 발생하게 되는 비용을 더 높게 평가할 것이다. 문제는 영국에서 지역성장과 지역세수 사이에 연관관계가 거의 없다는 것이다. 현재 지방정부 재정 중 중앙 정부가 배분하는 부분이 85%에 달한다. 신규 주택 거주자의 서비스 추가수요가 시스템에 반영되는 데는 시간이 소요되므로 지방정부가 제대로 된 서비스를 제공하면서 지역의 개발시장에 유연하게 대처

한다는 것은 어려운 일이다. 거주세를 제외한 지역의 재산세가 중앙정부에 직접적으로 귀속된 후 절차를 거쳐 일부라도 지방으로 되돌아오기 위해서는 3년이 소요된다. 거주세(의회세)의 경우 지방정부가 보유할 수 있지만 이는 지역 지출의 15%에 불과하다. 지방정부는 새로운 거주민을 위해 소요되는 모든 비용을 감당해야 하지만 이익은 그 일부만 거둘 뿐이다. 이익에 대한 '가격'의 신호는 매우 미약하며 방해요소가 많아 감지하기 쉽지 않다. 만약 이 신호가 보다 강력하고 확실하다면 기존의 체계에서 신규 성장이 이루어질 가능성은 증가할 것이며 중앙 정부의 비효율적인 자원 배분에 대한 필요성은 감소하게 될 것이다. 에반스와 하프위츠(Evans and Hartwich, 2005)는 가격의 신호를 통한 성장 가능성을 보다 효과적으로 달성할 수 있는 몇 가지 실용적 방안을 제시하고 있다. 세수의 직접적인 지방정부 귀속, 지방소득세나 지방판매세 등과 같이 새로운 형태의 지방세 도입, 거주민 규모를 기준으로 중앙 정부와 지방정부 간의 보다 직접적이고 간결한 세수 이전, 개발영향부담금, 혹은 사회적 비용 초래에 대한 세금 부과 등이 포함된다.

케인즈 영향하의 영국으로의 복귀는 강력한 규제 위주의 계획전통을 가지고 있는 경로 의존적 발전과 제도의 부조화에 의해 부분적으로 설명될 수 있다. 또한 영국 국민이 오랜 기간 가지고 있던 탁트인 전원에 대한 선호도 영향을 주었다. 앞서 인용했던 대처정부 환경부 장관의 발언은 현 정부의 공식 웹사이트에 실린 계획에 대한 소개부분에 반영되어 있다:

"영국은 세계적으로도 인구밀도가 높은 국가이다. 90% 이상의 인구가 국토의 8%에 그치는 지역에 거주하고 있다. 따라서 우리가 어떻게 계획을 수립하고 도시와 농촌의 미래상을 결정할 것인지는 매우 중요하다." (사회 및 지방 정부 부처 계획관련 웹페이지: http://www.odpm.gov.uk/index.asp?id=1143104)

혼란스러움을 풀어줄 실마리는 영국 국민의 90%가 국토의 8%에 거주한다는 통계에 있다. 이 통계는 도시개발에 있어 상세한 규제를 둔 이유이기보다는 이러한 규제의 완화에 대한 이유라는 것이 보다 적합할 것이다. 비거주지역인 92% 토지의 상당부분은 평지로 접근이 가능하면서도 작물재배나 경관 측면에서 그다지 큰 장점을 가지지 않는 토지이다. 영국의 뛰어난 경관지역은 1949년 법령으로 정비된 국립공원을 통해 잘 보존되고 있다. 이러한 지역은 영국과 웨일즈 지역의 10%(산간 웨일즈 지역의 20%)에 달한다. 영국 국민들이 왜 이렇게 고밀도 환경에 거주하며 작고 형편없는 주택을 견디고 있는지에 대해 설명하기 위해서는 영국의 전원을 숭배하는데 영향을 준 대중적인 낭만주의 운동이 풍미하던 19세기 도시 산업화의 시절로 거슬러 올라갈 필요가 있다. 팩스먼(J. Paxman)은 다음과 같이 언급했다:

"산업혁명을 만들어낸 다음 영국은 정신적인 반혁명(mental counter-revolution)을 만들어냈다" (Paxman, 1999, 58; Milbourne, 2004)

이는 워즈워드(W. Wordsworth)의 시, 터너(W. Turner)의 목가적인 회화, 컨스터블(J. Constable)과 노리치(Norwich) 학파의 수채화 등 19세기 전반의 예술에 나타나 있다. 재정과 운영이 민간주도로 조성되어 도시와 농촌환경의 장점을 결합시킨 하워드(E. Howard)의 1899년 '전원도시' 역시 농촌 낭만주의의 영향을 받았으며 영국 및 전세계의 도시 및 지역계획에 커다란 영향을 주었다. 20세기 초반 영국 농촌보전을 위한 협회(the Council for the Preservation of Rural England) 등과 같은 강력한 이익집단이 출현하여 1940년대의 공간계획법령 형성 등 정책수립에 영향력을 행사했다.

> "역사, 관습, 그리고 영국의 전원이라는 신비함속에 구체화되어 있는 것과 같이 보전운동은 '자연'이 훼손되지 않는 어떤 것이라고 강조하였다. 그러나 도시성장 및 산업 팽창의 위협과 사회적 이익을 위한 보전의 필요성으로 인해 자연은 이제 더 이상 강건하지 않고 나약하게만 보인다." (Macnaghten and Urry, 1998, 38; Milbourne, 2004, 16)

19세기 도시 개발의 자유방임주의에 대해 나타난 이러한 부정적 반응으로 1947년의 토지계획시스템이 출현하게 되었다. 농촌-도시의 토지 전환에 대해 역시 반감을 가지고 있던 지방 정부가 당시 시스템을 도입하였다. 새로운 성장동력을 유인하기 위한 정책이 기존에는 부적절하게 사용되었던 것을 고려할 때 이는 매우 합리적인 결정이었다. 그러나 토지공급이 그토록 제한적이었던 원인에 대한 사회적 논쟁이 부족했던 것은 특징적인 일이었다. 그러한 논쟁이 있었다면 토지의 중앙 계획에 관련한 논쟁도 있었을 것이다. 농산물 자급력을 유지하고자 하는 필요성이 사라지고 상당기간이 지난 후에도 국가계획에 있어 영국 국민의 90%는 8%의 국토에 거주하도록 유지되고 있다. 지속가능한 개발 운동으로 이 문제의 도덕적 동기는 충족되었다. 계획담당자는 자신들의 활동이 자연스럽게 보장되는 새로운 사상을 환영하였고 환경보전을 위한 로비 결과 지속 가능성이라는 주제를 제도화하는데 성공하였다. 영국 정책에 있어 지속가능한 개발이라는 것은 컴팩트 시티를 의미하였으며 녹지에 신규 거주지를 조성하지 않는 것을 전제로 하였다. 과밀지역이던 영국 남동부에서 런던 지역에 시급히 필요하던 주택을 공급하기 위한 신규 성장축이 발표되어 당시 실용적인 타협이 이루어졌다. 그러나 이러한 조치는 영국의 수만 가구가 어쩔 수 없이 공동주택이나 협소한 주택의 좁은 방에서 거주하게 된 이후에 취해졌으며, 성장축에 건설될 신규주택 역시 높은 밀도의 주택단지로 조성될 것이었다. 영국의 도시성장을 억제하기 위한 필요성은 확고한 정책 목표였고(Hall, 1973), 그렇다면 토지가 중앙정부의 계획에 따라 공급되어야 한다는 개념은 여전히 유효하게 된다. 지방 정부에게 새로운 도시 성장을 추진하기 위한 보다 강한 유인책이 주어지는 경우라도 중앙 정부는 토지를 배분하기 위해 자신들이 소유한 개발권을 사용할 것이다. 이에 따른 목적은 성장을 사회에 강요하는 것이 아니고 성장을 보전하는 것이 될 것이다. 그럼에도 불구하고 도시 팽창이 가격(세금)을 통해 이루어질 수 있다는 사실은 변하지 않을 것이고 이로 인해 중앙 정부 주도의 토지시장 계획에 대한 논거는 약화될 것이다.

6. 결론

제도가 도입되기 위해서는 복잡한 경로를 거친다. 사회적 학습에는 중앙집중적 통치전략을 위한 법령을 수립하는 것보다 많은 시간이 소요된다. 어떤 이유에서건 잘못된 정책은 불량상품에 비해 사회적으로 쉽게 거부되지 않는다. 정치적 시장은 불만에 대한 신호를 보내는 것에 있어 재화 시장보다 효율적이지 못하다. 정치적 영역에서는 또한 손익계산의 정확성이 결여된다. 사회적 재화의 수요에 대한 정보는 개인적 지불용의액이 합산되어야 하는데, 이를 계산하는 것과 합산하는 것 모두 문제의 소지가 다분하다. 합산과정에서 불가피하게 특정집단에게 우호적일 수밖에 없는데 이에 대한 조정을 거치지 않은 채 제도와 정책은 쉽사리 도입되게 된다. 이렇게 되면 정책이 보다 광범위한 사회적 목적을 달성하는데 있어 비효율적이라는 것이 훗날에 이르러 밝혀짐에도 불구하고 도입 당시에는 관료, 정치가 및 전문가 등 소수자의 이익을 대변하기 쉽다. 그러나 열린사회에서는 시간의 흐름에 따라 정책실험, 상호작용, 조정 등이 반복되는 복잡한 과정을 거친 후 보다 나은 제도로 점진적으로 발전할 것이라고 기대되기도 한다.[20]

제도적인 발전은 기술적 측면에서 초기의 상태에 민감하며, 시행착오를 통해 지식의 재활용이 이루어지며 작용과 반작용을 통해 서로 다른 목적을 추구하는 방법들이 통합적 존재방식을 찾게되는 이른바

---

[20] 이는 하이에크(F. Hayek)와 동시대의 오스트리아 출신 영국학자인 포퍼(K. Popper)에 의해 발전한 사상이다(Popper, 1974)

위상 혼합(topological mixing)에 의해 영향을 받기 때문에 혼돈스러운 과정이다. 어떻게 하면 좋은 계획을 수립할지, 그리고 우리가 계획에 대해 무엇을 아는지에 대해 알게 되는 과정은 혼돈스럽긴 하지만 무질서한 것은 아니다. 그 안에는 질서가 존재하며 카오스 이론을 빌어 설명하자면 이는 서로 다른 종류의 끌개(attractor)이다. 끌개는 시간이 흐름에 따라 역동적인 시스템이 개입하게 되는 행위의 법칙이다. 기하학적으로 끌개는 하나의 점, 곡선, 원형, 혹은 복잡한 프랙털 구조(기이한 끌개, strange attractor)로 표현할 수 있다. 시장에서의 거래비용을 감소시키기 위해 계획 시스템이 발생하였다는 생각은 점끌개(point attractor)의 역동성과 같은 원리이다. 시행착오를 통해 제도를 도입하게 되면 이 제도는 시장과 규제, 공공기반시설 투자행동 등의 완전한 균형이 존재하는 고정된 어떤 점으로 수렴할 것이다.[21] 사실 현실은 훨씬 복잡하다. 최종적 제도의 범위(한계순환끌개, a limit cycle attractor)만 존재하는 경우가 많다. 규제의 정도를 조정하는 등 지속적인 실험적 움직임이 있고, 역동성의 영향도 있으므로 결코 안정적인 상태가 되지 않을 것이다. 규제라는 것이 배분에 있어 중립적일 수 없다는 사실을 고려한다면 수긍이 가는 논리이다. 제도는 희소한 자원을 사적 재산으로 할당하기 위해 존재한다. 잘 알려진 것과 같이 코즈(R. Coase)는 『사회적 비용의 문제점(The Problem of Social Costs, 1960)』에서 오염에 대한 규제는 오염자와 오염물 간 권리와 이익을 체계적으로 재분배한다는 것을 보인 바 있다. 제도적 균형은 단일한 집단 내에서는

[21] 신고전주의 경제학에서의 균형개념과의 유사성을 상기할 것. 예를 들어, 도시정책 영역에 있어 녹지세를 도입한다면 녹지와 비녹지의 수요를 안정화시켜 정책 목적과 일치하는 어떠한 정적 균형상태가 될 것이다.

달성될 수 있지만 다른 집단의 이해가 개입하면 깨지고 만다. 런던의 그린벨트는 1940년대 이래 그린벨트 주변부나 보존구역에 주택을 소유한 재력있는 사람들의 이익을 보호하는 기능을 하였다. 시간이 경과하면서 그린벨트가 일부 원인이 된 부동산 가격 상승과 고밀도 도시의 녹지 감소는 제도적 변화에 대한 요구를 만들어냈다.

시간이 흘러 사회 구성원의 연령이 높아지면서 학교를 폐쇄하고 교육관련 예산을 분산시켜줄 것을 요구하다가 젊은 인구층이 성장하면 이들을 수용할 학교를 다시 확충할 것을 요구하게 되는 것과 같이 제도 및 정치적 해법에는 주기적이고 예측 가능한 패턴이 존재한다. 예를 들면 부모는 자녀에 대해 엄격함과 관대함의 극단을 매순간 오가면서 성공적인 방법을 찾게 된다. 사회를 통치하는 수단으로서의 제도 역시 규제의 강약을 오가게 되는데, 기억에는 한계가 있고 시행착오로 인한 교훈이 후대에게까지 전수되지 않으므로 이러한 주기는 끊임없이 반복되게 된다. 또한 기하학에서의 원환체나 프랙털과 유사한 개념으로서 제도의 역학을 결정짓는 더욱 복잡한 끌개가 존재하기도 한다. 사회에서 무수한 상호작용이 이루어지는 것을 생각해보면 이러한 가능성이 가장 높다고 할 수 있다. 어떤 지점에 이르게 되면 이러한 역동성은 단순한 점이나 한계 주기 역학처럼 보이기도 하고 무질서하게 보이기도 한다. 시간의 경과나 서로 다른 공간의 시스템을 비교해야만 판단이 가능한 보다 광범위하고 복잡한 규칙성이 나타날 수도 있다. 배티와 롱리(Batty and Longley, 1994)가 주장한 도시의 차원분열적(fractal) 특성에 따르면 도시의 전환과정은 본질적으로 차원분열적이며 서로 다른 규모의 상이한 물리적 패턴이 스스로 반복된다. 이는 절차에 따른 도시의 성장 역시 개발정책이 수요 변동에 따라 자유주의의 적용수준이 변화하는 것과 같이 프랙털의 복합성을 가지게 되는 것을 의미할 수 있다. 경기 상황과 개발 규제에 대한 사회적 반응 간에는 확실한 상관관계가 존재할 것이다. 경기가 호황인 경우 많은 도시가 과밀해질 가능성이 높으며 이에 따라 규제의 수준을 조정할 필요가 생겨난다.

케인즈 영향하의 계획 경제에서 하이에크 영향하의 시장경제로 전환한 것은 인간 행위를 통제하는 접근법에 대한 보다 장기적인 사회적 실험의 과정이 20세기에 나타난 것이었다. 거대한 사상으로부터 제도적 세부과정으로 적용되는 과정에 대해 본 연구와 기타 연구에서 연구자가 펼친 논의는[22] 상이한 규모로 펼쳐지는 규제와 자유/중앙 집중화와 분산화의 변증법적 발전과정을 보여준다. 한 사회에서 보다 자유주의적 계획체계를 적용하거나 실험적인 비계획적 지구를 도입하는 등 개발시장에 대한 규제를 완화한다면 지방 정부 수준에서 확대된 재량권에 따라 어떤 법령을 도입해야 할지에 대해서도 알게 될 것이다. 이렇게 지방 정부 수준에서 획득된 지식은 상위 정부 수준으로 전달될 것이고 이는 국가적 제도의 방향을 정하는 데 영향을 미칠 것이다.

사회가 어떤 방식으로 도시를 성장시킬 것인가에 대한 사회적 학습은 토지 및 부동산 시장의 특성으로 인해 문제를 가질 수밖에 없다. 도시의 외부효과는 가격이나 시장의 작용을 거치지 않은 많은 자원이 있다는 것을 의미하며, 이러한 상황에서 부동산소유자 개인은 사적

[22] Webster, 2005a

재화 관련 가격신호를 보내는 데 있어서 최적의 결정에 미달되는 결정을 내릴 것이다. 사회 및 경제수준으로 보면 미실현된 추가적인 이득이 많이 존재하게 될 것이다. 여기서의 정책과제는 시장의 과정을 거치지 않은 채 도시에 도움이 되기도 하고 해를 주기도 하는 많은 자원을 어떻게 사유재산으로 배분할 것인지가 된다. 세계의 많은 국가들에 오해가 있거나 잘못 이해된 영국의 공간계획시스템을 수출했기 때문에, 영국은 아직도 다른 국가들이 계획관련 과제를 해결하는데 도움을 주어야 할 일정한 책임이 있다고 할 수 있다. 영국과 다른 여러 국가에서 시행되었던 공간계획은 지향하는 목표를 달성하기 위해 필요한 사회적 기능, 다른 것에 비해 보다 필요한 것, 다른 것에 비해 보다 효율적인 것을 담고 있다. 계획은 구성요소와 목적, 메커니즘, 그리고 사회 각 부분이 검증을 거쳐 부담하게 되는 순비용으로 구분하여 구성되어야 한다. 이렇게 함으로써 시간의 경과에 따라 더욱 효율적인 제도를 형성하기 위한 보다 정확한 지식과 피드백이 만들어진다.

규제 법안의 실시로 인해 영국이 역사적 건물과 도심, 도시 주변 미개발 토지, 그리고 경관이 우수한 지역 등을 보존할 수 있었다는 점은 특기할 만하다. 반면 시장의 경향을 단순 반영하지 않는 한 토지이용계획은 시장주도의 개발을 이끄는데 부적합한 것으로 나타났다. 이와는 반대로 소유권이 통일되어 있고 개발관련 재정의 사용권이 하나의 기구로 집중되어 있는 지역의 종합계획은 개발을 진행하기에 효과적인 수단이 된다. 개발규제에 관한 재량권을 확대하게 되면 사회적 비용 및 편익에 대해 지격지구 시스템에서보다 유연한 평가를 내릴 수 있지만 행정비용이 더 많이 소요되거나 불확실성이 증가하게 된다.

합리적인 비용으로 바람직한 결과를 내는 데 효과적인 이러한 제도는 반드시 정적인 균형상태가 아니더라도 지속되기 마련이다. 단계적 관습법(common law cascade)에 대한 이(Yee, 2001)의 최근 연구는 몇 가지 관습법의 원칙이 100년 이상의 오랜 기간 동안 지속된다는 것을 보였다. 5년 미만의 단기간 동안 영향을 미치는 관습법도 많았다. 성문법은 법령을 만들고 시험하는 데 있어 관습법보다 오랜 기간이 소요되지만 부적합한 법은 결국 다른 법으로 대체된다는 원칙은 여기서도 동일하게 적용된다. 목적에 대한 정의가 잘못되거나 법에 의한 평가가 어려워서 특정 집단의 이익에 우호적인 방향으로 손쉽게 이용되곤 할 때 이러한 부적합한 법은 대체된다. 법령에 기반한 계획이 제도적 배분과 규제를 처리하지 못한다면 정치적이고 공적인 검증과정을 거쳐 사회에 보다 이익이 되는 어떤 대체물을 도입하게 된다. 이러한 과정을 거친다고 해서 사회 전체적인 이익에 반드시 도움이 되는 것은 아니지만 오랜 기간에 걸쳐 형성되어온 복잡한 제도에는 좋고 나쁜 결과의 혼합체, 다양한 단계의 흔적, 사회적 학습과정이 존재할 것이다.

참고문헌

Batty, M. and Longley, P. , 1994, *Fractal Cities*, London: Academic Press.

Blair, T., 1998, *The Third Way: New Politics of the New Century*, London: The Fabian Society.

Bracken, I. and Hume, D., 1980, *An Analysis of Welsh Structure Plans.*, Working Paper 5., Cardiff: University of Wales Institute of Science and Technology.

Chadwick, G., 1978, *A Systems View of Planning: Towards a Theory of the Urban and Regional Planning Process*, Oxford: Pergamon.

Coase, R. H., 1960, The problem of social costs, *Journal of Law and Economics*, 3, 1-44.

Corkindale, J., 2004, *The Land Use Planning System*, London: Institute for Economic Affairs.

Cullingworth, J. B., 1982, *Town and Country Planning in Britain 8th(ed.)*, London: George Allen and Unwin.

Evans, A. W. and Hartwich, O. M., 2005a, *Unaffordable Housing: Fables and Myths*, London: Policy Exchange.

Evans, A. W. and Hartwich, O. M., 2005b, *Better Homes, Greener Cities*, London: Policy Exchange.

Evans, A. W. and Hartwich, O. M., 2005c, *Bigger Better Faster More: Why Some Countries Plan Better than Others*, London: Policy Exchange.

Isard, W., 1975, *Introduction to Regional Science, Englewood Cliffs*, NJ: Prentice-Hall.

Keynes, J. M., 1936, *The General Theory of Employment, Interest and Money*, London: Macmillan, St. Martin's Press.

Kuyper, A., 1931, *Lectures on Calvinism: Six Lectures Delivered at Princeton University Under the Auspices of the L.P. Stone Foundation*, Grand Rapids: Eerdmans.

Hall, P., 1973, *The Containment of Urban England*, London: George Allen and Unwin.

Hamilton, B., 1963, *Political Thought in Sixteenth-Century Spain*, London: Clarendon.

Heseltine, M., 1982, Secretary of state's address. report of proceedings RTPI summer school 1981, *The Planner, Feb* 1982.

Lai, L. W. C., 2002, Libertarians on the road to town planning, *Town Planning Review*, 73(3). 289-310.

Macnaghten, P. and Urry, J., 1998, *Contested Natures*, London: Sage.

McLoughlin, J. B., 1969, *Urban and Regional Planning: A Systems Approach*, London: Fabe.

Milbourne, P., 2004, *Rural Poverty: Marginalisation and Exclusion in Britain and the United States*, London: Routledge.

Paxman, J., 1999, *The English: A Portrait of a People*, London: Penguin.

Pennington, M., 2002, *Liberating the Land*, London: Institute for Economic Affairs.

Popper, K, 1974, originally(1945), *The Open Society and Its Enemies*, London: Routledge and Kegan Paul.

Thornley, A., 1991, *Urban Planning under Thatcherism*, London: Routledge.

Richards, P.(ed.), 2004, *Tony Blair in His Own Words*, London: Politico.

Webster, C. J., 1998, Public choice, pigovian and coasian planning theory, *Urban Studies*, 35(1), 53-75.

Webster, C. J., 2005a, The new institutional economics and the evolution of modern urban planning: insights, issues and lessons, *Town Planning Review*, 76(4), 471-500.

Webster, C. J., 2005b, Diversifying the institutions of local planning, *Economic Affairs*, 25(4), 4-11.

Webster, C. J. and Lai, W. C., 2003, *Property Rights, Planning and Markets: Managing Spontaneous Cities*. Cheltenham UK and Northampton MA, USA: Edward

Elgar.

Webster, C. J. and Wu, F., 2001, Coase, spatial pricing and emergent cities, *Urban Studies*, 38(12), 2037-2054.

Yee, K., 2001, Common Law Efficiency under Haphazard Adjudication, Columbia University Working Paper(http://papers.ssrn.com/sol3/papers.cfm?abstract id=270593).

Yergin, D. and Stanislaw, J., 1998, *The Commanding Heights: the Battle between Government and the Marketplace that is Remaking the Modern World*, New York : Simon & Schuster.

http//nobelprize.org/economics/laureates/1998/sen-autobio.html.

http://www.odpm.gov.uk/index.asp?id=1143104.

http://www.hoover.org/hila/exhibits/wealthideas/econ2.htm.

3장. 근대 한국의 도시 및 지역 개발에서의 참여적 거버넌스와 사회개혁 사상으로서 실학의 인식

1. 서론

최근 한국에서 실학은 사회적 비판의 학문, 또 사회적 실천의 학문으로 알려져 있다. 실학은 한국의 실용적 철학으로 잘 알려져 있음에도, 그 잠재력에 비해 많은 결실을 맺지 못해왔다. 사회과학 분야의 여러 전문가들이 실학을 연구하고 있지만, 최근 전은하 외(Jun et al., 2006)의 연구를 제외하면 도시 및 지역계획 부문의 관련 연구는 전무한 실정이다.

도시 및 지역개발에서의 참여적 거버넌스는 다른 선진국이나 개도국들과 마찬가지로 한국에서도 계획의 중요한 주제들 중의 하나이다. 계획과 거버넌스 간의 상호 연관성 또한 점차 많은 주목을 받고 있는 주제이다. 본 장의 목적은 실학이 참여적 거버넌스를 실현하는데 얼마나 기여할 수 있을지를 검토하는 것이다. 사회적 실천의 학습이라는 관점에서 본 연구에서는 두 가지 문제를 제기하고 있다. 첫째, 실학이라는 지적 운동이 참여적 거버넌스라는 문제를 다루기에 적합한가? 둘째, 실학의 계획적, 사회적 함의는 무엇인가?

한국은 17세기 이후 외적의 침략과 그에 뒤따르는 외국의 문화적 영향에 끊임없이 시달려 왔다. 이후 실학(實學)의 발전, 서학(西學), 계몽 개혁 운동과 같은 일련의 움직임들은 이러한 충격과 혼란 중에서 독자성을 지키기 위한 한국인들의 시도로 해석할 수 있다. 1945년 일제식민통치에서 해방되면서 한국인들은 새로운 독립적 국가, 지적 전통, 독자성을 확립하기 위한 정치적, 사회적 질서를 모색해왔다.

17세기 한국에서 자생적으로 발생한 실학이라는 지적 운동은 외부로부터의 영향에 의해 시야를 넓히고, 발전하여 결국 18세기 후반까지 당대의 주된 지적 흐름이 되었다(Cheon, 1966). 실학파는 주희의 신유학을 비판하면서 '경세치용(經世治用)', '이용후생(利用厚生)', 그리고 '실사구시(實事求是)'를 주장했다.

한국인들은 고유의 사상적 본질을 실학에 반영하여 이를 근대 한국의 주요 사상으로 발전시켰다. 실학의 근저에 깔려 있는 철학은 여전히 한국 사상의 많은 부분을 지배하고 있으며 한국 지성사에서 사회사상의 주류를 형성하고 있다(Pak, 1981; Chun, 1982; Choi, 1978).

당시의 실학자들이 근대 사회를 현대와 같은 견지에서 바라볼 수는 없었지만, 그들이 중세 봉건사회 붕괴의 징후들을 목격하며 근대 사회로의 이행을 위해 분투했던 것은 분명하다. 실학자들이 실생활과 사회 구조 속에 실용주의를 도입하고자 부단히 노력했던 사실이 이점을 입증한다. 오늘날의 상황과 실학 운동이 발생했던 당시의 그것은 완전히 다르다. 하지만 우리 사회에는 여전히 수많은 전근대적 요소들이 여전히 남아있다는 점에서 실학에 대한 연구는 현대 한국에서도 중요하다.

본 연구의 구성은 다음과 같다. 다음 절에서는 근대 한국의 도시 및 지역개발에서의 거버넌스 체계를 두 가지 사례 연구와 함께 검토해 보겠다. 다음으로 실학사상에서 거버넌스의 함의를 알아본 후, 민주주의 정치체제에서의 사회적 현실과 이것과 실학사상가들의 이데올로기와의 적합성을 생각해 보겠다. 마지막 절에서는 계획이 어떻게 기능할 수 있으며, 계획가들이 실학에서 무엇을 얻을 수 있는지를 논의한 후 맺음하고자 한다.

2. 근대 한국의 도시 및 지역 개발에서의 거버넌스

(1) 도시 및 지역의 거버넌스

거버넌스의 개념은 매우 복잡하고 다양하다. 그러나 여기에는 몇 가지 공통적인 특징이 있는데, 첫 번째는 거버넌스란 단순히 정치체제의 형식적 구조에 관한 것이 아니라는 것이다. 거버넌스는 권력이란 정부라는 형식적 조직 안팎에 존재하는 것으로 인식한다. 거버넌스에 대한 많은 정의들은 정부, 사적부문, 그리고 시민사회의 세 가지를 주요 행위주체로 상정하고 있다. 두 번째로 거버넌스는 '과정'을 중시한다. 어떤 결정은 서로 다른 우선순위를 가진 많은 행위자들 간의 복잡한 관계를 통해서 내려진다고 본다(Devas, 2004). 거버넌스 개념의 핵심은 서로 경쟁하는 이 우선순위들 간의 조정과 일치에 있다. 유엔-해비타트(UN-HABITAT, 2001)는 다음과 같이 거버넌스를 정의하고 있다:

도시 거버넌스란 도시의 문제들을 계획하고 실행하는 여러 개인들과 조직들, 공적 그리고 사적 방법들의 총체로서, 상충되는 다양한 이익들이 조정되고 협동적인 행동이 취해질 수 있는 지속적인 과정이다. 거버넌스는 형식적 구조는 물론 비형식적 제도들과 시민들의 사회 자본을 포함한다.

거버넌스라는 용어는 최근 국제적 개발과 관련된 담화에서 널리, 그러나 다양한 의미로 사용되고 있다. 증여국(doner agencies)들의 담화에서 자주 등장하는 '좋은 거버넌스(good governance)'라는 용어에서와 같이 종종 규범적 가치와 관련되기도 한다(Leftwich, 2000; World Bank, 1997). 유엔-해비타트(UN-HABITAT, 2001)는 도시 거버넌스를 위한 국제 캠페인(Global Campaign for Urban Governance)에서 이러한 규범과 원칙이란 시민사회, 서비스의 효율성, 지속성, 안전에 대한 참여, 분산, 평등, 포함, 책임, 반응 등이라고 하였다.

도시 및 지역 거버넌스에 대한 이해는 거버넌스 그 자체에 대한 정의에서 시작된다. 맥카니(P. McCarney) 등은 거버넌스를 "시민 사회와 국가, 지배자와 비지배자, 통치자와 피통치자간의 관계"로 규정했다(McCarney et al., 1995).

본 연구에서는 '거버넌스'를 정부와 시민사회간의 관계와 상호작용을 나타내는 중립적 의미로 사용하기로 한다. 도시 및 지역개발 과제의 관점에서 개발 과정에서의 참여적 거버넌스로서 시민사회, 특히 NGO와 CBO의 역할에 초점을 맞추고자 한다.

(2) 농촌 및 도시 개발에서의 시민운동: 두 가지 사례 연구

먼저 농촌 및 도시개발 과정에서의 시민운동을 면밀히 살펴보기로 하자. 농촌 개발운동으로는 근대 한국사에서 가장 영향력이 컸던 농촌 개발사업 중의 하나인 '새마을 운동'을 살펴볼 것이다. 또한 시민정부가 권력을 장악한 이후의 빈곤층을 위한 주택운동이었던 합동재개발 사업을 도시재개발 사업의 예로서 살펴보았다.

1) 새마을 운동

새마을 운동은 1970년대 '잘살아보세'라는 슬로건과 함께 박정희 전 대통령에 의해 시작되었다. '새마을'이란 과거의 경험을 근거로 발전적으로 재건된 마을이라는 뜻으로, 새마을 운동이란 보다 나은 미래를 위한 지역공동체의 재건과 근대화를 위한 끊임없는 노력을 의미한다.

새마을 운동이 강조하는 성장은 가난의 굴레에서 벗어나 잘사는 사회로 편입하고자 하는 사람들의 욕망을 드러냄으로서 이루어진다. 이 운동은 중앙 정부의 지원을 받았으며, '근면', '자조', '협동'의 세 가지를 기본 정신으로 하였다. 새마을 운동은 물질적 측면 뿐만 아니라 정신적 개혁과 활성화를 통한 한국 근대화의 초석이 되기 위한 것이었다.

새마을 운동은 농촌에서 시작되어 도시로 확산되었다. 농촌에서는 농업근대화를 위해서는 농민들 간의 협동이 필요하다는 점을 강조하였으며, 새마을 운동 이후 농업 부문은 빠르게 성장하였다. 그러나 보다 중요한 점은 사람들에게 미친 윤리적 영향일 것이다. 새마을 운동은 한국 농촌 지역 전체에 막대한 긍정적 효과를 가져왔다. 자발적이었건, 아니든 간에 농민들은 지역의 도로, 다리, 주택 설비를 개선하기 위해서 함께 일하게 되었다(Ban et al., 1980).

새마을 운동을 통해서 마을 주민들이 만들어낸 가장 괄목할만한 변화 중의 하나는 한국인들의 보다 발전적이고 과학적인 태도라고 할 수 있다. 1970년의 조사에 따르면 단지 응답자의 48.9% 만이 자신과 주위의 사람들이 새로운 사고방식이나 새로운 기술, 방법을 기꺼이 받아들일 용의가 있다고 응답했지만, 1975년이 되면 이 수치는 80.5%로 상승한다. 새마을 운동 첫 해였던 1971년 도시가구의 평균소득은 452,000원이었던 반면 농촌가구의 평균소득은 356,000원에 불과했다. 하지만 1974년 농촌가구의 평균소득은 674,000원, 도시가구의 평균소득은 644,000원으로 3년 만에 농촌이 도시를 앞지르게 되었다. 새마을 운동의 성공은 국제적으로도 의미가 있는데, 한 이론에 의하면 독립성을 가지며 국가적 독자성을 회복한 농업부문이 개발과정에서 도시부문에 의존적으로 되는 것이 흔한 일이기 때문이다.

한국인들은 점차 시민들의 협동적 노력이 갖는 잠재력을 깨닫게 되었고, 따라서 '하면 된다'는 정신에서 드러나는 자신감 향상을 위한 집단적인 노력이 국가 전체적으로 이루어졌다. 새마을 운동은 양적인, 혹은 구체적인 결과를 얻는 것에 초점을 맞추었고, 과정이나 수행방법의 질적 측면보다는 결과를 강조했다. 이 운동의 범위는 다소 좁았는데, 이것은 특수한 필요나 상이한 이행 단위들마다의 특성에 맞춘 운동은 아니었기 때문이다. 농촌에서의 새마을 운동은 농업부문의 균질성 때문에 활발하게 진전되었지만, 농촌 사회 밖에서는 큰 효과를 나타내지 못했다. 도시의 새마을 운동은 도시 시민들의 사고방식을 변화시키고자 했다. 특히 자조와 자발적 참여를 장려했지만, 슬럼이나 무단거주지 개량에는 집중하지 않았다(Ministry of Home Affairs, 1981).

만약 사회 구조를 국가, 제도정치, 그리고 시민사회로 구분할 수 있다면, 권위주의적 정권은 제도정치와 시민사회가 권위주의적 국가에 의해 조종당하는 정권이라고 할 수 있을 것이다. 박정희 군사 권위주의 정권 시기의 제도정치와 시민사회는 극도로 위축되어 있었다. 여기서 박정희 정권과 전두환 정권 초기에는 정부주도의 사회운동이 가능했었다는 점을 기억할 필요가 있다. 권위주의 정권의 절정기에, 비록 합법적인 것은 아니었지만, NGO들의 위상은 증진되었다. 한국무역협회와 같은 정부 산하기구나, 새마을운동본부와 같은 조직만이 자유를 누릴 수 있었다. 소위 '정부 협동조합주의(state corporatism)'의 관리 아래 이들은 권위주의 정권에 대한 정치적 지지에 대한 대가로 경제적 이득과 특권을 누렸다.

2) 도시에서의 합동재개발사업

1960년대 초기 이후 불량주택문제를 완화하기 위해서 도시 재건을 위한 다양한 노력이 있어왔다. 그럼에도 문제는 해결되지 않았고 상황은 오히려 더 나빠졌다. 1983년 정부가 도입한 신도시 재개발사업(new urban redevelopment project)은 주택/토지 소유자와 건설회사간의 협조로 운영하기로 되어 있었다. 이 사업은 고층 건물을 지어 이익을 나누어 갖기 위해서 주택소유자들에 의해 선발된 주택소유자 대표들과 건설사 직원들로 구성된 위원회에 의해서 자발적으로 시작되었다. 재개발 부지 이용 승인에 필요한 2/3 이상의 찬성표를 얻기 위해서 주택소유주들과 함께 일할 재개발 협회도 구성되었다.

신도시 재개발 사업으로 153,966호의 낡은 빈민주택들이 철거되고 323,534호의 주택이 새로 지어졌다. 이 수치에서 주택 재개발 사업이 주택 자본 증대에 기여했다는 결론을 쉽게 얻을 수 있다[표 V-1].

표 V-1. 주택 재개발 사업(2004년 12월)

지역수	면적(1000㎡)	철거(건물수)	신축(호)
430	18,647	153,996	323,534

출처: 건설교통부(2005)

한국의 도시, 특히 서울에서는, 신도시 재개발 사업으로 빈민 밀집지역의 불량주택들이 차례로 철거되어 기존의 거주자들은 갈 곳을 잃었다. 도시재개발은 기본적으로 이윤을 추구하는 사업으로 주택을 공개시장의 한 재화로 본다.

무단 거주자인 수많은 빈곤층들은 지난 20년간 서울에서, 때로는 강제로, 추방당해 왔다[23]. 정부는 보통 퇴거정책을 도시의 '미화' 또는 '개선', 그리고 '재개발'이라는 두 가지 방식을 통해서 합리화한다. 수년간 거주해온 거주자라도 불법거주자로 판명되면 보상금 지급 없이 불도저로 밀어버리기 위한 좋은 구실이 된다. 토지 소유자나

(23) 1985년에서 1988년 사이 서울에서만 70만 명의 무단거주자들이 퇴거 되었다. 1988년 올림픽을 앞두고 이루어진 대규모 퇴거 사업도 그 한 예이다.

개발자들은 재개발 사업을 통해 거액의 이윤을 남길 수 있다. 슬럼 재개발 사업의 가장 근본적인 문제는 오갈 곳 없는 기존 거주자들의 문제이다.[24] 몇몇 임차인 가정은 이주문제에서 보다 나은 교섭력을 갖기 위해서 거주지를 떠나지 않는다. 이주하지 못하고 있는 이들은 철거가 다가오면서 인근 지역의 임대료가 이미 2~3배씩 올랐다는 것을 알고 있다. 따라서 이들에게 다른 곳으로의 이주는 불가능한 일로서, 철거에 저항하기로 결정한다.

저항하는 거주자들을 강제로 퇴거시키기 위해서 주택소유자 협회와 건설사는 철거용역을 고용한다. 고용된 철거용역들은 해당 지역에 들어와 욕설과 협박으로 폭력적인 공포 분위기를 조성한다(Ha, 2001). 한국은 남아프리카와 함께 가장 난폭하고 비인간적으로 강제철거가 이루어지는 두 국가 중의 하나로 알려져 있었다(Asian Coalition of Housing Rights, 1989).

한국의 주택운동은 거주자 운동과 지적 운동으로 구별된다. 서울의 거주자 운동은 갑작스럽게 이주당한 거주자들에 의해 자발적으로 조직된 것이다. 서울의 거주자 운동의 잘 알려진 사례는 상계동과 목동 재개발 지구의 무단 거주자 연합이다. 거주자 운동과는 대조적으로 지적 주택 운동은 종교단체와 NGO들, 특히 경제정의실천시민연합(경실련)[25]의 활동으로 대표된다.

저소득 주택과 관련해서 경실련은 정부에게 적절한 보상 없는 퇴

---

〔24〕 서울 재개발 지역 인구의 50-60%는 임차인이다.

〔25〕 한국에는 퇴거와 저소득 주택 문제에 관련된 여러 CBO들과 NGO들이 있다: ①서울철거인연합 ②전국노점상연합 ③한국주거권연합 ④한국도시연구소 ⑤천주교도시빈민회 ⑥도시빈민전원위원회 (The Pastoral Committee for the Urban Poor) ⑦경제정의실천시민연합 ⑧전국도시빈민연합 등이 있다.

거의 중단과 세입자 및 비닐하우스 거주자 15,000명의 주거안정을 요구하고, 대안적 정책을 제시하는 것과 같은 활동을 해왔다. 경실련 도시빈민협회와 주택위원회는 공개 포럼 개최 및 정부 청사 앞 도시빈민 주거안정을 위한 시위 등과 같은 다양한 활동을 했다(Ha, 2002).

1987년 7월에는 재개발 사업 지역의 철거 경험자들에 의해 서울철거인연합(서철협)이 조직되었다. 서철협의 목적은 철거를 당할 경우 서로 도우며 기타 공동의 문제들을 풀어나가고, 정부에 도시빈민 문제를 해결할 수 있는 정책을 요구하는 것이다. 한국주거권연합 또한 저소득 주택 운동의 일환으로 조직되었다. NGO, CBO 및 임차인들에 의한 철거 반대 운동은 어느 정도 결실을 맺고 있다.

강제철거로 인한 광범위한 주거권 침해의 문제 때문에 한국은 아시아주거권연합(Asian Coalition for Housing Rights, ACHR)의 지역 활동 계획의 첫 번째 대상국으로 만장일치로 결정 되었다. 아시아주거권연합 관련자들은 1988년 올림픽 직전 서울을 방문했다. 아시아주거권연합은 국제해비타트연합(Habitat International Coalition)의 지역 조직으로서 UN에서는 이를 세계 주택부문의 대표적 비정부 조직으로 인정하고 있다. 아시아주거권연합 팀은 정부의 주택 정책에 대해 비판적인 보고서를 내놓았다. 사실조사임무(Fact Finding Mission)란 정보수집이며, 여러 개인들과 조직들의 참여와 협력을 요구하는 사회적 과정이다. 아시아주거권연합 팀에는 다국적의 주택 전문가, 의원과 공무원들이 포함되어 있다. 이들은 지속적으로 이용 가능한 대체 주택이 준비되기 전에 거주자들을 퇴거 시켜서는 안 되며, 최소한 임시 주택이라도 제공할 것을 제안하였다. 그리고 일반인들이 자신들에게 영향을 미치는 프로그램들의 계획과 그 이행 과정에 보다 깊이 참여할 수 있다면 도움이 될 것으로 보았다(ACHR, 1990).

(3) 시민 사회 운동의 특성

서양의 시민사회에서 비정부조직의 핵심은 자발성에 있다. 서양에는 시민혁명을 거치면서 계속된 정부와 시장, 그리고 시민들 간의 대립을 극복하면서 발전한 자발적 참여의 오랜 전통이 있다. 반면 개도국의 경우는 경제사정상 사회복지정책을 위한 자본이 거의 마련되어 있지 않다. 따라서 이러한 국가에서의 NGO 활동은 두 가지로 나뉜다. 반정부 정치 세력과 연합하여 반정부 운동을 하거나, 상호 이해에 부합하는 부분에서 정부와 밀접한 관계를 유지하면서 미약한 공공복지 제도를 보완하기 위한 활동을 하는 것이다. 새마을 운동의 경험과 성과는 미진한 공공복지 제도와 정부의 역할을 보완하는데 기여했다고 하겠다.

1980년대 후반이 되면서 한국에서는 격변 끝에 민주주의가 자리를 잡았다. 이것은 비정부, 비영리 시민운동의 폭발적인 성장을 가져왔고, 뒤이어 그 작용과 구조를 개선하기 위한 새마을 운동의 필요성이 대두되었다. 새마을 운동은 국가주도의 국가적 경제 성장기에 정부에 의해서 시작되었다는 이유로 여전히 어느 정도 정부조직의 운동으로 여겨지기도 한다. 이러한 오해를 해소하기 위해서는 새마을 운동의 자율적이고, 독립적인 조직 형성을 알 필요가 있다. 시민운동으로서의 새마을 운동은 1960년대나 1970년대 한국의 전형적 시민운동과 달리 정부 권력에 대한 비판이나 감시, 불만제기와 같은 활동에 중점을 둔 것이 아니었다.

한국의 시민사회나 NGO에 대한 대부분의 연구는 1987년 민주항쟁 이후에 이루어진 것으로 한국의 시민사회를 서구적 견지에서 정의하고 있다. 이들 연구에서는 다양한 이익 집단들과 자발적 협회들이 개인과 국가 간, 사적부문과 공적부문간의 중재자로서 역할을 했다고 평가하고 있다. 또한 새로운 정치문화가 도래한 배경에는 경제발전의 결과로 나타난 전문가들과 중산층들이 있었으며 다원적 사회구조가 막 형성되고 있었다(Han, 1977; Chung, 1977; Chang, 1998).

1948년 대한민국 정부 수립 이후 한국은 정치적 격변 속에서 발전해왔다. 이승만 대통령을 필두로 한 대한민국의 첫 번째 정권이 1961년의 학생운동으로 붕괴된 후 장면 정권 역시 군사쿠데타에 의해 몰락했다. 이후 박정희 군사정권이 18년간 지속된다. 1979년 10월 26일 박정희 대통령이 측근 중의 한 명이었던 중앙정보부장에 의해 암살된 후, 전두환 장군이 이끄는 군사정권에 의해 제5공화국이 성립되었다.

새로운 군사정권은 1987년 6월 혁명에 의해 심각한 정치적 위기를 맞는다. 이 혁명은 군사정권에 대항하여 민주주의를 회복하기 위한 전국적 운동이었다. 전두환 정권은 대통령 직선제 개헌을 요구하는 시민들에게 결국 굴복한다. 이는 한국이 민주적 방법에 의해서 군사독재 정권으로부터 시민 정부로 변모한 중요한 단계이다.

1980년대 후반의 정치적 개혁과 변화는 한국에 아시아나 아프리카의 다른 여러 개도국에서 군사정권이 붕괴되었을 때와 같은 상황을 가져왔다. 역사적 관점에서 본다면 1980년대는 민주적 정치체제와 사회적 발전을 위한 거대한 변화의 시기였다. 한국은 이후로도 보다 더 민주적인 법과 행정을 만들기 위한 여러 차례의 개헌과 정치적 격변을 겪는다. 이와 같은 사회적, 정치적 변화는 1993년 새로운 문민정부 출범의 기초가 되었다. 한국의 정치적 민주화는 아래로부터의 시민사회 운동에 의해서 이루어진 것이며, 정치가들의 분쟁이나 협력, 타협 과정 또한 한국 정치의 긍정적 변모에 영향을 미쳤다.

도시재건사업과 같은 빈민들을 위한 NGO나 CBO들의 활동은 1987년 민주화 운동 이후에 시작되었다. NGO들은 정부나 기타 국가기관들과의 협상이나 자료획득 수단의 확보 등을 위한 시민조직을 지원하는 비판적 중재기관으로 성립되었다. 경우에 따라 시민들을 대신하여 사적 부문과 협상을 하기도 한다. 1987년 이후 몇몇 NGO들은 빈민층을 지원하기 위한 혁신적 방법을 개발했다. NGO들과 시민단체들은 시민들이나 그 연합이 자신들의 필요와 우선순위를 밝히는데 보다 능동적으로 개입할 수 있는 참여적인 수단을 개발하기도 하였다(Ha, 2004).

3. 실학파 거버넌스의 함의

앞에서 살펴본 사례에서 몇 가지 공통점을 찾을 수 있다. 첫 번째로, 새마을 운동과 같은 1960년대와 1970년대 한국의 지역개발 과정에서는 참여적 거버넌스가 있었다고 하기 어렵다. 당시의 사회운동은 시민들의 자발적인 활동이라기보다는 정부 지향적이거나 정부에 의존하는 운동이었다.

두 번째로 도시 및 지역 개발과 관련하여 NGO 활동과 같은 적극적인 시민사회 운동은 1987년 6월 항쟁과 같은 민주화 운동 이후에 시작되었으며, 이들은 한국의 시민사회를 서구적 관점에서 정의하고 있다.

그렇다면 역사적으로 한국에는 유교적 토양 위에서 참여적 거버넌스를 위한 운동이 있었는가? 근대 한국 사상의 중요한 지류인 실학에는 한국인들의 고유한 사상이 반영되어 있다. 이 점에서 생각할 때 실학파는 참여적 거버넌스를 강화할 수 있는 실용적인 방법을 제시하는가?

(1) 사회 개혁 사상으로서의 실학 인식

1392년 태조 이성계는 조선(1392-1910)을 건국했다. 조선의 초기 지도자들은 고려시대의 국교였던 불교에 대항하여 유교를 국가 운영의 기반으로 삼았다. 중세 봉건시대의 한국은 고려말기부터 계속된 일본의 약탈과 같은 심각한 내적, 외적 문제들에 시달리면서 국가의 지도력이 심각할 정도로 약화되었다. 이러한 문제를 해결하기 위해서 신흥 사대부들은 사회개혁을 위한 사상으로 신유학을 도입하였다.

신유학은 조선시대의 대표적인 사상이다. 그러나 그 역할과 상대적 중요성이 조선왕조의 500년 역사 내내 변함없었던 것은 아니다. 신유학은 17세기 후반까지도 한국 사회의 발전에 중요한 역할을 했다. 그러나 한국사회가 농업중심의 사회에서 상공업위주의 사회로 변화하면서 신유학은 사회적 변화에 적응하지 못하고 사회경제적 모순에 빠지게 되었다. 이러한 모순을 해결하기 위한 노력으로 새로운 학문인 실학이 발전하게 되었다(Koh, 2003).

학문적 관심은 사변적 이론의 탐구에서 사회나 국가의 필요와 실질적으로 관련되는 것으로 옮겨갔다. 이러한 경향의 학자들을 실학파라고 일컫는다. 실학자들은 네 가지의 주요 학파로 구분 된다. 한 학파는 정부에게 교육, 세금, 토지 제도 등의 합리화를 요구하면서 총체적인 제도개혁을 주장했다. 또 다른 학파는 상공업과 과학기술 육성에 관심을 가졌으며, 세 번째 학파는 유교 고전들을 비판적으로 검토하였다. 그 외에도 한국의 역사와 지리, 언어에 관심을 가졌던 학파가 있다(Chun, 1982; Lee, 1982).

실학파는 신유학이 의례를 중시하는 점을 허례허식이라 비판했다. 실학자들은 토지제도 개혁 및 농업 발전 등의 여러 사회개혁 방안을 제시하였다. 실학은 19세기 후반 서학을 통해 서양문화를 소개하면서 한국의 발전과 점진적 근대화를 위한 자극을 유도하였다. 17세기 초부터 실학은 자유로운 사상을 지닌 신흥사대부들에게 근대적인 국가로 도약할 수 있는 중요한 수단으로 지지를 받았다.

이들 신흥사대부들은 진취적이고 이상적인 사회개혁과 산업발전을 위한 방법들을 제시했지만 보수적인 정부관료들은 이렇게 과감한 변화를 받아들일 준비가 되어있지 않았다. 조선후기에는 당파싸움이 치열했다. 이에 따른 정치적 혼란을 바로잡기 위해 영조(1724-1776)는 탕평책을 도입하였고, 1776년 정조(1752-1800)는 궁내에 규장각을 설치하였다.

실학의 발전은 준비기(1550-1650), 발전기(1650-1750) 그리고 번성기(1750-1850) 세 단계로 나누어진다(Chon, 1964; Kalton, 1975). 많은 학자

들은 실학을 한국의 고유한 요인들과 외국으로부터의 영향이 섞여서 나타난 광범위한 지적 움직임으로 평가한다. 많은 학자들이 실학파로 분류될 수 있는데 북학파의 경우도 혈연, 지연, 학연 등에 영향을 받기는 하지만 실학의 일부분으로 포함된다(Kalton, 1975; Lee, 1982). 실학이 차지하고 있던 근대 사상적 주류는 이후 계몽운동으로 대체된다 (Setton, 1997).

(2) 실학자들의 개혁사상

전(Cheon, 1966)은 실학적 정신의 특징으로 세 가지를 꼽았다. 첫 번째는 비판정신으로 많은 개혁 사상가들이 당시의 지배적 사상이었던 신유학의 여러 가지 면을 포함하여 지배계층과 정책을 비판한 것을 말한다. 두 번째는 "사실에 근거하여 진실을 추구"하는 과학적 정신이다. 실학의 세 번째 특징은 실용적 정신이다. 이것은 정적인 문제를 "하급 관료의 관심사"로, 생산 기술을 "기교"라고 본 조선 신유학적 학문의 이상주의에 대한 반발이었다.

1) 율곡 이이(李珥, 1536–1584)

조선시대 한국의 대표적인 신유학자의 한 명인 이율곡은 실학의 분수령이라 할 수 있다.[26] 조선의 실학사상은 율곡의 철학으로부터 발달하였다. 율곡은 기(氣, material force)에 대한 이(理, principle)의 의존

[26] 김경탁에 따르면 율곡을 실학의 분수령이라고 평할 수 있는 이유는 첫째, 군사, 행정, 사회개혁을 위한 여러 가지 제안들, 둘째 이기철학 때문이다.

을 강조하였다(Kalton, 1975). 율곡의 삶에서 드러나듯이 율곡의 사상적 관심사는 두 가지였다. 첫째는 인간 본성과 원칙에 대한 탐구, 둘째는 좋은 정치를 위한 실질적 고찰이 그것이다(Ro, 1989).

노(Ro, 1989)는 율곡 고유의 사상은 진실, 사실, 완성의 의미를 담고 있는 "실사구시(實事求是)"라고 하였다. 율곡에게 현실성의 결여란 속임, 허무, 불완전성을 내포하는 것이었다.

율곡의 실용주의는 정치, 경제적 문제에 대한 거대한 사상을 발전시켰다. 율곡에게 백성을 이롭게 하지 못하는 정치는 비효율적인 정치로서 사실성을 결여한 것이었다. 정부가 비효율적인 것은 효율적 현실성, 특히 "정부와 백성간의 관계 안에서의 현실성"을 결여했기 때문이다.

율곡은 성공적인 정치에 대해서도 현실성이라는 동일한 관점에서 비판을 가하면서 현실성을 반드시 획득하여야 하는, 즉 이론이 반드시 실천을 통해 현실화되어야 하는 9가지를 지적했다. 그 9가지는 ①사물의 탐구와 지식의 확장, ②의지의 진실, ③자기 수양, ④자식의 효심, ⑤가정과 가족의 거버넌스, ⑥인재의 조정 등용, ⑦부정한 인재의 조정 축출, ⑧백성의 보호, ⑨교육을 통한 개혁이다. 여기서 정부와 사회를 밀접한 관계로 여기는 율곡의 유기적 관점을 알 수 있다(율곡전서, 1971).[27]

율곡은 또한 경제 활동의 윤리적 함의에도 많은 관심을 가졌다. 율곡은 노동은 신성한 것이며, 부를 축적하고자 하는 욕망은 인간의 자연스러운 본능이라고 보았다. 또한 정부는 개인이 경제적 이익을

〔27〕 율곡전서(栗谷全書).

얻거나 부를 축적하는 것을 막을 권리가 없다고 믿었다. 그러나 율곡은 개인이 이익을 얻는 방법에서 한계를 보았는데, 그 한계란 하늘이 허락한 노동 그 자체의 신성한 본질로부터 나온다는 것이다. 이점이 바로 율곡의 유명한 이론인 "견리사의(見利思義)"의 근본이었다(Ro, 1989).

2) 반계 유형원(柳馨遠, 1622-1673)

대표적 실학자인 유형원은 정치, 경제 전반에 걸친 체계적 개혁을 주장했다. 그는 『반계수록발문(磻溪隨錄跋文)』에서 복지국가를 만들기 위해서는 낡은 기존체계를 개혁해야 한다고 강력히 주장하였다. 특히 사회적 문제들을 수신제가(修身齊家)나 치심양성(治心養性)으로 표현되는 윤리적 완성을 통해서 풀고자 하는 전통적인 유학자들의 견해에 반대하여 정치적, 경제적 개혁을 통한 사회 문제 해결에 보다 더 가까워진 철학을 발전시켰다.

유형원은 백성들이 정치의 기초라고 주장했다. 즉 정치의 목적은 통치자나 소수의 지배계층을 이롭게 하는 것이 아니라, 모든 백성을 이롭게 하는 것이라는 것이다. 더구나 무익한 악법으로 백성들을 괴롭혀서 소수를 이롭게 하는 것은 분명 정치의 목적이 아니라는 것이다. 이것이 유형원의 민본(民本)사상이다.

인권평등의 문제에서 유형원은 봉건적 계급제도를 근본적으로 반대한 것은 아니지만 교육이나 과거제도에서의 계급적 차별의 철폐를 주장하였다. 그는 인재를 선발하기 위해서는 과거제도를 폐지하고 '공거(貢擧)'제도를 도입할 것을 요구하였다. 게다가 350년 전 봉건시대에 이미 유형원은 과거응시 등에서 여성을 남성과 차별 없이 대우해야 한다고 주장하였다. 이것은 날 때부터 '높고 낮음'이 구별되어 있지 않다는 평등사상을 가져오게 된다.

3) 성호 이익(李瀷, 1681–1763)

성호가 민본사상(民本思想)을 통해 백성이 나라의 초석이라고 강조한 것은 가치론적 측면에서 생각할 수 있다. 그는 백성들은 뿌리와 같으며, 국가는 꽃과 같다고 비유하였다. 꽃이 얼마나 아름답던지 간에, 꽃이 건강하게 생명을 유지하기 위해서는 무엇보다도 뿌리가 건강해야 한다. 세상에서 가장 아름다운 꽃도 뿌리가 시든다면 자연히 꽃도 죽게 될 것이다. 이와 마찬가지로 건강한 백성이 건강한 국가의 근본을 이루는 핵심이라고 할 수 있다. 대단히 부강한 나라라고 해도 그 국민들의 생활에 활력이 없다면 그 국가는 뿌리 없는 꽃이 말라 죽어가듯이 스스로를 파괴하면서 결국 멸망할 것이다.

성호는 노비 제도의 개혁을 주장했다. 노비는 관노(官奴)와 사노(私奴) 두 가지가 있다. 관아나 양반들의 소유인 노비들은 군역의 의무가 면제된다. 성호는 관노와 사노 모두를 해방시키고 군역의 의무를 다하게 할 것을 주장했다. 그는 모든 사람은 부자나 가난한자, 비천하고 고귀한 자의 구분 없이 날 때부터 평등하다고 주장했다.

또한 성호는 양반과 관료들의 토지겸병(土地兼倂)에 반대하면서 토지를 농민들에게 평등하게 분배할 것을 주장하였다. 실학의 대가인 그는 모든 토지는 공공재여야 한다고 믿었다. 성호는 권력을 가진 양반들은 너무 많은 토지를 소유하고 있는 반면 빈곤한 농민들은 최소한의 경작지조차 갖고 있지 못하다는 사실에 주목했다. 토지 사유 문제를 개혁하기 의한 수단으로 그는 가난한 농민들이 소유하고 있는 토지를 파는 것을 금지할 것을 주장하였다. 그럼으로써 가난한 농민들이 자신의 토지를 부자들에게 빼앗기는 일을 막을 수 있기를 바랐던 것이다.

성호는 국가는 그 국민들이 잘 먹고 삶에 대한 열의를 갖고 있어야만 부강해질 수 있다고 생각했다. 그는 애민사상(愛民思想)에서 사람이 살아가는데 필요한 음식, 의복, 그리고 집은 하늘에서 떨어지거나, 땅에서 솟아나는 것이 아니며, 사람의 손에서 만들어지는 것이라고 하였다. 따라서 지배자는 이러한 중요한 역할을 하는 백성들을 잘 돌보아야할 의무를 갖는 것이다.

조선 후기 실학자들은 인습화된 신유학, 즉 도학의 철학에 반대하여 서양의 과학에 다양한 관심을 보였다. 이들은 구체적 증거에 근거한 사실을 추구하였다. 성호 그 자신 또한 서양의 과학에 매료되어 아담 샬(Adam Schall)이 만든 새 역법과 일식, 월식의 계산법을 받아들였다. 다른 실학자들도 서학이나 가톨릭 신앙에 관심을 가졌는데(Keum, 1986), 성호는 이수광의 서양 문화에 대한 지식과 개방성, 유형원의 비판적 사회개혁사상을 이어받았다.

성호는 인구를 정확하게 파악하는 것이 군사와 정치를 위한 전제조건이라고 생각했다. 그는 국가를 운영하는 사람은 인구를 정확히 알아야 할 의무가 있으므로 인구 변동을 파악하는 일이 암행어사의 임무에 추가되어야 한다고 주장하였다.

4) 연암 박지원(燕巖, 1737-1805)

박지원은 1790년 청나라로 가는 사절단에 동행하게 되었는데 이 일은 그의 사상 발전의 중요한 전환점이 되었다. 박지원은 천문, 역사, 경제, 지리 등 다양한 주제에 대한 저술을 남겼다. 그의 실학사상은 중국 여행에서 배운 것을 기록한 26권짜리 『열하일기(熱河日記)』에 잘 나타나 있다.

연암의 지식에 대한 이론은 눈에 보이는 빛, 귀로 들리는 소리, 입으로 느낄 수 있는 맛과 같이 감각기관을 통해 지각할 수 있는 외부 세계에 대한 사실적인 인상에서 나온다. 따라서 외부 세계의 객관적 실재는 근원적 진리로 여겨진다. 이 점으로부터 연암은 실학사상의 확고한 틀을 다졌다(Choi, 1978).

연암은 개인의 삶이 편안한 다음에만 개인은 올바른 인간 윤리를 지킬 수 있으며, 이용(利用)이 있은 다음에만 후생(厚生)이 올 수 있다는 명제를 출발점으로 삼았다. 이 점에서 그는 사회개혁의 방법으로 수신제가(修身齊家), 치심양성(治心養性)을 가르쳤던 유학자들과 근본적으로 다르다.

가치에 대한 연암의 이론은 '객관적 사실 안에서의 진리 탐구'와 살기 좋은 나라를 만들기 위한 '실질적 복지'에 기초하고 있다. 연암은 봉건적 계급주의 타파와 선진국으로부터의 과학기술 도입, 그리고 외국과의 무역을 주장하였다. 이상적인 사회에 대한 그의 생각은 '허생전(許生傳)'과 같은 그의 문학작품을 통해 살펴볼 수 있다. 연암은 사실주의(寫實主義)를 옹호하고 '형식주의(形式主義)'를 배척했다.

5) 정약용(茶山, 1762–1836)

실학의 대가였던 다산은 정치, 경제, 사회문제 등 다양한 학문을 집대성한 독특한 사상을 구축하였고, 사회 개혁을 위한 방안들을 제시하였다.[28]

다산은 주권은 왕이나 지배층에게 있는 것이 아니라 백성들에게 있다는 점을 분명히 했다. 그는 "하늘은 관료나 평민을 구분하지 않는다"고 하면서, 모든 사람의 평등을 주장하였다. 전제군주제도를 거부하고 민주정치를 지지하는 데에서 그의 기본 철학을 알 수 있다(Han, 2004, 367; Keum, 2004). 다산은 법은 백성을 위해서 작용하고, 백성들을 이롭게 하는 것이어야 한다고 주장했다. 그는 법이 백성들의 이익이나 요구와 무관하게 지배자의 이해에 따라 이용된다며 봉건적 전제군주정치의 비합리성을 지적했다(Han, 2004, 367; Keum, 2002, 252).

한국 사회에서는 중세 이후 농노제도와 함께 양반, 상민, 천민의 수직적 사회적 계급제도가 존속해왔다. 실학자들은 이러한 계급제도에 특히 많은 비판을 가했다.

양반들은 관직을 독점하고 있었으며, 군역의 의무에서 면제되는 등의 특권을 누렸다. 다산은 『통색의(通塞議)』에서 최고의 정책은 모든 지역적 장애물과 계급적 차별을 철폐하는 것이라고 강조하였다(Keum, 2002, 254). 특정한 사회계층에서만 인재가 나온다고 생각한다면 능력에 따른 관직 등용 또한 사회적 계급의 연장을 도울 수 있다. 그는 "어째서 하늘이 인재를 특정 가문들에만 내리겠는가?"라고 묻는다. 다산은 계급과 무관하게 능력에 따른 관료 등용을 주장했다. 다산

[28] 다산은 유교 경전의 해석부터 실용적인 주제에 이르는 500여권의 저술을 남겼다.

은 사람의 능력이 날 때부터 정해져 있지 않다고 생각했으며 교육 기회의 평등을 강조하였다. 그의 양반에 대한 비판은 단순히 사회적 불평등에 대한 것이 아니라 생산성 정체나 국가 재정부족과 같은 사회적 병폐에 대한 것이었다(Cho, 1986).

다산의 사회개혁사상은 『경세유표(經世遺表, 1818)』에 상세히 기술되어 있다. 그의 개혁은 기존의 계급을 없애고 근대적인 신분 질서를 만드는 것을 목표하고 있었다. 이러한 개혁 사상에는 인간평등이라는 철학적 바탕이 있었다(Keum, 2002).

『경세유표』는 다산의 정치와 토지제도 개혁방안도 담고 있다. 다산은 토지의 사적소유를 배제하며 경작능력에 따라 농지를 배분하고 지주와 농노 체제를 점차 없애고, 소작농민을 자영농민으로 변화시킬 것을 제안했다. 그러나 그는 『전론(田論)』에서 토지를 국유화하고 토지의 공동경작과 생산성에 따른 분배를 주장했다. 이러한 개혁은 중세적 지주-농노 체제를 완전히 부정하는 것이라고 볼 수 있다(Cho, 1986).

지주제의 확대, 양반 지주들에의 토지 집중, 농민들의 소작농이나 유민으로의 전락 등 토지와 관련된 수많은 문제가 있었다. 다산의 급진적인 토지개혁 사상은 그의 사회 개혁 사상의 핵심 중 하나이다. 이후 다산이 학문적 성숙에 이르렀을 때, 그는 정전제(井田制)에 근거한 새로운 토지개혁 사상을 구상한다. 정전제에는 두 가지 토지분배의 원칙이 있다. 첫 번째는 농사를 짓는 사람에게만 토지를 분배해야 한다는 것이고,[29] 둘째는 가족노동을 기본으로 한다는 것이다. 이는

[29] 따라서 다산은 기술자나 상인들은 토지 분배에서 제외되어야 한다고 주장하였다.

전통적인 '가족'에 의거하며 '경작능력'에 따른 토지분배제도로 해석할 수 있다(Shin, 1985).

『경세유표』에서 정전제를 논하면서 다산은 "어떻게 토지를 관리해야 할 것인가"를 묻고 있다. 다산은 농업 생산성 향상을 통한 사회적 부의 증가는 모든 농민들의 삶과 경제를 점차 향상시킬 것이라고 믿었다. 다산은 정전제를 지지하면서, 균전제(均田論)나 한전제(限田制)는 비판하였다.[30] 다산은 농사를 짓지 않는 이들을 포함하여 모든 사람에게 농업의 실패와 비효율성의 원인이 있다고 보았다. 정약용은 처음에는 여전제(閭田制)[31]를, 이후에는 정전제를 주장하였다.

다산의 주요한 관심사는 경제적 평등과 생산성 향상이었다(Shin, 1986).[32] 또한 그가 개혁하고자 했던 것은 농업생산성과 사회적 부를 증대시키기 위해서 가족이나 농업 노동력을 근거로 토지를 분배하는 것이었다. 그는 토지가 사적 소유물로 변모되어 가는 것을 보면서 국가가 재정을 마련하여 지주들이 소유하고 있는 사유지를 매입하여 공전(公田)을 마련하는 방안을 생각했다.

정전제의 중요한 이점 중의 하나는 매우 현실적이며, 실제로 시행 가능하다는 것이다. 그러나 그의 사상은 지주제도에 대한 대안이 되지는 못했다(Shin, 1986).

---

〔30〕 균전제는 모든 백성에게 균등하게 토지를 분배하는 것이고, 한전제는 성호 이익 등이 제시한 것으로 토지의 소유와 그 매매를 제한하는 제도이다.

〔31〕 여전제의 특징은 토지의 공동 소유와 공동 경작이다. 한 지역 내의 약 30호 정도의 가구는 토지를 공동 소유, 공동경작한다. 개개인의 노동량은 장부(日役簿)에 기록하였다가 가을에 수확한 생산물은 기여한 노동량에 따라 분배한다.

〔32〕 다산은 토지 정책을 통해서 경제적 평등을 이룩할 수 있다고는 믿지 않았다. 그의 최우선적 관심은 경제적 평등 보다는 생산성 향상에 있었다.

(3) 실학의 계획적 함의

실학의 도시 계획적 함의

도시 및 지역개발의 견지에서 본다면 NGO의 역할은 시행자, 중재자, 조언자의 세 가지로 구분할 수 있다(UNCHS, 1996). 200년 이전의 중세 봉건적 조선왕조시대에는 NGO와 같은 조직은 존재하지 않았다. 그러나 실학자들은 현대의 NGO와 같은 시행자, 중재자, 조언자의 역할을 해왔다. 실학은 17세기에서 18세기 한국에서 활발했던 광범위한 지적 운동이었다. 한국의 시민운동은 1987년 6월 항쟁 이후 교수, 변호사, 종교지도자들과 같은 지성인들에 의해서 시작되었다.

6월 항쟁 이후 한국의 NGO들과 시민단체들은 자신들의 필요와 우선순위를 파악하고, 그것을 달성하기 위해서 시민들이 보다 활발하게 참여할 수 있는 방법을 발전시켜왔다. 대부분의 실학자들은 토지개혁, 상공업의 발달을 통해 부강한 국가를 만들기 위해서 노비제도와 신분적 제약의 철폐를 주장하였다.

실학파는 정치의 목적은 무익한 악법으로 백성들을 괴롭혀서 소수를 이롭게 하는 것이 아니라고 믿었다. 민본(民本)사상은 오늘날의 정치 규범과도 일치하는 것이었다. 율곡은 통치의 어려운 점 중 하나는 "정부와 백성들 간의 관계에서의 현실성 결여"라고 하였다.

현대 사회에서 정부가 그림의 큰 부분을 차지하고 있다면, 시민사회가 또 다른 부분을 차지하고 있다. 시민사회는 종종 국가의 평형추로, 활발한 시민사회는 올바른 정치와 개발 계획을 위해서 매우 중요한 부분으로 여겨진다. 한국의 개발 계획 과정의 맥락에서 시민들,

특히 자발적인 단체들이 영향력을 행사할 수 있을 것인지에 대한 명확한 대답은 민주적 정치 제도를 통해서 요구를 하는 것이다. 6월 항쟁 이후 민주화 또는 지방민주주의의 부흥은 이것을 더욱 쉽게 만들었다. 하지만 새마을 운동이나 도시 재건 사업의 경우에서 보듯이 이것은 단순하고 명료한 과정이 아니다.

실학자들은 백성들의 권리와 만민의 평등을 요구했다. 현대의 거버넌스는 의사 결정의 정치적, 행정적 과정과 정부가 국민들의 필요와 요구에 어떻게 대응해야 하는지를 의미한다. 다산은 마을과 같은 작은 단위에서부터 시작하여 보다 큰 단위의 대표를 거쳐, 최종적으로 국왕에까지 이르는 '아래로부터의 선출'라는 개념을 소개했다. 이 혁명적인 사상은 독재적 군주제를 부정하는 것이다. '좋은 정치'란 의사 결정 과정에서 모든 사람의 평등을 포함한다. 중세 봉건시대에서도 만민평등의 개념은 거대한 민주적 사상으로 사회개혁적인 것이었다.

실학자들의 토지 개혁 사상은 현대 한국의 도시 및 지역개발 계획에도 적용할 수 있다. 근대화된 현시대에도 올바른 토지 이용에서 나오는 경제적, 사회적 효용은 여전히 중요하다. 어느 도시에서나 토지의 가격과 가용성은 경제적 성공과 주거와 삶의 질을 결정짓는 중요한 요소 중의 하나이다. 토지는 그 독특한 성격과 인간의 정주생활에서의 핵심적인 역할 때문에 다른 일반적인 자산처럼 취급될 수 없다. 사적인 토지소유는 부의 축적과 집중의 주요한 수단이기도 하며, 따라서 한국의 사회적 부정의에도 기여하였다. 통제가 없다면, 토지는 계획과 발전 계획을 실행하는데 있어 주요한 장애가 될 것이다. 사회정의와 국민을 위한 도시 및 지역개발은 토지가 사회 전체의 이익을 위해서 사용될 때만 달성될 수 있다.

다산의 정전론은 분명 근대적 토지개혁사상이 아닌 봉건적 토지개혁사상의 범주에 포함되는 것이다. 다산의 토지개혁사상은 여러 가지 의문점에도 불구하고 당대의 획기적인 주장이었으며, 한국의 지역개발계획과 사회사상사의 중요한 유산이다.

실학자들은 자신들의 학문에 과학적이고 경험적인 인식론과 우주관, 합리적인 윤리관, 그리고 실증주의적 방법론을 도입하였다(Han, 2004, 357). 그들은 구체적 증거에 근거한 사실을 추구하였다. 이 때문에 서양 과학기술에 적극적인 관심을 가졌고 긍정적인 평가를 내렸던 것이다. 성호 이익을 따르는 성호학파는 서구의 과학적 방법에 당시의 다른 학파들 보다 더 많은 관심을 갖고 있었다.

현대에도 도시 및 지역개발 분야의 가장 중요한 연구 방법 중의 하나는 과학적이고 경험적인 접근법의 도입이라는 것은 분명하다. 저명한 계획이론가 중의 한 명인 팔루디(A. Faludi)는 "계획이란 정책결정에 과학적 방법을 적용하는 것이다"라고 하였다(Faludi, 1973; Jay, 1967). 계획의 합리적 과정은 포퍼(K. Popper)의 과학적 방법에 비유되기도 한다.[33] 계획의 목표나 정책은 엄격한 검증을 통해서만 채택되어야 한다는 점에서 과학적 가설과 유사성을 갖는다. 유엔-해비타트(2001)는 국제적 거버넌스 캠페인에서 몇 가지 규범과 원칙을 밝혔는데 그것은 시민 사회에 대한 참여, 분산, 평등, 포함, 책임, 반응과 서비스의 효율성, 그리고 지속가능성이다.

실학자들이 현대 UN의 이 국제 캠페인과 유사한 여러 가지 정치의

(33) 계획을 공부하는 학생들은 과학적 방법에 대한 포퍼(Popper, 1957; 1963)의 저서를 읽어볼 것을 권한다.

규범과 원칙을 도입했다는 것을 알 수 있다. 심오한 철학적 고찰로 주목 받고 있는 조선시대의 실학 사상가들은 오늘날의 계획학과 지성사 발전에도 기여할 수 있는 여러 훌륭한 견해들을 제시하기도 하였다.

실학파는 새로운 가치의 기준이 만들어져야 한다고 주장하였다. 새로운 기준의 근본이 되는 것은 '평등과 인간에 대한 사랑'이다. 실학자들은 이러한 사상을 실제로 옮김으로서 이상적인 사회를 만들 수 있다고 보았다. '평등과 인간에 대한 사랑'이라는 개념은 근대 한국에서도 여전히 유효한 것으로, 도시 및 지역 개발 분야에서 좋은 참여적 거버넌스를 달성하기 위한 가장 중요한 가치이기도 하다. 한국은 가장 난폭하고 비인간적으로 강제 철거가 이루어지는 두 국가 중의 하나로 알려져 있었다는 점을 기억할 필요가 있겠다.

실학은 200년이 넘는 시간 동안 학자들마다 서로 다른 면모로 발전시켜왔는데 이것은 아마도 학파 간의 차이만큼이나 사회적 상황의 차이 때문일 것이다. 정치적, 또는 사회적 관점에서는 과거의 봉건적 질서를 대체할 새로운 민주적 질서에 대한 필요성이 강하게 요구된다. 이것은 모든 진보적 실학 사상가들의 요구이기도 하였다. '새로운 민주적 질서'에 대한 실학자들의 주장은 현대적 관점에서 일종의 '패러다임 전환'이라고 할 수 있다.

사상의 변화를 논하면서 언급하였던 '패러다임'의 개념은 쿤(T. Kuhn, 1962)이 제시한 것이다. 그는 중요한 변화를 이론적 관점에서 이렇게 표현하였다. 쿤에 따르면 패러다임의 변화란 사람들의 세계관의 근본적 변화이다. 그리고 이것이 그가 패러다임 변화를 혁명적이라고 표현하는 이유이다.

4. 결론

지적 사상들의 각축이라고 할 수 있는 도시계획이 사회의 영역으로 들어가면, 그 결과물이나 진행과정 상에 종종 고도의 불확실성이 나타난다. 처음에는 대체로 생각한대로 결과물이 나오더라도, 과제가 진행되는 궤도는 계획가가 바라는 것처럼 일직선을 그리지는 않는다. 결정들과 사건들의 복잡성과 예측불가능성이 원래의 계획을 좌절시키는 경우가 더 많다. 모든 경우에 주어진 정치적 현실의 제약 안에서 계획가들이 어떻게 활동하는지는 그들이 선택한 계획의 방식에 따라 달라진다.

실학은 현대의 한국 사회가 직면하고 있는 어려움들에 대한 해결책을 제시할 수 있다. 18, 19세기의 실학자들은 한국인들에 의한 정치적 혁명을 위한 기초를 마련했으며, 산업에 대한 실용적인 연구를 수행했고, 평민들도 이해할 수 있는 새로운 문학 사조를 형성하기도 하였다. 이러한 혁명, 개방, 실용성은 오늘날에도 필요한 것으로서, 당대의 사상과 현명한 견해를 받아들일 필요가 있다.

이는 실학이 단지 도서관에 보관되어 있는 사상이 아니라 일반 국민들의 생활과 사고 속에 스며들어있음을 의미한다. 우리의 일상생활 속에 살아 숨 쉬고 있는 실학은 과거의 실학자들이 전해주는 귀중한 지혜이다. 봉건 계급제도 하의 사회적 삶 속의 모든 비합리적인 요소들은 인간적 권리와 삶, 재산을 유린했다.

실학자들의 사고방식과 그들의 사상이 갖는 함의는 비단 조선시대나 한국의 지성사에 국한되는 것이 아니다. 여러 철학, 형이상학, 사회적 정책 심지어는 동서양의 도시 및 지역 개발의 영역까지도 확대될 수 있다. 이 점에서 실학은 비교 문화적으로 중요한 사상이라고 하겠다.

실학운동이 사회 개혁과 지성사에 큰 기여를 하기는 했으나, 약점과 문제점 또한 갖고 있다. 실학자들, 특히 다산의 개혁 방법은 봉건적 통치자들이 받아들이기에는 너무나 이상주의적이고 혁명적인 것이었다. 따라서 그의 사상을 실현시킬 수 있는 정치력이 부족했다.

왜곡된 사회구조와 고착화된 전통의 극복이라는 과제는 한 번의 혁명으로 하루 아침에 이루어지지 않는다. 실학파의 주된 관심사는 경제적 효율성과 사회적 평등이었다. 하지만 1945년 일제에서 해방된 이후 계속된 근대화와 민주화의 긴 여정은 실학에서부터 시작된 근대 한국 사상의 연장이었다는 사실을 기억해야 할 것이다.

참고문헌

Asian Coalition for Housing Rights(ACHR), 1989, *Battle for Housing Rights in Korea*, Bangkok.

Asian Coalition for Housing Rights(ACHR), 1990, *Urban Poor Housing Rights in South Korea and Hong Kong*, ACHR, Bangkok.

Ban, S. W., Moon, P. Y. and Perkins, D. H., 1980, *Rural Development: Studies in the Modernization of the Republic of Korea*, 1945-1975, Cambridge: Harvard University Press.

Chan, J., 1997, A Confucian perspective on human rights, in Theodore, D. B. and Tu, W. eds., *Confucianism and Human Rights*, New York: Columbia University Press.

Cheng, C. Y., 1991, *New Dimensions of Confucian and Neo-Confucian Philosophy*, Albany: State University of New York Press.

Cheon, G., 1966, The formation and development of Korean Silhak, *Sasanggye*, 3, 10–17.

Choi, M. H., 1978, *A Modern History of Korean Philosophy*, Seoul: Seong Moon Sa.

Cho, S., 1986, Tasan on the social hierarchy, *Korea Journal*, February, 32–43.

Chun, S., 1982, *Korean Thought*, Seoul: Si-sa-yong-o-sa Publishers.

Chung, C., 1997, Social movement organizations and the June Uprising, *Korea Journal*, 37(1), 81–97.

Devas, N., 2004, *Urban Governance, Voice and Poverty in the Developing World*, London: Earthscan.

Fay, B., 1975, *Social Theory and Political Practice*, London: Allen & Unwin.

Faludi, A., 1973, *A Reader in Planning Theory*, Oxford: Pergamon Press.

Ha, S. K., 2001, Substandard settlements and joint redevelopment projects in Seoul, *Habitat International*, 25(3), 385–397.

Ha, S. K., 2002, The role of NGOs for low-income groups in Korean society, *Environment and Urbanization*, 14(1), 219–229.

Ha, S. K., 2004, Housing poverty and the role of urban governance in Korea, *Environment and Urbanization*, 16(1), 139–153.

Han, S. J., 1977, The republic sphere and democracy in Korea, *Korea Journal*, 37(4),

38–97.

Han, Y., 2004, Jeong Yak–Yong: The man and his thought, in Korea National Commission for UNESCO ed., *Korean Philosophy: Its Tradition and Modern Transformation*, Seoul: Hollym, 371–357.

Hoch, J. C., 1988, A pragmatic inquiry, *Society*, 26, 27–35.

Jay, L. S., 1967, Scientific method in planning, *Journal of the Town Planning Institute*, 53(1), 3–6.

Jun, E. H., Cho, K. Y. and Lee, S. W., 2006, Implications of Korean traditional epistemology in planning theory: focusing on the pragmatic philosophy, Shilhak, *Korea Journal*, Winter, 168-191.

Kalton, M. C., 1975, An introduction to Silhak, *Korea Journal*, May, 29–46.

Kalton, M. C., 1994, *The Four-Seven Debate*, New York: State University of New York Press.

Keum, J., 2002, *Chong Yak-yong*, Seoul: Sungkyunkwan University Press.

Keum, J., 2004, Human liberation in early modern Korean thought, in Korea National Commission for UNESCO ed., *Korean Philosophy: Its Tradition and Modern Transformation*, Seoul: Hollym, 399–419.

Ko, P. I., 1996, *Tradition and Transformation of East Asian History*, Seoul: Moonhak Kwa Jesung Sa.

Koh, Y., 2003, Neo–Confucianism as the dominant ideology in Joseon, *Korea Journal*, Winter, 59–86.

Korean National Commission for UNESCO ed., 2004, *Korean History: Discovery of Its Characteristics and Developments*, Elizabeth, NJ: Hollym.

Kuhn, T., 1962, *The Structure of Scientific Revolutions*, Chicago: University of Chicago Press.

Lee, W., 1982, The rise of Silhak thought, in Chun, S. ed., *Korean Thought*, Seoul: Si-sa-yong-o-sa, 5–64.

Leftwich, A., 2000, *States of Development: On the Primacy of Politics in Development*, Cambridge: Polity Press.

Lew, S. C. and Chang, M. H., 1998, Functions and roles of nonprofit/nongovernmental sector for Korean social development: The affective linkage-group, *Korea Journal*, 38(4), 277–296.

Lindblom, E. C., 1979, *Usable Knowledge: Social Science and Social Problem Solving*, New Haven: Yale University Press.

Lindblom, E. C., 1977, *Politics and Markets*, New York: BasicBooks.

Lowi, T. J., 1969, *The End of Liberalism*, New York: W. W. Norton & Company. Inc.

McCarney, P., Halfani, M. and Rodriguez, A., 1995, Toward as understanding of governance: the emergence of an idea and its implications fro urban research in developing countries, in Stren, R. and Kjellberg Bell, J. eds., *Perspectives on the City*, Urban Research in the Developing World, Centre for Urban Community Studies, Toronto: University of Toronto, 91–142.

Ministry of Home Affairs, 1981, *History of Saemaul Undong*, Seoul.

Murphy, D. and Pimple, M., 1995, *Eviction Watch Asia*, ACHR, Bangkok, 52.

Pak, T., 1981, Korean thought: its development pattern examined especially in the context of social circumstances, *Korea Journal*, October, 25–33.

Popper, K. R., 1957, *The Poverty of Historicism*, London: Routledge & Kegan Paul.

Popper, K. R., 1963, *Conjectures and Refutations: The Growth of Scientific Knowledge*, London: Routledge & Kegan Paul.

Ro, Y., 1989, *The Korean Neo-Confucianism of Yi Yulgok*, Albany: State University of New York Press.

Setton, M., 1997, *Chong Yagyong: Korea's Challenge to Orthodox Neo-Confucianism*, Albany: State University of New York Press.

Shin, Y. H., 1985, *Tasan's Yojonje Land Reform Thought*, Daewoo Haksul Chongseo, Minuemsa, 192–217.

Shin, Y. H., 1986, On Tasan's land reform thought, *Korea Journal*, February, 44–57.

Taedong Munhwa Yon'guwon, 1971, *Yulgok Ch ns*, 1, Seoul: Sungkeyunkwewan University Press.

UNCHS, 1996, *An Urbanizing World: Global Report on Human Settlements*, New York: Oxford University Press.

UNCHS, 2001, Good urban governance: a normative framework, Summary for the preparatory committee for the special session of the general assembly for an overall review and appraisal of the implementation of the Habitat Agenda, Nairobi, February.

World Bank, 1997, *The State in a Changing World: World Development Report 1997*, World Bank, Washington, D.C.

http://www.saemaul.or.kr/english/whatissaemaul.asp(National Council of Saemaul Undong, 2005).

Ⅵ

사회변화의 인식론적 응용

1장. 주거 만족도 한 · 미 비교연구[1]

1. 들어가며

주거 만족도는 객관적인 환경과 이에 대한 주관적인 판단이 결합하여 성립되는 복합적인 결과인데 이 두 가지 요소가 어떠한 비율로 한 개인의 주거 만족도에 영향을 미칠 것인지는 개인에 따라 차이를 보일 것이다. 어떤 주거환경이 과연 살기에 '좋은' 환경인가? 어떤 기준에 의거해 한 개인은 자신이 처한 환경을 '좋다'고 판단할 것인가? 그렇다면, 일정하게 주어진 '좋은' 주거환경에서 모든 개인은 동일한 효용을 느낄 것인가? 무엇이 주거 만족도의 공통점과 상이점을 결정짓는가? 주거 만족도의 주관적인 특성과 실질적인 주거수준의 차이로 인해 다양한 사회경제적 배경을 가진 개인의 주거욕구는 다양하게 나타난다.

주거 만족도에 관한 연구는 인간행동과 주거의 질에 관한 유용한 정보를 제공하여 주거정책과 지역계획 수립 및 향상에 시사점을 제공하는 기능을 담당한다. 따라서 주거 만족도와 이의 결정요인은 다양한 학문분야에서 연구되었다. 예를 들면 생애주기 관점에서 주거 만족도의 결정요인을 조명한 연구(Rossi, 1955; McAuley and Nutty, 1982; 1985), 주택소유형태 및 주거수준의 관점에서의 연구(McHugh et al.,

[1] 이 연구는 국토연구 제59권 제2호에 발표된 내용을 수정 및 보완한 것임.

1990; Elsinga and Hoekstra, 2005) 등을 들 수 있다. 그러나 주거 만족도의 차이를 결정하는 요인으로서 주관성에 주목하여 인식론적인 설명을 시도한 연구는 찾아보기 어려운 것이 사실이다.

주거 만족도의 선행연구에서 보이는 이러한 부족함을 보충하기 위해 본 연구는 인식론적 관점에서 주거 만족도를 탐구한다. 즉, 상이한 문화적 배경을 가진 사회는 본질적으로 다른 규범, 가치, 문화 및 환경을 지니게 되므로 이를 반영하는 거주환경 및 이에 대한 인식을 분석한다면 보다 근본적인 사회 간 차이를 설명할 수 있을 것이다. 인식론(epistemology)은 지식, 이성, 단어를 의미하는 그리스어인 '에피스테메(episteme)'에 어원을 두고 있으며 자연이나 원리적 이론에 관한 철학의 한 분야를 지칭한다(Jun et al., 2006). 사고과정과 지식기반의 차이는 서로 다른 사고방식을 형성하게 될 것이며 이는 주거 만족도와 같은 주관적 판단을 결정짓게 될 것이다.

본 연구의 주요한 목적은 한국과 미국의 주거 만족도와 그 결정요인의 차이를 보이고 이러한 차이를 인식론적으로 설명하는 것이다. 즉 한국과 미국이 보이는 주거 만족도의 차이는 한국의 유교와 미국의 실용주의 및 개인주의라는 인식론적 차이에서 일부 기인한다는 것이다. 이를 위해 본 연구는 다음과 같이 전개된다. 즉, 주거 만족도에 관한 중요한 개념을 소개한 후 순서형 프라빗 모형(ordered probit model)의 방법론, 자료, 변수를 서술한다. 이어 분석결과와 함께 결론을 통해 연구를 마무리 짓도록 한다.

2. 연구의 배경

(1) 한국과 미국의 인식론적 배경

한 사회에서 인간의 행동패턴은 그가 속한 문화의 영향을 받아 형성된다. 이때 문화는 사회구성원이 행동준거로 삼는 가치, 관습, 기술, 규범 등을 통해 발현된다(Swidler, 1986). 심리학과 사회학 분야의 많은 연구들이 문화적 차이에 따른 특정한 사회적 행동의 차이, 특히 동서양의 문화적 차이가 유발하는 행동의 차이를 연구했다(Nisbett, 2003; Swidler, 1986). 만약 이러한 연구들에서 밝힌 것처럼 문화가 사회 구성원들의 행동을 설명할 수 있다면, 정작 문화를 결정짓는 것은 무엇인가? 이 질문에 대한 답으로서 본 연구는 한국과 미국에서 보이는 주거만족도 수준의 차이를 양 국가의 대표적인 인식론을 적용하여 설명한다. 한국의 유교와 미국의 실용주의 및 개인주의는 해당 국가에서 수백 년 간 지배적인 인식론적 철학으로 자리하고 있었기 때문에 이들의 사고방식은 양 국가 구성원의 인식과 행동을 형성해왔을 것이라는 추론이 가능하다.

1) 유교

관계의 철학으로 불리는 유교(儒教)는 중국에서 기원하여 한(漢)왕조의 통치이념으로 발전한 후 인접 국가들에 깊은 영향을 주었다. 인식론으로서의 유교는 동양 국가에 있어 인식과 행동형성에 밑바탕이 되었으며 오늘날까지도 여전히 영향력을 행사하고 있다. 한국 사회에 유교가 전래된 시기는 삼국시대로 14세기에 이르러 조선왕조의 국교로 지정된 후 그 영향력이 더욱 확대되었다(금장태, 2000).

유교에 있어 극(極)은 모든 것을 창조하는 원천에 해당한다. 극은 태극(太極), 이(理), 천(天), 상제(上帝), 혹은 도(道)라고도 지칭되었으며 윤리적, 도덕적 의미를 포함한 다양한 면들을 의미한다. 인간 존재를 관장하는 극은 자연을 통해 체현된다. 유교의 기본적인 태도인 경(敬)은 인간이 극의 절대성을 깨닫는 순간 자연히 행동을 통해 우러나온다. 중용(中庸)에 따르면 경(敬)의 태도를 통해 자아와 객체의 분리가 극복되어 극과의 합치가 일어나며 이 순간 인간은 성인(聖人)의 반열에 오르게 된다.

비록 유교가 인간의 불완전함을 전제로 함에도 불구하고 인간은 우주의 모든 사물의 우위를 차지하며 본질적으로 착하고 선한 본성을 부여받았음을 강조한다. 나아가, 인간은 무한한 잠재력을 가지고 있으며 선함과 악함에 대한 분별력과 함께 자신의 행동을 통제할 수 있는 자유의지를 소유하고 있는 존재이다. 이러한 능력이 있으므로 인간은 자신의 욕망을 자제할 줄 알아야하며 엄격한 도덕적 규율을 통해 하늘의 가장 큰 의지인 완전을 달성해야 한다. 도덕적 수양은 인간으로 하여금 올바른 사회관계, 안정을 이루기 위한 근본적인 요소, 가족과 국가의 평화 등을 가능하게 해줄 수 있는 수단이다. 또한 성인이 되는 것은 착한 성품을 부여받아서가 아니라 성인이 되고자 하는 의지로 인해 이루어진다. 공자(孔子)는 논어(論語)에서 본성(性)은 비슷하나, 차이를 만드는 것은 배움(習)이라고 이르고 있다. 이러한 이유로 공자는 모든 사람이 배움을 통해 사회에서 신분상승이나 완전을 달성할 수 있도록 동등한 기회를 제공해야 한다고 주장하였다(이영찬, 2001).

유교에 있어 인간의 출생은 하늘(天)을 상징하는 아버지와 땅(地)을 상징하는 어머니의 조화의 결과이다. 죽음은 신체와 정신의 분리를 의미하며, 정신이 물리적인 신체를 떠나긴 하지만 한 인간의 생명은 자손을 통해 지속된다. 한 개인의 신체는 그 자신의 물리적인 신체에서 그치는 것이 아니라 조상과 자손을 잇는 매개체로서 기능한다. 그러므로 삶의 목표는 부모와 하늘을 향해 자신의 존재에 대한 감사를 표시하는 것이 되어야 한다. 사회는 자애와 친절, 사랑을 기본으로 하는 가정이 확대된 개념이다. 이러한 가족중심의 유교의 가치는 사회와 세계로 확대되어 타인에게조차 가족과 같이 대해야 한다(금장태, 2000). 유교는 나(我)와 타인(他) 사이의 관계에 대해 다양한 가치를 부여하고, 인간은 혼자서 존재할 수 없으며 사회적 관계의 맥락에서만 한 인간이 의미를 가질 수 있다고 강조한다.

오늘날 한국에서는 급속도로 확산된 서양의 가치들이 범람하는 가운데 전통적인 유교관은 사라진 것으로 비친다. 그러나 가족과 사회의 관계는 여전히 유교적 가치의 영향 아래 있으며 많은 한국 가정에서 아직도 조상을 향한 제사를 지내는 등의 사실을 고려할 때 한국 사회에서 유교의 가치가 완전히 소멸하기는 어려울 것으로 판단된다(금장태, 2000).

2) 실용주의와 개인주의

홀딩거(Hollinger, 1980)가 역설하였듯 미국 문화에 있어 실용주의의 영향을 부인하기는 어렵다. 미국인의 개척정신은 자아확신, 지식의 불완전성, 탐구정신, 경험, 다원주의 등으로 대표되는 실용주의적인 미국인의 특성을 형성하였다.

실용주의에 따르면 현상은 불안정성과 변화로 특징지을 수 있다. 지식의 모호함과 불완전성은 현재에 대한 지속적인 비판과 보다 나은 방향으로의 변화모색을 통해 보완될 수 있다. 각각의 경우에 적용될 수 있는 원칙을 발견해내기 위해서는 카플란이 "경험으로 검증된 것이 세계이다."라고 역설하였듯 경험이 필수적 요소이다(이성우, 1999). 실용주의에 있어 경험을 강조하는 것은 사고의 실용성과 교육의 중요성과 연결된다. 학교는 지식축적을 위한 사실습득의 장일 뿐 아니라 비판적인 사고와 행동을 위한 계획의 습관을 배양하는 장소이다(Herman, 1944). 대표적인 미국 철학가 듀이(J. Dewey)는 공교육의 프로그램이 교육과 실험적 과학 간의 간극을 채움으로써 상식을 더욱 효율적인 것으로 만들어야 하며 이를 통해 한 개인이나 사회는 성장할 수 있다고 주장했다(Hollinger, 1980).

주의나 믿음은 국가나 사회에 따라 다른 결과를 나타낼 수 있기 때문에 한 국가나 사회가 그들만의 특수성을 가지기 위해서는 주의나 믿음의 가치가 적용되는 공간에서 개별적인 검증을 거쳐야 한다(Rorty, 1992). 영원히 진실일 수 있는 것은 없으므로 한 사회의 사상이 완전히 틀렸다고 판단할 수 없게 되며, 이것이 실용주의에 있어 다원주의나 상대주의가 중요성을 가지게 되는 이유이다. 일치성보다는 다양성이 현실을 설명함에 있어 더욱 적합하다. 듀이는 통일된 의견이나 일치된 행동으로 나타나는 집단주의를 경계할 것을 주장한다. 결과적으로 진실은 서로 다른 세상이 어떤 대상을 진실이라고 정의하기 위해 마주치고 충돌하며 화해하는 과정에서 확립된다. 다양성 외에도 지속성을 획득하기 위해 필요한 것은 상호작용이다. 세상의 그 무엇도 홀로는 존재할 수 없다. 예를 들어 나무의 생존을 위해서는 토양, 태양빛, 공기 등이 필수적이며 나무는 이러한 요소들의 상호작용의 결과로서 존재한다. 이러한 개념을 인간에게 확대시켜보면 현대사회는 서로 다른 개인들의 상호의존으로 정의된다고 할 수 있다. 사회 변화는 미지의 미래를 형성하기 위해 서로 다른 예상결과를 가진 개인들이 목적을 창출해내고 선택함으로써 이루어진다. 이 부분에서 모든 개인들은 자신의 자유를 자각하고 있다는 듀이의 개인주의가 나타나는데, 개인의 자유란 세상과의 비타협이라기보다는 세상과의 역동적이고 적극적인 상호작용을 의미한다(Shannon, 1996).

한편 미국인들의 특성을 가장 집약적으로 표현하는 단어라 할 수 있는 개인주의는 군주정이나 왕정 하에서 부르주아들이 자신들의 자주적인 권리를 주장한 데서 비롯되었다(Bellah et al, 1985; Perry, 1949). 개인들 간 상호작용의 정도가 급증한 현대사회의 분위기에도 불구하고 정작 문화의 방향은 정반대의 양상을 보여 타인으로부터의 분리를 통해 개인주의의 핵심에 해당하는 자아확신을 획득하게 된다. 벨라 외(Bellah et al, 1985)에 따르면 미국인은 독립성이 강하며 전통이나 공동체와는 완전히 다른 존재로 인식한다. 벨라(R.N. Bellah)의 개인주의 개념은 인간의 고립이 아니라 조화와 상호작용을 의미한다고 보는 듀이 혹은 페리(Perry, 1949)의 개인주의와 상당히 다른 내용을 담고 있다. 본 연구에서는 벨라의 정의가 개인주의의 일반적인 의미를 담고 있으며 미국인의 특성을 설명하기에 보다 적합하다는 판단 하에 벨라의 정의에 따르기로 한다.

(2) 주거 만족도

1) 개념

주거 만족도는 이웃, 주택, 거주지역의 세 가지 기본요소로 구성되는 주거환경에 대한 개인의 평가이다(Amérigo and Aragonés, 1990). 그러나 주거 만족도의 구성요소는 학자마다 다르게 정의되기도 한다. 일부에서는 주거 만족도를 이웃과 거주지에 대한 만족으로 정의하여 분석하는가 하면(Oh, 2003; Barcus, 2004; Ng, 2005), 또 다른 연구에서는 주택 만족도와 거주지 만족도를 동시에 고려하는 것을 주거 만족도로 정의하기도 하였다(Morris and Winter, 1978; Galster, 1987; McHugh et al., 1990; Lu, 1999; Parkers and Kearns, 2003; Molin and Timmermans, 2003). 한편 서지와 콘웰(Sirgy and Cornwell, 2002)은 거주지역의 특성은 주택과 주거에 대한 만족을 통해 삶의 질에 영향을 미친다는 것을 보인 바 있다.

주거환경에 대한 평가는 주로 주관성에 의해 결정된다. 특히 한 개인의 인식이나 가치가 주변환경에 대한 평가에 영향을 주어 동일한 외부환경에 대해서도 개인마다 다양한 주거 만족도를 나타낼 것이다. 모리스와 윈터(Morris and Winter, 1978)는 이러한 주관성을 규범(norm)으로, 가족의 필요에 대한 주거 부문의 불충족을 부족(deficit)으로 표현하였다. 그들에 따르면 한 개인이나 가구가 느끼는 주거환경의 규범적 부족은 주거 및 가구의 특성과 만족도의 관계를 잘 나타내는 개념이다. 한 개인은 자신의 주관적 인식에 따라 주거환경을 평가하는데 여기에는 가족이나 사회의 가치나 정황이 반영된다. 이러한 이유로 주거 만족도에 관한 대부분의 연구에서는 주거 만족도의 결정요인을 도출하기 위해 사회인구학적 변인과 주거환경특성변인을 함께 고려한다(Lu, 1999; Speare, 1974; Landale and Guest, 1985; McHugh et al., 1990; Jagun et al., 1990; Amérigo and Aragonés, 1990; Tran and Nguyen, 1994; Basolo and Strong, 2002; Molin and Timmermans, 2003; Barcus, 2004).

주택에 대한 불만족과 주거이동의 관계를 연구함에 있어 주택 부족(housing deficit)의 개념은 로시(Rossi, 1955)의 공간 스트레스 요인(space stressor)과 비슷한 개념으로 주택소유형태, 주택형태, 질, 주택소비 등 다양한 요소가 포함된다(Rossi, 1955; Morris and Winter, 1978; McAuley and Nutty, 1982). 반면 근린의 결핍(neighborhood deficit)과 거주지 불만족은 거주지 만족도에 반드시 부정적인 영향을 미치는 것만은 아니다. 월도프(Woldoff, 2002)의 연구에 따르면 사회적 무질서, 범죄 등과 같은 근린의 결핍으로 인해 발생하는 문제는 거주민들 간 협력을 강화함으로써 해결할 수 있으며, 이러한 과정은 주민들 간 유대를 강화시켜 오히려 주거 만족도가 향상될 수 있다.

주거에 대한 기대수준이나 욕구와 실질적인 주거수준의 차이로 인해 주거불만족이 발생할 수 있으며(Campbell et al., 1976; Morris and Winter, 1978; Galster, 1987; Barcus, 2004) 이는 정신적, 심리적, 신체적 문제로 나타나기도 한다. 일례로 슈바넨과 목타리안 (Schwanen and Mokhtarian, 2004)은 실질적인 거주지와 선호하는 거주지 간 불일치에 대한 연구를 수행한 바 있다. 월퍼트(Wolpert, 1965)가 자신의 스트레스 한계 이론(stress threshold theory)에서 밝힌 바와 같이, 한 개인이나 가구에 있어 바람직한 주거환경의 결핍이 받아들일 수 있는 수준을 초과하게 되면 이러한 불만족을 해소하기 위해 주거이동을 통해 반응하게 된다.

2) 선행연구

아메리고와 아라고네스(Amérigo and Aragonés, 1990;1997)는 주거 만족 관련연구를 주거의 질에 대한 판단기준으로서의 주거 만족도와 행동의 예측을 위한 주거 만족도의 두 분야로 나누어 고찰한 바 있다. 본 연구에서는 연구의 목적을 기준으로 주거이동 예측, 주거 만족도의 결정요인 도출, 그리고 정책이나 계획에의 시사점 제공 등 세 가지로 선행연구를 분류하였다.

먼저 주거이동 예측을 목적으로 하는 주거 만족도 연구에서는 주거 만족도가 주거이동의 촉진제 역할을 한다고 가정한다. 스피어(Speare, 1974)는 주거 만족도가 주거이동의 매개변수로 작용한다고 주장하고 주택, 이웃의 특성은 사회 인구학적 요소와 함께 개인의 주거 만족도 정도와 후속이동을 결정짓는다고 보았다. 주거 만족도와 주거이동과정의 관계를 주제로 많은 연구들이 진행되었다(Morris et al., 1976; Morris and Winter, 1978; Michelson, 1977; Newman and Duncan, 1982; McHugh et al., 1990; Landale and Guest, 1985; McAuley and Nutty, 1982; Oh, 2003; Parkers and Kearns, 2003). 또한 클라크와 레드위드(Clark and Ledwith, 2006)는 주거 만족도의 연구범위를 소수인종으로 확대시켜 인종 간에 주택과 거주지역 안정성의 역할이 어떠한 차이를 보이는지를 연구하였다.

선행연구 두 번째 범주의 주요한 목적은 지역 혹은 사회계층 간 주거 만족도 결정요인의 차이를 밝히는 데 있다. 제이건 외(Jagun et al., 1990)는 도시 지역에 거주하는 흑인, 아메리고와 아라고네스(Amérigo and Aragonés, 1990)는 공영주택거주자. 투랄과 은우엔(Tran and Nguyen, 1994)

의 경우 인도차이나 지역의 난민, 루(M. Lu, 1999)는 미국시민, 서지와 콘웰(Sirgy and T. Cornell, 2002)은 버지니아 지역 거주민, 몰린과 팀머만스(Molin and Timmermans, 2003)은 서부 유럽의 도시거주자, 패리스와 칼자리(Paris and Kangari, 2005)는 공동주택 거주자, 응(Ng, 2005)의 경우 홍콩의 대학생을 대상으로 주거 만족도의 결정요인을 도출하였다. 이 가운데 일부는 서로 다른 집단의 주거 만족도 비교연구를 통해 새로운 시사점을 이끌어내기도 하였다. 챔프만과 롬바드(Champman and Lombard, 2006)는 폐쇄형 주택단지와 일반 주택단지 거주민 간 거주지 만족도의 차이를 연구하였다. 엘싱아와 호엑스트라(Elsinga and Hoekstra, 2005)는 유럽 8개국 국가의 주택 만족도를 비교 연구하였으며 로스 외(Ross et al., 2000)는 이웃의 경제적 수준에 따라 거주지 특성이 미치는 영향이 달라짐을 보였다. 바쿠스(Barcus, 2004)는 주거 만족은 정적인 개념이 아니라 부정적인 변화와 긍정적인 변화를 모두 반영하는 동적인 개념이라고 주장하였다.

주거 만족도 선행연구의 마지막 범주는 특정한 정책이나 계획에 반영하기 위한 목적으로 수행된 연구이다. 예를 들면 바솔로와 스트롱(Basolo and Strong, 2002)은 지역사회개발공사(Community Development Corporation)의 사업을 평가하고 이를 발전시키기 위한 방안을 도출하였으며, 헤이우드(Heywood, 2004)와 응 외(Ng et al., 2005)은 장애인과 홍콩 도심 재개발 디자인을 위한 시사점을 제공하기 위한 연구를 수행하였다.

이상과 같이 주거 만족도 관련 선행연구를 살펴보면, 객관적인 주거특성보다는 인식적 변인을 강조하여 객관적인 환경에 대한 개인적인 평가를 반영하는 변인을 대부분의 연구에서 다루고 있다는 것을 알 수 있다. 주거 만족도 관련 이론의 발전과 다양한 적용을 통해 주거선호 및 문제점이 상당 부분 밝혀졌으며 적절한 주거정책 수립에 시사점을 제공하였다. 그럼에도 불구하고 앞서 언급한 연구의 범위는 주거영역에 한정되어 있었으며 사회의 전반적인 양상을 반영하는 도구로서의 측면은 거의 무시되어온 것이 사실이다. 실제로 주거 만족도를 결정하는 요소의 차별성이 무엇으로부터 비롯되는지에 대한 시각으로 접근하는 연구는 찾아볼 수 없는 것이 현실이다. 따라서 본 연구에서는 선행연구에서 간과해왔던 이러한 부분을 인식론적 해석을 통해 보완함으로써 주거 만족도 연구의 새로운 방향에 단초를 제공하고자 한다.

본 연구에서는 상기한 배경을 바탕으로 다음의 두 가지 가설을 검증하도록 한다. 첫째, 주거관련 문제는 사회에 따라 다양한 양상을 보인다는 워스(Wirth, 1947)의 주장에 근거하여 주거 만족도와 그 구성요소가 서로 다른 문화와 사회계층에 따라 달라질 것이며 이는 인식론적 배경에서 일정 부분 연유할 것이라는 것이다. 둘째, 주택은 사회의 물리적 인식적 측면을 복합적으로 반영하므로 주택을 연구함으로써 사회의 다양한 측면을 관찰할 수 있을 것이라는 것이다.

3. 방법론

본 연구에서 주거 만족도는 주택 만족도와 거주지 만족도로 나누어지며 만족도의 정도는 5단계로 측정되었다. 순서형 범주의 응답은 '매우 만족(VS)', '만족(ST)', '보통(NE)', '불만족(DS)', '매우 불만족(VD)'로 구성하였다. 순서형 범주의 응답변수를 처리하는 데 있어 OLS 회귀분석은 정보손실의 문제를 내포하게 되므로 사용에 적합하지 않다고 알려져 있다(McKelvey and Zavonia, 1975). 다항 로짓이나 프라빗의 경우 역시 순서형 종속변수의 특성을 살리지 못하게 되므로(Liao 1994; Greene 2003), 이러한 상황에서 가장 적절한 분석방법으로 널리 사용되는 것이 순서형 로짓이나 프라빗 모형이다(McKelvey and Zavonia, 1975; Maddala, 1983; Liao, 1994; Greene, 2003). 그런데 로짓 모형은 IIA(Independence and Irrelevance of Alternative), 즉 선택에 따른 잔차분포(residual distribution)가 독립적이라는 가정에 구속되는데 반해, 프라빗 모형은 선택에 따른 잔차의 독립을 가정하지 않고 추정이 가능하다(McCullagh and Nelder, 1989). 따라서 프라빗 모형이 로짓 모형과 비교해 통계적으로 우위라고 여겨지므로 본 연구는 맥켈베이와 자보니아(Mckelvey and Zavonia, 1975)와 마르쿠스와 그린(Marcus and Greene, 1985)이 각각 의원의 투표행위 분석이나 업무분담 분석을 위해 사용하였던 순서형 프라빗 모형을 이용해 분석하기로 한다.

종속변인으로 사용된 i번째 개인의 주거 만족도를 나타내는 식은 $y_i^* = X_i^* \beta + \epsilon_i$로 나타낼 수 있다. 여기서 y_i^*는 한 개인의 주택과 거주지 만족 정도를 나타내는 잠재적 연속변인으로 관찰이 불가능하다. β는 κ개의 회귀계수가 취하는 벡터값을, ϵ_i은 오차항을 나타낸다. 여기서, ϵ_i는 평균이 0이고 분산이 σ^2인 정규분포를 이룬다($\epsilon_i \sim N(0, \sigma^2)$). 주거 만족도 종속변인이 다섯 개의 범주로 구분되므로 이를 현시선호(Revealed Preference)의 과정을 통해 회귀식에 적합하도록 처리하게 된다.

관찰이 불가능한 y_i^*는 범주화된 평가수준의 기준 $\mu_1,\cdots,\mu_{J-1}$에 의해 J개의 관찰 가능한 평가수준 y_i로 발현되는데 그 관계는 다음과 같다.

$$
\text{①} \quad \begin{aligned} y_i &= 1 \quad \text{if } y_i^* \le \mu_1 (= 0) \\ &= 2 \quad \text{if } \mu_1 < y_i^* \le \mu_2 \\ &= 3 \quad \text{if } \mu_2 < y_i^* \le \mu_3 \\ &\ \ \vdots \\ &= J \quad \text{if } \mu_{J-1} < y_i^* \end{aligned}
$$

경험의 법칙(Greene, 1993)에 따라 정규화하고 ①과 ②를 합하면 개인의 주거(거주지) 만족도 범주의 확률은 다음과 같다.

$$
\text{②} \quad \begin{aligned} &\Pr[VD|y_i] = \Phi[\mu_1 - X_i'\beta], \\ &\Pr[DS\,|y_i] = \Phi[\mu_2 - X_i'\beta] - \Phi[\mu_1 - X_i'\beta], \\ &\Pr[NE\,|y_i] = \Phi[\mu_3 - X_i'\beta] - \Phi[\mu_2 - X_i'\beta], \\ &\Pr[ST\,|y_i] = \Phi[\mu_4 - X_i'\beta] - \Phi[\mu_3 - X_i'\beta], \\ &\Pr[VS\,|y_i] = 1 - \Phi[\mu_4 - X_i'\beta] \end{aligned}
$$

여기에서 $\Phi(\bullet)$는 표준정규누적밀도함수이다. 벡터 X는 상수항을 보유하고 있으며 이 상수항은 첫 번째 경계 μ_1값을 0으로 만들어 주는 수치로 설정된다. 평가수준변인의 항목 J=5 이므로 첫 번째 경계값을 제외하고 본 모형에서 측정해 본 μ는 3개(μ_2, μ_3, μ_4)가 된다. 모형의 추정을 사용하므로, 최종적으로 사용된 로그-우도함수(Log-likelihood function)은 다음과 같다.

③ $l_n = L^* = \sum_{yi=1} \ln[\Phi(-X_i\beta)] + \sum_{yi=2} \ln[\Phi(\mu_2 - X_i'\beta) - \Phi(-X_i'\beta)]$

$$+ \cdot\cdot\cdot + \sum_{yi=5} \ln[1 - \Phi(\mu_4 - X_i'\beta)]$$

순서형 프라빗 모형을 사용하여 분석하는 경우 설명변수 x_k가 응답변수에 가지는 영향력인 β_k가 모든 범주에서 동일하다는 것을 의미하는 비례적 오즈 가정(Proportional Odds Assumption)을 전제로 한다(이성우 외, 2005). $k+1$개의 범주를 가진 응답변수와 s개의 설명변수로 이루어진 모형을 가정한다면,

$$g(\mathrm{Prob}(y \le j|x)) = (1, x')\beta_j$$

단, $j = 1, 2, ..., k, \beta_j = (\beta_{j0}, \beta_{j1}, ..., \beta_{js})$

따라서 미지의 모수 벡터들은 $\beta = (\beta'_1, ..., \beta'_s)'$의 형태로 모형에 대입되며, 귀무가설은

$$H_0 : \beta_{1m} = \beta_{2m} = ... = \beta_{km}$$

단, $m = 1, 2, ..., s$

와 같이 나타낼 수 있으며 MLE 추정치들을 $\hat{\beta}$이라고 하면, $\hat{\beta}_i = (\hat{\alpha}_i, \hat{\beta}_i, ..., \hat{\beta}_s)$이다. 이에 따라 χ^2분포를 따르는 스코어(Score) 검정 통계량은,

$$\beta_0 = (\hat{\beta}_1, ..., \hat{\beta}_k)$$

이 되고 $s(k-1)$의 자유도를 갖는 χ^2 분포를 따르게 되므로 검정을

실시할 수 있다. 본 연구에서 스코어(Score) 검정을 실시한 결과 귀무가설이 기각되었지만 모형수립 상의 엄격함을 고려하여 순서형 프라빗 모형의 결과는 여전히 유효한 것으로 간주한다.

4. 자료 및 변인

(1) 자료

본 연구에 사용된 자료는 한국의 경우 통계청에서 제공하는 2001년, 2004년 사회통계조사, 미국의 경우 2001년, 2003년 AHS(American Housing Survey)이다. 이 자료에는 모두 주거 만족도를 표시하는 항목을 포함하고 있으므로 두 국가 간 비교가 가능해진다.

한국 통계청에서는 1977년 이래로 가구, 소비, 노동, 교육, 건강, 주택 등의 12가지 분야 중 매년 세 가지 분야를 번갈아가면서 조사하고 있는데, 평균적인 표본개수는 30,000개 정도이다. 사회통계조사의 목표는 전반적인 사회와 삶의 질의 변화를 기록하여 다양한 정부의 사회정책 수립 시 참고할 수 있도록 하는 데 있다. 주택분야를 포함하고 있는 가장 최근의 조사는 2001년과 2004년 조사이며 본 연구에서 한국 자료로 사용하게 된다.

미국 센서스 사무국은 1973년 이래로 홀수년도마다 AHS를 작성하고 있다. 자료의 표본크기는 53,000개이며 내용은 주택형태, 가구구성 및 거주지 수준 등으로 센서스 자료에 비해 주택이라는 특정분야를 중심으로 자료를 조사하고 있다. 미국의 2001년, 2003년 AHS와 한국의 2001년, 2004년 사회통계조사는 비슷한 시기 두 국가의 주거 만족도 관련 자료를 수록하고 있으므로 이들의 차이 및 변화를 고찰하고 분석하는 것은 의미가 있을 것으로 판단된다.

본 연구에서 분석 대상은 18세 이상 가구원으로 제한하였으며 주거목적이 아닌 형태의 주택형태 거주는 표본에서 제외하였다. 비교의 용이성을 위해 본 연구에서는 두 국가 자료에 포함된 종속변수와 설명변수를 재범주화하여 동일한 범주로 통일시켰다.

(2) 종속변인

사회통계조사에서 주택과 거주지 만족을 측정하기 위한 질문은 각각 지금 살고 있는 주택에 대하여 어느 정도 만족하십니까? 와 지금 살고 있는 지역에 대하여 어느 정도 만족하십니까? 이다. 이에 대한 응답은 다섯 개의 리커트 척도(likert-scales)로 이루어진다. AHS의 경우 질문은 1~10점 측도에서, 당신의 주거지에 얼마나 만족하십니까?(최고점 10점, 최저점 1점)이며 열 개의 리커트 척도로 구성된다.

만족도의 범주에 있어 두 국가가 불일치하므로 AHS 10개의 만족도 범주를 사회통계조사의 만족도 범주와 동일한 5개의 리커트 척도로 조정하였다. 선행연구를 참고하여 범주 간 표본수의 편의를 조정하기 위해 10을 매우 만족, 9를 만족, 8은 보통, 6-7은 불만족, 1-5는 매우 불만족으로 분류하였다(Lu, 1999; Champman and Lombard, 2006).

(3) 독립변인

주택과 거주지의 만족도 사이에는 밀접한 상관관계가 존재한다는 것이 많은 연구를 통해 밝혀진 바 있다(Morris et al., 1976; Galster, 1987; Lu, 1999; Basolo and Strong, 2002). 따라서 상호간 영향관계를 분석에 포함시키기 위해 원래의 이산형태 변인을 10 에서 2 까지의 짝수를 취하여 각각의 만족도와 연결, 연속변인의 형태로 변형하여 상호간의 독립변인으로 사용하였다.

선행연구를 살펴보면 주거 만족도를 결정하는 요인으로서 주로 사용된 변인은 주택의 경우 1인당 방수, 주택소유형태, 주택형태, 거주기간 등이고 거주지역의 경우 안전, 사회적 무질서, 지역연대, 범죄율, 공공시설, 교육시설과의 근접도였으며, 사회 인구학적 부분의 경우 연령, 교육수준, 직업, 소득, 인종, 성별, 자녀수, 결혼상태 등 이었다. 본 연구에서는 양 국가의 자료에서 공통으로 구득 가능한 항목을 포함하여 분석하였다.

가구주의 연령(HHERAGE)은 대부분의 주거 만족도 분석연구에서 설명변인으로 통제된다. 일반적으로 연령이 증가할수록 주거환경에 대해 만족하는 것으로 나타나지만(Speare, 1974; McAuley, 1985; MuHugh et al., 1990; Lu, 1999) 일부 연구에서는 상반되는 결과를 보였다(Basolo and Strong, 2002; Jagun et al., 1990). 성별(GENDER) 영향은 한국과 미국의 성역할에 있어서의 차이점을 보여줄 수 있을 것으로 기대된다. 가구 형태(HHTYPE)는 한 개인의 심리적인 안정성에 영향을 미칠 것이며 기혼상태가 미혼상태에 비해 주택이나 거주지 만족도에 긍정적인 영향을 줄 것으로 보인다.

선행연구의 결과에서 보이는 바와 같이 가구주의 교육수준 또한 주거 만족도 형성에 중요한 역할을 한다(Speare, 1974; Galster, 1987; Jagun et al, 1990; Amérigo and Aragonés, 1990; Lu, 1999; Basolo and Strong, 2002). 교육 만족도 변인의 결과는 다음의 특성을 고려하면 매우 흥미로울 것으로 판단된다. 첫째, 한 개인의 교육수준이 증가할수록 더 높은 수준의 주택이나 거주지에 거주할 확률 역시 증가할 것이다. 둘째, 일반적으로 소득과 직업 상 지위는 한 개인의 주거 만족도와 밀접한 연관을 보일 것이지만 사용자료가 이러한 변인들을 모두 포함하지 않으므로 이에 대한 대리변인으로서 교육수준을 통제하게 된다. 버틀러 외(E. W. Butler et al., 1970)는 응답자의 사회경제적 지위를 나타내기 위한 지표로서 교육수준을 사용한 바 있다. 마지막으로 교육수준이 주거 만족도 수준에 미치는 영향에 대한 비교는 교육수준이 두 나라의 실질적인 주거수준과 주관적인 주거 만족도에 어떻게 서로 다른 영향을 미칠 것인가를 보일 수 있을 것으로 기대된다. 교육변인은 네 개의 범주로 구성되며 EDU_1은 고졸 이하를 나타내며 참조집단으로 사용되었다.

표 VI-1. 사용된 변인설명

변인	변인설명
종속변인	
H_SATI	주택 만족도
(주택 모형)	매우 만족(VS), 만족(ST), 보통(NE), 불만족(DS), 매우 불만족(VD)
N_SATI	거주지 만족도
(거주지 모형)	매우 만족(VS), 만족(ST), 보통(NE), 불만족(DS), 매우 불만족(VD)
독립변인	
NEIGHSAT	주택 만족도 연속변인
(주택 모형)	VS=10, ST=8, NE=6, DS=4, VD=2
HOUSSAT	거주지 만족도 연속변인
(거주지 모형)	VS=10, ST=8, NE=6, DS=4, VD=2
YRMOVE	거주기간(년)
HHERAGE	가구주 연령(>18)
GENDER	가구주 성별
	1=남성, 0=여성(ref.)
Education	가구주 교육수준
EDU_1	고졸이하(ref.)
EDU_2	4년제 대졸이하
EDU_3	4년제 대졸
EDU_4	대학원 이상
Household Type	가구주 결혼상태
HHTYPE_1	미혼
HHTYPE_2	기혼
HHTYPE_3	사별/이혼(ref.)
TENURE	주택소유형태
	1=자가, 0=임대(ref.)
HOUSTYPE	주택형태
	1=아파트, 0=그 외(ref.)

거주기간(YRMOVE)은 주거 만족도에 어떤 영향을 미칠 것인가? 주택의 질은 시간이 흐를수록 거주하기에 부적절한 상태로 변화하게 된다. 시간의 경과에 따른 주택 만족도에 있어 한국과 미국 간 차이를 보이지 않을 것으로 예상되는 반면 거주지 만족도에 관한 선행연구에서는 동일 문화 내에서조차 존재하는 불일치한 결과를 고려할 때 예

측이 쉽지 않다(McHugh et al., 1990). 주택소유형태(TENURE)에 있어 자가 소유는 주거 만족도에 긍정적인 영향을 주는 것으로 알려져 있다(Speare, 1974; McAuley and Nutty, 1982; Galster, 1987; Lu, 1999; Basolo and Strong, 2002; Elsinga and Hoekstra, 2005).

그러나 맥휴 외(McHugh et al., 1990)가 밝힌 바와 같이 주거 만족도의 복합성은 간과되어서는 안된다. 또한 자가소유가 차가거주에 비해 주거 만족도에 있어 더 긍정적인 영향을 미친다는 결과 역시 논란의 여지가 존재한다. 케메니(Kemeny, 1986)는 자가소유를 촉진하는 정책에 숨겨진 의도에 의문을 제기하며 바쿠스(Barcus, 2004)는 미국의 경우 차가거주에서 자가소유로의 전환이 주거 만족도를 향상시킨 것은 농촌에서 도시로 이주한 가구로 제한된다는 연구결과를 보인 바 있다. 주택형태(HOUSTYPE)가 개인적 선호의 다양성이나 주택의 물리적 상태에 영향을 받긴 하지만 이는 지역적 맥락에 따라 다른 양상을 보인다. 본 연구에서는 주거 만족도에 있어 한국과 미국 간 공동주택과 단독주택이 가지는 의미의 차이 역시 관찰할 수 있을 것으로 기대된다.

5. 결과

(1) 표본의 특성

1) 주거 만족도 수준

이제부터 매우 만족은 VS로, 만족은 ST로, 보통은 NE로, 불만족은 DS로, 매우 불만족은 VD로 표기하기로 한다. 주택 만족도 수준은, 2001년 사회통계조사와 2001년 AHS(a), 2004년 사회통계조사와 2003년 AHS(b)의 주거 만족도 백분율을 비교하였다[그림 Ⅵ-1]. 2001년과 2003년 주거 만족도 변화를 거의 보이지 않는 미국과는 달리 한국의 경우 2001년과 2004년 사이 상대적으로 큰 변화폭을 기록하여 ST는 1.94% 증가, DS 1.59% 증가, NE 5.16%의 감소를 보였다. 이러한 한국과 미국의 차이는 양국의 서로 다른 주택시장 상황에 의한 것으로 보인다.

거주지 만족도 수준 역시 [그림 Ⅵ-2]에서 보는 바와 같이 동일한 비교를 하였으며 결과를 살펴보면 (a)와 (b) 간 큰 변화가 없는데 이는 조사기간 중 양국 모두 거주지 만족에 있어 안정적인 상황에 있었음을 의미한다고 볼 수 있다.

그림 Ⅵ-1. 주택 만족도 수준 한미 비교

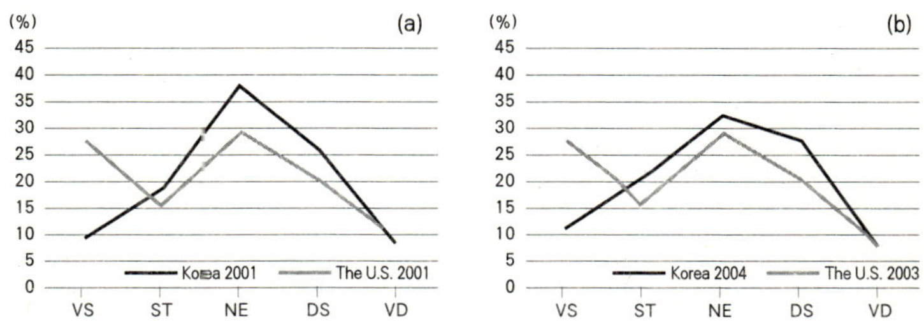

그림 Ⅵ-2. 거주지 만족도 수준 한미 비교

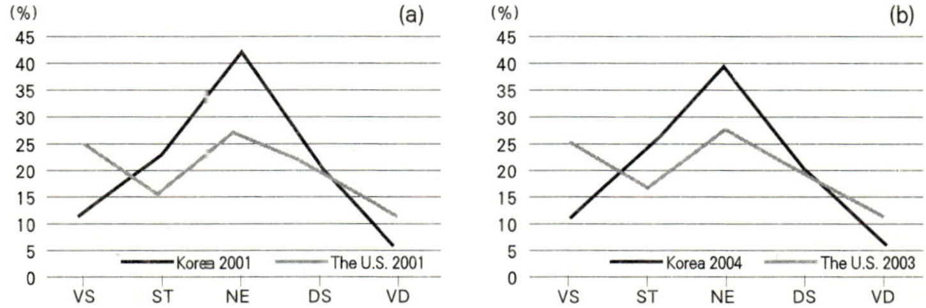

위의 [그림 Ⅵ-1]과 [그림 Ⅵ-2]에서 나타나듯이 주택 만족도와 거주지 만족도 수준 추이에 있어 한국과 미국은 비슷한 경향을 보인다. 한 가지 현저하게 다른 점이라면 VS와 ST의 비율로서, 미국의 경우 VS가 ST에 비해 훨씬 높으며 한국의 경우 반대의 경향을 나타낸다는 것이다. 이에 대해서는 두 가지 설명이 가능하다. 첫째, 실질적인 주거수준에 있어 한국에 비해 미국이 높은 수준이라는 것이다. 즉 미국이 한국에 비해 더 나은 주택과 거주시설 및 환경을 제공하므로 미국인이 한국인에 비해 높은 주거 만족도를 표시한다는 것이다. 둘째, 두 국가를 구성하는 개인들이 서로 다른 인식론적 배경을 지니고 있어 표현방식에 있어 차이를 보인다는 설명이다. 한국인들은 자신의 의견과 감정을 표현함에 있어 유교의 집단중심 전통의 가르침에 따라 겸손하고 집단의 의견을 따르며 혼자서 두드러지지 않아야 한다고 교육받는다. 이와는 달리 미국인의 경우 감정에 정직하며 특히 긍정적인 것인 경우 이러한 감정을 망설임 없이 표현하는 경향이 있다(Nisbett, 2003). 이러한 습성은 실용주의와 개인주의에서 강조하는 자기 확신과 긍정주의에서 유래한다고 볼 수 있다.

표 Ⅵ-2. 주택 만족도 모형의 표본특성

변인	한국						미국					
	2001						2001					
	Total	VS	ST	NE	DS	VD	Total	VS	ST	NE	DS	VD
Mean HHERAGE (year)	47.35	52.81	49.27	46.84	46.16	46.22	49.42	54.72	50.36	48.31	44.57	44.94
Mean YRMOVE (year)	10.04	14.50	11.34	8.75	9.29	10.27	11.04	13.32	11.39	10.84	8.87	8.43
% GENDER (Male)	76.14	79.08	77.11	75.77	76.96	73.16	58.35	57.24	61.01	59.60	58.61	52.22
% EDU_2	9.31	7.22	9.15	9.57	10.20	7.97	28.18	25.95	27.55	28.73	30.65	29.05
% EDU_3	13.44	14.07	16.24	12.75	12.70	11.74	17.57	14.78	21.57	18.74	18.85	12.33
% EDU_4	2.84	3.61	4.16	2.46	2.62	1.39	9.82	9.12	12.56	10.70	9.13	5.69
% HHTYPE_1	10.[illegible]2	6.07	8.49	11.74	10.09	9.95	18.15	11.10	15.73	18.08	25.68	28.52
% HHTYPE_2	74.71	78.12	76.30	72.82	75.96	71.82	56.30	60.51	60.21	57.69	50.67	43.70
% TENURE	56.35	79.12	66.44	51.62	51.40	44.00	66.96	78.42	75.51	68.79	54.40	36.64
% HOUSTYPE	28.37	28.81	35.18	29.76	25.06	15.86	24.70	16.42	20.01	23.65	33.47	43.70
	2004						2003					
	Total	VS	ST	NE	DS	VD	Total	VS	ST	NE	DS	VD
Mean HHERAGE (year)	48.26	53.46	50.27	47.16	46.29	47.26	49.59	54.95	50.34	48.37	44.79	45.39
Mean YRMOVE (year)	8.43	11.01	8.96	7.60	8.17	8.41	11.16	13.21	11.53	10.99	9.12	8.74
% GENDER (Male)	75.24	76.27	75.22	75.39	75.93	70.87	57.22	55.25	60.21	58.85	58.09	49.88
% EDU_2	8.93	6.64	8.68	9.67	9.60	8.06	28.42	26.48	27.64	29.02	30.96	28.33
% EDU_3	16.33	15.02	17.77	16.36	16.56	13.50	18.39	15.92	22.27	19.66	18.93	13.09
% EDU_4	3.35	4.59	4.12	2.81	3.25	2.30	10.10	9.55	13.72	10.69	8.77	5.82
% HHTYPE_1	9.05	5.84	7.10	11.26	9.02	9.59	18.23	12.17	14.81	18.23	25.76	27.74
% HHTYPE_2	73.72	76.07	75.19	71.57	75.62	69.02	56.29	59.20	62.31	57.09	50.74	44.65
% TENURE	59.97	78.91	69.99	55.38	55.37	42.87	67.44	78.12	76.81	69.12	54.55	36.58
% HOUSTYPE	37.75	34.54	43.91	40.33	36.04	21.68	25.11	18.01	18.88	24.15	33.28	45.99

Note: VS=매우 만족, ST=만족, NE=보통, DS=불만족, VD=매우 불만족

출처: 한국-사회통계조사(2001, 2004), 미국-American Housing Survey(2001, 2003)

표 VI-3. 거주지 만족도 모형의 표본특성

변인	한국						미국					
	2001						2001					
	Total	VS	ST	NE	DS	VD	Total	VS	ST	NE	DS	VD
Mean HHERAGE (year)	47.65	53.34	49.37	46.95	44.97	44.27	49.42	54.30	49.88	48.82	45.77	45.48
Mean YRMOVE (year)	10.04	15.52	11.63	8.90	8.12	8.28	11.04	12.92	10.98	10.99	9.52	9.58
% GENDER (Male)	76.44	75.57	75.79	75.34	79.32	78.36	58.35	57.31	61.36	59.96	59.26	50.79
% EDU_2	9.31	7.16	8.93	9.33	10.50	10.65	28.18	25.27	28.33	28.37	30.60	29.71
% EDU_3	13.44	14.61	14.82	11.61	14.70	14.68	17.57	15.06	21.55	18.68	18.81	12.52
% EDU_4	2.84	3.97	3.48	2.37	2.64	2.27	9.82	9.07	12.60	10.80	9.49	5.70
% HHTYPE_1	10.02	5.37	8.51	11.90	10.28	10.32	18.15	12.01	15.23	17.56	23.86	27.41
% HHTYPE_2	74.71	75.73	74.90	71.97	78.74	77.68	56.30	59.06	61.40	58.34	52.18	45.18
% TENURE	56.35	74.67	62.52	50.89	52.85	47.48	66.96	74.55	73.53	69.97	58.98	47.36
% HOUSTYPE	28.37	30.99	33.12	27.20	26.32	18.62	24.70	17.73	19.92	23.24	31.28	39.09
	2004						2003					
	Total	VS	ST	NE	DS	VD	Total	VS	ST	NE	DS	VD
Mean HHERAGE (year)	48.26	52.93	49.71	47.95	45.14	45.91	49.59	54.35	50.12	49.00	45.95	45.64
Mean YRMOVE (year)	8.48	10.86	9.07	8.10	7.35	7.87	11.16	12.79	11.33	11.12	9.79	9.60
% GENDER (Male)	75.24	74.67	74.54	73.95	78.70	76.11	57.22	55.46	60.35	59.24	57.49	50.76
% EDU_2	8.98	7.05	8.59	9.01	10.52	8.84	28.42	26.43	28.20	28.49	30.38	29.74
% EDU_3	16.33	16.88	18.21	14.54	17.44	15.58	18.39	16.00	21.99	20.01	19.06	13.03
% EDU_4	3.36	5.03	4.15	2.55	3.26	2.53	10.10	9.40	13.49	10.90	9.36	5.82
% HHTYPE_1	9.05	5.82	7.75	10.48	9.08	11.19	18.23	12.60	15.98	17.55	23.60	27.04
% HHTYPE_2	73.72	75.34	74.56	70.65	77.82	73.65	56.29	59.05	61.06	57.45	51.89	47.40
% TENURE	59.97	74.90	66.14	55.67	55.50	49.04	67.44	74.56	74.21	70.49	59.70	46.11
% HOUSTYPE	37.75	38.46	44.12	35.79	36.33	26.90	25.11	18.57	20.15	23.22	31.56	41.51

Note: VS=매우 만족, ST=만족, NE=보통, DS=불만족, VD=매우 불만족

출처: 한국-사회통계조사(2001, 2004), 미국-American Housing Survey(2001, 2003)

2) 변인별 특성

본 연구에서 사용된 표본의 특성을 파악하기 위해 주거 만족도 수준별 독립변인의 통계적 특성을 살펴보기로 한다[표 Ⅵ-3]. 평균적으로 한국의 가구주는 미국의 가구주에 비해 연령이 약간 낮아서 2001년의 경우 1.77세, 2004년(미국은 2003년)의 경우 1.33세의 차이를 보였다. 현 거주지에서의 거주기간은 한국의 경우 2001년 10.04년에서 2004년 8.48년으로 감소하였으며 미국의 경우 가구주의 연령이 2001년과 2003년 큰 차이를 보이지 않았다. 주거 만족도별로는 VS의 거주기간이 가장 길게 나타나 장기간의 거주가 주거 만족도에 긍정적인 영향을 미치는 것으로 보인다.

남성이 가구주인 경우 성별차이가 미국에 비해 한국에서 훨씬 높게 나타났는데 이는 가정 내에서 남성과 여성의 위계관계를 규정하는 덕목인 유교의 부부유별(夫婦有別) 사상의 영향으로 볼 수 있다. 가구주의 교육수준에 있어 한국과 미국은 매우 상이한 모습을 나타내고 있다. 한국인 가구주 평균연령대의 출생 시기인 1950년대는 한국전쟁하의 혼란함으로 인해 교육을 충분히 받지 못하는 상황이었음을 반영하고 있는 것으로 보인다.

한국과 미국 모두에서 대졸이상 학력 가구주 집단의 주거 만족도는 ST의 비율이 높다. 2001년 대졸이상, 대학원 미만의 경우를 예로 들면, 이 집단이 2001년 전체 표본에서 차지하는 비율은 13.44%인데 주택 만족도는 VS 14.07%, ST 16.24%, NE 12.75%, DS 12.70%, VD 11.74%를 각각 보이고 있다. 미국의 경우 동일한 학력을 가진 가구주는 17.57%를 차지하며 주택 만족도 수준에 있어 VS 14.78%, ST

21.57%, NE 18.74%, DS 18.85%, VD 12.33%의 비율을 보였다.

결혼상태의 경우 기혼 응답자가 주택과 거주지 만족도에 있어 다른 형태의 결혼상태 응답자에 비해 높은 주거 만족도를 나타냈으며 이러한 경향은 한국의 경우에 더욱 두드러진다. 주택소유형태에 있어서는 자가소유자가 자신의 현재 주거상태에 높은 만족도를 표시하고 있다. 가장 높은 주택 만족도 수준을 표시한 응답자는 한국의 경우 2001년 79.12%, 2004년 78.91%를, 미국의 경우 2001년 78.42%, 2004년 78.12%를 나타냈으며, 가장 높은 거주지 만족도 수준을 보인 응답자는 한국의 경우 2001년 74.67%, 2004년 74.90%를, 미국의 경우 2001년 74.55%, 2004년 74.56%를 나타냈다.

한국의 공동주택거주자는 2001년과 2004년 사이에 28.37%에서 37.75%로 증가한 반면 미국의 경우 25% 수준을 유지했다. 이러한 공동주택의 증가와 자가 소유의 증가는 한국의 주택상황이 보다 역동적인 현실을 반영하고 있는 것으로 판단된다. 주택형태에 따른 주거 만족도 수준 역시 차이를 보여 한국의 경우 공동주택 거주자가, 미국의 경우 단독주택 거주자가 더 높은 만족도를 표시하고 있다. 이는 한국의 경우 공동주택 거주자의 50%가 자가소유인 반면 미국의 경우 대부분 임대거주인 사실에서도 알 수 있다.

(2) 순서형 프라빗 모형 분석결과

앞서 언급한 바와 같이 본 연구의 주요 목적은 한국과 미국의 주거 만족도 수준의 차이의 존재여부를 검증하는 것이다. 이를 위해 다음 부분에서는 순서형 프라빗 모형(Ordered Probit Model)을 적용한 분석결과를 이용해 한국과 미국 주거 만족도의 결정요인을 도출하도록 한다.

1) 주거 만족도 결정요인

① 주택 만족도

양국의 주택 만족도 모형 결과는 대부분 선행연구와 일치하였으며 [표 VI-4]에서 보듯 두 국가 간 차이가 거의 없었다. 그러나 성별, 교육, 그리고 주택형태 변인에 있어 두 국가는 분명한 대조를 나타낸다.

주택 만족도 수준은 거주지 만족도 수준과 비례관계를 보인다. 예상한 바와 같이 거주기간이 증가할수록 두 국가 모두에 있어 주택 만족도는 감소하였으며 이는 선행연구와 일치하는 결과이다 (Onibokun, 1976; Galster, 1987; McHugh et al., 1990; Amérigo and Aragonés, 1990).

표 VI - 4. 주택 만족도 모형 결과

변인	2001						2004 (The U.S. 2003)					
	한국			미국			한국			미국		
	coeff.		s.e.	coeff.		s.e.	coeff.		s.e.	coeff.		s.e.
NEIGHSAT	0.2913	***	0.0035	0.3043	***	0.0025	0.2801	***	0.0032	0.3190	***	0.0025
YRMOVE	−0.0040	***	0.0006	−0.0024	***	0.0006	−0.0091	***	0.0010	−0.0037	***	0.0006
HHERAGE	0.0048	***	0.0006	0.0072	***	0.0005	0.0084	***	0.0006	0.0081	***	0.0005
GENDER	0.0368	**	0.0186	−0.0726	***	0.0124	0.0507	***	0.0175	−0.0646	***	0.0123
EDU_2	0.0588	**	0.0231	−0.0193		0.0138	0.0644	***	0.0227	−0.0253	*	0.0139
EDU_3	0.0867	***	0.0197	−0.0445	***	0.0162	0.0341	*	0.0177	−0.0351	**	0.0162
EDU_4	0.1640	***	0.0389	−0.0391	*	0.0202	0.0965	*	0.0344	−0.0336	*	0.0202
HHTYPE_1	0.2113	***	0.0313	0.0554	***	0.0198	0.2110	***	0.0296	0.0629	***	0.0199
HHTYPE_2	0.0590	***	0.0228	0.0780	***	0.0154	0.0432	**	0.0209	0.0715	***	0.0154
TENURE	0.2870	***	0.0155	0.4068	***	0.0169	0.3158	***	0.0149	0.4272	***	0.0173
HOUSTYPE	0.0806	***	0.0156	0.0167		0.0173	0.0585	***	0.0139	0.0610	***	0.0177
CONSTANT	3.8940	***	0.0452	3.3763	***	0.034	3.8837	***	0.0426	3.5636	***	0.0349

* $p < 0.10$; ** $p < 0.05$; *** $p < 0.01$

최근의 이주경험과 주택 만족도를 설명하는 일부 연구결과도 이러한 식으로 설명될 수 있을 것이다(Morris et al., 1976; Bross, 1975).

연령(HHAGE)이 증가할수록 낮은 연령대에 비해 주택에 대해 높은 만족도를 보이는 것으로 나타났다. 예를 들어 2001년 한국의 경우, 연령이 한 단위 증가할 때 VS와 ST는 각각 0.6%와 1%의 증가를 보인 반면 DS와 VD는 1.2%, 0.5%의 감소를 나타냈다. 동일한 시기 미국의 경우 역시 VS 2.1%, ST 0.5% 증가하였으며 DS 1.6%, VD 0.5% 감소를 보였다. 연령증가와 만족도 간 긍정적 비례관계에 대해서는 두 가지 설명이 가능하다. 먼저 연령이 증가할수록 주어진 삶에 대한 체념 혹은 수용의 태도를 보이게 된다는 것이다(Galster, 1987; Lu, 1999). 연령이 높은 집단은 주택 뿐 아니라 삶 전반에 걸쳐 이러한 태도를 보인다(Campbell et al., 1976). 두 번째 설명은 모리스와 윈터(Morris and Winter, 1978)의 주장과 같은 맥락에서 연령과 사회경제적 지위가 일반적으로 비례한다는 사실에서 찾을 수 있다. 그는 연령의 증가와 함께 주택의 질을 개선하기 위한 여유자금 역시 증가하므로 주택에 대한 만족도는 증가하게 된다고 주장하였다.

서로 다른 사회의 상이한 사회화 과정으로 인해 문화적 배경에 따라 성역할에는 차이를 보이게 된다(Tran and Nguye, 1994). 나아가 성의 차이에 따라 지위가 결정되기도 하며 타인과의 상호작용 방식에도 영향을 미치게 된다(Hughs, 1945; Angrist, 1969). 유교의 철학과 윤리적 가르침은 지속적으로 한국의 가족생활에 영향을 미쳐왔으며 그 안에서 여성은 가사노동과 자녀교육을 전담하게 된다(Lee et al., 2004). 여성이 점차 자녀를 양육하거나 가사일을 돌보는 등 자신에게 주어진 역할에 대해 부당하다고 여기게 됨에 따라(Gove and Rudor, 1973), 이러한 부담은 한국의 여성에게 있어 주택 만족의 감소요인으로 작용하게 될 수 있다. 한국의 주택 만족도 모형분석 결과 여성의 경우 주택에 대한 VS 예상확률은 5.43%인 반면 남성은 5.84%였다. 한국 여성과 비교했을 때 상대적으로 높은 사회적 지위를 누리는 미국여성의 경우 이러한 높은 지위는 실용주의의 도구적 진실과 도덕으로 인한 것이라는 해석이 가능하다.[2] 미국 사회에서 여성들은 대공황 이후 산업화 사회의 문제와 변화에 적응하는 과정에서 양성평등을 요구하게 되었다(Herman, 1944).[3] 상대적으로 자유로운 미국 사회의 분위기와 양성 지위의 평등이 한국과는 달리 여성이 남성에 비해 주택에 대해 높은 만족도를 나타내는 결과로 이어져 2001년 주택에 대해 매우 만족할 확률은 남성 20.42% 여성 22.5%를 나타냈다.

---

(2) 설명변수의 단위, 혹은 범주가 변화하면서 종속변수에 미치는 확률상의 영향을 나타내는 한계효과를 구하였으며 이후 기술하는 한계효과는 아래의 방법을 통하여 구하였음을 밝힌다. 연속변인의 경우 한 단위 증감에 따른 종속변인 확률의 변화를, 더미변인의 경우 범주의 변화에 따른 종속변인 확률의 변화를 나타내는 것이 한계효과(Marginal Effect)이다. 사건의 확률에 대한 한계효과를 구하는 방법은 두 가지이다. 첫 번째로는 p.441의 확률식 (2)를 해당변수에 대해 1계 편미분하여 구할 수 있다. (2)를 일반화하여 이에 대해 편미분하면,

$$\frac{\partial \mathrm{Prob}(y=j)}{\partial x_k} = \frac{\partial}{\partial x_k}\left[\Phi\left(\mu_j - \sum_{k=1}^{K}\beta_k x_k\right) - \Phi\left(\mu_{j-1} - \sum_{k=1}^{K}\beta_k x_k\right)\right]$$
$$= \left[\phi\left(\mu_{j-1} - \sum_{k=1}^{K}\beta_k x_k\right) - \phi\left(\mu_j - \sum_{k=1}^{K}\beta_k x_k\right)\right]\beta_k$$

이며, 이에 따라 편미분된 CDF는 표준정규분포함수로 변환되어 본 연구에 적용하면 각 설명변수의 범주변화에 따른 한계효과를 나타낸다. 계산을 위해서는 표준정규분포함수의 식 $\phi(Z) = (2\pi)^{-\frac{1}{2}}\exp\left(-\frac{Z^2}{2}\right)$ 을 이용한다. 한계효과를 도출하는 두 번째 방법은 확률식 (2)를 통해 각 범주의 확률(연속변인의 경우 한 단위 증감 전후의 확률)을 구한 후, 두 범주 간 차를 계산하는 것이다. 더미변인의 경우 편미분의 한계효과가 두 확률의 차를 이용해 구한 한계효과보다 크므로 두 확률 간 차이를 이용한 계산방법이 조금 더 바람직하다(이성우 외, 2005).

(3) 진실과 선은 고정된 것이 아니며 단지 인간이 과학적 도구를 통해 현재의 문제에 대한 해결책을 만들어낸 것에 지나지 않는다(Herman, 1944).

그림 VI -3. 주택만족도 모형에서 나타난 교육의 한계효과

(고졸이하 vs 4년제 대졸 이상)

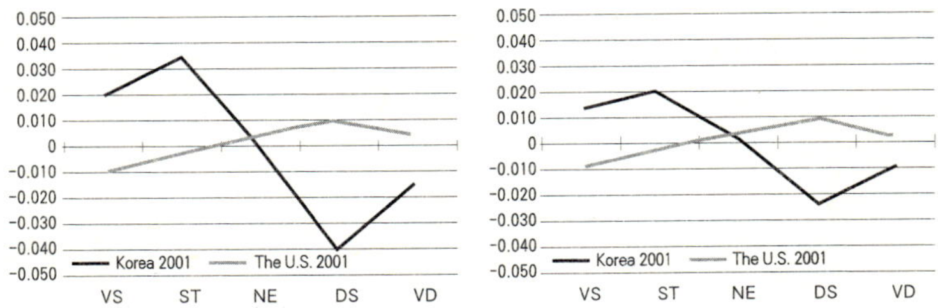

한국과 미국의 교육수준이 보인 결과의 불일치[그림 VI-3]는 다소 의외의 결과이다. 한국의 경우 고졸 이하 대비 교육수준이 높아질수록 높은 주택 만족도를 나타낼 확률 역시 증가한다. 2001년 고졸 이하의 거주자가 주택에 대해 매우 만족을 나타내는 확률은 5.5%인 반면 4년제 대졸 이상의 거주자는 7.5%의 확률을 보여 4년제 대졸이상 에서 고졸 이하로의 변화에 따른 한계효과는 (+)2.08%를 나타냈다. 매우 불만족 범주에 있어서는 고졸 이하 5.3%, 4년제 대졸 이상 3.7%의 확률로 한계효과는 (-)1.5%였다. 그러나 미국의 경우 주택 만족도와 교육수준은 반비례의 관계를 보여 가장 낮은 교육수준 집단이 높은 주택 만족도를 나타낸다. 고졸 이하 집단이 주택에 대해 매우 만족을 나타낼 확률은 21.7%이며 4년제 대졸 이상 집단의 확률은 20.6%로 나타나 4년제 대졸 이상에서 고졸 이하로의 변화는 (-)1.13%의 한계효과를 보였다. 매우 불만족의 경우 고졸 이하는 3%, 4년제 대졸 이상은 3.3%의 확률로 한계효과는 (+)0.3%이다. 제이건 외(Jagun et al., 1990)와 바솔로와 스트롱(Basolo and D. Strong, 2002) 역

시 미국의 사례에서 비슷한 결과를 도출하였다. 이렇듯 상대적으로 낮은 수준의 주거환경에 거주하는 집단이 물리적으로 열악한 주거환경에도 불구하고 높은 주거 만족도를 나타내는 것을 쇼어(Schorr, 1966)은 역설적 결과(paradoxical finding) 라 명명한 바 있는데 이는 본 연구에 있어 미국의 경우에 해당한다. 한국이 보인 경향에 있어서는 대부분의 사람들은 사회경제적 지위에 따라 자신의 주거환경을 조정한다는 모리스와 윈터(Morris and Winter, 1978)의 주장이 그 원인을 적절히 설명하는 것으로 판단된다.

교육수준 변인 결과에 있어 한국과 미국이 보인 불일치는 또한 두 사회에서 교육이 갖는 의미의 차이에서 기인한 것일 가능성도 존재한다. 미국인들은 추상적인 교리, 지식을 위한 지식, 탁상공론, 그리고 쓸데없는 질문 등을 경시하며 실용적인 것에 가치를 둔다(Herman, 1944). 탐구와 경험, 그리고 과학을 통해 획득된 지식을 향상시키기 위해 실용주의에서 교육은 매우 중요하게 여겨졌다. 이는 논어(論語)에서 설명하듯이 극(極)을 깨달음으로써 인간본성의 선함을 회복하거나 높은 사회경제적 지위를 획득하는 수단으로써의 교육이 강조되는 것과는 다른 측면이다(이영찬, 2001). 높은 교육수준이 반드시 실용적인 것만은 아니며 오히려 경우에 따라 반대의 결과를 낳기도 한다. 또한 지식의 불완전성에 대한 강조와 실용주의적 관점이 가지는 주관성으로 인해 낮은 학력집단이 예상 밖의 주택 만족도를 나타내게 되었을 수 있다. 교육변인에서 보인 두 국가 간 불일치의 또 다른 원인으로는 앞서 언급한 바와 같이 미국의 경우 한국에 비해 전반적인 주택의 질이 높은 반면 사회경제적 계층 간 거주하는 주택의 질에 있어서의 편차는 적은 편이지만 한국의 경우 교육수준의 높고 낮음이 주택환경을 결정하게 되는 정도가 미국에 비해 크므로 이러한 결과를 보였을 가능성도 있다.

한국과 미국 모두에 있어 기혼의, 자가 소유자이면서 공동주택에 거주하는 집단이 그렇지 않은 집단에 비해 상대적으로 더 높은 주택 만족도를 나타냈다. 호엑스트라(Hoekstra, 2005)는 자가 소유의 주택이 임대거주 주택에 비해 높은 질적 수준을 보유함을 보인 바 있다. 그러나 자가 소유 선호에 따른 높은 주택 만족도가 모든 국가에 해당되지는 않는다(Elsinga and Hoekstra, 2005). 자가 소유에 대한 선호는 특히 영어사용 국가에서 두드러지며 손더스(Saunders, 1990)는 서구사회에서 개인주의와 사유재산을 중시하는 특성으로 인해 나타난 현상이라 설명하고 있다. 규범으로서의 자가 소유는 미국 역사와 특히 주택금융과 주택관련 세제에 있어서의 주택정책 전반을 지배하고 있다(Morris and Winter, 1978; Kemeny, 1986). 이러한 규범에 따라 미국인들은 자가 소유에 대한 명백한 선호를 보여 자금여력이 부족한 경우 임대상태로 단독주택에 거주하는 것 보다는 단독주택에 비해 질이 낮다고 여겨지는 공동주택을 소유하여 거주하는 대안을 선택하기도 한다(Lee and Myers, 2003). 자가소유는 그러나 미국보다 한국에서 더 강한 영향력을 발휘하는 것으로 보인다. 주역(周易)에 의하면 어머니와 같은 개념으로서의 땅(地)은 가족과 사회의 형성을 위해 가장 기본이 되는 두 가지 요소 중 하나이다(금장태, 2000). 가족은 한 개인의 삶에 있어 중심이 되며 땅은 선조와 후세를 잇는 구체적인 기반으로서 기능한다. 따라서 한국인이 전통적으로 가지던 토지소유에 대한 강한 집착이 자가소유

선호의 형태로 나타나는 것은 예상할 수 있는 현상이다.

주택 만족도 관련 선행연구에서는 주택형태에 있어 대부분 단독주택이 공동주택에 비해 높은 주택 만족도로 이어진다는 결과를 보였다(Michelson, 1976; Michelson, 1977; Morris and Winter, 1978; Jagun et al., 1990; Lee and Myers, 2003). 미국에서 공동주택은 제한적인 생활공간, 시설의 공동사용 등의 문제로 인해 비선호 주택형태로 분류된다. 이렇게 단독주택을 선호하게 된 데는 미국의 개인주의와 자연환경에서 일부 기인한다. 타인과 생활공간을 공동으로 사용하는 것을 꺼리는 것은 듀이가 현대 사회의 어두운 면이라 할 수 있는 상호 의존성에 관해 설명하며 언급한 바 있듯이(Shannon, 1996), 개인중심적인 사고와 프라이버시 보호에 대한 강력한 욕구가 내재되어 있다. 토지사용 측면에 있어 미국은 한국과 비교했을 때 훨씬 넓은 가용 토지를 보유하고 있다. 따라서 주택 공급업자는 공간적 제한과 높은 토지가격으로 인해 질 낮고 비좁은 주택을 도심지역에 공급하는 것보다는 공간적으로 여유있고 편리한 단독주택을 교외지역에 공급할 수 있었다. 주택은 심리적 스트레스와 직접적으로 연결되어 있으므로 공동주택의 바람직하지 못한 특성은 주택 만족도의 저하로 이어진다. 이러한 특성에도 불구하고 본 연구에서 한국과 미국 모두 다른 주택형태에 비해 공동주택 거주가 주택 만족도의 증가로 이어진다는 결과를 나타냈다. 예상과는 다른 주택형태의 결과는 쇼어(Schorr, 1966)의 역설적 결과로도 설명할 수 있다. 즉 주택을 위한 지출여력(housing affordability)이 부족한 집단에서 더욱 높은 주택 만족도를 표시한다는 것이다. 동일한 결과를 보인 한국의 경우 주택정책 측면에서 미국과는 다른 설명의 틀이 필요하다. 미국과 달리 한국에 있어 공동주택은 단독주택에 비해 더 높은 삶의 질과 생활의 편리를 상징한다. 한국의 급속한 도시화와 산업화는 도시에서의 주택수요를 증가시켰으며 대규모 주택공급을 주도했던 건설산업은 한국 경제성장의 큰 축으로서 기능했다. 주택부족이 어느 정도 해결되고 전반적인 삶의 수준이 향상되면서 주택정책의 초점은 양(量)적 공급에서 질(質)적 공급으로 전환되었다(Kim et al., 2005). 이러한 기간에 집중적으로 공급되었던 주택형태가 공동주택, 즉 아파트이며 통계청의 2000년 인구주택총조사에 따르면 공동주택은 약 5백 2십만 호로서 전체 주택총량의 47.73%를 점하고 있다(Kim et al., 2005). 이 시기 주택정책의 주요 수혜계층이 중산층 이상의 계층이었으며(김경환 · 서승환, 1994; Kim, 2000) 새로이 건설되는 양질의 주택의 형태가 주로 아파트였다고 한다면 주거공간으로서의 아파트에 대한 선호는 한국적 맥락에서는 쉽게 이해될 수 있는 부분이다.

② 거주지 만족도

거주지 만족도 모형에서 나타난 결과 역시 전반적으로 통계적 유의성을 보였다. 그러나 거주기간, 성별, 가구형태 등의 결과는 [표 Ⅵ-5]에 나타난 바와 같이 주택 만족도와 상반되는 결과를 나타냈다. 이번 장에서는 거주지 만족도와 더불어 주택 만족도와 거주지 만족도에 대한 비교를 포함하기로 한다. 선행연구와 본 연구의 앞부분에서 밝혀졌듯이 주택 만족도의 증가는 거주지 만족도의 증가와 밀접한 양의 상관관계를 가지고 있다. 주택 만족도에서와 마찬가지로 높은 연령의 응답자일수록 높은 수준의 거주지 만족도를 나타내어 2001년 한국의 경우 연령이 1년 증가할 때 매우 만족과 만족의 확률은 각각 0.11%, 0.17% 증가한 반면 매우 불만족과 불만족의 확률은 0.04%, 0.19%의 감소를 보였다. 미국의 경우 역시 매우 만족과 만족의 확률은 각각 0.16%, 0.07% 증가했지만 매우 불만족과 불만족의 확률은 0.07%, 0.12%감소하였다. 이는 오(Oh, 2003)의 주장과 같이 이들이 사회적 유대관계에 보다 가치를 두기 때문일 수도 있으며, 챔프만과 롬바드(Champman and Lombard, 2006)가 설명하듯 연령의 증가에 따라 증가한 자산으로 인해 보다 만족할 만한 거주지에 거주할 수 있는 여력이 생기기 때문으로 볼 수도 있겠다. 이 중 두 번째 설명은 주택 만족도 부분에서 연령과 만족도의 비례관계 설명 시 동일하게 언급되었던 것으로 주택 만족도와 거주지 만족도 간에 양의 상관관계를 다시 한 번 확인할 수 있다.

선행연구에서는 동일한 지역에서의 거주기간 증가가 사회적, 심리적 관계의 축적을 통해 공동체 유대를 강화시키므로 결과적으로 거주지 만족도가 증가하게 된다는 결과를 보였다(Speare, 1974; Morris and Winter, 1978; McAuley and Nutty, 1982; McHugh et al., 1990; Lu, 1999). 2001년 한국의 경우 거주기간이 1년 증가함에 따라 거주지에 대해 매우 만족 할 확률은 0.10%, 만족 확률은 0.16% 증가하는 반면 매우 불만족과 불만족의 확률은 각각 0.04%, 0.18% 감소하는 것으로 나타났다. 그러나 미국의 경우 상반되는 결과를 보여 동일시기 거주기간 한 단위 증가에 따른 매우 만족과 만족의 확률은 11%, 7%의 감소를 보였고 매우 불만족과 불만족의 확률은 8.7%와 10.4%의 증가를 나타냈다. 이는 약화된 공동체 유대(Gueste et al., 1999; Putnam, 1995)로 인한 최근의 사회적 상호작용의 변화(Philipson et al., 1999)가 원인이 되었을 것으로 보인다. 한 가구가 주거환경에 대해 만족하지 못하는 상태가 지속되면 시간이 흐를수록 주거 상의 스트레스가 가중되게 된다는 허프와 클라크(Huff and Clark, 1978)의 스트레스 축적 가설에 부합하는 미국의 결과는 맥휴 외(McHugh et al., 1990)의 연구에서도 나타난 바 있다. 거주기간에 따른 거주지 만족도의 변화가 양 국가에 있어 이렇게 상이하게 나타나는 현상은 한국의 공동체 중심경향과 미국의 자아확신 및 개인주의라는 인식론적 관점에서도 조망할 수 있겠다.

성별에 있어 미국의 경우 남성이, 한국의 경우 여성이 거주지에 대한 만족도가 더 큰 것으로 드러났다. 교육수준이 상대적으로 높은 집단에서 거주지에 대해 더 높은 만족도를 표시하였는데, 이는 [표 Ⅵ-5]에서 보듯 한국과 미국에서 공통적으로 나타났다. 2001년 한국의 경우 고졸 이하 의 교육집단에서 4년제 대졸이상의 교육집단으로의 변화로 인한 매우 만족과 만족의 한계효과는 1.7%, 2.4%였으며 미국의 경우 동일시기 동일집단의 한계효과는 1.5%, 0.6%로 나타났다. 반면 매우 불만족과 불만족의 한계효과는 한국의 경우 (-)0.5%와 (-)2.7%를, 미국의 경우 (-)0.6%, (-)1.1%를 보였다. 교육수준별 주택 만족도와 거주지 만족도의 추이가 비슷했던 한국과 달리, 미국의 경우 교육수준이 높은 집단이 주택에 대해서는 상대적으로 낮은 만족도를, 거주지에 대해서는 상대적으로 높은 만족도를 나타냈다는 점은 주목할 만하다. 워스(Wirth, 1947)에 따르면 이는 미국인이 사회적 지위, 사람의 질, 이웃의 인종구성 등에 민감하기 때문이다. 그러므로 교육수준이 높은 미국인은 약간 낮은 질의 주택을 감수하고서라도 주거예산을 거주지역에 투자하는 것으로 해석할 수 있다.

표 VI-5. 거주지 만족도 모형 결과

	2001						2004 (The U.S.2003)					
	한국			미국			한국			미국		
변인	coeff.		s.e.	coeff.		s.e.	coeff.		s.e.	coeff.		s.e.
HOUSSAT	0.2775	***	0.0033	0.3130	***	0.0025	0.2633	***	0.0030	0.3291	***	0.0026
YRMOVE	0.0078	***	0.0006	−0.0035	***	0.0006	0.0089	***	0.0010	−0.0032	***	0.0006
HHERAGE	0.0079	***	0.0006	0.0060	***	0.0005	0.0070	***	0.0006	0.0057	***	0.0005
GENDER	−0.0173		0.0187	0.0254	**	0.0123	−0.0637	***	0.0175	0.0167		0.0122
EDU_2	0.0118		0.0233	−0.0141		0.0137	0.0428	*	0.0228	0.0016		0.0138
EDU_3	0.0202		0.0198	0.0517	***	0.0161	0.0855	***	0.0177	0.0543	***	0.0161
EDU_4	0.1162	***	0.0391	0.0572	***	0.0200	0.1953	***	0.0346	0.0519	***	0.0200
HHTYPE_1	−0.0003		0.0315	−0.0290		0.0197	0.0377		0.0297	−0.0100		0.0198
HHTYPE_2	−0.0959	***	0.0230	0.0374	**	0.0153	−0.0137		0.0210	0.0317	**	0.0152
TENURE	−0.0539	***	0.0156	−0.0823	***	0.0169	−0.0106		0.0250	−0.0920	***	0.0173
HOUSTYPE	0.1655	***	0.0157	−0.1582	***	0.0173	0.1412	***	0.0140	−0.1833	***	0.0176
CONSTANT	3.4989	***	0.0439	3.1840	***	0.0334	3.4521	***	0.0412	3.2809	***	0.034

* p 〈 0.10; ** p 〈 0.05; *** p 〈 0.01

한국의 기혼집단이 미혼이나 사별, 이혼집단에 비해 높은 거주지 만족도를 나타낼 확률은 낮은 것으로 나타난 반면 미국의 기혼집단은 더 높은 거주지 만족도를 나타냈다. 기혼집단이 질적으로 더 높은 수준의 거주환경을 가지는 것이 일반적이라는 선행연구(Jagun et al., 1990; Galster, 1987)를 고려할 때 한국의 이러한 결과는 의외이다. 물론 기혼상태와 거주지 만족도가 반비례한다는 캠벨 외(Campbell et al., 1976)의 연구결과가 한국의 결과를 뒷받침하긴 하지만 미국의 경우 반대의 결과가 나타난 것을 고려할 때 한국의 결과를 설명할 만한 좀 더 만족스러운 근거가 필요할 것으로 여겨진다. 유교에 있어 부모에 대한 감사를 표시하는 것이 효(孝)의 개념인데 효의 효과적인 표현방법 중 하나가 입신양명(立身揚名)이었으며 이것이 한국 교육열의 기원이 되었다고 오만석(2001)은 설명한다. 조선시대 관리가 되는 유일한 방편은 과거급제였으며 이를 위해서는 혹독한 학문적 수련이 선행되어야 했다. 이러한 전통으로 인해 현재까지도 한국사회에서 교육은 매우 중요시되고 있으며 본 연구에서 나타난 바와 같이 한국에 있어 교육수준이 이후의 삶의 질을 결정하는 정도가 미국에 비해 현저히 중요한 요소로 자리 잡는 배경이 되었다(Shin, 1986). 따라서 한국 학부모의 교육열로 인해 한국에서 교육관련 지출은 GDP 대비 7.1%에 달하고 이러한 비중은 OECD 가입 국가 중에서도 상위에 속한다(OECD, 2003). 그런데 여기서 더욱 문제가 되는 점은 거주지역에 따라 교육의 질이 달라지므로 학생의 학력수준에 있어서도 차이가 나타나게 된다는 것이다. 소위 강남 지역은 편리한 주거환경과 높은 비율의 주택가격 상승, 그리고 질 좋은 교육환경으로 대표되고 있어 평균적인 소득의 학부모도 보다 나은 교육환경을 자녀에게 제공하기 위해

표 VI - 6. 교육변수 범주간 검정통계량

연도	범주/국가	EDU_2		EDU_4	
		Korea	the US	Korea	the US
2001	EDU_3	0.3049	3.8713 ***	2.3115 **	0.2472
	EDU_4	2.3991 ***	3.4237 ***		
2004(2003)	EDU_3	1.6734 **	3.1169 ***	3.0148 ***	-0.1085
	EDU_4	3.8899 ***	2.4235 ***		

* $p < 0.10$; ** $p < 0.05$; *** $p < 0.01$

강남으로 이주하기를 원한다(최은영, 2004). 이러한 현실과 희망 사이의 괴리로 인해 기혼집단의 거주지 만족도는 다른 결혼형태 집단에 비해 낮아지게 되었다고 볼 수 있다.

[표 VI-6]은 거주지 만족도의 교육변인 범주 간 차이의 유의성을 검증하기 위해 실시한 왈드-테스트(Wald-test)의 결과이다.[4] 교육변인 집단 간 차이는 대부분 유의한 것으로 분석되었다.

주택소유형태에 따른 2001년 한국의 조사대상가구의 경우 임대거주자는 거주지역에 대해 매우 만족과 만족의 확률이 7.6%, 24.2%였으며 자가소유자는 6.8%와 23%를 나타냈다. 한편 임대거주자의 매우 불만족과 불만족의 확률은 1.9%와 18.8%를, 자가 소유자의 경우 2.2%, 20.1% 를 나타내어 거주지역에 대해 임대거주자가 자가소유자에 비해 만족할 확률이 높은 것으로 나타났다. 미국의 경우 역시 임대거주자가 매우 만족과 만족을 보일 확률이 20.5%, 20.7%로 자가소유자의 18.2%, 19.8%에 비해 높았으며 매우 불만족과 불만족의 확률은 4.9%, 18.3%로 자가소유자의 5.8%, 20%에 비해 낮아 동일한 경향을 보였다. 이는 거주환경이 한 가구에 있어 스트레스 요인으

---

(4) 두 개 이상의 집단을 분리하여 회귀분석을 실시할 경우 집단 간 회귀계수의 영향력에 대한 신뢰정도의 검정, 혹은 집단 간 회귀계수의 차이가 유의한지에 대한 검정이 필요하게 된다. OLS를 사용하는 회귀분석의 경우 사용하는 방법이 Asymptotic T-test인 반면, MLE는 OLS와 달리 잔차에 대한 변동이 발생하기 때문에 Wald-test를 사용하는 방법이 바람직하다(Alison, 1999). Wald-test의 식은 다음과 같다.

$$W = \frac{(\beta_1 - \beta_2)^2}{[s.e.(\beta_1)]^2 + [s.e.(\beta_2)]^2 - 2cov(\beta_1, \beta_2)}$$

두 추정계수가 독립이라는 가정을 한다면 공분산 이 되어 다음과 같이 나타낼 수 있다.

$$W = \frac{(\beta_1 - \beta_2)^2}{[s.e.(\beta_1)]^2 + [s.e.(\beta_2)]^2}$$

로 작용할 수 있다는 월퍼트(Wolport, 1965)의 스트레스 역치 이론으로 설명할 수 있겠다. 스피어(Speare, 1974)가 자신의 이주이론에서 주거불만족이라 명하기도 했던 거주환경의 스트레스에 직면했을 때 임대거주자는 자가소유자에 비해 자신의 환경을 개선하기 위한 이주가 상대적으로 용이하다는 것을 보인 바 있다. 마이컬슨(Michelson, 1977)은 이러한 현상을 반대로 자가소유자의 각도를 통해 설명하였다. 즉, 비록 자가소유자가 주택의 위치나 규모를 변경할 수 있는 여지는 거의 없지만 주택을 개조하거나 수리하는 면에 있어서는 임대거주자에 비해 훨씬 자유로우므로 자가소유자는 임대거주자에 비해 주택에 대해서는 더 높은 만족도를, 거주지에 대해서는 더 낮은 만족도를 나타내게 된다는 것이다. 한편 지역에 따라 상이하게 나타나는 임대료는 보상적 임금격차(compensating differential)로서 주거환경의 질에 대한 대리만족 수단으로 작용할 수도 있다(Greenwood et al., 1991). 주택소유형태에서 보인 주택 만족도와 거주지 만족도의 상반되는 결과는 한국과 미국에 있어 임대거주자가 거주지보다는 주택에 더 많은 가치를 두고 있다는 것을 의미한다.

공동주택 거주자는 한국의 경우 예상했던 바와 같이 거주지에 대해 다른 형태의 주택 거주자에 비해 더 높은 거주지 만족도를 나타냈다. 그러나 앞서 언급했던 바와 같이 미국의 경우 공동주택의 자가소유는 단독주택 자가소유로 가기 위한 중간다리의 역할을 한다는 사실(Lee and Myers, 2003)은 재정적 여유가 허락한다면 일반적으로 단독주택에 거주한다는 것을 의미한다. 따라서 공동주택 거주는 경우에 따라서는 낮은 사회경제적 지위의 이웃과 물리적으로 부적합한 거주환경에 거주한다는 것을 의미하기도 한다. 푸트남(Putnam, 1995)의 주장에 따르면 일반적으로 경제적으로 여유롭지 못한 이웃은 자조감(自助感), 상호신뢰 등이 부족한데, 이러한 상황이 미국에서 공동주택 거주자의 거주지 만족도가 감소하게 되는 요인이 된 것으로 보인다. 독립적인 개인주의와 상호 의존적인 유교의 인식론적 차이 역시 주택형태의 선호가 두 국가에서 다르게 나타나게 된 원인이 되었을 수 있다.

6. 결론

본 연구는 다양한 인식론적 배경과 실질적인 주거수준에 따라 주거에 대한 평가가 어떻게 달라지는지에 대하여 고찰하였다. 주택 만족도 모형과 거주지 만족도 모형에 사용된 대부분의 변인들이 실질적으로 한국과 미국의 주거 만족도를 형성하는 데 기여하는 결정요인인 것으로 밝혀졌다. 분석결과 대부분의 요인은 선행연구의 결과에 부합하였으나 일부는 부합하지 않았으며 이러한 결과들은 양국의 주거이동, 주택상황, 사회 등에 대한 보다 심층적 이해에 일조하였다.

먼저 한국인과 미국인의 주거 만족도 수준에 차이가 있음은 주목할 만하다. 이러한 차이는 실질적인 주거수준의 격차 뿐 아니라 한국과 미국의 상이한 인식론적 배경에 따른 표현방식의 차이에서도 기인한다. 또한 주택 만족도와 거주지 만족도는 비례적인 상관관계에 있음을 보였다.

주택 만족도의 경우 한국과 미국 모두에서 기혼의, 높은 연령의 공동주택 자가소유자이면서 거주기간이 짧을수록 더 높은 만족도를 나타냈지만, 성별과 교육수준의 경우 양국은 상반되는 결과를 나타냈다.

거주지 만족도 결정요인의 결과는 주택 만족도의 경우와 반드시 일치하지는 않는 것으로 나타났다. 한국과 미국 모두에 있어 높은 연령층이면서 높은 교육수준의 임대거주자가 거주지에 대해 더욱 만족하는 것으로 나타났다. 한국의 경우 여성이, 미국의 경우 남성이 거주지 만족도가 상대적으로 더 높았으며 거주기간의 증가는 한국의 경우에만 거주지 만족도 증가로 연결되었다. 기혼의 단독주택 거주자의 거주지 만족도가 한국에서는 가장 낮은 반면 미국에서는 가장 높은 것으로 나타나 명백한 대조를 보였다. 또한 본 연구에서는 교육이 주거 만족도에 미치는 영향에 있어 미국과 비교했을 때 한국이 훨씬 큰 것으로 나타났다.

지금까지 서술한 주택 만족도 모형과 거주지 만족도 모형에서 사용된 변인의 통계적 유의성과 결과의 차이를 고찰해보면 주거 만족도의 특성을 파악할 수 있게 된다. 즉, 주택 만족도와 거주지 만족도의 결정요인은 비슷하지만 이들의 영향력은 국가별로 차이를 보인다는 것이다. 앞서 언급한 바와 같이 인식론적 배경, 주택시장, 주택정책, 사회관계, 사회계층 등 사회 특수성을 반영할 만한 여러 가지 요인의 차이가 이러한 한국과 미국의 주거 만족도를 형성하는 배경이 되었다. 이렇게 문화적, 인식론적 배경으로 주거 만족도의 차이에 대한 설명이 가능하다는 것은 인식론적 배경의 차이로 인해 한국과 미국 간 주거 만족도의 차이가 존재한다는 본 연구의 첫 번째 가설을 충족시키게 된다는 것을 의미한다. 또한 주거 만족도에 관한 심층적인 고찰을 통해 한국과 미국사회의 특성을 상당부분 관찰할 수 있었으므로 두 번째 가설 역시 충족된다 하겠다.

주거 만족도를 결정함에 있어 주관적인 인식의 중요성을 강조한 연구는 많았지만 현재까지 이를 실증적으로 분석한 연구는 존재하지 않았는데, 본 연구는 이러한 문제점을 보완하여 두 국가 간 인식론적 차이에 의해 주거 만족도가 달라질 수 있음을 실증적으로 보였다. 또한 이러한 연구가 주택분야에만 한정되는 것이 아니라 사회 전반의 모습도 반영할 수 있다는 것을 증명하였다. 본 연구가 가지는 이러한 의의에도 불구하고 자료구득의 한계로 인해 주거밀도, 소득수준, 직업종류, 거주지의 시설, 도시와 농촌의 차이 등 중요한 결정요인을 분석에 포함시키지 못한 한계점은 간과하기 어렵다. 상기한 변인 역시 통제한다면 보다 통찰력 있는 결과를 도출할 수 있을 것으로 보이며 이에 대한 후속연구를 기대한다. 본 연구의 결과가 주택관련 연구가 사회 전반을 연구하는 방향으로 그 영역을 확장하는 데 일조할 수 있기를 기대하며 주거 만족도를 결정하는 보다 근본적인 요인을 탐구할 수 있는 계기가 되기를 바란다.

참고문헌

금장태, 2000, 『Confucianism and Korean Thoughts』, 지문당, 서울.

김경환 · 서승환, 1994, 『도시경제론』, 홍문사, 서울.

김현아, 2002, 『강남지역 주택시장 분석』, 한국건설산업연구원.

오만석, 2000, 『교육열의 사회문화적 구조』, 한국정신문화연구원.

이성우, 1999, 사회적 관점에서 조명한 실용주의와 계획이론: 존 듀이의 공생적 합리주의의 적용에 관한 연구, 『농촌계획』, 5(1), 76-86.

이영찬, 2001, 『유교사회학』, 예문서원, 서울.

최은영, 2004, 학력자본 재생산의 차별화와 빗장도시의 형성, 『대한지리학회지』, 39(3), 374-390.

한국 통계청, http://www.nso.go.kr/nso2005/index.jsp.

Alison, P. D., 1999, Comparing logit and probit coefficient across groups, *Sociological Methods & Research*, 28(2), 186-208.

Amérigo, M. and Aragonés, J. I., 1990, Residential satisfaction in council housing, *Journal of Environmental Psychology*, 10, 313-325.

Amérigo, M. and Aragonés, J. I., 1997, A theoretical and methodological approach to the study of residential satisfaction, *Journal of Environment and Psychology*, 17, 47-57.

Angrist, S., 1969, The study of sex roles, *Journal of Social Issues*, 25(Jan), 215-232.

Barcus, H. R., 2004, Urban-rural migration in the USA: an analysis of residential satisfaction, *Regional Studies*, 38(6), 643-657.

Basolo, V. and Strong, D., 2002, Understanding the neighborhood: from residents' perceptions and needs to action, *Housing Policy Debate*, 13(1), 83-105.

Bellah, R. N., Madsen, R., Sullivan, W. M., Swideler, A. and Tipton, S. M., 1985, *Habits of the Heart: Individualism and Commitment in American Life*, University of California Press, Berkeley.

Bross, C. A., 1975, *Normative Housing Deficits and Residential Adaptation*, M.S. thesis: Iowa State University.

Butler, E. W., Van Arsdol, M. D., Jr. and Sabagh, G., 1970, Spatial mobility differentials by socioeconomic status, intergenerational, and career social mobility, *Paper presented at the American Sociological Association Meeting*, August-September 1970, Washington, D.C.

Campbell, A., Converse, P. E. and Rogers, W. J., 1976, *The Quality of American Life: Perceptions, Evaluations, and Satisfaction*, Russell Sage Foundation, New York.

Champman, D. W. and Lombard, J. R., 2006, Determinants of neighborhood satisfaction in fee-based gated and non-gated communities, *Urban Affairs Review*, 41(6), 769-799.

Clark, W. A. V. and Ledwith, V., 2006, Mobility, housing stress, and neighborhood contexts: evidence from Los Angeles, *Environment and Planning A*, 38, 1077-1093.

Elsinga, M. and Hoekstra, J., 2005, *Homeownership and housing satisfaction, Journal of Housing and the Built Environment*, 20, 401-424.

Galster, G. C., 1987, *Homeowners and Neighborhood Reinvestment*, Duke University Press, Durham.

Gove, W. R. and Rudor, J. F., 1973, Adult sex roles and mental illness, *American*

Journal of Sociology, 78, 812-835.

Greene, W. H., 2003, *Econometric Analysis*, 5th ed., Prentice Hall, Upper Saddle River, New Jersey.

Greenwood, M. J., Hunt, G. L., Rickman, D. S. and Treyz, G. I., 1991, Migration, regional equilibrium, and the estimation of compensating differentials, *American Economic Review*, 81(5), 1382-1390.

Herman, T., 1944, Pragmatism: a study in middle class ideology, *Social Forces*, 22(4), 405-410.

Heywood, F., 2004, Understanding needs: a starting point for quality, *Housing Studies*, 19(5), 709-726.

Hoekstra, J. S. C. M., 2005, Connecting welfare state regimes, tenure categories and dwelling type. in Vestbrö, D., Hürol, Y. and Wilkinson, N. eds., *Methodologies in Housing Research*, The Urban International Press.

Hollinger, D., 1980, The problem of pragmatism in American history, *Journal of American History*, 67, 88-107.

Huff, J. O. and Clark, W. A. V., 1978, Cumulative stress and cumulative inertia: a behavioral model of the decision to move, *Environment and Planning A.*, 10, 1101-1119.

Hughes, E., 1945, Dilemmas and contradictions of status, *American Journal of Sociology*, 50(Mar), 353-359.

Jagun, A., Brown, D. R., Milburn, N. G. and Lawrence, E. G., 1990, Residential satisfaction and socioeconomic and housing characteristics of urban black adults, *Journal of Black Studies*, 21(1), 40-51.

Jun, E. H., Lee, S. W. and Cho, K. Y., 2006, Implications of Korean traditional epistemology in planning theory-a view of the pragmatic philosophy, Shilhak, *Korea Journal*, 168-191.

Kemeny, J., 1986, A critique of homeownership, in Bratt, R. G., Hartman, C. and Meyerson, A. eds., *Critical Perspective on Housing*, Philadelphia: Temple University Press.

Kim, J. H., 2000, An analysis of demand for living space by housing tenure type in Korea, *International Review of Public Administration*, 5(2), 143-152.

Kim, S. S., Yang, I, H, Yeo, M. S. and Kim, K. W., 2005, Development of a housing performance evaluation model for multi-family residential buildings in Korea, *Building and Environment*, 40, 1103-1116.

Landale, N. S. and Guest, A. M., 1985, *Constraints, satisfaction and residential mobility*: Speare's model reconsidered, *Demography*, 22(2), 199-222.

Lee, K. J., Chae, C. U. and Kim, S., 2004, Multiple roles of married Korean women: effect on depression, *Sex Roles*, 51, 469-478.

Lee, S. W. and Myers D., 2003, Local housing market effects on tenure choice, *Journal of Housing and the Built Environment*, 18, 129-157.

Liao, T. F., 1994, *Interpreting Probability Models; Logit, Probit, and Other Generalized Linear Models*, Quantitative Application in the Social Sciences 07-101, Sage, Calif.

Lu, M., 1999, Determinants of residential satisfaction: ordered logit vs. regression models, *Growth and Change*, 30, 264-287.

Maddala, G. S., 1983, *Limited-Dependent and Qualitative Variables in Econometrics*, Cambridge University Press, Cambridge.

Marcus, A. and Greene, W., 1985, *The Determinants of Rating Assignment and Performance*, Working Paper CRC528, Center for Naval Analysis.

McAuley, W. J. and Nutty, C. L., 1982, Residential preferences and moving behavior: a family life-cycle analysis, *Journal of Marriage and the Family*, 44(2), 301-309.

McAuley, W. J. and Nutty, C. L., 1985, Residential satisfaction, community integration and risk across the family life-cycle, *Journal of Marriage and the Family*, 47(1), 125-130.

McCullagh, P. and Nelder. J. A., 1989. *Generalized Linear Models*, Chapman and Holl, New York.

McHugh, K. E., Gober, P. and Reid, N., 1990, Determinants of short- and long-term expectations for home owners and renters, *Demography*, 27(1), 81-95.

McKelvey, R. D. and Zavonia, W., 1975, A statistical model for the analysis of ordinal level dependent variables, *Journal of Mathematical Sociology*, 4, 103-120.

Michelson, W., 1976, *Man and His Urban Environment: A Sociological Approach*, Addison-Weseley, Mass.

Michelson, W., 1977, *Environmental Choice, Human Behavior, and Residential Satisfaction*, Oxford University Press, New York.

Molin, E. J. E. and Timmermans, H. J. P., 2003, Testing hierarchical information integration theory: the causal structure of household residential satisfaction, *Environment and Planning A*, 35, 43-58.

Morris, E. and Winter, M. 1978, *Housing, Family, and Society*, John Wiley & Sons.

Morris, E., Crull, S. and Winter, M., 1976, Housing norms, housing satisfaction and the propensity to move, *Journal of Marriage and the Family*, 38(May), 309-320.

Newman, S. J. and Duncan, G. S., 1979, Residential problems, dissatisfaction, and mobility, *Journal of American Planning Association*, 45, 154-166.

Ng, S. H., Kam, P. K. and Pong, R. W. M., 2005, People living in ageing buildings: their quality of life and sense of belonging, *Journal of Environmental Psychology*, 25, 347-360.

Ng, S. L., 2005, Subjective residential environment and its Implications for quality of life among university students in Hong Kong, *Social Indicators Research*, 71, 467-489.

Nisbett, R. E., 2003, *The Geography of Thought*, Free Press, New York.

Oh, J., 2003, Social bonds and the migration intentions of elderly urban residents: the mediating effect of residential satisfaction, *Population Research and Policy Review*, 22, 127-146.

Onibokun, A. G., 1976, Social system correlates of residential satisfaction, *Environment and Behavior*, 8(3), 323-344.

OECD, 2003, *Education at a Glance 2003*, Sep. 6. 2003.

Parkers, A. and Kearns, A., 2003, Residential perceptions and housing mobility in Scotland: an analysis of the longitudinal Scottish house condition survey 1991-96, *Housing Studies*, 18(5), 673-701.

Perry, R. B., 1949, Is there a North American philosophy?, *Philosophy and Phenomenological Research*, 9(3), 356-369.

Phillipson, C., Bernard, M., Phillips, J. and Ogg J., 1999, Older people's experiences of community life: patterns of neighbouring in three urban areas, *The Sociological Review*, 47(4), 716-743.

Putnam, R. D., 1995, Bowling alone: America's declining social capital, *Journal of Democracy*, 6, 65-78.

Rorty, R., 1992, A pragmatist view of rationality and cultural difference, *Philosophy East & West*, 42, 581-596.

Ross, C. E., Reynolds, J. and Geis, K. J., 2000, The contingent meaning of neighborhood stability for residents' psychological well-being, *American Psychological Review*, 65, 581-597.

Rossi, P. H., 1955, *Why Families Move*, The Free Press, Glenco IL.

Saunders, P., 1990, *A Nation of Home Owners*, Unwin Hyman, London.

Schorr, A. L., 1966, *Housing and Its Effects, in Slums and Social Insecurity*(Research Report No. 1, pp. 7-31), U.S. Department of Housing and Urban Development, Washington D.C..

Schwanen, T. and Mokhtarian, P. L., 2004, The extent and determinants of dissonance between actual and preferred residential neighborhood type, *Environment and Planning B: Planning and Design*, 31, 759-784.

Shannon, C., 1996, *Conspicuous Criticism: Tradition, the Individual, and Culture in American Thought, from Vebeln to Mills*, Johns Hopkins University Press, Baltimore.

Shin, D. C., 1986, Education and the quality of life in Korea and the United States: a cross-cultural perspective, *The Public Opinion Quarterly*, 50(3), 360-370.

Sirgy, M. J. and Cornwell, T., 2002, How neighborhood features affect quality of life, *Social Indicators Research*, 59, 79-114.

Speare, A. J., 1974, Residential satisfaction as an intervening variable in residential mobility, *Demography*, 11(2), 173-188.

Swidler, A., 1986, Culture in action: symbols and strategies, *American Sociological Review*, 51, 273-286.

Tran, T. V. and Nguyen, T. D., 1994, Gender and satisfaction with the host society among Indochinese refugees, *International Migration Review*, 28(2), 323-337.

U.S. Department of Housing and Urban Development, 2005, Codebook for the American Housing Survey, edited by the Office of Policy Development and Research, U.S. Department of Housing and Urban Development. Public Use File: 1997 and later. Version 1.78.

U.S. Census Bureau, http://www.census.gov/hhes/www/housing/ahs/ahs.html.

Wirth, L., 1947, Housing as a field of sociological research, *American Sociological Review*, 12(2), 137-143.

Woldoff, R. A., 2002, The effects of local stressors on neighborhood attachment, *Social Forces*, 81(1), 87-116.

Wolport, J., 1965, Behavioral aspects of the decision to migrate, *Papers of the Regional Science Association*, 15, 159-169.

2장. 한국과 미국의 노인부양 결정요인 연구[1]

: 실증 분석과 인식론적 해석을 중심으로

1. 서론

모든 분야에서 급격한 사회 변화를 겪고 있는 우리나라는 산업화 및 인구구성의 변화에 따라 가족구조 또한 급격한 변화를 겪고 있다. 저출산 및 의료기술 발달에 따른 수명 연장 등으로 인해 2005년 한국은 이미 고령화 사회에 진입한 것으로 보고되고 있다. 2006년에는 65세 이상의 노인 인구가 전체 인구 중에서 차지하는 비율이 9.5%에 달하였으며(통계청, 2006), 이러한 추세는 앞으로 더욱 가속화될 전망이다. 따라서 우리나라는 노인부양이라는 새로운 사회문제를 떠안을 수밖에 없는 것이 현실이다.

산업혁명 이전의 농경사회에서 노인은 가정에서 막강한 권한과 높은 지위가 보장되었기 때문에 노인문제란 존재하지 않았다(박재간, 1995). 당시의 노인들은 경험과 관습에 기초해 가족의 지도자로서의 위치를 확고히 가지고 있었으며 자녀들은 노동집약적인 산업사회에서 노동력의 공급원이자 미래의 지도자라는 위치에 있었으므로 부모와 자녀의 상호보완적인 관계가 유지되었다. 또한 유교문화권에 속해 있는 우리나라는 삼강오륜에 따라 연장자를 우대하고, 부모를 모

[1] 이 연구는 통계연구 제12권 제2호에 발표낸 내용을 수정 및 보완한 것임.

시는 것을 중요한 가치로 여겨왔다. 그러나 농업사회가 쇠퇴하고 2·3차 산업이 주를 이루게 되면서, 자녀들은 임금을 받는 직업을 찾아 도시로 이주했고, 이에 따라 도시화와 핵가족화가 진행되었다. 산업화로 인한 가족구조의 변화가 노인 부양이라는 새로운 문제를 일으킨 것이다.

러글스(Ruggles, 2001)는 산업의 변화에 따른 가부장적 가족형태의 감소를 세계적인 현상으로 보았지만, 이러한 현상이 나타나는 양상은 각 사회마다 상이하다. 우리나라의 경우, 효를 중시하는 유교사상이 노인부양이라는 사회문제에 있어서도 중요한 영향을 미치고 있다. 미국이나 유럽의 선진국 보다 부모와 자녀의 동거율이 높은 이유 중 하나도 그 때문이라고 할 수 있다. 가치관은 사회와 더불어 변화하고 있지만, 효의 가치는 여전히 강하게 남아있다(최정혜, 1998). 효(孝)는 급변하는 현대사회에서도 우리 생활의 근본을 이루며 삶의 주요 규범으로 작용해 왔다. 따라서 현대사회에서 전통적 가치관의 역할에 대한 연구가 필요하다 하겠다.

가구 변화에 대한 인식론적 이해는 특정 사회에 기저하고 있는 관념적 흐름과 그 영향을 분석한다는 측면에서 의미가 있다. 푸코(Foucault, 1994)와 하버마스(Habermas, 1994)에 의하면 모든 사회변화는 그 사회에 내재되어 있는 인식론적 사고에 기초한다. 따라서 한 나라의 사회현상 연구에 있어서 그 나라의 기저를 이루는 인식론에 대한 연구는 반드시 필요하다. 본 연구에서는 한국과 미국의 대표적인 인식론을 유교와 실용주의로 상정하고 이들이 노인부양에 어떻게 상이한 영향을 미치는지를 고찰하고자 한다. 이를 위해 한국과 미국의

1980, 1990, 2000년 센서스 자료를 대상으로 65세 이상 노인을 대상으로 한 노인모형과, 18-64세의 자녀를 대상으로 한 자녀모형의 2가지 유형을 정립하고 다항로짓모형을 사용하여 각국의 노인부양 결정요인을 도출한다. 아울러 모든 사회현상은 각 나라의 인식론적 사고에 바탕을 두고 있으므로, 한국의 유교와 미국의 실용주의에 대한 이론적 고찰을 통해 모형의 결과가 나타내는 의미를 해석해 보는 것을 본 연구의 주요 목적으로 한다. 부모와 자녀의 동거여부를 한국과 미국의 비교를 통해서 인식론적으로 해석하는 것은 기존 연구에서는 이루어지지 않은 것으로, 이러한 시도는 매우 의미 있는 연구가 되리라 여겨진다.

2. 이론적 배경

(1) 노인부양

노인부양은 사회적 약자에 해당하는 노인 인구에 대해 신체적 심리적 사회욕구에 대한 사적인 지원과 더불어 사회적 원조를 제공하는 것으로 정의할 수 있다. 본 연구에서는 유승주(2006)와 같이 노동가능 연령대 진입에 따라 경제적 자립이 가능해진 자녀가 노부모와 함께 거주하는 것을 노인부양으로 간주하여 실증 분석을 진행한다.

우리나라가 고령화 사회에 진입함에 따라 노인문제는 한층 심각한 문제로 부각되었다. 고은희(2000)와 김태현 · 전길양 외(1997)는 수입의 감소로 인한 경제적 빈곤문제, 노화와 질병, 체력저하로 인한 건강문제, 역할상실의 문제, 그리고 사회 · 심리적 갈등과 부적응으로 인한 고독과 소외의 문제를 가장 일반적인 노인문제로 보았다. 현재 우리나라는 이러한 노인문제에 대한 대비가 미흡한데다 과거처럼 연장자를 우대하는 부양자의 의식도 약해짐에 따라 공적부양과 사적부양 모두에서 노인 부양 문제의 해결은 쉽지 않은 상황이다.

노인들의 가구구성 형태가 대가족으로부터 점차 노인부부나 일인노인의 형태로 변화하게 된 데에는 여러 요인들이 작용하고 있는 것으로 알려져 있다. 스미스(Smith, 1981)에 따르면, 전통적으로 노인들은 대가족 안에서 존경 받으면서 가족들의 보호를 받아왔는데 사회가 점차 산업화 · 도시화되고, 개인주의가 확산되면서 대가족제도는 현대사회에 부적합한 가족형태가 되었다. 또한 노인들의 소득수준이 향상되면서 독립적인 생활이 가능하게 되고(Kramarow, 1995), 개인주의와 사회보험, 사회보장 등으로 인해 젊은 세대뿐만 아니라 노인들도 독립적인 생활을 선호하게 되었다(Kramarow, 1995; Mindel, 1979). 쇼니(Schoeni, 1998)는 출산율과 사망률이 감소함에 따라 노인들의 수는 늘어난 반면, 함께 살 자녀들의 수는 줄어들어 혼자 살거나 부부만 거주하는 노인들이 증가하게 되었다고 주장하였다.

노인 가족형태의 급속한 변화에 대한 기존의 이론을 살펴보면, 라스넷(Laslett, 1972)은 노인들은 지금이나 과거에나 항상 독립적인 생활을 선호했다고 주장하였으며, 헤어븐(Hareven, 1996)은 산업혁명 이전에 3대가 함께 거주하는 것은 매우 드문 일이었고, 필요한 경우에만 대가족 형태를 갖추었다고 주장하였다. 대부분의 학자들은 이러한 주장에 동의했는데, 즉 노인들이 단지 그들의 배우자와 사별하였거나, 병들어 약해지거나, 재정적인 문제로 그들 스스로 생계를 유지하기 어려운 경우에 자녀에게 귀속되어 생겨나는 가족제도를 대가족형태로 본 것이다. 커처(Kertzer, 1995)는 "핵가족 재통합 이론"[2]을 주장하면서 이러한 기존의 이론을 뒷받침하였다. 이 이론에 의하면 자녀들은 결혼과 동시에 부모의 집을 떠나지만, 여러 이유로 부모가 스스로 생계를 유지하기 어려울 때, 부모가 자녀의 집으로 귀속된다는 것이다. 이처럼 기존의 학자들은 대가족 제도안에서의 노인을 항상 의존적인 존재로 보아왔으며, 20세기 대가족제도의 감소는 노인들의 소득이 향상되어 그들 스스로 생계를 유지할 수 있게 되면서 자녀의 집으로 귀속될 필요가 없어졌기 때문이라고 하였다(Davis and van den Oever, 1981; Michael, et al., 1980; Angel and Tienda, 1982; Pampel, 1983).

러글스(Ruggles, 2001)는 이러한 기존의 학설과는 조금 다른 이론을 제기하였다. 그에 따르면, 자녀들의 기회가 증가하게 되고 부모들은 그들의 자녀를 제어할 능력이 떨어지게 되면서 부모와 자녀의 동거가 적어지게 된 것이다. 산업화가 진행되면서 농장은 감소하고 임금을 받는 직업이 증가하면서 노인세대는 젊은 세대의 노동력이 더 이상 필요 없게 되었고, 젊은 세대들 역시 노인들의 자산을 물려받기 보다는 외부의 기회를 찾아 독립하는 것을 선호하게 되었다.

(2) 인식론과 노인부양: 유교 및 실용주의

한국 전통사회의 생활문화전반에 걸쳐 커다란 영향을 끼친 사상은 유교이다(박재간, 2000). 공자(孔子)는 논어(論語)에서 인간의 기본적

[2] Kertzer(1995)의 본문에서는 "nuclear reincorporation theory"라고 표현된 것을 한글로 옮겨온 것이다.

가치를 '인(仁)'이라고 하였고, '인(仁)'을 도덕규범의 근본원리이며 핵심개념으로 보고, "효(孝)와 제(弟)는 인(仁)의 근본이다"라고 하여 부모에 대한 효도와 형제간의 우애와 같은 가족적 도덕규범을 인(仁)의 실천방법으로 제시하였다[3](금장태, 1994). 한국유학의 대표적 인물인 퇴계와 율곡 역시 '효제충신(孝悌忠信)'을 설정하고 이를 덕행으로 제시하였다(성규탁, 1994). 즉, 가족 안에서의 도덕적 윤리의식이 사회규범질서의 기초가 되는 것으로 볼 수 있다. 이처럼 효는 우리의 가족 및 사회생활과 밀접하게 연결되어 있기 때문에 효에 대해 관심을 갖는 것이다.

유교의 사상은 일원론을 바탕으로 유한한 생명과 생명을 연결함으로써 인간의 유한성을 극복하는 것이다. 즉 나의 생명은 조상으로부터 왔고, 또 나는 나의 생명을 후손에게 물려주는 것이다. 그렇게 효를 통해서 조상으로부터 나를 거쳐서 후손에게까지 연결됨으로써 가족이 영구적으로 존재하게 되는 것이다(서선희, 1998). 그렇기 때문에 나의 존재를 가능하게 해준 부모에게 보답해야 한다는 것이 바로 효의 기본 정신이다.

한국의 유교적인 가족제도 하에서는 엄격한 부계, 혈통주의를 고집하고 있다(김동춘, 2002). 장남이 부모의 가문을 계승하고, 딸은 출가하며, 다른 형제들은 결혼 후 따로 세대를 구성하는 식의 가족행태, 즉 부모와 장남 부부 그리고 손자가 함께 거주하는 전형적인 직계가족제도가 바로 그것이다. 효경(孝經)에 의하면, 전통적인 생육, 공경, 봉양에는 아들선호가 그 중심에 있다고 밝히고 있으며, 아들-특히 장

〔3〕 "孝悌也者, 爲人之本與," 『論語』

남-에게 부모부양을 기대하였다(윤현숙 외, 2005).

예기(禮記)에서는 효에 대한 세 가지 중요한 방법들을 제시하고 있다. 첫째는 부모를 공경하는 것으로, 부모를 모심에 있어서 정신적, 정서적으로 편안히 해드리는 것이고, 둘째는 부모와 가족을 욕되게 하지 않는 것이며, 셋째는 부모에게 좋은 음식, 의복 및 따뜻한 잠자리를 제공하는 등의 물질적인 봉양이 그것이다(박재간, 1995;2000;2004). 이처럼 효의 방법은 정신적인 것뿐만 아니라 물질적인 것까지 포함하고 있다.

실용주의, 즉 프래그머티즘(Pragmatism)은 19세기 후반에 미국을 중심으로 일어난 새로운 철학사조이다. 그 근본사상은 진화론을 출발점으로 하였고, 생물학, 생리학 및 심리학의 영향을 받아 철학의 기초를 구체적 경험에 두고 있기 때문에 관념론과는 대립되는 사상이다(류명걸, 2003). 실용주의자들은 지식은 확고한 토대를 갖춘 절대적이고 정적인 것이 아니고, 오히려 항상 수정가능하며, 새로운 발견과 개념의 발전에 따라서 끊임없이 변한다고 주장한다(서상복, 1997). 실용주의는 미국의 철학자 퍼스(C.S. Perice)에 의해 주장되었고, 19세기 말에 제임스(W. James)에 의해 전 세계에 퍼졌으며, 20세기 전반에 와서 듀이(J. Dewey)에 의해서 더욱 구체화되었다. 이러한 프래그머티즘은 미국인들의 생활양식과 문제해결의 방식, 가치관과 사유방식의 기반을 이루게 되었다(김동식 외, 2001).

실용주의적인 관점에서 가정을 살펴보면, 가족관계의 영구성이란 부모와 자녀 사이에는 존재하지 않고, 단지 부부 관계에서만 한정된다. 따라서 아이들은 가정에서 연장자에 대한 의무 같은 것을 교육

받지 않고, 단지 아이들의 권리나 자유에 대해서 교육을 받게 되는 것이다. 이러한 이유로 가족은 그 단위부터가 조부모나 가까운 친척들도 포함시키지 않게 되고, 그 속에서 수직적인 관계란 극히 희박한 것이 되어 버렸다(노재봉, 1986).

또한, 관념이나 사상은 현실보다 우선시되는 개념이 아니어서 현실의 필요나 환경에 의해 달라질 수 있는 가변적인 성질을 지닌다. 따라서 도덕이나 윤리도 고정된 것이 아니라 인간의 필요에 의해 항상 변할 수 있는 것이다. 전통적인 가족의 개념은 도덕이나 윤리의 관점에서 비롯된 것이다. 산업화 이전에는 대가족형태가 더 유용한 결과를 가져오는 환경이었으나, 산업화가 진행되면서 기계의 발달과 노동의 분화로 인해 기존의 대가족형태를 유지하는 것보다 핵가족 형태를 이루는 것이 더 효율적인 선택이 되었다. 변화를 필수적인 것으로 인식하는 실용주의에서 더 유용한 결과를 위한 관념의 변화는 당연한 것이며, 가족형태 변화 또한 환경의 변화에 따른 필연적인 결과로 해석할 수 있다.

(3) 선행연구 고찰

부양유형에 관한 많은 연구들 중 미국의 경우를 살펴보면, 우선 러글스(Ruggles, 1994)는 19세기 미국의 확장된 가족형태가 20세기에 핵가족 형태로 변화함을 보여주었다. 그는 출생률과 사망률만이 주요한 인구학적 변인이 아니라 세대 간의 길이(generation length)도 주요한 요인임을 강조하였으며, 인구학적 변화에 의한 노인들의 거주 선호도의 급격한 변화에 대해 언급했다. 그 외에도 코르빈(Korbrin, 1976)과

버치(Burch, 1970), 그리고 헤어븐(Hareven, 1994) 역시 인구학적 요인인 출생률과 사망률의 감소가 가족구성원수의 감소에 영향을 주는 것을 보여주었다. 치 외(Chi et al., 1995)는 노인들의 동거형태에 있어서, 가구 내에서 지위를 결정하는 요인에 대한 연구를 하여, 경제적 요인과 인종별로 유의한 차이를 발견하였다, 기혼인 흑인, 히스패닉, 그리고 아시아계 등의 소수민족 노인들이 백인기혼노인들에 비해 가구주로서 자녀이외의 가구원들과 함께 거주하는 경우가 많은 반면, 미혼인 소수민족 노인들은 백인들에 비해 가구원으로서 자녀들에 의존하는 경우가 많은 것으로 나타났다.

커쳐(Kertzer, 1991)는 전반적인 유럽 가구의 역사와 사회적 이론에 대해서 기술했다. 유럽의 가족형태의 변화 역시 18세기에서 20세기초까지 산업화가 핵가족을 야기하였다. 초기 산업화 사회에서는 지역마다 조금씩 다른 가구 형태를 보여주고 있었다. 하지만 경제적인 요인들과 인구학적인 요인은 지역에 상관없이 가구 구성에 영향을 미치는 것으로 밝혀냈다.

마틴(Martin, 1989)은 아시아의 나라들 -피지, 한국, 말레이시아, 그리고 필리핀을 대상으로 가족형태의 변화를 살펴보았다. 아시아는 전통적인 가족주의, 효 등이 서구사회와 다른 요인으로 작용하였지만, 이주, 도시화, 여성노동력의 증가는 세대 간의 거주분리를 야기 시켰다. 전반적인 경제 발전과 함께 산업화, 도시화는 가구구조를 확장된 형태에서 핵가족으로 변화시킬 것이라고 주장했다. 이 연구는 부부와 자녀의 인구학적, 사회경제학적 지위에 따른 가구구조가 어떻게 다양화 되는가에 초점이 맞춰지고 있다.

우리나라 노인들에 대한 연구는 주로 노인생활의 실태 분석을 중심으로 이루어지고 있다. 특히 자녀와의 동거여부에 관심을 갖고 전개되어 왔는데, 이는 우리나라의 노인들은 확대된 가족형태에서 자녀들의 보호를 받는 형태를 가장 선호해 왔기 때문이다. 하지만 최근에는 급변하는 사회구조로 인해 자녀와 별거하는 노인 인구가 증가하게 되었고, 이는 노인부양이라는 사회 문제를 유발하였다.

송다영(2004)은 노인부양의 문제를 기혼여성의 부양의식을 중심으로, 부양의식의 실재, 부양부담과의 관계, 노인부양지원정책에 대한 복지욕구와의 연관성에 대해서 연구하였는데, 젊은 연령층, 고학력자, 취업여성일수록 노인을 가족이 책임지고 여성이 부모를 수발해야 한다는 의식이 약한 것으로 나타났다. 최정혜(1998)도 효 의식과 가족주의 가치관과 더불어 기혼자녀를 중심으로 부모 부양의식에 대해서 연구하였다. 그는 변화 정도를 알아보고자 농어촌과 도시 지역을 비교하였다. 그 결과, 효의식과 부모부양의식은 두 지역 모두 높은 반면, 가족주의 가치관은 도시 지역이 농어촌 지역보다 더 낮은 결과를 보여, 도시화에 따라 가족주의 가치관이 감소하는 경향을 보였다. 김상욱 · 양철호(1998)는 자녀들의 노인부양행위가 어떠한 결정요인에 의해 영향을 받는가를 연구하였다. 그 결과 부양자의 교육수준과 부양대상자의 연령, 가구원수가 부양행위에 영향을 미치는 것으로 나타났다.

김정석(2005)은 우리나라 노인들의 지난 10년간의 노후부양관이 어떻게 변해왔으며, 그 차이가 어떻게 나타났는지에 대해서 조사하였다. 그 결과 아들유무, 거주지역, 경제적 자원에 대한 노인들의 태도 차이는 시간이 흐를수록 약화되는 것으로 나타났다. 또, 원영희(1995)

는 자녀와의 동·별거 형태가 우리나라 노인들의 심리적 행복감에 어떠한 영향을 미치는가를 연구하였는데, 나이가 적을수록, 건강할수록, 생활수준이 높을수록, 자녀와의 관계가 좋을수록 노인의 심리적 행복감이 좋다는 결과를 얻었고, 노인들의 심리적 행복감은 부모와 자녀 간의 형식적인 접촉이 아니라 질적인 관계가 더 중요하다는 것을 보여주었다. 유성호(1996)는 노인과 성인자녀의 별거를 결정하는 요인에 대해서 연구하였다. 그 결과 주택소유와 자녀와의 별거 희망 여부, 결혼상태, 교육수준, 건강상태 등이 별거를 결정하는 주요한 요인으로 나타났다.

우리나라의 경우, 부양자인 기혼자녀들의 입장에서는 효의식과 부양의식에 대한 연구가, 피부양자인 노인들의 입장에서는 노후부양관이나 심리적 행복감 등에 대한 연구가 주를 이루었고, 대부분이 노인들의 동거현황의 현상을 파악하는 수준에 그치고 있다.

본 연구는 다음과 같은 점에서 이상의 선행 연구들과 차별성을 갖는다. 기존의 연구들은 외국의 경우, 가구구성 형태의 변화에 대한 여러 가지 요인들을 경제적, 사회적, 인구학적 요인으로 살펴보았고, 우리나라의 경우, 효의식과 가족주의 가치관에 따른 부양의식, 부모와 자녀간의 동거현황 등에 대해서 연구해 왔으나, 노인부양 문제에 대한 사회현상의 기저를 이루고 있는 인식론은 간과하였다. 지금까지 두 나라의 비교를 통해서 노인부양에 대한 인식론의 차이에 대한 실증적 분석은 이루어지지 않은 상태이다. 따라서 본 연구는 우리나라와 미국 양국 간 노인과 자녀의 거주에 미치는 요인을 고찰해 보고, 이에 대해 인식론적 해석을 시도한다.

3. 연구방법

다항로짓모형(Multinomial Logit Model)

본 연구에서 사용된 다항로짓모형은 이항로짓모형의 또 다른 확장모형으로 서열화되지 않은 여러 범주를 가진 종속변인에 대한 설명변인의 효과를 추정한다. 노인들의 자녀와의 동거여부에 대한 기존의 연구에서는 대부분이 이항(함께 거주, 거주하지 않음)에 대한 연구가 대부분이나, 몇몇의 경우 세분화된 멀티코딩으로 이루어진 다항로짓모형을 사용하였다(Bachrach, 1980; Kim, 1998; Martin, 1989; Wolf, 1984; 김경혜, 1998). 이항(binomial) 선택의 경우는 응답변수가 이항분포를 이루고 있다는 점에 착안하여 기본 모형이 도출된 반면, 다항로짓모형의 경우에는 응답변수가 다항분포(Multinomial Distribution)를 이루고 있다는 개념에서 출발하므로 이항 선택 상황의 연장선상에서 다항 선택이 이루어질 수 있다(Theil, 1969). 이에 기반하여 선택범주가 J개인 다음의 식을 유도할 수 있다(Maddala, 1983).

$$\frac{P_1}{P_1 + P_J} = F(\sum_{k=1}^{K} \beta_{1k} x_{ik})$$

$$\vdots$$

$$\frac{P_j}{P_j + P_J} = F(\sum_{k=1}^{K} \beta_{jk} x_{ik})$$

•

•

•

$$\frac{P_{J-1}}{P_{J-1} + P_J} = F(\sum_{k=1}^{K} \beta_{J-1k} x_{ik})$$

본 연구에서의 선택범주는 노인모형에서 독거노인, 노인부부이고, 자녀모형에서는 부모가구주로 부모와 함께 거주, 자녀가구주로 부모와 함께 거주이다. 이항로짓모형과 마찬가지로 x_{i1}은 상수항, $x_{ij}\,(j = 2, ..., k)$ 변인 β_k는 거주여부에 대한 변인이고 F는 각 범주에 대한 회귀계수이다. 위의 식을 바탕으로 다음의 식을 유도할 수 있다.

$$\frac{P_j}{P_j + P_J} = F(\sum_{k=1}^{K} \beta_{jk} x_{ik})$$

$$\Rightarrow \frac{P_j}{P_J} = \frac{F(\sum_{k=1}^{K} \beta_{jk} x_{ik})}{1 - F(\sum_{k=1}^{K} \beta_{jk} x_{ik})}$$

(Logit Model이므로)

$$= \frac{\dfrac{e^{\sum_{k=1}^{K}\beta_{jk}x_{ik}}}{1+e^{\sum_{k=1}^{K}\beta_{jk}x_{ik}}}}{1-\dfrac{e^{\sum_{k=1}^{K}\beta_{jk}x_{ik}}}{1+e^{\sum_{k=1}^{K}\beta_{jk}x_{ik}}}} = e^{\sum_{k=1}^{K}\beta_{jk}x_{ik}}$$

이상의 식들을 바탕으로 실증 분석에 최종 사용될 노인부양모형의 확률 추정식은 다음과 같다.

$$\mathrm{Pr}ob(y=j) = \frac{e^{\sum_{k-1}^{K}\beta_{jk}x_{ik}}}{1+\sum_{j=1}^{J-1} e^{\sum_{k=1}^{K}\beta_{jk}x_{ik}}}$$

$$\mathrm{Pr}ob(y=J) = \frac{1}{1+\sum_{j=1}^{J-1} e^{\sum_{k=1}^{K}\beta_{jk}x_{ik}}}$$

이 때, j는 노인모형의 독거노인, 노인부부와 자녀모형의 부모가구주로 부모와 거주, 자녀가구주로 부모와 거주를 나타내며, J는 참조집단(Reference Group)으로 노인모형에서는 자녀와 거주가 되고, 자녀모형에는 부모와 거주하지 않는 것이 된다.

4. 자료 및 변인

(1) 자료

본 연구에서 사용된 자료는 한국과 미국의 1980년, 1990년, 2000년 인구센서스 각 2%와 5% 표본[4]이다. 개인 및 가구에 대한 정보를 내재하고 있는 센서스 자료는 신뢰성이 높다는 점과, 다양한 변인들(가구주와의 관계, 성별, 연령, 주택소유여부, 학력, 직업 등 가구특성과 경제력에 관련된 변인들)을 사용할 수 있다는 장점을 가지고 있다.

본 연구의 관심사는 65세 이상 노인이 포함된 가구와 18-64세 사이의 자녀가 포함된 가구에 있기 때문에 가족 중에 한명이라도 65세 이상 노인이 있는 가구와, 18-64세의 자녀가 포함된 가구를 추출하여 분석에 사용하였다. 최종적으로 사용한 표본수는 노인모형의 경우 한국은 21,431(1980년), 35,069(1990년), 44,985(2000년)개, 미국은 44,992(1980년), 44,994(1990년), 44,923(2000년)개이다. 자녀모형의 경

(4) 우리나라는 각해년도 인구주택총조사, 미국은 각해년도 PUMS(Public Use Microdata Sample) 데이터를 사용하였다.

우 한국은 32,300(1980년), 58,322(1990년), 54,472(2000년)개의 표본을, 미국의 경우 45,046(1980년), 54,271(1990년), 64,976(2000년)개의 표본을 분석에 사용하였다.[5]

(2) 변인설명

변수 간의 다중공선성의 문제를 방지하기 위해서는 각각의 변수들이 다른 변수와 독립적이어야 한다. 일반적으로 VIF(Variance Inflation Factor)가 10을 초과하는 경우를 심각한 다중공선성이 존재한다고 하였다(Chatterjee and Price, 1977 ; Kennedy, 1992). 변인팽창계수는 각각의 VIF가 1.0인 직교 데이터보다 몇 배가 더 큰 다중공선성 데이터인지를 설명해주는 확실한 지표이다. 본 연구에서도 이 값을 기준으로 10 미만인 변인만을 분석에 사용하였다. 변인들의 선택은 이론과 선행연구를 기반으로 추출하였으며, 최종 분석에 사용한 변인은 이러한 기준에 의해 선별하여 사용하였다.

1) 노인모형

노인모형에서의 종속변수는 독거노인, 노인부부로 두고, 자녀와 거주하지 않음을 참조집단(Reference Group)으로 두었다. 독립변인 및 그 설명은 [표 Ⅵ-7]에 제시되어 있다.

[5] 데이터 추출과정에 대한 보다 자세한 해설은 유승주, 2007 참조.

표 VI-7. 노인모형의 변인설명

	변인	설명
종속변인	HOUSTYPE	독거노인 1, 노인부부 2, 자녀와 거주 0
독립변인		
인구학적변인	GENDER	남자(1), 여자(0)
		(65세 이상 노인의 성별)
	AGES	연령
	AGES_SQ	연령의 제곱
사회경제학적변인	TENURE	자가(1), 차가(0)
		(주택소유여부)
	Education	(교육)
	SCHOOL1	중학교이하(0–9grade) (참조집단)
	SCHOOL2	고등학교이하(10–12grade)
	SCHOOL3	대학교(college, bachelor's degree)
	SCHOOL4	대학원 이상(master's degree, doctorate degree)
	JOB	있음(1), 없음(0)
		(직업의 유무)
	DENSITY	주거밀도(persons/room)

※ 한국 1980년의 경우, EDU를 중학교 이하와 고등학교 이상으로 분리. (중학교 이하가 참조집단)
※ 직업의 유무는 한국 1980년의 데이터에 포함되어 있지 않음.

독립변인들은 그 특성에 따라 인구학적, 사회경제학적, 기타변인으로 나누었다. 인구학적 변인은 성별, 나이, 결혼유무이다. 성별은 노인들의 거주형태에 영향을 미치는 중요한 요인이 아니라는 연구도 있으나(유성호, 1993; Tsuya and Martin, 1992), 남성노인들은 집안 살림 등에 서툴기 때문에 혼자 살기 보다는 부부 또는 자녀와 거주할 것으로 예상된다. 연령 자체는 노인주거 형태를 직접적으로 결정하는 변수가 아니다(유성호, 1996; Elman and Uhlenberg, 1995). 그러나 연령이 높아지면 누군가의 도움이 필요하게 되기 때문에 자녀와 함께 살 것으로 예상된다. 또 엘만과 울렌버그(Elman and Uhlenberg, 1995)에 의하면 연령은 선형이 아닌 형태로 나타나기 때문에, 본 연구에서는 나이의 제곱

(AGE_SQ) 변수를 추가하였다. 또한, 많은 실증 연구들이 배우자가 없는 노인이 배우자가 있는 노인보다 자녀와 동거할 가능성이 높다는 결과를 보이고 있기 때문에 결혼유무 변수를 포함하였다(Martin, 1989; Lee and Dwyer, 1996).

사회경제학적 변인으로는 주택소유여부, 교육수준, 직업의 유무, 주거밀도를 포함시켰다. 유성호(1996)는 그의 연구에서 개인이 소유하고 있는 자원(주택소유, 교유수준, 소득 등)이 많을수록 개인이 선호하는 거주형태를 선택할 기회가 많아진다고 하였다. 따라서 본연구에서는 주택소유여부와, 교육수준, 직업의 유무를 독립변수로 선택하였다. 이가옥 외(1989)의 연구에서도 주택의 소유상태를 경제적인 측면으로 고려하였다. 집을 소유하고 있는 경우 어느 정도 안정기반이 마련되어 있는 것으로 보아, 주택소유여부를 경제력의 수준을 측정하는 변수로 사용하였다. 본 연구에서는 한국의 센서스 데이터에 소득변수가 없는 관계로 소득수준을 교육수준으로 대체하였다. 그러나 1980년 한국의 경우, 노인들의 교육수준이 대체로 낮은 관계로 1990년과 2000년과 같이 세분화하지 못하고 중학교 이하와 고등하교 이상으로 분리하여 분석하였고, 참조집단은 중학교 이하이다.

2) 자녀모형

본 연구의 자녀모형에서는 부모가구주로 부모와 거주, 자녀가구주로 부모와 거주를 종속변수로 두고, 부모와 거주하지 않음을 참조집단으로 두었다. 가구주에 대해서는 명확하게 그 의미를 설명할 수는 없겠지만, 가구주를 그 가구내의 생계를 책임지는 사람 또는 가구

내에서 권위적인 지위를 갖고 있는 사람으로 보는 선행연구를 바탕으로(Ruggles and Brower, 2003; Smith, 1992; Kobrin, 1973; 김경혜, 1998; 이가옥 외, 1994), 부모가 가구주일 경우와 자녀가 가구주일 경우로 나누어 가정 내의 주도적인 지위가 누구에게 있는가에 대해서 살펴보았다. 노인이 아닌 자녀의 입장에서 부모와의 동거 여부에 대한 기존의 선행연구가 많지 않은 것이 현실이다. 따라서 본 연구에서는 인구센서스데이터에서 제공하는 변인의 이용가능성에 기초하여 노인모형에 사용된 변인들을 선택하여 사용하였다. 독립변인은 노인모형과 마찬가지로 인구학적, 사회경제학적, 기타변인으로 나누었고 그 설명은 [표 VI-8]에 나타나 있다.

표 VI - 8. 자녀모형의 변인설명

	변인	설명
종속변인	HOUSTYPE	부모와 거주(부모가구주) 1, 부모와 거주(자녀가구주) 2, 부모와 거주하지 않음 0
독립변인		
인구학적변인	GENDER	남자(1), 여자(0) (자녀의 성별)
	Age	(나이)
	AGE18_34	18-34세 (참조집단)
	AGE35_44	35-44세
	AGE45_54	45-54세
	AGE55_64	55-64세
	MARITAL	유배우자(1), 무배우자(0) (배우자의 유무)
사회경제학적변인	TENURE	자가(1), 차가(0) (주택소유여부)
	NUM_WORK	가구당 노동자수
	Education	(교육)

※ 한국 1980년의 경우, EDU를 중학교 이하, 고등학교 이상 대학미만, 대학이상으로 분리.
(중학교 이하가 참조집단)

※ 가구당 노동자수는 미국의 1980년 데이터에 포함되지 않음.

인구학적 변인으로 자녀의 성별과 나이, 결혼유무를 사용하였다. 한국의 경우 전통적으로 아들이 딸보다 노인부양에 있어서 중요한 존재로 여겨져 왔다(원영희, 1995). 그러나 서구에서는 딸이 주부양자의 위치를 차지하는 경우가 많은 것으로 나타났다(손태홍, 2001). 자녀의 나이는 부모와의 동거에 영향을 줄 것으로 예상된다. 결혼한 자녀로부터의 부양을 당연시해왔던 동양의 규범을 생각해보면 자녀의 결혼유무 역시 부모부양을 결정하는데 영향을 줄 것으로 예상된다.

사회경제학적 변인으로는 주택소유여부, 가구당 노동자수, 교육수준, 직업, 주거밀도를 사용하였다. 이는 노인모형의 변인선택기준과 비슷한 수준에서 선택한 것이다. 주택의 경우, 한국에서는 주택구입 가격이 비싸기 때문에 경제적 상태를 파악하는데 중요한 측정도구가 될 수 있다. 또한, 주택의 자가소유여부 또는 주거밀도는 누적된 사회현상과 개인 또는 가구의 오랜 기간 동안의 경제활동의 결과를 가장 잘 반영할 수 있는 사회지표가 된다(민성희, 2003). 일반적으로 자가집단은 차가집단에 비해 소득이 높고, 직업이 안정된 편이다. 이러한 현상은 선진국에서도 유사한 형태를 보이고 있다. 따라서 자가소유는 사회적 신분과 지위, 그리고 경제적 수준을 나타내는 중요한 지표임을 알 수 있다(Wachter and Megboluger, 1992; Boehm et al., 1999; 하성규, 1999). 직업의 경우, 노인모형에서는 대부분의 65세 이상 노인들이 직업을 갖고 있지 않은 관계로 세분화하지 못했지만, 자녀모형에서는 전문직, 일반사무직, 단순노무직으로 나누었고, 일반사무직을 참조집단으로 두었다.

5. 연구결과

(1) 세대 간 공동주거

부모와 자녀의 공동주거에 대한 현황분석을 위해 한국과 미국의 65세 이상 노인의 성별과 교육수준에 따른 주거유형을 분석하였다. 이를 위해 양국의 센서스 데이터를 이용하여 노인의 독거, 부부거주, 자녀와의 거주 비율을 연도별로 도출하였다. 한국의 경우 1980년부터 2000년까지 독거와 부부거주의 비율은 증가하는 것으로 나타났고, 자녀와의 거주비율은 감소하는 것으로 분석되었다[그림 Ⅵ-4].

미국의 성별과 교육수준에 따른 노인주거유형 비율을 나타내는 분석 결과는 [그림 Ⅵ-5]와 같다. 시간의 흐름에 따라 전체적인 독거 부부거주, 자녀와의 거주비율의 변화는 크지 않은 것으로 분석되었으나, 자녀와의 거주비율이 약간씩 증가한 것으로 나타났다. 성별과 교육수준에 있어서는 한국과 동일한 경향을 보였는데, 여성은 남성보다 독거비율이 높은 것으로 분석되었고, 시간의 흐름에 따라 자녀와의 거주비율이 증가함을 알 수 있다. 남성은 부부거주 비율이 가장 높은 것으로 나타났고, 시간에 따른 변화는 없는 것으로 분석되었다.

그림 VI-4. 성별 · 교육수준에 따른 노인의 주거유형 비율(한국) [6]

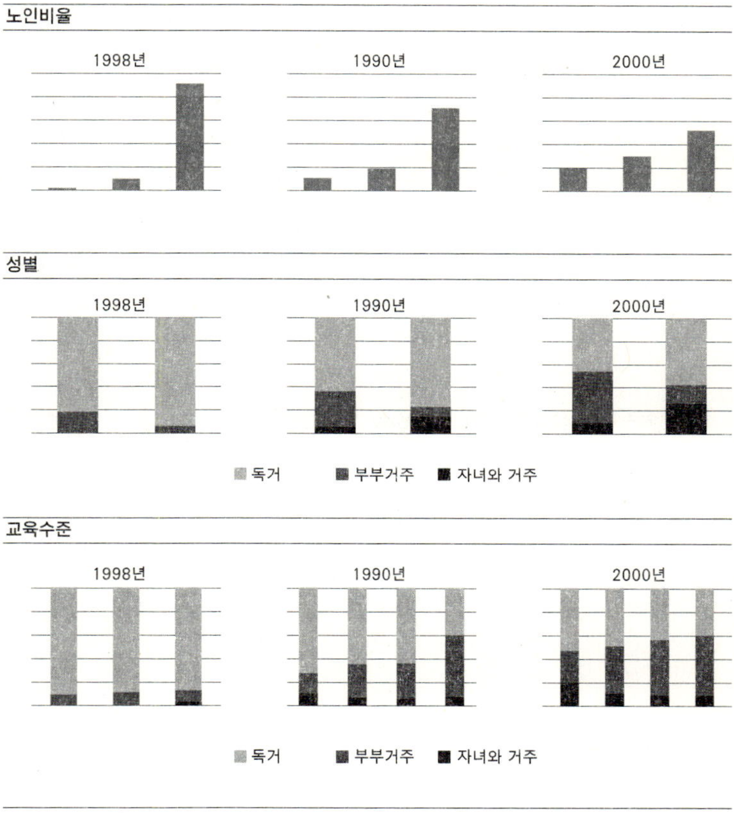

[6] 한국의 1980년 인구센서스 데이터의 학력부분에 있어서 대학원 이상의 집단으로 세분화되어 있지 않기 때문에, 중학교졸업 이하(SCHOOL1), 고등학교졸업 이하(SCHOOL2), 대학교 이상(SCHOOL3)의 집단으로 구분하였다.

그림 Ⅵ-5. 성별 · 교육수준에 따른 노인의 주거유형 비율(미국)

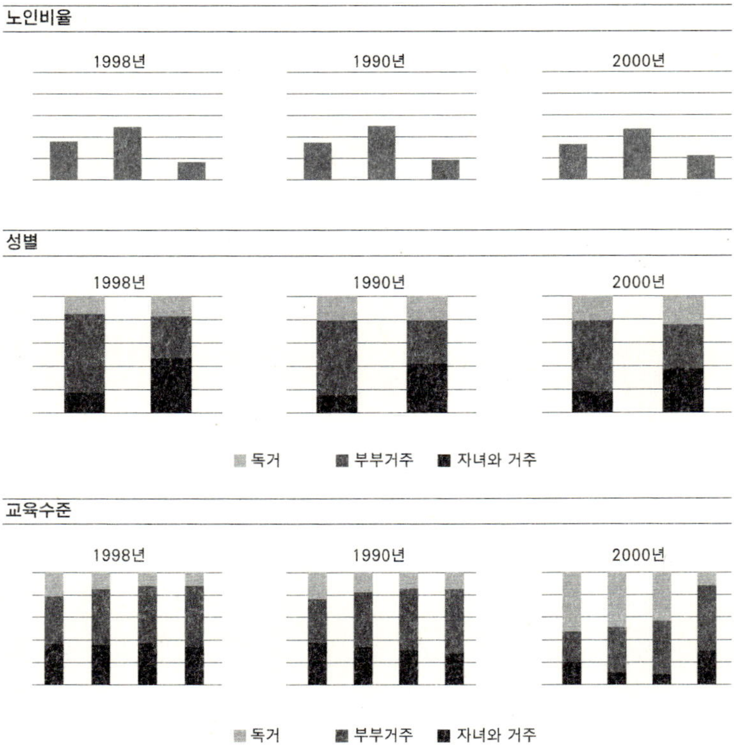

(2) 회귀분석 결과

1) 노인모형

[표 Ⅵ-9]는 다항로짓모형을 이용하여 1980년, 1990년, 2000년 65세 이상의 한국 노인들을 대상으로 자녀와의 별거요인을 독거노인과 노인부부 각각에 대해 분석한 결과이다.

남성은 여성에 비해(GENDER) 독거할 확률은 낮은 것으로 나타났

표 Ⅵ-9. 다항로짓모형을 이용한 노인과 자녀의 별거요인(한국)

	1980년					
	독거노인			노인부부		
변인	coeff.		s.e	coeff.		s.e
INTERCEPT	−20.5725		24.4845	−32.7877	***	5.8380
GENDER	−0.9944	**	0.4036	6.0073	***	0.3811
AGES	0.6077		0.6691	0.8012	***	0.1597
AGES_SQ	−0.0045		0.0046	−0.0055	***	0.0011
TENURE	0.3671		0.6160	0.3937	**	0.1533
SCHOOL2	−0.9435		1.0423	−1.0791	***	0.1469
SCHOOL3						
SCHOOL4						
JOB						
DENSITY	−6.4669	***	0.6016	−3.3155	***	0.0899
N	21431					
Intercept only	47088.72					
With covariates	6273.63					
	1990년					
INTERCEPT	−10.4970	***	3.1765	−38.8140	***	3.4121
GENDER	−1.5951	***	0.0632	6.6979	***	0.3546
AGES	0.4534	***	0.0853	0.9267	***	0.0927
AGES_SQ	−0.0032	***	0.0006	−0.0062	***	0.0006
TENURE	−1.7975	***	0.0562	−0.7589	***	0.0551
SCHOOL2	−1.0983	***	0.1483	−0.3253	***	0.0818
SCHOOL3	−1.3241	***	0.1864	−0.5484	***	0.0925
SCHOOL4	−2.3565	***	0.7210	−0.2689		0.3119
JOB	0.8805	***	0.0634	0.9696	***	0.0430
DENSITY	−5.1942	***	0.0838	−1.8527	***	0.0402
N	35069					
Intercept only	77054.47					
With covariates	27505.80					
	2000년					
INTERCEPT	−18.3004	***	2.2034	−34.0741	***	2.2100
GENDER	−1.4873	***	0.0451	5.4951	***	0.1288
AGES	0.6484	***	0.0589	0.8139	***	0.0598
AGES_SQ	−0.0044	***	0.0004	−0.0055	***	0.0004
TENURE	−0.8468	***	0.0374	0.1460	***	0.0394
SCHOOL2	−1.0669	***	0.0787	−0.2643	***	0.0441
SCHOOL3	−1.4183	***	0.1004	−0.2451	***	0.0514
SCHOOL4	−2.2227	***	0.2879	−0.4089	***	0.1398
JOB	1.0965	***	0.0429	0.9619	***	0.0329
DENSITY	−5.2967	***	0.0681	−1.1408	***	0.0290
N	44985					
Intercept only	98842.15					
With covariates	49500.91					

*** p<.01 **p<.05 *p<.10

고, 부부만 거주할 확률은 높은 것으로 나타났다. 이러한 결과는 집안 살림에 취약한 남성이 자녀와 함께 거주할 것이라는 예상과 일치하는 결과를 보였다. 또한 여성의 수명이 남성보다 길고, 남성은 여성보다 재혼이 쉽다는 점에 근거해서(Soldo and Lauriat, 1976) 남성의 경우 독거보다는 부부만 거주할 확률이 높은 것으로 해석할 수 있다. 연령이 높을수록(AGES) 독거할 확률도 높아지지만 부부만 거주할 확률도 높아지는 경향을 보였다. 그러나 일정 이상 연령이 높아지게 되면 다시 독거할 확률과 부부만 거주할 확률이 낮아지는 것을 확인 할 수 있다. 이는 연령이 높아지면 신체적 정신적 기능이 저하되고, 이로 인하여 다른 사람의 도움이 필요하게 되므로 자녀와 함께 거주할 것이라는 예상과 어느 정도 일맥상통하는 결과를 나타낸 것으로 보인다.

주택소유여부(TENURE)에 있어서는 1980년, 1990년, 2000년에 있어서 다른 경향을 보이는 것으로 나타났다. 이가옥 외(1989)의 연구에 의하면, 노인부부 가구에서는 전세나 월세보다 자가인 경우가 독거노인에 비해 더 많은 것으로 분석되었다. 이러한 결과는 본 연구와 비슷한 경향을 보이는 것으로 나타났지만 1990년의 경우, 독거노인과 노인부부 모두 자가일 때 차가에 비해 자녀와 동거할 확률이 높은 것으로 나타났다.

부모의 학력수준이 높을 때(SCHOOL2, SCHOOL3, SCHOOL4) 자녀와 거주할 확률이 높은 것으로 나타났다. 이는 독거부문과 노인부부 모두에서 같은 경향을 보이고 있음을 알 수 있다. 1980년의 경우에는 노인들의 학력수준이 대체로 낮은 관계로 중학교 졸업 이하 집단과 고등학교 이상의 학력을 갖고 있는 집단으로 분리하였는데 모든

표 VI-10. 다항로짓모형을 이용한 노인의 자녀와 별거요인(미국)

	1980년					
	독거노인			노인부부		
변인	coeff.		s.e	coeff.		s.e
INTERCEPT	−19.2529	***	2.1595	−31.9880	***	2.0999
GENDER	−0.4399	***	0.0398	3.7004	***	0.0521
AGES	0.7131	***	0.0569	0.8969	***	0.0557
AGES_SQ	−0.0047	***	0.0004	−0.0061	***	0.0004
TENURE	−3.0567	***	0.0523	−1.0451	***	0.0499
SCHOOL2	0.2475	***	0.0406	0.4463	***	0.0378
SCHOOL3	0.3174	***	0.0588	0.6898	***	0.0560
SCHOOL4	0.0226		0.1028	0.4630	***	0.0918
JOB	−0.4478	***	0.0552	−0.2796	***	0.0470
DENSITY	−11.9634	***	0.1410	−4.5412	***	0.0950
N	44992					
−2 Log Likelihood						
Intercept only	98857.53					
With covariates	49197.06					
	1990년					
INTERCEPT	−11.7009	***	2.2814	−27.6983	***	2.1370
GENDER	−0.2353	***	0.0410	3.3274	***	0.0471
AGES	0.5208	***	0.0602	0.7742	***	0.0568
AGES_SQ	−0.0032	***	0.0004	−0.0051	***	0.0004
TENURE	−3.6081	***	0.0617	−1.1146	***	0.0574
SCHOOL2	0.1146	**	0.0450	0.3494	***	0.0399
SCHOOL3	−0.0072		0.0553	0.4812	***	0.0490
SCHOOL4	−0.1805	*	0.0980	0.4655	***	0.0851
JOB	−0.3376	***	0.0429	−0.1787	***	0.0372
DENSITY	−15.9533	***	0.1762	−5.4827	***	0.1054
N	44994					
−2 Log Likelihood						
Intercept only	98861.92					
With covariates	48948.66					
	2000년					
INTERCEPT	3.0049	*	1.7679	−11.4869	***	1.7203
GENDER	−0.1982	***	0.0375	3.2098	***	0.0438
AGES	0.1196	***	0.0460	0.3263	***	0.0451
AGES_SQ	−0.0006	*	0.0003	−0.0022	***	0.0003
TENURE	−3.7449	***	0.0619	−1.0933	***	0.0587
SCHOOL2	0.1555	***	0.0479	0.3921	***	0.0431
SCHOOL3	0.1753	***	0.0546	0.6939	***	0.0489
SCHOOL4	0.0663		0.0825	0.7143	***	0.0734
JOB	−0.1963	***	0.0360	−0.1038	***	0.0331
DENSITY	−14.6147	***	0.1616	−4.5073	***	0.0927
N	44923					
−2 Log Likelihood						
Intercept only	98705.92					
With covariates	52543.29					

*** p<.01 **p<.05 *p<.10

집단에서 자녀와 함께 거주할 확률이 절대적으로 높게 나타났다. 교육수준별 동거확률의 차이는 미미한 것으로 나타난 반면 1990년과 2000년에는 교육수준이 높을수록 부모가 자녀와 함께 거주할 확률이 증가하는 것으로 나타났다. 학력은 소득을 대체하는 변인이므로, 한국에서는 경제력이 있는 노인들이 자녀와 함께 거주한다고 해석할 수 있다. 헤어븐(Hareven, 1994)은 자녀들이 경제적으로 도움을 받기 위해서 상대적으로 경제력을 갖춘 부모에게 귀속되는 경우가 있음을 밝히고 있다. 그러나 한국의 경우 집단 간에 미미한 차이만을 보일 정도로 자녀와의 동거확률이 압도적으로 높은 것은 효를 기본으로 하는 유교의 영향을 받았기 때문인 것으로 보인다.

직업(JOB)이 있는 경우가 직업이 없는 경우에 비해 독거 또는 부부만 거주할 확률이 높은 것으로 나타났다. 그리고 주거밀도가(DENSITY)가 높을수록 자녀와의 동거에 부(-)의 효과가 있는 것으로 분석되었다.

[표 Ⅵ-10]은 미국자료를 분석한 결과로서, 성별에 있어서는 한국과 마찬가지로, 남성노인은 여성노인에 비해 독거할 확률은 낮고, 부부만 거주할 확률은 높은 것으로 나타났다. 또한, 연령이 증가할수록(AGES) 독거할 확률과 노인부부만 거주할 확률이 모두 높아지는 것으로 나타났다. 1980년의 경우, 65세의 독거확률은 39.65%, 75세는 48.40%, 85세의 경우에는 51.52%로 증가하다가, 95세의 경우에는 33.39%로 다시 낮아지는 것을 확인 할 수 있다. 그러나 1990년과 2000년에는 연령이 증가함에 따라 독거확률이 계속해서 높아지는 분석결과가 나왔다. 노인부부만 거주할 확률을 살펴보면, 2000년에 65세일

때 38.55%, 75세일 때는 39.91%로 증가하다가 85세의 경우 31.95%, 95세일 때에는 18.50%로 급격히 낮아지는 것을 볼 수 있으며 이러한 경향은 다른 연도에서도 동일하게 나타났다. 이 또한 고령화로 인한 배우자 사별이 노인부부 거주확률을 낮추는 것으로 해석할 수 있다.

주택을 소유한 경우 그렇지 않은 경우에 비해 자녀와의 동거에 정(+)의 상관관계가 있는 것으로 분석되었고, 독거노인과 노인부부 부문에서는 음(-)의 상관관계가 있는 것으로 나타났다. 또한 부모의 학력이 높은 집단에서 독거 또는 부부만 거주할 확률이 높게 나타났다. 고학력집단의 노인이 독거할 확률은 자녀와 거주할 확률에 비해 낮게 나타난 반면, 부부만 거주할 확률은 높은 것으로 분석되었다. 이는 경제력이 높을수록 자녀와의 동거보다는 부부 거주를 선호하는 것을 의미한다. 산업화 이전에는 부모의 소득(농장소유 등)이 높을수록 대가족 형태가 우세하였으나, 개인의 프라이버시가 중요시되면서 부모의 선호에 의해서 자녀와 함께 거주하지 않고 있음을 밝힌 러글스(Ruggles, 2001)의 연구와 같은 결과이며, 이미 다른 선행연구에서도 부모의 소득이 증가하면 자녀와의 동거에 부(-)의 효과가 있는 것으로 연구되었다(Costa, 1997; Kramarow, 1995).

직업이 있는 노인은 그렇지 않은 노인에 비해서 자녀와 함께 거주할 확률이 높은 것으로 나타났으며 거주밀도(DENSITY)가 높을수록 독거와 부부거주에 부(-)의 상관관계가 있는 것으로 나타났다.

지금까지 살펴본 노인모형에서, 한국과 미국의 차이를 보인 변인은 나이(AGES)와 교육수준(SCHOOL2, SCHOOL3, SCHOOL4)인 것으로 나타났다.

2) 자녀모형

18세 이상 64세 이하의 자녀들을 대상으로 부모와의 동거 결정요인에 대한 분석결과는 다음과 같다. [표 Ⅵ-11]는 다항로짓모형을 이용하여 한국 자녀들의 1980년, 1990년, 2000년의 분석결과이며, 부모가구주와 자녀가구주로 나누어 분석하였다.

남성의 경우 여성에 비해 부모가구주로 부모와 함께 거주할 확률은 낮은 반면, 자녀가구주로 부모와 함께 거주할 확률은 높아지는 것으로 분석되었다. 즉, 남성들은 부모에게 귀속되기 보다는 부모를 부양할 확률이 높다는 것을 의미한다. 아들선호가 중심이 되는 효경(孝經)과 부모부양에 있어서 아들(특히 장남)에게 기대하였다는 선행연구(윤현숙 · 류삼희, 2005)에 의해서 이러한 현상이 설명되는데, 이는 한국에 유교사상이 깊이 뿌리내리고 있음을 보이는 결과라 하겠다. 이러한 현상은 1980년, 1990년, 2000년에서 모두 동일하게 나타났다.

연령(AGE35_44, AGE45_54, AGE55_64)에 대해서는 각해년도가 다른 경향을 보였다. 1980년의 경우, 연령이 높은 집단에서 부모가구주로 부모와 거주할 확률은 낮은 반면, 자녀가 가구주일 때에는 부모와의 거주에 정(+)의 효과가 있는 것으로 분석되었다. 그러나 55-64세 집단(AGE55_64)에서는 부모와 거주할 확률이 낮아지는 것으로 나타났다. 자녀의 연령이 증가함에 따라 생존하는 부모의 수는 줄어들게 되고, 부모의 경제력 또한 없어지기 때문에 자녀가 부모에게 귀속될 확률은 감소하는 것으로 해석할 수 있다. 또한 자녀의 나이가 55-64세의 집단에서 자녀가구주로 부모와 함께 거주할 확률이 낮아지는 경향은 함께 거주할 부모의 부재가 그 원인이라고 할 수 있다. 1990년

표 VI-11. 다항로짓모형을 이용한 자녀의 부모와의 동거요인(한국)

1980년						
	부모가구주			자녀가구주		
변인	coeff.		s.e	coeff.		s.e
INTERCEPT	-0.9990	***	0.1023	-2.1754	***	0.0767
GENDER	-3.2238	***	0.0514	0.5777	***	0.0559
AGE35_44	-1.1073	***	0.0619	0.2979	***	0.0389
AGE45_54	-1.0733	***	0.0614	0.4847	***	0.0398
AGE55_64	-0.6187	***	0.0627	-0.2145	***	0.0490
MARITAL	0.9582	***	0.0564	-0.2736	***	0.0511
TENURE	1.1290	***	0.0763	0.8329	***	0.0462
NUM_WORK	0.3587	***	0.0199	0.1085	***	0.0140
SCHOOL2	0.0279		0.0621	-0.0564		0.0353
SCHOOL3	-0.1179		0.0870	-0.0590		0.0446
SCHOOL4						
JOB1	-0.1142		0.1151	-0.0508		0.0548
JOB3	0.4326	***	0.0475	-0.3329	***	0.0357
DENSITY	-0.0040		0.0251	0.1879	***	0.0149
N	32300					
-2 Log Likelihood						
Intercept only	70970.35					
With covariates	53241.87					
1990년						
INTERCEPT	-2.2324	***	0.0638	-3.6004	***	0.0586
GENDER	-2.1796	***	0.0404	1.0470	***	0.0465
AGE35_44	-0.8017	***	0.0445	0.7005	***	0.0326
AGE45_54	-1.4438	***	0.0509	0.9003	***	0.0344
AGE55_64	-0.9243	***	0.0505	0.4696	***	0.0417
MARITAL	0.3615	***	0.0406	-0.3895	***	0.0372
TENURE	1.9096	***	0.0394	1.2858	***	0.0268
NUM_WORK	0.4182	***	0.0174	0.1508	***	0.0139
SCHOOL2	-0.2387	***	0.0391	-0.0817	***	0.0261
SCHOOL3	-0.5998	***	0.0530	0.0002		0.0331
SCHOOL4	-1.1114	***	0.1517	0.1610	**	0.0778
JOB1	1.0495	***	0.0375	-0.0407		0.0301
JOB3	-0.0481		0.0587	-0.2487	***	0.0333
DENSITY	0.2455	***	0.0188	0.2409	***	0.0130
N	58322					
-2 Log likelihood						
Intercept only	128146.53					
With covariates	83919.41					
2000년						
INTERCEPT	-3.2284	***	0.0881	-3.9480	***	0.0637
GENDER	-1.3232	***	0.0501	0.8758	***	0.0459
AGE35_44	-0.1909	***	0.0522	0.8734	***	0.0366
AGE45_54	-1.2304	***	0.0696	1.1712	***	0.0397
AGE55_64	-0.7557	***	0.0732	0.8158	***	0.0474
MARITAL	-1.6422	***	0.0516	-1.1292	***	0.0359
TENURE	2.2026	***	0.0528	1.2033	***	0.0261
NUM_WORK	0.7789	***	0.0229	0.2477	***	0.0151
SCHOOL2	-0.2722	***	0.0526	-0.1189	***	0.0284
SCHOOL3	-0.1898	***	0.0628	-0.0597	*	0.0342
SCHOOL4	-0.1057		0.1272	0.0515		0.0613
JOB1	-0.1237	*	0.0664	0.1282	***	0.0330
JOB3	0.2328	***	0.0661	-0.0386		0.0403
DENSITY	0.5243	***	0.0349	0.7049	***	0.0196
N	54472					
-2 Log Likelihood						
Intercept only	119687.22					
With covariates	72360.54					

*** p<.01 **p<.05 *p<.10

과 2000년의 경우 다른 연령집단에서는 1980년과 비슷한 결과를 보이고 있지만, 55-64세의 집단(AGE55-64)에서 약간 다른 경향을 보이고 있다. 자녀의 높은 연령이 자녀가구주로 부모와의 거주에 정(+)의 상관관계를 보이다가, 55-64세의 그룹에서는 부(-)의 상관관계를 보이는 것으로 나타난 1980년과는 달리, 1990년과 2000년에는 55-64세의 그룹에서도 정(+)의 상관관계가 있는 것으로 분석되었다. 이러한 결과는 노인들의 수명연장에 기인한 것으로 해석할 수 있는데, 통계청 발표에 의한 각해년도의 평균수명은 1980년은 65.69세, 1990년의 71.28세, 그리고 2000년의 경우 76.02세로 급격히 증가하였다. 따라서 자녀의 연령이 55-64세의 집단에서도 부모가 생존할 가능성이 1980년에 비해 높아졌고, 그로 인하여 부모와 함께 거주에 정(+)의 상관관계를 보이는 것으로 해석할 수 있다. 또한, 참조집단인 18-34세 집단의 경우, 대부분 부모를 부양하기 보다는 결혼 전에 부모에 의해 양육을 받는 개념이 더 강하기 때문에 부모가구주로 부모와 함께 거주할 확률이 참조집단(AGE18_34)에 비해 모두 낮게 나타난 것으로 볼 수 있다.

배우자유무에 대한 결과는 다음과 같다. 1980년과 1990년은 같은 경향을 보였는데, 배우자가 있을 때 그렇지 않을 경우에 비해 부모가구주로 부모와 함께 거주할 확률은 부모와 거주하지 않을 확률보다 높은 반면, 자녀가구주로 부모와 함께 거주할 확률은 부모와 거주하지 않을 확률보다 낮게 나타났다. 그러나 2000년에는 가구주가 누구인가에 상관없이 유배우자일 때 그렇지 않은 경우에 비해 부모와 함께 거주할 확률이 낮은 것으로 분석되었다. 결혼한 자녀의 부모부양을 당연시하는 효사상으로 인해 1980년과 1990년에는 자녀가 성장하여 결혼을 한 후에도 부모의 집을 떠나지 않고 부모와 함께 거주하는 것으로 보인다. 반면에 2000년의 경우 서구화와 핵가족화로 인하여 부모와 함께 거주하지 않는 경향이 나타난 것으로 해석할 수 있다. 각해년도의 18-64세의 인구가 한명이라도 포함된 가구의 평균가구원수를 살펴보면, 1980년은 4.74명, 1990년은 3.72명, 2000년은 3.22명으로 시간이 흐를수록 점점 줄어드는 것을 알 수 있다. 이러한 수치는 한국이 핵가족화가 진행되고 있음을 보여주는 자료이다.

주택을 소유한 경우, 그렇지 않은 경우에 비해 부모와 함께 거주할 확률이 높은 것으로 나타났다. 이러한 경향은 부모가 가구주일 때와 자녀가 가구주일 때 모두 같게 나타났고, 1980년, 1990년, 2000년에도 동일한 결과를 보였다. 또한, 가구당 노동자수(NUM_WORK)가 증가하면 부모와 함께 거주할 확률은 높아지는 것으로 분석되었다. 2000년의 경우, 가구당 노동자수가 평균일 때 부모가구주로 부모와 함께 거주할 확률은 3.58%이며, 가구당 노동자수가 평균보다 한명 증가할 때의 확률은 7.06%로 나타나, 가구당 노동자수가 증가할 때 부모가구주로 부모와 함께 거주할 확률은 높아지는 것으로 분석되었다. 또한 자녀가구주로 부모와 함께 거주할 확률은 평균일 때 21.58%로 나타났고, 평균보다 한명 증가할 때 25.07%로 분석되었다. 이렇게 자녀가구주로 부모와 함께 거주할 확률 역시 가구당 노동자수의 증가에 따라 높아지는 것으로 분석되었다. 이러한 경향은 1980년, 1990년 모두 동일하게 나타났다.

1980년의 교육수준(SCHOOL2, SCHOOL3, SCHOOL4)에 대한 결

과는 모두 유의하지 않은 것으로 나타났다. 1990년의 경우, 자녀의 학력이 높을 때, 부모가구주로 부모와 거주할 확률이 부모와 거주하지 않을 확률에 비해 더 낮게 나타났고, 자녀가구주인 경우에는 고등학교(SCHOOL2)이하의 교육수준을 갖고 있는 집단에서 부모와의 동거에 부(-)의 상관관계를 보였으나, 대학원이상(SCHOOL4)의 집단에서는 정(+)의 상관관계가 있는 것으로 분석되었다. 2000년에는 부모가구주와 자녀가구주 둘 다의 경우 고학력 집단에서 부모와 함께 거주하지 않을 확률이 더 높게 나타났다. 학력은 소득을 대체할 수 있는 변인으로, 학력이 높아진다는 의미는 경제적 수준도 높아짐을 의미한다. 따라서 1990년의 경우, 자녀의 교육수준이 높아질수록 경제적으로 부모에게 귀속된다기 보다는 오히려 부모를 부양하는 것으로 해석할 수 있다. 이는 유교적인 효가 바탕이 되는 한국의 경우, 부모에게 의존하기 보다는 부모를 부양해야 한다는 정서가 강하게 남아 있기 때문인 것으로 볼 수 있다. 그러나 2000년의 경우, 서구화와 핵가족화의 영향으로 부모와 동거할 확률이 낮아진 것으로 보인다. 이처럼 배우자유무(MARITAL)나 교육수준(SCHOOL2, SCHOOL3, SCHOOL4)과 같은 변수들을 통해서 1980년과 1990년에 비해 2000년에 한국 사회가 서구화되고, 핵가족화 되었다는 것을 알 수 있다.

1980년에는 전문직에 종사하는 자녀에 대해서는 통계적으로 유의하지 않은 결과를 보였다. 자녀가 단순노무직(JOB3)에 종사하는 경우, 부모가구주일 때에는 부모와의 거주가 정(+)의 상관관계가 있는 것으로 나타났지만, 자녀가구주일 때에는 일반사무직에 종사하는 자녀에 비해 부모와 거주할 확률이 낮은 것으로 분석되었다. 1990

년의 경우, 전문직(JOB1)에 종사하는 자녀들은 부모가구주일 때에 부모와의 거주에 정(+)의 상관관계가 있는 것으로 나타났고, 자녀가구주일 때에는 통계적으로 유의하지 않은 결과를 보였다. 단순노무직(JOB3)에 종사하는 자녀의 경우, 자녀가구주일 때에는 부모와 거주할 확률이 낮아지는 것으로 분석되었고, 부모가구주일 때에는 유의하지 않은 것으로 나타났다. 2000년에는 전문직에 종사하는 자녀의 경우, 부모가구주일 때 부모와의 거주는 부(-)의 상관관계가 있는 반면, 자녀가구주일 때 부모와의 거주는 정(+)의 상관관계가 있는 것으로 나타났다. 단순노무직에 종사하는 자녀는 부모가구주일 때 부모와 거주할 확률이 높은 것으로 나타났으며, 자녀가구주일 때에는 유의미하지 않은 결과를 보였다. 이렇게 자녀의 직업에 대해서는 일정한 패턴이 있지 않은 것으로 분석되었다.

마지막으로 거주밀도가 높을수록 부모와의 거주는 정(+)의 상관관계가 있는 것으로 분석되었는데, 이러한 결과는 가구주에 상관없이 동일하며, 1980년, 1990년, 2000년 모두 같은 경향을 보이는 것으로 나타났다.

[표 Ⅵ-12]는 미국의 1980년, 1990년, 2000년의 경우 자녀의 부모와의 동거요인에 대해 다항로짓모형을 이용하여 자녀가구주와 부모가구주로 나누어 분석한 결과이다.

남성(GENDER)은 여성보다 부모와 동거할 확률이 낮은 것으로 분석되었는데, 이러한 경향은 부모가구주일 때와 자녀가구주일 때 모두 동일하게 나타났다. 또한 1980년, 1990년, 2000년에도 모두 같은 결과를 보였는데, 이러한 경향은 볼프와 솔도(Wolf and Soldo, 1988)의 연구에서도 나타난다. 이는 미국의 경우 아들보다는 딸이 부모의 주 부양자인 경우가 많음을 보여주는 결과이다.

자녀의 연령이 높은 집단의 경우(AGE35_44, AGE45_54, AGE55_64), 부모가구주일 때와 자녀가구주일 때 모두 부모와 거주할 확률이 높아지는 경향을 보였다. 10대 후반이 되면 결혼 여부와 상관없이 부모로부터 독립하는 미국의 상황을 고려해볼 때(유성호, 1996), 18-34세의 연령집단인 참조집단에 속한 자녀들은 부모로부터 독립을 하였다가 연령이 높아짐에 따라 서로의 필요에 의해서 다시 함께 거주하는 것으로 해석할 수 있다. 이러한 경향은 1980년, 1990년, 2000년에 동일하게 나타났다.

유배우자인 경우 그렇지 않은 경우에 비해서 부모와의 거주에 부(-)의 상관관계가 있는 것으로 분석되었는데, 이러한 경향은 가구주에 상관없이 동일하게 나타났다. 존슨(Johnson, 1983)의 연구에서도 이와 비슷한 결과가 나타났는데, 그는 미국의 노인들이 결혼한 자녀보다 결혼하지 않은 자녀와 함께 거주하는 경향이 있음을 보였다. 또한, 결혼을 하지 않은 미혼의 자녀들이 결혼을 한 자녀보다 부모로부터 더 많은 지원을 받는다는 선행연구(Aldous, 1987)를 통해서도 이런 현상을 설명할 수 있다.

주택을 소유한 경우 부모가구주일 때와 자녀가구주일 때 모두 부모와 함께 거주할 확률이 높은 것으로 나타났다. 2000년의 경우, 부모가구주일 때 주택을 소유한 경우 부모와 함께 거주할 확률은 30.14%인 반면, 주택을 소유하지 못한 경우 부모와 거주할 확률은 8.99%로 나타났다. 이처럼 주택소유여부에 따라 부모와 거주할 확률

표 VI-12. 다항로짓모형을 이용한 자녀의 부모와의 동거요인(미국)

	1980년					
	부모가구주			자녀가구주		
변인	coeff.		s.e	coeff.		s.e
INTERCEPT	-1.7570	***	0.0629	-4.0515	***	0.0873
GENDER	-1.2990	***	0.0307	-0.2199	***	0.0389
AGE35_44	0.5708	***	0.0405	1.3645	***	0.0584
AGE45_54	0.8070	***	0.0406	2.0142	***	0.0569
AGE55_64	1.1084	***	0.0415	2.1116	***	0.0599
MARITAL	-1.5490	***	0.0330	-1.3922	***	0.0395
TENURE	1.6007	***	0.0354	1.0345	***	0.0430
NUM_WORK						
SCHOOL2	-0.4657	***	0.0384	0.1949	***	0.0520
SCHOOL3	-0.5090	***	0.0469	0.1610	***	0.0608
SCHOOL4	-0.4812	***	0.0688	0.1785	**	0.0789
JOB1	-0.3500	***	0.0466	0.0399		0.0486
JOB3	0.4283	***	0.0316	-0.1838	***	0.0390
DENSITY	1.0281	***	0.0440	1.4392	***	0.0475
N	45046					
-2 Log Likelihood						
Intercept only	98976.18					
With covariates	60957.07					
	1990년					
INTERCEPT	-1.2452	***	0.0583	-4.1233	***	0.0931
GENDER	-0.9594	***	0.0251	-0.2657	***	0.0364
AGE35_44	0.1083	***	0.0307	1.0626	***	0.0552
AGE45_54	0.0642	*	0.0339	1.6381	***	0.0557
AGE55_64	0.6269	***	0.0353	1.7811	***	0.0600
MARITAL	-2.2473	***	0.0303	-1.7594	***	0.0417
TENURE	1.6912	***	0.0309	1.0416	***	0.0441
NUM_WORK	0.4711	***	0.0144	0.4726	***	0.0197
SCHOOL2	-0.4596	***	0.0411	-0.0042		0.0624
SCHOOL3	-0.7513	***	0.0447	-0.1009		0.0667
SCHOOL4	-0.8883	***	0.0672	0.0064		0.0858
JOB1	-0.4264	***	0.0359	0.0300		0.0453
JOB3	0.4680	***	0.0267	-0.0031		0.0391
DENSITY	0.6882	***	0.0342	1.1849	***	0.0390
N	54271					
-2 Log Likelihood						
Intercept only	119245.58					
With covariates	76849.33					
	2000년					
INTERCEPT	-1.6595	***	0.0595	-3.9678	***	0.0806
GENDER	-0.6378	***	0.0225	-0.1091	***	0.0290
AGE35_44	0.4203	***	0.0305	0.8906	***	0.0432
AGE45_54	0.5614	***	0.0311	1.2563	***	0.0432
AGE55_64	0.8594	***	0.0346	1.3545	***	0.0475
MARITAL	-2.2961	***	0.0281	-1.0596	***	0.0330
TENURE	1.6107	***	0.0283	0.9853	***	0.0354
NUM_WORK	0.5058	***	0.0135	0.4935	***	0.0163
SCHOOL2	-0.3902	***	0.0448	-0.0421		0.0594
SCHOOL3	-0.7671	***	0.0467	0.0082		0.0608
SCHOOL4	-1.0758	***	0.0630	0.1043		0.0721
JOB1	-0.3933	***	0.0307	-0.0685	**	0.0336
JOB3	0.4414	***	0.0246	0.0356		0.0312
DENSITY	0.6066	***	0.0285	1.1023	***	0.0281
N	64976					
-2 Log Likelihood						
Intercept only	142766.86					
With covariates	100694.49					

*** p<.01 **p<.05 *p<.10

의 변화가 큰 것으로 나타났다. 자녀가구주일 때 역시 자가일 때 부모와 거주할 확률은 14.16%로 나타난 반면, 차가일 때는 7.89%로 분석되었다. 결과적으로 주택을 소유한 경우 부모와 함께 거주할 확률이 주택을 소유하지 않은 경우보다 높은 것으로 분석되었다.

이러한 경향은 1980년과 1990년 모두 동일하게 나타났다. 또한, 가구당 노동자수가 많아질수록 부모와의 동거는 정(+)의 상관관계가 있는 것으로 분석되었으며, 이러한 경향은 가구주와 시간에 상관없이 모두 동일하게 나타났다.

교육수준(SCHOOL2, SCHOOL3, SCHOOL4)에 있어 1980년의 경우, 고학력 집단에서는 부모가구주일 때 부모와 함께 거주할 확률이 낮은 반면, 자녀가구주일 때에는 부모와 함께 거주할 확률이 높은 것으로 분석되었다. 1990년과 2000년에는 동일한 결과를 보였는데, 부모가구주일 때 고학력 집단은 부모와 함께 거주할 확률이 낮은 것으로 나타났고, 자녀 가구주일 때에는 그 결과가 유의하지 않은 것으로 분석되었다. 앞에서 언급한 바와 같이, 학력은 소득을 대체할 수 있는 변인이므로, 소득의 증가는 부모와의 거주와 부(-)의 상관관계가 있다고 해석할 수 있다. 이는 소득 증가로 인하여 부모에게 더 이상 지원을 받을 필요가 없어지게 된 자녀들이 부모와 함께 거주하지 않는 것으로 해석할 수 있다(Ruggles, 2001).

전문직에 종사하는 자녀는 일반사무직에 종사하는 자녀에 비해 부모가구주일 때 부모와 함께 거주할 확률이 낮고, 단순노무직에 종사하는 자녀는 일반사무직에 종사하는 자녀에 비해 부모와 함께 거주할 확률이 높은 것으로 나타났다. 이러한 결과는 부모가구주일 때

1980년, 1990년, 2000년 모두 동일하게 나타났다. 한편, 부모가구주일 때에는 모두 통계적인 유의성을 갖고 있는 것으로 분석되었으나, 자녀가구주일 때에는 통계적인 유의성이 떨어지는 것으로 나타났다. 1980년의 단순노무직에 종사하는 자녀의 경우, 자녀가구주일 때 부모와의 거주는 부(-)의 상관관계가 있는 것으로 분석되었고, 2000년의 전문직에 종사하는 자녀의 경우, 자녀가구주일 때 부모와의 거주가 부(-)의 상관관계를 갖고 있는 것으로 나타났다. 이는 자녀가구주일 때에는 전반적으로 부모와 함께 거주하지 않는 경향을 보이는 것으로 해석할 수 있다. 부모가구주일 때에도 대체로 경제력을 갖춘 것으로 간주되는 전문직종의 자녀들은 부모와 함께 거주하지 않는 반면, 상대적으로 경제력이 낮은 단순노무직에 종사하는 자녀들은 부모에게 귀속되는 경향이 높은 것으로 해석할 수 있다.

거주밀도에 대한 결과에 있어서, 한국의 자녀모형과 마찬가지로 거주밀도가 높아지면 자녀들이 부모와 함께 거주할 확률이 높아지는 것으로 분석되었다. 이러한 경향은 부모가구주일 때나 자녀가구주일 때 동일한 것으로 나타났으며, 1980년, 1990년, 2000년에도 모두 같은 결과를 보이고 있다.

6. 결론

본 연구는 한국과 미국의 노인부양 결정에 영향을 미치는 요인에 대한 연구로, 한국과 미국의 1980년, 1990년, 2000년 센서스 데이터를 활용하여 65세 이상의 노인을 대상으로 한 노인모형과, 18-64세의 자녀를 대상으로 한 자녀모형으로 나누어 분석하였다. 사회현상은 각 나라의 인식론적 사고에 바탕을 두고 있다는 점에 기초하여 분석결과를 한국과 미국의 인식론적인 배경이 되는 유교와 실용주의에 대한 이론적 고찰을 통해 양국 노인부양의 결과와 그 의미를 해석하였다.

노인모형에서 한국과 미국의 차이를 보인 변인은 나이와 교육수준으로 나타났다. 이에 대한 주요 결과를 살펴보면 첫째, 연령이 높아지면 부부만 거주할 확률은 증가하다가 감소하는 것으로 나타났는데, 이러한 경향은 한국과 미국 모두 동일하게 나타났다. 반면에 혼자 거주할 확률은 한국의 경우, 부부거주와 마찬가지로 일정수준 증가하다가 감소하는 경향을 보였으나, 미국의 경우에는 계속 증가하는 것으로 분석되었다. 이러한 차이는 혼자가 된 노부모를 자녀가 부양해야 한다는 한국의 효사상과 미국의 실용주의적인 가족관을 통해 해석할 수 있다. 둘째, 한국의 경우, 교육수준이 높아지면 독거할 확률과 부부만 거주할 확률 모두 낮아지는 결과를 보였으나, 그 차이가 미미하고, 자녀와 동거할 확률이 압도적으로 높게 나타났다. 미국의 경우, 이와 반대로 독거할 확률과 부부거주 확률이 모두 높아지는 것으로 분석되었는데, 경제력을 갖고 있는 노인은 스스로도 생계를 유지할 수 있고, 개인의 프라이버시가 중요시되면서, 노인들의 선호에 의해서 자녀와 함께 거주하지 않는 것으로 해석할 수 있다.

자녀모형에서 양국 간의 차이를 보인 변수는 연령, 성별, 결혼여부, 직업으로 나타났다. 이에 대한 요약은 다음과 같다. 첫째, 자녀의 연령이 높아지면 자녀가구주로 부모와 함께 거주할 확률은 높아지는데, 이러한 현상은 한국과 미국에서 동일하게 나타났다. 그러나 부모가구주일 때에는 양국 간에 차이를 보였는데, 한국의 경우, 자녀의 연령이 증가하면 부모와 거주할 확률이 낮아지는 반면 미국은 그 확률이 높아지는 것으로 분석되었다. 이는 양국의 참조집단인 18-34세 그룹의 특성상 차이로 해석할 수 있다. 둘째, 유교의 아들선호사상 영향을 받은 한국의 경우, 남성은 자녀가구주로 부모와 함께 거주할 확률이 높게 나타났지만, 미국의 남성은 가구주 여부에 상관없이 부모와 함께 거주할 확률이 낮게 나타났다. 셋째, 자녀의 결혼여부에 대해서도 성별과 비슷한 경향이 나타났다. 한국의 경우, 부모가구주로 부모와 함께 거주할 확률이 배우자가 있는 경우 그렇지 않은 경우에 비해 높은 것으로 나타났지만, 미국은 부모와 함께 거주할 확률이 낮은 것으로 분석되었다. 이러한 차이는 결혼 후에 독립을 하지 않고 부모와 계속 거주하면서 부모를 부양하는 한국의 효사상과, 결혼 후 자신의 독립된 가정을 이루는 미국의 실용주의를 통해 해석할 수 있다. 마지막으로, 자녀의 직업에 대한 차이이다. 한국의 경우에는 특정한 패턴이 존재하지 않는 것으로 분석되었으나, 미국의 경우, 전문직의 자녀는 부모와 함께 거주할 확률이 낮게 나타나고, 단순노무직의 자녀는 부모와 거주할 확률이 높게 나타났다. 이는 상대적으로 경제력이 낮은 자녀들이 부모에게 의존하는 것으로 해석할 수 있는데, 이는 효율적인 형태로 가족구성을 변화시키는 미국의 실용주의의 결과로 볼 수 있다.

이상과 같은 인식론적인 해석과 양국 간의 비교는 기존의 노인부양에 대한 연구들이 간과하고 있던 부분으로 다른 연구와 차별성을 갖는다는 점에서 의미가 있다. 그러나 이러한 의의에도 불구하고 본 연구는 여러 가지 면에서 제한점을 가지고 있다. 미국의 미혼성인자녀들은 18세 이후부터 결혼할 때까지 부모에게서 독립하는 것이 일반적이나 한국의 경우, 결혼을 할 때까지 부모와 함께 사는 것이 일반화되어 있다. 따라서 한국의 미혼자녀들이 부모와 함께 거주하는 것은 부모부양이라기 보다는 양육에 가깝다. 그렇기 때문에, 정확한 분석을 위해서 미혼자녀와 동거하는 노인은 분석에서 제외시켜야 하지만, 데이터의 특성상 그러한 구분을 할 수 없었다는 점은 본 연구의 한계점이다. 또한, 독거노인의 경우, 함께 거주할 수 있는 자녀의 부재로 인한 독거를 따로 통제하지 못한 점 역시 본 연구의 한계점이라 하겠다.

급속하게 진행되고 있는 고령화와 그로 인해 발생하는 노인부양문제에 대해 가족구성의 변화와 같은 미시적 측면뿐만 아니라, 가족의 변화에 수반하는 사회제도적 변화 등 거시적 측면에서도 지속적인 연구가 이루어져야 할 것이다.

참고문헌

고은희, 2000, 현대의 노인부양의식에 관한 연구, 대전대학교 경영행정대학원 석사학위논문.

금장태, 1994, 제5회 유교사상 국제학술회의 발표 논문: 유학과 가정윤리, 『유교사상연구』, 7, 133-145.

김경혜, 1998, 노인들의 동거형태 결정요인에 관한 연구, 『한국노년학』, 18(1), 107-122.

김동식 · 박우석 · 이유선 옮김, 2001, 『프래그머티즘의 길잡이』, 철학과 현실사, 서울(Louis Menand, 1997, *Pragmatism: a Reader*, Vintage, New York).

김동식, 2002, 『프래그머티즘』, 아카넷, 서울.

김동춘, 2002, 유교와 한국의 가족주의-가족주의는 유교적 가치의 산물인가?, 『경제와 사회』, 55, 93-118.

김상욱 · 양철호, 1998, 노인부양행위의 결정요인에 관한 연구: 시부 및 시모에 대한 공변량구조모형 분석, 『한국사회복지학』, 35, 51-83.

김정석, 2005, 한국노부모들의 노후부양관 변화, 1994-2004년, 『한국노년학』, 25(4), 1-11.

김태현 · 전길양, 1997, 『한국의 노인가족부양의 현황과 과제』, 한국노인문제연구소.

노재봉, 1986, 실용주의 사회로서의 미국, 『미국인의 생활과 실용주의』, 민음사, 서울, 147-187.

류명걸, 2003, 『실용주의와 실학사상』, 용성출판사, 서울.

민성희, 2003, 서울 거주가구의 출신지역별 주거복지수준 격차, 서울대학교 대학원 석사학위논문.

박재간, 1995, 오늘의 노인, 그들은 누구인가, 『고령화 사회의 위기와 도전』, 나남출판, 서울, 41-53.

박재간, 2000, 『전통적 효개념과 현대인의 과제』, 한국노인문제연구소.

박재간, 2004, 『전통적 효개념과 현대인의 과제』, 노인복지정책연구총서, 19.

서상복 옮김, 1997, 합리주의, 경험주의, 실용주의, 서광사, 서울(Bruce, A. Aune, 1970, *Rationalism, Empiricism, and Pragmatism*, Random House, New York).

서선희, 1998, 한국적 효 개념의 특수성, 『한국노년학』, 18(3), 142-154.

선현규, 2004, 유교사상과 개호사상에 관한 연구, 『노인복지연구』, 25, 121-146.

성규탁, 1989, 현대 한국인의 효행에 관한 연구: 가족 중심적 부모부양의 이념과 실천, 『한국노년학』, 9, 28-43.

성규탁, 1994, 현대 한국인이 인식하는 효: 척도와 차원, 『한국노년학』, 14(1), 50-68.

손태홍, 2001, 노인부양의 현실과 그 새로운 방향: 1990년대 연구를 중심으로, 『대한가정 학회지』, 39(11), 27-42.

송다영, 2004, 부양의식을 통해 본 노인부양지원정책 방향성: 기혼여성의 부양경험을 중심으로, 『사회복지정책』, 19, 207-233.

신일철, 1986, 미국문화 속의 프래그머티즘 철학의 역할: 사실과 가치의 조화를 위한 철학, 『미국인의 생활과 실용주의』, 민음사, 113-138.

원영희, 1995, 동 · 별거 형태가 한국노인의 심리적 행복감에 미치는 영향, 『한국노년학』, 15(2), 97-116.

유성호, 1993, 재미 한국 노인과 자녀 간의 별거에 영향을 미치는 요인, 『한국노년학』, 13(2), 98-119.

유성호, 1996, 노인과 성인자녀의 별거를 결정하는 변인: 그 이론적 탐색, 『한국노년학』, 16(1), 51-68.

유승주, 2006, 도시와 농촌의 노인부양 결정요인에 관한 연구: 한국과 미국의 실증분석을 바탕으로, 농촌계획학회 추계학술대회 발표논문.

유승주, 2007, 도시와 농촌의 노인부양 결정요인에 관한 연구, 서울대학교 석사학위논문.

윤현숙 · 류삼희, 2005, 전통적인 효의식과 아들선호사상에 영향을 미치는 요인: 노년층과 장년층 비교연구, 『한국노년학』, 25(3), 177-194.

이가옥 · 김형수 · 권중돈 · 권선진 안혜영 정윤자, 1989, 『노인단독가구 실태에 관한 연구』, 한국인구보건연구원

이가옥 · 서미경 · 고경환 · 박종돈, 1994, 『노인생활 실태 분석 및 정책과제』, 한국보건사회연구원.

이보형, 1986, 프래그머티즘과 미국인의 생활양식: 역사적 관점에서의 서론, 『미국인의 생활과 실용주의』, 민음사, 서울, 13-43.

이성우, 1999, 사회적 관점에서 조명한 실용주의와 계획이론: 존 듀이의 공생적 합리주의의 적용에 관한 연구, 『농촌계획』, 5(1), 76-86.

이성우 · 민성희, 2002, 주거밀도로 측정한 출신지역별 주거수준 차이, 1990-2000, 『국토계획』, 37(7), 137-155.

이성우 · 민성희 · 박지영 · 윤성도, 2005, 『로짓 프라빗모형 응용』, 박영사, 서울.

임석진 옮김, 1980, 『세계철학사』, 분도출판사, 서울.

최정혜, 1998, 기혼자녀의 효의식, 가족주의 및 부모 부양의식, 『한국노년학』, 18(2), 47-63.

통계청 완전생명표 (각세별)http://kosis.nso.go.kr/cgi-bin/sws_999.cgi?ID=DT_

1B42&IDTYPE=3&A_LANG=1&FPUB=3&SELITEM=3.

하성규, 1999, 『주택정책론』, 박영사, 서울.

Aldous, J., 1987, New views on the family life of the elderly and near-elderly, *Journal of Marriage and the Family*, 49, 227-234.

Angel, R. and Tienda, M., 1982, Determinants of extended household structure: cultural pattern or economic need?, *The American Journal of Sociology*, 87(6), 1360-1383.

Bachrach, C. A., 1980, Childlessness and social isolation among the elderly, *Journal of Marriage and Family*, 42, 627-636.

Boehm, T. P. and A. M. Schlottmann, 1999, Does home ownership by parents have an economic impact on their children?, *Journal of Housing Economics*, 8, 217-232.

Burch, T. K., 1970, Some demographic determinants of average household size: an analytic approach, *Demography*, 7(1), 61-69.

Chatterjee, S. and B. Price, 1977, *Regression Analysis by Example*, John Wiley & Sons.

Chi, P. and Kim K ., 1995, *A Comparative Study of Living Arrangements Among White, Black, Hispanic and Asian-American Elderly in the United States*, Population and Development Program Working Papers Series No. 95-04, Cornell University.

Costa, D. L., 1997, Displacing the family: union army pensions and elderly living arrangements, *The Journal of Political Economy*, 105(6), 1269-1292.

Kingsley, D. and Oever, P. 1981, Age relations and public policy in advanced industrial societies, *Population and Development Review*, 7(1), 1-18.

Elman, C. and Uhlenberg, P., 1995, Co-residence in the early twentieth century:

elderly women in the United States and their children, *Population Studies*, 49(3), 501-517.

Foucault, M., 1994, *Ethics-Subjectivity and Truth*, The New Press, New York.

Habermas, J., 1994, *Postmetaphysical Thinking*, The MIT Press, Cambridge.

Hareven, T. K., 1982, *Household organization and the timing of life transitions, in Family Time & Industrial Time*, Cambridge University Press, 154-188.

Hareven, T. K., 1994, Aging and generational relations: a historical and life course perspective, *Annual Review of Sociology*, 20, 437-461.

Hareven, T. K., 1996, Introduction: Aging and generational relations over the life course, *in* Hareven, T. K., ed. *Aging and Generational Relations over the Life Course: A Historical and Cross-Cultural Perspective*, Berlin: Walter de Gruyter, 1-12.

Johnson, C. L., 1983, Dyadic family relations and social support, *Gerontologist*, 23, 377-383.

Kennedy, P., 1992, *A Guide to Econometrics(3rd ed.)*, MIT Press.

Kertzer, D. I., 1991, Household history and sociological theory, *Annual Review of Sociology*, 17, 155-179.

Kertzer, D. I., 1995, Toward a historical demography of aging, *in* David I. Kertzer and Peter Laslett eds., *Aging in the Past: Demography, Society and Old Age*, Berkeley: University of California Press, 363-383.

Kim, C. S., 1998, *Living Arrangements of Korean Elderly Parents: Preferences and Actual Circumstances*, Univ. of Michigan: Ph.D Dissertation.

Kobrin, F. E., 1973, Household headship and its changes in the United States, 1940-1960, 1970, *Journal of the American Statistical Association*, 68, 793-800.

Kobrin, F. E., 1976, The fall in household size and the rise of the primary individual in the United States, *Demography*, 13(1), 127-138.

Kramarow, E. A., 1995, The elderly who live alone in the United States: historical perspectives on household change, *Demography*, 32(3), 335-352.

Laslett, P., 1972, Introduction, *in* Peter Laslett and Richard Wall eds., *Household and Family in Past Time*, Cambridge University Press, London.

Lee, G. R. and Dwyer, J. W., 1996, Aging parent-adult child coresidence: further evidence on the role of parental dependency, *Journal of Family Issues*, 17(1), 45-59.

Maddala, G. S., 1983, *Limited Dependent and Qualitative Variables in Econometrics*, Cambridge University Press, Cambridge.

Martin L. G., 1989, Living arrangements of elderly in Fiji, Korea, Malaysia, and the Philippines, *Demography*, 26(4), 627-643.

Michael, R. T., Fuchs, V. R., and Scott, S. R., 1980, Changes in the propensity to live alone: 1950-1976, *Demography*, 17(1), 39-56.

Mindel, C. H., 1979, Multigenerational family households: recent trends and implications for the future, *The Gerontologist*, 19, 456-463.

Pampel, F. C., 1983, Changes in the propensity to live alone: evidence from consecutive cross-sectional surveys, 1960-1976, *Demography*, 20(4), 433-447.

Ruggles, S., 1994, The transformation of American family structure, *The American Historical Review*, 99(1), 103-128.

Ruggles, S., 2001, Living Arrangements and Well-being of Older Persons in the Past, in Living Arrangements of Older Persons: Critical Issues and Policy Responses, *Special Issue Nos. 42/43.*

Ruggles, S. and Brower, S., 2003, Measurement of household and family composition in the United States, 1850-2000, *Population and Development Review*, 29(1), 73-101.

Schoeni, R. F., 1998, Reassessing the decline in parent-child old-age coresidence during the twentieth century, *Demography*, 35(3), 307-313.

Smith, D. S., 1981, Historical change in the household structure of the elderly in economically developed societies, in R. W. Fogel et al., 1981, *Aging, Stability and Change in the Family*, Academic Press, New York.

Smith, D. S., 1992, The meanings of family and household: change and continuity in the mirror of the American Census, *Population and Development Review*, 18(3), 421-456.

Soldo, B. and Lauriat, P., 1976, Living arrangements among the elderly in the United States: A loglinear approach, *Journal of Comparative Family Studies*, 7, 351-366.

Theil, H., 1969, A multinomial extension of the linear logit model, *International Economics Review*, 10(3), 251-259.

Tsuya, N. and Martin, L. G., 1992, Living arrangements of elderly Japanese and attitudes toward inheritance, *Journal of Gerontology*, 47, 45-54.

Wachter, S. M. and I. F. Megbolugbe, 1992, Racial and ethnic disparities in homeownership, *Housing Policy Debate*, 3, 333-370.

Wolf, D. A., 1984, Kin availability and the living arrangements of older women, *Social Science Research*, 13, 72-89.

Wolf, D. A. and Soldo, B. J., 1988, Household composition choices of older unmarried women, *Demography*, *25*(3), 387-403.